Der Freiverkehr

Börsen- und kapitalmarktrechtliche Abhandlungen

Herausgegeben von Horst Hammen

Band 10

PL ACADEMIC RESEARCH

Karsten Fink

Der Freiverkehr

Die rechtliche Organisation
des Handelssegments
Freiverkehr an deutschen Börsen

PL ACADEMIC RESEARCH

Bibliografische Information der Deutschen Nationalbibliothek
Die Deutsche Nationalbibliothek verzeichnet diese Publikation in der Deutschen Nationalbibliografie; detaillierte bibliografische Daten sind im Internet über http://dnb.d-nb.de abrufbar.

Zugl.: Gießen, Univ., Diss., 2012

D 26
ISSN 1862-183X
ISBN 978-3-631-62962-8

PL Academic Research ist ein Imprint der Peter Lang GmbH.

Peter Lang – Frankfurt am Main · Berlin · Bruxelles · New York · Oxford · Wien · Warszawa

www.peterlang.de

Meinen Kindern,

Aileen Josephine und Marlon Elias

Danksagung

Diese Arbeit wurde im Wintersemester 2011/2012 von der Rechtswissenschaftlichen Fakultät der Justus-Liebig-Universität Giessen als Dissertation angenommen. Die Disputation fand am 16.04.2012 statt. Für die Veröffentlichung konnten Gesetzgebung, Rechtsprechung und Literatur bis Oktober 2012 berücksichtigt und eingearbeitet werden.

Ganz besonders herzlich danken möchte ich an dieser Stelle meinem Doktorvater, Herrn Prof. Dr. Horst Hammen, der mir nach meinem zweiten Staatsexamen die Möglichkeit zur Promotion gab und mir diese Arbeit nahe legte. In meiner dreijährigen Zeit als wissenschaftlicher Mitarbeiter an seinem Lehrstuhl stand er mir stets unterstützend zur Seite. Von den anregenden Diskussionen und seinen kritischen Anmerkungen konnte ich enorm profitierten und lernen. Zu danken habe ich auch Herrn Prof. Dr. Jens Ekkenga für die Erstellung des Zweitgutachtens. Ferner danke ich Frau Brigitte Rojan für ihre tatkräftige Unterstützung bei den redaktionellen Korrekturen an dieser Arbeit.

Meine größte Dankbarkeit gilt freilich meiner Frau Sarah, die mich während der Promotion zu jeder Zeit unterstützt hat.

Frankfurt am Main, im Februar 2013 Karsten Fink

Inhaltsverzeichnis

Abkürzungsverzeichnis

a. A.	andere Ansicht
a. E.	am Ende
a. F.	alte Fassung
AG	Aktiengesellschaft
AGB	Allgemeine Geschäftsbedingungen
AGB-Scoach-Premium	Teilnahmebedingungen für das Qualitätssegment Scoach Premium
AGG	Allgemeines Gleichbehandlungsgesetz
AIM	Alternative Investment Market
AktG	Aktiengesetz
AnSVG	Anlegerschutzverbesserungsgesetz
Art.	Artikel
Ausf.best. verbriefte Derivate BW-WB	Ausführungsbestimmungen für verbriefte Derivate an der Baden-Württembergischen Wertpapierbörse
BaFin	Bundesanstalt für Finanzdienstleistungsaufsicht
BGB	Bürgerliches Gesetzbuch
BGH	Bundesgerichtshof
BörsG	Börsengesetz
BörsO	Börsenordnung
BörsZulV	Börsenzulassungsverordnung
BT-Drucksache	Bundestagsdrucksache
BVerfG	Bundesverfassungsgericht
BW-WB	Baden-Württembergischen Wertpapierbörse
CCP	Zentrale Gegenpartei
DBAG	Deutsche Börse AG
d. h.	das heißt
etc.	et cetera
EUWAX	European Warrants Exchange
f.	folgende(r)
ff.	fortfolgende
EG	Europäische Gemeinschaft
EU	Europäische Union
EUWAX	European Warrants Exchange an der Baden-Württembergischen Wertpapierbörse
EWR-Raum	Europäischer Wirtschaftsraum
FirstQB	First Quotation Board (im Freiverkehr der FWB)

FMFG	Finanzmarktförderungsgesetz
FRUG	Finanzmarktrichtlinie-Umsetzungsgesetz zur Umsetzung der Finanzmarktrichtlinie MiFID (Markets in Financial Instruments Directive)
FV-AGB	Allgemeine Geschäftsbedingungen im Freiverkehr
FV-HO	Handelsordnung für den Freiverkehr
FV-Ri	Freiverkehrsrichtlinien
FV-O	Freiverkehrsordnung
FWB	Frankfurter Wertpapierbörse
GG	Grundgesetz
GWB	Gesetz gegen Wettbewerbsbeschränkungen
HGB	Handelsgesetzbuch
h. M.	herrschende Meinung
i. d. R.	in der Regel
i. V. m.	in Verbindung mit
KoopV	Kooperationsvertrag für das Qualitätssegment Scoach Premium an der FWB
KMR	Kapitalmarktrecht
KMU	Kleinere und mittlere Unternehmen
KWG	Kreditwesengesetz
LG	Landgericht
LSE	London Stock Exchange
m. E.	meines Erachtens
MiFID	Markets in Financial Instruments Directive
MTF	Multilateral Trading Facility, multilaterales Handelssystem
n. F.	neue Fassung
OLG	Oberlandesgericht
OTC	Over the counter („Über den Tresen“ - Direktgeschäft)
PMAP	Primary Markets Arbitration Panel – Schiedsgericht des „Neuen Marktes“ der Deutsche Börse AG
Scoach FV-AGB	Allgemeine Geschäftsbedingungen für den Handel mit Strukturierten Produkten im Freiverkehr an der FWB
Rdnr.	Randnummer
RNM	Regelwerk Neuer Markt
S.	Seite
SecondQB	Second Quotation Board (im Freiverkehr der FWB)
SFMS Group	Swiss Financial Markets Services
Sog.	Sogenannte(r, es)

SWX	Swiss Exchange
TUG	Transparenzrichtlinie-Umsetzungsgesetz
u. U.	unter Umständen
Vgl.	Vergleiche
VGH	Verwaltungsgerichtshof
VO	Verordnung
WpDRL	Wertpapierdienstleistungsrichtlinie
WpHG	Wertpapierhandelsgesetz
WpPG	Wertpapierprospektgesetz
WpÜG	Wertpapiererwerbs- und Übernahmegesetz
Xetra	Exchange Electronic Trading
z. B.	zum Beispiel

Einleitung
Gegenstand und Gang der Untersuchung

Jahrzehntelang hat der Gesetzgeber den Freiverkehr an deutschen Börsen kaum beachtet. Der Freiverkehr führte ein weitgehend unreguliertes Dasein im Schatten des amtlichen Börsenhandels. Die rudimentäre gesetzliche Regulierung beschränkte sich auf das für den Schutz des öffentlich-rechtlichen Börsenhandels erforderliche Maß. Dies hat sich inzwischen ganz erheblich gewandelt. Der Gesetzgeber hat die durch die Umsetzung der europäischen Finanzmarktrichtlinie bedingte Neuordnung des Börsengesetzes zum Anlass genommen, die rechtlichen Vorgaben für die Organisation des Freiverkehrs an deutschen Börsen an einigen Stellen in nicht unerheblicher Weise zu ändern. Der Aktionismus des Gesetzgebers im Bereich der Freiverkehrsorganisation ist seit Beginn dieses Gesetzgebungsverfahrens bis heute, speziell in der 16. Legislaturperiode, von einer gewissen Inkonsequenz gekennzeichnet, die sich in einem Hin- und Herschwanken zwischen privatrechtlichen und öffentlich-rechtlichen Regulierungsansätzen manifestiert.

Dabei fällt vor allem auf, dass sich der Gesetzgeber allzu sehr von gerade aktuellen Problemen lenken und leiten lässt, ohne aber die notwendige Weitsicht an den Tag zu legen. Zwei Beispiele mögen der Veranschaulichung dienen:

(1) Im Gesetzgebungsverfahren zum Finanzmarktrichtlinie-Umsetzungsgesetz (FRUG)[1] von 2007 war lange angedacht, den Freiverkehr dem öffentlichen Recht zu unterstellen, um damit dem Freiverkehrsveranstalter die Möglichkeit einzuräumen, nachträgliche Vertragsänderungen gegenüber den Handelsteilnehmern ohne deren Zustimmung und wenn nötig gegen deren Willen durchzusetzen. Von diesem Vorhaben hat man erst im letzten Stadium des Gesetzgebungsverfahrens, in den Beratungen im Finanzausschuss, wieder Abstand genommen und sich für die Beibehaltung der privatrechtlichen Regulierung entschieden.

(2) Wenige Zeit später hat der Gesetzgeber im Rahmen der Novellierung des Pfandbriefrechts – im Übrigen eine Regelungsmaterie ohne unmittelbaren Zusammenhang zur Organisation des Freiverkehrs – kurzerhand beschlossen, den Freiverkehr zumindest partiell der Regulierung durch die öffent-

---

1 Das FRUG wurde am 29.03.2007 in der Fassung der Beschlussempfehlung des Finanzausschusses, BT-Drucksache 16/4883 mit den Stimmen der CDU/CSU, SPD, FDP und Bündnis 90/Die Grünen angenommen (Gesetz vom 16.07.2007 – BGBl. I 2007, S. 1330).

lich-rechtlich organisierte Börse zu unterstellen.[2] Der Grund für die neuerliche Änderung bestand allein in dem Bestreben, den Wirkungskreis des börslichen Sanktionsausschusses auch auf den Freiverkehr auszudehnen.[3] Damit wollte man erreichen, dass eine Verletzung von Freiverkehrsregularien börsenrechtlich und damit hoheitlich sanktioniert werden kann; bis dahin war der Freiverkehrsveranstalter aufgrund der rein privatrechtlichen Organisation gezwungen, mit Vertragstrafenregelungen zu operieren oder mitunter langwierige zivilverfahrensrechtliche Schritte gegen vertragspflichtwidrig handelnde Marktteilnehmer einzuleiten.

Schon diese beiden ersten Beispiele belegen die fehlende klare Linie des Gesetzgebers. Es ist nicht auszuschließen, dass der Gesetzgeber alsbald weitere Änderungen vornehmen wird. Allein die Schnelligkeit, mit der der Gesetzgeber Änderungen im Bereich der Freiverkehrsorganisation vorgenommen hat, lässt erhebliche Zweifel daran aufkommen, dass diese Maßnahmen und ihre Folgen im Detail vollständig durchdacht worden sind.

Gegenstand der vorliegenden Untersuchung soll nun genau dies sein. Nach einem Blick auf die historische Entstehung und Entwicklung des Freiverkehrs soll zunächst beleuchtet werden, wie sich der Freiverkehr heute in die europäische Finanzmarktrichtlinie einpasst. Sodann wird die derzeitige Organisation des Freiverkehrs betrachtet, wobei besonderes Gewicht auf die angesprochenen Neuerungen gelegt wird. Deren Tragfähigkeit soll geprüft und gegebenenfalls sollen Vorschläge für eine Neufassung der Regelungen erarbeitet werden. Abschließend sollen klassische und in der Rechtspraxis relevante Freiverkehrsprobleme erörtert werden.

Das Hauptaugenmerk der Untersuchung soll auf die Gegebenheiten des Freiverkehrs an der Frankfurter Wertpapierbörse (FWB) gelegt werden. Ergänzend werden jedoch erwähnenswerte Besonderheiten der Regionalbörsen in die Betrachtung mit einbezogen. Dies ist sinnvoll, weil es gerade den kleineren deutschen Börsen in der Vergangenheit immer wieder gelungen ist, mit innovativen Ideen Marktlücken zu füllen und unbetretene Pfade zu erschließen.

---

2 Gesetz zur Fortentwicklung des Pfandbriefrechts vom 30. März 2009, BGBl Teil 1 Nr. 16, S. 607, 620.

3 Die Zuständigkeit des Sanktionsausschusses für Regelwerksverletzungen im Freiverkehr war vom VG Frankfurt am Main (Az.: 1 E 2583/07) verneint worden, weil die Geschäftsbedingungen des Freiverkehrs keine börsenrechtlichen Vorschriften im Sinne von § 22 II BörsG 2007 seien.

1. Kapitel
Allgemeine Grundlagen und historische Entwicklung des Freiverkehrs

I. Wertpapierhandel im Freiverkehr

1. Was ist Freiverkehr

„Ein an der Börse (nur) geduldeter privatrechtlicher Zusatzmarkt“ [4]

Das Börsengesetz untergliedert den Wertpapierhandel an den deutschen Börsen in verschiedene Handelssegmente. Primär unterscheidet man zwischen Handel im regulierten Markt auf der einen und Handel im Freiverkehr auf der anderen Seite. Im Gegensatz zum Freiverkehr ist der regulierte Markt aufgrund europäischer Richtlinien-Vorgaben streng geregelt, insbesondere werden hohe Anforderungen sowohl an die Zulassung der Wertpapiere als auch an die von den Emittenten regelmäßig zu erfüllenden Zulassungsfolgepflichten gestellt. Der Freiverkehr unterliegt weniger strengen Vorschriften. Kennzeichnend für den Freiverkehr ist die Tatsache, dass in diesem Handelssegment Wertpapiere gehandelt werden können, deren Zulassung zum regulierten Markt verweigert oder aus den unterschiedlichsten Gründen nicht nachgesucht worden ist.[5] Im Freiverkehr werden Wertpapiere lediglich in den Handel einbezogen, ohne dass sie bei das recht komplexe öffentlich-rechtlich gestaltete Zulassungsverfahren für regulierte Märkte durchlaufen müssen. Neben der Trennung von reguliertem Markt und Freiverkehr gestattet es das Börsengesetz den Veranstaltern dieser Segmente, in sogenannten Teilbereichen weitere Untergliederungen nach Listingvoraussetzungen und -folgepflichten vorzunehmen.

Trotz der fehlenden formellen Zulassung werden die im Freiverkehr gelisteten Wertpapiere unter Verwendung der Börseneinrichtungen gehandelt und da-

4 So lautete eine vor der börsengesetzlichen Legitimierung durch das Börsenzulassungsgesetz von 1986 häufig verwendete Kurzbeschreibung für den Freiverkehr an deutschen Börsen, vgl. Schlüter, Börsenhandelsrecht, Abschnitt G Rdnr. 807; Kümpel, WM 1985, Sonderbeilage Nr. 5, 1, 7; ders./Hammen, WM 2000, Sonderbeilage Nr. 3, 1, 14; Waldeck/Süßmann, WM 1993, 361, 362.

5 Kümpel, WM 1985, Beilage Nr. 5, S. 3; Beyer, AG Report 2006, R48, R48; Leuering, Der Konzern 2006, 4, 7; Schwark, in: Schwark, KMRK, § 57 BörsG Rdnr. 2.

bei echte Börsenpreise festgestellt.[6] Der Wertpapierhandel im Freiverkehr ist bereits seit einiger Zeit vollständig in die technische Infrastruktur der Börse integriert, sodass in dieser Hinsicht die Unterschiede zwischen Freiverkehr und reguliertem Markt überschaubar sind. Dies mag ein Grund dafür sein, dass dem Freiverkehrshandel häufig auch das Attribut „Börsenhandel" zugeschrieben wird. Weil aber die als öffentlich-rechtliche Anstalt organisierte Börse den Freiverkehr bloß zulässt und diesen – abgesehen von den Regelungen bezüglich der Handelsordnung (§ 48 I S. 2 BörsG) – nicht selbst reguliert, ist der Freiverkehr kein vollständig integrierter Bestandteil der Börsenselbstverwaltung.[7] Die Organisationshoheit liegt – mit Ausnahme des Erlasses der besagten Handelsordnung – nicht bei der Börse, sondern bei dem Träger der Börse, der insoweit kein Teil der öffentlichen Verwaltung ist. Der Freiverkehr ist damit im Wesentlichen als privatrechtliche Marktveranstaltung konzipiert, die partiell der börslichen Regulierung und Aufsicht untersteht.[8] Wesentliche Unterschiede zwischen den Segmenten Freiverkehr und regulierter Markt bestehen im Bereich der Zulassungs- bzw. Einbeziehungsvoraussetzungen sowie im Bereich der Zulassungs- bzw. Einbeziehungsfolgepflichten, die von den Handelsteilnehmern bzw. Emittenten während des Listings zu erfüllen sind.

2. Wesen des Freiverkehrshandels

Vor allem wegen seiner Börsenangliederung unterliegt der an sich „unregulierte" Freiverkehr einigen qualitätssichernden normativen Einschränkungen, die der Organisationskompetenz des Freiverkehrsträgers entzogen sind. Beispielhaft seien hier vorab genannt: Börsenpreisniveau[9] (§ 24 I S. 2 BörsG), die Billigung des Freiverkehrsregelwerks durch die Geschäftsführung der Börse und den Erlass der Handelsordnung durch den Börsenrat (§ 48 I S. 1 BörsG), die Aufsicht durch die Börsenaufsichtsbehörde sowie die Handelsüberwachungsstelle, eine teilweise Sanktionierung durch den Sanktionsausschuss, die Regelungen bezüglich Insiderpapieren (§ 12 ff. WpHG) sowie die entsprechende Anwendung des Börsengesetzes (§ 48 III S. 2 BörsG). Diese Regelungen, die in weiten Teilen auf „normale" multilaterale Handelssysteme im Sinne der §§ 31f f. WpHG keine Anwendung finden, sowie vereinzelte Eingriffsbefugnisse der Börsenaufsichtsbehörde (§ 48 II BörsG) und der Börsengeschäftsführung (§ 48 I BörsG) sollen

6 Vgl. § 24 I S. 2 BörsG; § 116 III BörsO FWB; § 2 I HO BW-WB.
7 Kümpel, Bank- und Kapitalmarktrecht, Rdnr. 17.124.
8 Lenenbach, Kapitalmarkt- und Börsenrecht, Rdnr. 3.59.
9 Freiverkehrspreise sind Börsenpreise. Ein Qualitätsunterschied besteht seit Abschaffung der amtlichen Preisfeststellung durch das 4. FMFG nicht mehr.

die Börse insgesamt vor der Gefahr schützen, dass Missstände im Freiverkehr die Integrität der Institution Börse gefährden.[10] Damit hat der Gesetzgeber klargestellt, dass das „börsennahe" Handelssegment Freiverkehr nur unter der Maßgabe eines ordnungemäßen Funktionsablaufs stattfinden darf.[11]

Bezüglich der Einbeziehung von Wertpapieren in den Freiverkehr kann man unterscheiden zwischen der händlerveranlassten und der emittentenveranlassten Einbeziehung:

a) Händlerveranlasste Einbeziehung

Dem bei weitem größten Teil der in den Freiverkehr einbezogenen Aktien liegt ein Einbeziehungsentschluss vonseiten eines Handelsteilnehmers zugrunde, ohne dass dabei der Emittent der Wertpapiere in irgendeiner Form in die Einbeziehung involviert wäre. Häufig hat dieser nicht einmal Kenntnis vom örtlichen Handel „seiner" Wertpapiere.

Das Motiv des Handelsteilnehmers, ein bestimmtes Wertpapier in den Freiverkehr einzubeziehen, liegt darin, einen Markt zu kreieren, in dem er seinen eigenen Handelsbedarf stillen und darüber hinaus anderen Teilnehmern die Möglichkeit bieten kann, deren Handelsbedarf zu decken. Im Freiverkehr (Aktienhandel) bestimmt daher überwiegend die Nachfrage der Investoren das Angebot. Entwickelt sich im Markt aus bestimmten Gründen eine erhöhte Nachfrage oder ergibt sich diese erhöhte Nachfrage aus den Beziehungen des Handelsteilnehmers zu seinen Kunden/Investoren, wird er die Einbeziehung beantragen, um damit eigenen finanziellen Ertrag zu generieren.[12] Der Handelsteilnehmer signalisiert dem Markt mit der Einbeziehung des Wertpapiers, dass von seiner Seite aus Handelsbedarf in diesem Wertpapier besteht oder dass er zumindest die Entstehung eines Marktes für wahrscheinlich hält. Weil dem Handelsteilnehmer durch die Einbeziehung Kosten und Pflichten entstehen, wird er diese nur beantragen, wenn er von der Entwicklung eines Marktes überzeugt ist.

b) Emittentenveranlasste Einbeziehung

Auf der anderen Seite gibt es auch im Freiverkehr das klassische emittentenveranlasste Listing. Sieht ein Emittent die Notwendigkeit einer Kapitalaufnahme über die Börse, wird er mit einem Handelsteilnehmer in geschäftlichen Kontakt

10 Kümpel, Kapitalmarktrecht, Rdnr. 235 f.

11 Regierungsbegründung zum Börsenzulassungsgesetz, BT-Drucksache 10/4296, S. 18.

12 Kümpel, in: Kümpel/Hammen/Ekkenga, KMR, Loseblatt, Stand 5/04, Kz. 050 Rdnr. 238.

treten, der ihn – grob vereinfacht dargestellt – fundiert berät, den Antrag auf Einbeziehung stellt und gegebenenfalls die Wertpapiere bei den Investoren platziert. Im Freiverkehr übernimmt der Handelsteilnehmer dabei eine zentrale Rolle. Er steht zwischen Emittent und Freiverkehrsveranstalter, wird vom Emittenten beauftragt die Einbeziehung zu organisieren und agiert gegenüber dem Freiverkehrsveranstalter im eigenen Namen und regelmäßig auch für eigene Rechnung, sodass zwischen Emittent und Freiverkehrsveranstalter hinsichtlich der Einbeziehung in den allgemeinen Freiverkehr (Ausnahme: die Teilbereiche) grundsätzlich kein direktes Vertragsverhältnis entsteht (vgl. dazu unten 3. Kapitel Abschnitt V.) Der Handelsteilnehmer muss sich zudem üblicherweise gegenüber dem Freiverkehrsveranstalter verpflichten, dafür Sorge zu tragen, dass der Emittent bestimmte Einbeziehungsfolgepflichten erfüllt. Die Marktordnung im Freiverkehr ist somit auch im Rahmen der emittentenveranlassten Einbeziehung in weiten Teilen emittentenunabhängig ausgestaltet.[13]

Bei der emittentenveranlassten Einbeziehung kann man ferner nach Primär- und Sekundärnotierung unterscheiden. Unternehmen, die rechtlich (etwa wegen Unterschreitung der Zulassungsvoraussetzungen) und/oder wirtschaftlich (wegen zu geringer Umsätze oder fehlender Bekanntheit) für den regulierten Markt (noch) nicht geeignet sind, können sich im Rahmen einer Primärnotierung im Freiverkehr listen lassen. Im Gegensatz dazu sind Sekundär- oder Zweitnotierungen Einbeziehungen solcher Unternehmen, die bereits an einer anderen Börse im regulierten Markt oder einem entsprechenden ausländischen Markt notiert sind.

3. Historische Entwicklung

Um den Freiverkehr möglichst präzise in den Kontext des heutigen Börsenrechts einordnen zu können, ist es unerlässlich, sich mit seinem Ursprung und seiner rechtsgeschichtlichen Entwicklung zu befassen.

Historisch betrachtet entstand der Freiverkehr aus einem praktischen Bedürfnis der Handelsteilnehmer.[14] Nach der Einführung des amtlichen Handels – zunächst an der Börse Berlin durch die Berliner Börsenordnung von 1884 und später für alle Börsen des deutschen Reiches durch das Börsengesetz von 1896[15] – ergab sich zunehmend ein Bedürfnis der Handelsteilnehmer, neben den an der Börse amtlich notierten Werten auch solche Papiere zu handeln, deren Emittenten nicht gewillt oder nicht in der Lage waren, die hohen Anforderungen

13 Mülbert, ZHR 165 (2001), 104, 107.

14 Schwark, BörsG in der 2. Auflage, § 78 Rdnr. 1.

15 Vgl. RGBl. 1896, S. 157.

einer solchen amtlichen Notierung zu erfüllen.[16] Diese Forderung nach einem Freihandel unter Nutzung der Börseneinrichtungen steigerte sich stetig, insbesondere nach dem Ende des Ersten Weltkriegs.[17] Fand der Freiverkehr vor dem Jahre 1918 überwiegend außerhalb – teilweise gar vor der Tür – des Börsensaals statt,[18] zog er nach dem Krieg in den Börsensaal ein.[19]

Vor der Einführung des amtlichen Handels bestand kein Bedürfnis für die Veranstaltung eines Freiverkehrs. Die Börsen waren ursprünglich privat organisierte „Schöpfungen der Kaufleute"[20], die zunächst keine Differenzierung nach der Erfüllung bestimmter Eintrittsvoraussetzungen vorsahen. Zu dieser Zeit konnten praktisch alle handelbaren Papiere an einer Börse gekauft und verkauft werden.[21] Das Börsengesetz von 1896 sah jedoch einen Handel nur noch in solchen Wertpapieren vor, die zuvor von der börslichen Zulassungsstelle zugelassen (§ 36 BörsG 1896) und den Kursmaklern für eine amtliche Notierung[22] zugeteilt worden waren. Andere Wertpapiere, die die börsengesetzlichen Anforderungen an eine Zulassung zum amtlichen Handel nicht erfüllten, wurden vom börslichen Handel ausgeschlossen.[23] Den Händlern blieb für den Handel in sol-

---

16 Claussen, Die einzelnen Marktsegmente an deutschen Wertpapierbörsen, Beiträge zum Börsenrecht, Schriften zum deutschen und ausländischen Geld-, Bank- und Börsenrecht, Band 14, 45, 47; Kümpel, WM 1985, Sonderbeilage Nr. 5, 1, 8; Franke, in: Assmann/Schütze, § 2 Rdnr. 86.

17 Von 1914 bis Ende 1917 waren die deutschen Börsen geschlossen. Sämtliche Wertpapiere, auch solche, die zuvor amtlich notiert waren, wurden in dieser Zeit wie amtlich nicht notierte Werte behandelt und nur außerbörslich gehandelt (vgl. Scheller, Der Handel in amtlich nicht notierten Werten, S. 23; Gömmel, in: Deutsche Börsengeschichte, S. 221). Ähnliche Verhältnisse bestanden auch nach dem Zweiten Weltkrieg: 1945 erfolgte die Wiederaufnahme des nicht-amtlichen Handels nach siebenmonatiger Schließung. Die Wiedereröffnung des amtlichen Handels erfolgte erst nach der Währungsreform 1948.

18 So nach Harter/Franke/Hogrefe/Seger, S. 57; Franke, in: Assmann/Schütze, § 2 Rdnr. 86.

19 Nach Scheller waren die neuen Gesetzesvorschriften der Grund dafür, dass sich der Handel in amtlich nicht notierten Werten zunächst nur außerhalb der Börse vollzog. Nach Kriegsende konnte dies aufgrund der Zunahme des Handels in solchen Werten nicht weiter beibehalten werden (Scheller, Der Handel in amtlich nicht notierten Werten, S. 28).

20 Gömmel, in: Deutsche Börsengeschichte, S. 222.

21 Müller-Stahl, Der geregelte Freiverkehr, S. 3.

22 Vgl. zur amtlichen Notierung Schwark, BörsG in der 2. Auflage, § 29 Rdnr. 30. Die amtliche Notierung ist mit dem 4. Finanzmarktförderungsgesetz entfallen (ausführlich Hutter/Leppert, NZG 2002, 649, 650).

23 Scheller, Der Handel in amtlich nicht notierten Werten, S. 28.

chen Wertpapieren die Nutzung der Börseneinrichtungen verwehrt.[24] Neben weiteren in § 43 BörsG a. F.[25] normierten Beschränkungen war dies die gravierendste,[26] die einen organisierten Handel in amtlich nicht notierten Werten bedeutend erschwerte.[27] Die Händler ließen sich von diesen Umständen jedoch nicht daran hindern, einen organisierten Freihandel in eigener Verantwortung zu betreiben. Dieser Handel, der zunächst überwiegend als „Handel in amtlich nicht notierten Werten" betitelt wurde, fand trotz der gesetzlichen Barrieren regen Zuspruch, weil bei Kreditinstituten und freien Maklern Bedarf am Handel in solchen Papieren bestand.

Vonseiten der Legislative und der Börsenverantwortlichen wurde der börseninterne Freihandel geduldet, weil er sich vor allem aus praktischen Gesichtspunkten nicht unterbinden ließ.[28] Schlossen Handelsteilnehmer im Börsensaal neben dem eigentlichen Börsenhandel untereinander private Wertpapiergeschäfte ab, konnte das niemand mit Nachdruck verhindern.[29] Zudem wollten die Börsenverantwortlichen auch keine ökonomisch irrationalen Zustände provozieren, die den Börsenhandel selbst belastet hätten. Denn bei zwangsweiser Durchset-

---

24 Die Börsen-Enquete-Kommission, die ihre Sitzungen am 6. April 1892 im Saale des Reichsbankgebäudes eröffnete, begründete den Ausschluss der amtlich nicht notierten Wertpapiere mit dem Hinweis, dass nur eine klare Trennung vom amtlichen Handel die nötige Sicherheit für die Einhaltung der neuen Gesetzesnormen böte. Ferner hielt man die nicht zugelassenen Wertpapiere für minderwertig. (vgl. dazu die Darstellung bei Scheller, Der Handel in amtlich nicht notierten Werten, S. 28); Mues nennt kriminelle Hintergründe als treibendes Motiv (ZBB 1997, 15, 19). So sollen Anleihen wirtschaftlich illiquider Schuldner am Markt platziert oder gar Scheinaktiengesellschaften gegründet und das Kapital veruntreut worden sein. Diese Zustände hätten einen gewichtigen Teil zu den gesetzlichen Beschränkungen im Börsengesetz beigetragen.

25 Börsengesetz vom 22.6.1896 (RGBl. S. 157) in der Fassung der Bekanntmachung vom 27.5.1908 mit Änderungen durch das 1. Gesetz zur Reform des Strafrechts vom 25.6.1969, abgedruckt bei Sieg/Degner, Ordnungsnr. 1; siehe auch die Darstellung im Anhang.

26 Unter dem Begriff der Börseneinrichtung wurde nicht der Börsensaal als solcher gefasst, sondern alle unter der Leitung der Börsenorgane stehenden Einrichtungen: Börsenschiedsgerichte, Sachverständigenkommission, Liquidationskassen (Scheller, Der Handel in amtlich nicht notierten Werten, S. 28).

27 Dove, in: Kommentar zum Börsengesetz, § 43 Anm. 4, der zudem – bereits 1909 (!) – das Verbot der Kurszettelveröffentlichung kritisierte. Seiner Ansicht nach wäre der Zweck der Abgrenzung vom Börsenhandel bereits durch einen bloßen Hinweis gewährleistet gewesen, der klarstellt, dass es sich hier nicht um Börsenpreise handelt.

28 Schwark, in: Schwark, KMRK, § 57 BörsG Rdnr. 1; Beyer, AG Report 1996, R 48, R 48.

29 Scheller, Der Handel in amtlich nicht notierten Werten, S. 29; Kümpel, WM 1985, Beilage Nr. 5, S. 8.

zung eines absoluten Handelsverbots wären die Handelsteilnehmer schlicht genötigt gewesen, vor die Tür des Saals zu treten, um Geschäfte in nicht zugelassenen Papieren abzuschließen. Solche Zustände waren in niemandes Sinne. Deshalb wurde der Freiverkehr unter gewissen Vorgaben toleriert.[30] § 43 BörsG a. F.[31] lautete:

> *Für Wertpapiere, deren Zulassung zum Börsenhandel verweigert oder nicht nachgesucht ist, darf eine amtliche Feststellung des Preises nicht erfolgen. Geschäfte in solchen Wertpapieren sind von der Benutzung der Börseneinrichtung ausgeschlossen und dürfen von den Kursmaklern nicht vermittelt werden. Auch dürfen für solche an der Börse abgeschlossenen Geschäfte Preislisten (Kurszettel) nicht veröffentlicht oder in mechanisch hergestellter Vervielfältigung verbreitet werden, soweit nicht die Börsenordnung für besondere Fälle Ausnahmen gestattet.*

Mit dieser Regelung sollte der Freiverkehr nicht – wie man nach der Lektüre des Wortlauts meinen könnte – vollständig verboten werden.[32] Zweck der Regelung war es lediglich, einen organisierten Handel in amtlich nicht notierten Werten vom eigentlichen Börsenhandel abzugrenzen und damit auch optisch eine scharfe Trennung vom amtlichen Handel zu erreichen, um den Anlegern zu verdeutlichen, dass bei einer Investition in derartige Wertpapiere erhöhte Gefahren bestehen.[33] Neben dem bereits erwähnten Verbot der Benutzung der Börseneinrichtungen[34] war es den Kursmaklern ferner untersagt, Kurse in diesen Werten amtlich festzustellen und Geschäftsabschlüsse zu vermitteln. Zudem durften Preislisten (Kurszettel) für solche Geschäfte nicht veröffentlichet werden.[35] Mit

---

30 Schwark, BörsG in der 2. Aufl., § 78 Rdnr. 1; Schlüter, Börsenhandelsrecht, Abschnitt G Rdnr. 807.

31 Zu den unterschiedlichen Fassungen der Freiverkehrsnormen im Börsengesetz vgl. den Überblick im Anhang.

32 So etwa Baumbach/Hopt, HGB in der 27. Auflage, Ordnungsnr. 14, § 43 BörsG Rdnr. 2: § 43 BörsG a. F. stehe einem geregelten Freiverkehr nicht entgegen; ebenso Ledermann, in: Schäfer/Hamann (Hrsg.), KMG 2. Aufl. 1. Lfg. 01/2006, § 57, Rdnr. 1.

33 Ledermann, in: Schäfer (Hrsg.), 1. Aufl., § 78 BörsG Rdnr. 1; Schwark, BörsG in der 1. Aufl. 1976, § 43 Rdnr. 1; Bremer, Grundzüge des Börsenrechts, S. 113; Scheller, Der Handel in amtlich nicht notierten Werten, S. 28.

34 Schwark, BörsG in der 1. Aufl., § 43 Rdnr. 1, 4 f.; Kleinwächter, BB 1987, 1541, 1542; Bremer, Grundzüge des Börsenrechts, S. 113.

35 Schwark, BörsG in der 1. Aufl., § 43 Rdnr. 2. Jedoch wurden Geld- und Briefkurse der im geregelten Freiverkehr gehandelten Wertpapiere als Beiblatt zum amtlich Kursblatt unter besonderer Kennzeichnung ihrer Nichtamtlichkeit sowie in der Tagespresse veröffentlicht.

dem Verbot der Preislistenveröffentlichung wollte man eine Zersplitterung und Desorganisation des Freihandels herbeiführen.[36]

Die Anfänge: „In einer Ecke des Börsensaals stellt sich jemand hin und ruft Preise aus.“

Trotz dieser beschwerlichen Umstände erfolgte der Handel im börseninternen Freiverkehr im Laufe der Zeit in mehr und mehr geordneten Bahnen.[37] Bereits ab dem Jahre 1912 verfasste die beim Centralverband des deutschen Bank- und Bankiergewerbes e. V. (Berlin) errichtete „Ständige Kommission für Angelegenheiten des Handels in amtlich nicht notierten Werten“[38] Handelsbedingungen (Usancen), die allgemeine Regeln für den Handel und die Geschäftsabwicklung in den verschiedenen Finanzwerten enthielten.[39] Das war notwendig geworden, weil der Handel in amtlich nicht notierten Werten unter zahlreichen Streitigkeiten litt, deren Ursache man im Fehlen einheitlicher Usancen ausmachte.[40] Auf die Regelungen und Institutionen des amtlichen Marktes – insbesondere die Schiedsgerichte, die eine schnelle Entscheidung bei Differenzen herstellten – konnte wegen § 43 BörsG a. F. nicht zurückgegriffen werden.[41] Hinzu kam, dass in dieser Zeit das Handelsvolumen in amtlich nicht notierten Werten stetig zunahm, was eine einheitliche Regelung der Geschäftsabläufe dringend erforder-

36 Scheller, Der Handel in amtlich nicht notierten Werten, S. 80.

37 Daher rührt auch die Bezeichnung „geregelter Freiverkehr“; ausführlich bei Müller-Stahl, Der geregelte Freiverkehr, S. 6–11.

38 Die Kommission wurde aus jeweils 2 Vertretern der bestehenden Börsenplätze gebildet. In § 1 Nr. 1 GeschO (Geschäftsordnung der Kommission, abgedruckt bei Sieg-Degner, Börsenrecht, 2. Auflage, Ordnungsnummer 12) heißt es sinngemäß, Aufgabe der Kommission sei es unter anderem, Usancen, die sich im Geschäftsverkehr mit amtlich nicht notierten Wertpapieren gebildet haben, zu ermitteln und bekanntzugeben sowie die Vereinheitlichung und Bildung neuer Usancen anzubahnen und zu fördern.
Die Ständige Kommission wurde mit der Einstellung des geregelten Freiverkehrs im Jahre 1987 aufgelöst.

39 Usancen der ständigen Kommission für Angelegenheiten des Handels in amtlich nicht notierten Werten, festgestellt erstmalig am 11.12.1912, veröffentlicht am 1.1.1913 im Bankarchiv 1913, Band XII, 99; Fassung von 1973 abgedruckt bei Schwark, BörsG in der 1. Auflage, Anhang III Nr. 8 sowie in WM 1973, S. 1034.

40 Scheller, Der Handel in amtlich nicht notierten Werten, S. 31; Hoeren, Selbstregulierung im Banken- und Versicherungsrecht, S. 219.

41 Die von der Ständigen Kommission erstellten Centralverbandsusancen (CVU) sahen in § 32 eine Schiedskommission vor, die in allen Streitigkeiten betreffend Geschäfte in amtlich nicht notierten Werten zuständig war. Voraussetzung war, dass bei Abschluss des jeweiligen Geschäfts die Zugrundelegung der CVU bestimmt worden war. Die Existenz einer solchen Bestimmung wurde vermutet.

lich machte. Auf dem 4. Allgemeinen Deutschen Bankierstag in München (1912) wurde die Errichtung der Kommission begrüßt und empfohlen, die Usancen bei allen Geschäften in diesen Werten zugrunde zu legen. Des Weiteren sollte in Streitfällen anstelle der ordentlichen Gerichte die Schiedsgerichtskommission des Centralverbandes anzurufen sein.[42]

Aufgrund der Missstände im Handel mit amtlich nicht notierten Werten[43] zu Beginn der 20er Jahre des 20. Jahrhunderts ordnete die Ständige Kommission am 5.10.1921 an, dass künftig an jedem Börsenplatz ein (Freiverkehrs-) Ausschuss zu bilden sei.[44] Diese Ausschüsse bildeten sozusagen Ortsausschüsse der Ständigen Kommission.[45] Ihnen wurde etwa die Kompetenz eingeräumt, ungeeignete Wertpapiere mit vorläufiger Wirkung vom Handel an sämtlichen deutschen Börsenplätzen auszuschließen.[46] Ihre Mitglieder wurden entweder vom Vorstand des Trägervereins[47], dessen Mitgliederversammlung[48] oder vom Börsenvorstand[49] aus den Reihen der Börsenbesucher berufen. Diese Freiverkehrsausschüsse[50] gaben sich vereinzelt eigene Geschäftsordnungen[51] und erlie-

42 Bank-Archiv 12 (1912), 49.

43 Die Missstände lagen meist in Folgendem begründet: Die Unternehmen waren oftmals noch im Anfangsstadium ihrer Entwicklung. Bekanntmachungen von Unternehmensdaten blieben entweder ganz aus oder waren nicht aussagekräftig. Vielfach wurde nicht einmal eine Jahresabschlussbilanz veröffentlicht. Die Marktliquidität war schwach, manche Papiere wurden nach der Emission gar nicht gehandelt. Hinzu kam schließlich, dass viele Emittenten schlicht unseriös waren und etwa durch unzulässige Reklame und Preistreiberei den vernünftig wirtschaftenden Unternehmen die Kapitalgeber abwarben (Einzelheiten bei Scheller, Der Handel in amtlich nicht notierten Werten, S. 110 ff.).

44 Vgl. Bekanntmachung im Bankarchiv vom 15.10.1921.

45 Franke, in: Assmann/Schütze, Handbuch des Kapitalanlagerechts, 1. Aufl., § 2 Rdnr. 39.

46 Müller-Stahl, Der geregelte Freiverkehr, S.10; Scheller, Der Handel in amtlich nicht notierten Werten, S. 115.

47 Vgl. etwa § 2 II GO des Ausschusses der Börse München in der Fassung von 1969; § 2 GO des Ortsausschusses der Börse Hannover in der Fassung von 1969; § 2 GO des Ausschusses an der Börse Hamburg in der Fassung vom 11.11.1952.

48 So an der Börse Düsseldorf, vgl. § 2 GO des Ausschusses der Börse Düsseldorf in der Fassung vom 1.8.1952.

49 So gemäß § 3 II der GO des Freiverkehrs-Ausschusses an der Börse Stuttgart in der Fassung vom 1.1.1951. Dort war ausdrücklich normiert, dass die Ausschussmitglieder aus den Reihen der Börsenbesucher stammen müssen.

50 Die Bezeichnung für dieses Gremium war nicht einheitlich. Während heutzutage nur noch der Begriff Freiverkehrsausschuss gebräuchlich ist, wurden früher verschiedene Termini verwendet: Ortsausschuss (etwa an der Börse Hannover); Unnotierter Ausschuss (so bei Obst/Hintner, Geld-, Bank- und Börsenwesen S. 563), Ausschuss für Geschäfte in amtlich nicht notierten Werten (Börse Düsseldorf).

ßen Richtlinien.[52] Diese Freiverkehrs-Richtlinien enthielten Vorgaben für die Organisation des Handels, insbesondere für die Einbeziehung der Wertpapiere und die Schlichtung von Streitigkeiten unter den Händlern. Hauptaufgabe der Ausschüsse war es – und ist es auch heute noch, soweit sie an der jeweiligen Börse noch existieren[53] –, über die beantragte Einbeziehung der Wertpapiere zu befinden und den Handel in diesen Papieren zu überwachen.[54] Damit erhielt der Freiverkehr einen eigenen privatrechtlich strukturierten Rechtsrahmen.

Die „Ständige Kommission" war zunächst als Dachorganisation der an den einzelnen Börsen errichteten Ausschüsse für Geschäfte in amtlich nicht notierten Werten eingerichtet.[55] Die Konstruktion einer Dachorganisation wurde jedoch nach dem Ende des Zweiten Weltkriegs aufgegeben. Die am 9.12.1952 wieder ins Leben gerufene Ständige Kommission sollte zukünftig nach dem Willen der örtlichen Ausschüsse und dem Verband des privaten Bankgewerbes nicht mehr übergeordnet, sondern nur noch als eine von den Ausschüssen getragene Arbeitsgemeinschaft bestehen.

---

51 Vgl. etwa Hanseatische Wertpapierbörse in Hamburg, Fassung vom 11.11.1952 abgedruckt bei Sieg/Degner, S. 437; Niedersächsische Börse zu Hannover, abgedruckt bei Sieg/Degner, S. 483; Bayerische Börse München, abgedruckt bei Sieg/Degner, S. 515; Wertpapierbörse Stuttgart, Fassung vom 1.1.1951, abgedruckt bei Sieg/Degner, S. 541.

52 Vgl. etwa die Richtlinien des Ausschusses für Geschäfte in amtlich nicht notierten Werten an der Rheinisch-Westfälischen Börse zu Düsseldorf vom 1.8.1955; Richtlinien für die Einbeziehung von Wertpapieren gemäß § 1 I der GeschO des Ausschusses für Geschäfte in amtlich nicht notierten Werten an der Hanseatischen Wertpapierbörse in Hamburg (geregelter Freiverkehr) vom 11.11.1952; Richtlinien für die Ausübung der Tätigkeit des Ausschusses für Geschäfte in amtlich nicht notierten Werten an der Bayerischen Börse in München; Richtlinien für die Ausübung der Tätigkeit des Ausschusses für den Handel in amtlich nicht notierten Werten an der Wertpapierbörse in Stuttgart vom 1.1.1951, sämtlich abgedruckt bei Sieg-Degner.

53 Die Tendenz geht dahin, dass diese Aufgabe von den als Kapitalgesellschaft organisierten Börsenträgern übernommen wird (z. B. die Deutsche Börse AG, § 1 II FV-AGB FWB).

54 Samm, Börsenrecht, S. 62 und 99; Franke, in: Assmann/Schütze, § 2 Rdnr. 39; Schmidt, in: Bank- und Börsenwesen, S. 163 (3.3.1.2.); Obst/Hintner, Geld-, Bank-, und Börsenwesen S. 562; Müller-Stahl, Der geregelte Freiverkehr, S. 99. Der Ortsausschuss an der Wertpapierbörse Berlin stellte am 20.2.1923 erstmalig Freiverkehrsrichtlinien auf, die die Einbeziehung der Wertpapiere regelten.

55 Kümpel, WM 1985, Sonderbeilage Nr. 5, 1, 8.

In dem bis dahin von Händlervereinigungen[56] getragenen Freiverkehr wurden die Geschäfte über zum Börsenhandel zugelassene Freimakler vermittelt oder von ihnen im Wege des Selbsteintritts auf eigene Rechnung abgeschlossen.[57] Sie vollzogen den Handel im Börsensaal nach den vom örtlichen Freiverkehrsausschuss erstellten Richtlinien und den Usancen der Ständigen Kommission.[58] Kurse für amtlich nicht notierte Werte wurden von ihnen ermittelt, sodann vom örtlichen Freiverkehrsausschuss als „Spannpreise" (Spanne zwischen Geld und Briefkurs)[59] festgesetzt und regelmäßig in Preislisten als Beiblatt zum amtlichen Kursblatt sowie in Tageszeitungen veröffentlicht.[60] Aufgrund der Zunahme des Handelsvolumens in nicht amtlich notierten Werten nach dem ersten Weltkrieg erfolgte entgegen dem eindeutigen Wortlaut von § 43 BörsG a. F. die regelmäßige Veröffentlichung von Kursen. Die Börsenpraxis sah in besagter Norm ein nicht mehr tragbares Verkehrshindernis.[61]

Bis zur Börsenrechtsreform im Jahre 1987[62] unterschied man zwischen geregeltem und ungeregeltem Freiverkehr.[63] Der ungeregelte Freiverkehr entwi-

---

56 Auch an den Börsen fungierten zunächst keine gewinnorientierten Aktiengesellschaften, sondern Industrie- und Handelskammern (sog. Kammerbörsen) oder privatrechtliche Vereine (sog. Vereinsbörsen) als Börsenträger (Samm, Börsenrecht, S. 52.). Letztere schlossen sich zusammen aus den am Marktgeschehen beteiligten freien Maklern und den zugelassenen Kreditinstituten, vgl. Regierungsbegründung zum Börsenzulassungsgesetz, BT-Drucksache 10/4296, S. 11; Kümpel, Bank- und Kapitalmarktrecht, Rdnr. 17.631 (Fn. 2); Ledermann, in: Schäfer/Hamann (Hrsg.), KMG, 2. Aufl., 1.Lfg., 01/2006, Vor § 49 Rdnr. 4.

57 Samm, Börsenrecht, S. 81; Obst/Hintner, Geld-, Bank- und Börsenwesen, S. 605; Franke, in: Assmann/Schütze, Handbuch des Kapitalanlagerechts, § 2 Rdnr. 72; Walter, WM 1986, 1489, 1489; Harter/Franke/Hogrefe/Seger, 2.8.3 (S. 53). Der Freimakler wurde vom Börsenvorstand zum Handel zugelassen (1975 erstmals börsengesetzlich in § 7 BörsG a. F. geregelt).

58 Im Gegensatz zu den Freimaklern durften die für die Preisfeststellung im amtlichen Markt zuständigen Kursmakler nur in den ihnen zugeteilten Wertpapieren tätig werden. Der Tätigkeitsbereich der Freimakler war dagegen nicht auf den Freiverkehr beschränkt; sie konnten auch mit zum Börsenhandel zugelassenen Werten und denen des Telefonverkehrs Handel treiben.

59 Samm, Börsenrecht, S. 87.

60 Schönle, Bank- und Börsenrecht, § 45 IV (S. 458).

61 Dazu ausführlich Scheller, Der Handel in amtlich nicht notierten Werten, S. 83.

62 Börsenzulassungsgesetz vom 16.12.1986, im Wesentlichen in Kraft getreten am 1.5.1987, BGBl. I 1986, 2478.

63 Die Bezeichnung „geregelter Freiverkehr" entstand in den 30er Jahren. Der Begriff „ungeregelter Freiverkehr" kam dagegen erst später auf, wobei sich der exakte Zeitpunkt nicht bestimmen lässt (vgl. Harter/Franke/Hogrefe/Seger, 2.9.3. (S. 57). Regie-

ckelte sich aus dem von Kreditinstituten und Maklern praktizierten Telefonverkehr.[64] Er umfasste solche Wertpapiere, die nicht zum amtlichen Handel zugelassen oder in den geregelten Freiverkehr einbezogen waren.[65] In Frankfurt am Main gab etwa die Vereinigung Frankfurter Effektenhändler e. V. täglich eine von einem Redaktionsausschuss erstellte rote Liste über Angebot und Nachfrage für solche Wertpapiere heraus.[66] Dieser Handel war deutlich weniger reguliert als der geregelte Freiverkehr.[67] Die Börsen sahen hier zum Beispiel keine Regelungen für die Einbeziehung der Wertpapiere vor.[68] Die Statuierung von Handelsrichtlinien war im ungeregelten Freiverkehr die Ausnahme.[69]

Mit dem Inkrafttreten des Börsenzulassungsgesetzes am 01.05.1987 erfolgte eine Umstrukturierung der Handelssegmente an der Börse und gleichzeitig die erstmalige Regulierung des Freiverkehrs im Börsengesetz (§ 78 BörsG a. F.):

> *In Wertpapieren, die weder zur amtlichen Notierung noch zum geregelten Markt zugelassen sind, dürfen Preise einschließlich Angebot und Nachfrage nach näherer Bestimmung durch die Börsenordnung ausgerufen, ermittelt oder veröffentlicht werden, wenn ein ordnungsgemäßer Handel an der Börse gewährleistet erscheint.*

---

rungsbegründung zum Börsenzulassungsgesetz, BT-Drucksache 10/4296, S. 11; Schönle, Bank- und Börsenrecht, § 44 I 2. (S. 454).

64 Vom Telefonverkehr, in dem ausschließlich nicht zugelassene Wertpapiere gehandelt werden (OTC-Markt), unterscheidet man heute auch den Telefonhandel (auch Vor- und Nachbörslicher Handel genannt), in dem die im regulierten Markt zugelassenen Wertpapiere außerhalb der Börsenzeiten gehandelt werden(vgl. Samm, Börsenrecht, S. 100; Schlüter, Börsenhandelsrecht, Abschnitt G, Rdnr. 810; Ledermann, in: Schäfer/Hamann (Hrsg.), KMG 2. Aufl., 1.Lfg., 01/2006, Vor § 49, Rdnr. 5; Baumbach/Hopt, HGB, § 48 BörsG Rdnr. 10.

65 Schlüter, Börsenhandelsrecht, Abschnitt G Rdnr. 810; Bremer, Grundzüge des Börsenrechts, S. 114; Müller-Stahl, Der geregelte Freiverkehr, S. 19; Obst/Hintner, Geld-, Bank-, und Börsenwesen, S. 562.

66 Dabei prüfte der Redaktionsausschuss lediglich überschlägig die Bilanzen und Geschäftsberichte der Emittenten, bevor deren Wertpapiere in die Liste aufgenommen wurden (vgl. Samm, Börsenrecht, S. 100).

67 Samm, Börsenrecht, S. 100; Franke, in: Assmann/Schütze, Handbuch des Kapitalanlagerechts in der 1. Aufl., § 2 Rdnr. 89.

68 Franke, in: Assmann/Schütze, Handbuch des Kapitalanlagerechts in der 1. Aufl., § 2 Rdnr. 87.

69 Eine solche Ausnahme waren die Richtlinien der Bayerischen Börse in München, abgedruckt in WM 1985, 146.

Teil des Börsenzulassungsgesetzes war außerdem die Schaffung des Marktsegments „geregelter Markt“ (§§ 71 ff. BörsG 1987).[70] Dieses – ebenso wie der amtliche Markt – öffentlichrechtlich organisierte Segment war vom Gesetzgeber eingerichtet worden, um die Eigenkapitalbasis kleinerer und mittelständischer Unternehmen zu verbessern, indem ihnen der Zugang zur Börse mit einem entsprechend auf sie abgestimmten Anforderungsprofil erleichtert wurde.[71] Der geregelte Markt sah im Vergleich zum amtlichen Markt herabgesetzte Anforderungen sowohl an die Zulassungsbedingungen als auch an die Zulassungsfolgepflichten vor.[72] Damit wurden erstmals auch Wertpapiere mit nicht-amtlicher Notierung (im geregelten Markt) zur Börse zugelassen.[73] Dieses Segment wollte auch Emittenten ansprechen, die zuvor nur im geregelten Freiverkehr notiert waren.[74] In § 97 II BörsG 1987 wurde ihnen die Möglichkeit eröffnet, durch einfache Erklärung gegenüber dem Börsenvorstand[75] in den geregelten Markt zu wechseln.

70 Mit dem Finanzmarktrichtlinie-Umsetzungsgesetz (FRUG) wurde dieses Marktsegment wieder abgeschafft. Begründet wurde dieser Schritt damit, dass die Unterscheidung zwischen amtlichem und geregeltem Markt nicht mehr zeitgemäß sei. Durch die Möglichkeiten der Börsen, in Teilbereichen zusätzliche Zulassungs- und Zulassungsfolgepflichten einzuführen, bestehe ein hinreichender Gestaltungsspielraum, eine den Bedürfnissen des Marktes entsprechende Marktstruktur zu schaffen. Außerdem seien die beiden Marktsegmente im Bereich der Zulassungsfolgepflichten inzwischen durch die verbindlichen Vorgaben der EU-Transparenzrichtlinie (2004/109/EG) im Hinblick auf die Transparenzpflichten der Emittenten soweit angeglichen worden, dass sich der Nutzen einer Zweiteilung des Marktes als marginal darstelle.

71 Schäfer, ZIP 1987, 953, 953, Zacharias, Börseneinführung mittelständischer Unternehmen, S. 193.

72 Regierungsbegründung zum Börsenzulassungsgesetz, BT-Drucksache 10/4296, S. 11; Ledermann, in: Schäfer/Hamann (Hrsg.), KMG 2. Aufl., 1.Lfg., 01/2006, Vor § 49, Rdnr. 2; Mues, ZBB 1997, 15, 23; Franke, in: Assmann/Schütze, Handbuch des Kapitalanlagerechts, Ergänzungsband, Stand März 1999, § 2 Rdnr. 80; Baumbach/Hopt, HGB in der 28. Aufl., § 78 BörsG Rdnr. 1, der auf die eigentliche Intention des Gesetzgebers verweist, die darauf abzielte, Emittenten des geregelten Freiverkehrs in den geregelten Markt zu locken.

73 Vgl. dazu Hopt, WM 1985, 793; Schwark, NJW 1987, 2041, 2045; Eine amtliche Notierung wurde nur im amtlichen Markt vorgenommen (vgl. Kümpel Bank- und Kapitalmarktrecht, Rdnr. 17.601 ff.). Die amtliche Notierung wurde mit dem 4. Finanzmarktförderungsgesetz vom 26.6.2002 (BGBl. I, 2002, S. 2010 ff.) abgeschafft.

74 Vgl. dazu Franke, in: Assmann/Schütze, Handbuch des Kapitalanlagerechts, Ergänzungsband, Stand März 1999, § 2 Rdnr. 89.

75 Der Börsenvorstand war bis 1994 das zentrale Organ der Börse. Erst mit dem 2. FMFG schuf man eine Börsenorganisation nach aktienrechtlichem Vorbild, um damit durch ein professionell tätiges Management die Wettbewerbsfähigkeit der deutschen Börsen zu

Als offiziell drittes Marktsegment[76] an deutschen Börsen bekam der Freiverkehr mit dem Börsenzulassungsgesetz die Anerkennung, die ihm der Gesetzgeber lange verwehrt hatte.[77] Das Verbot der Nutzung der Börseneinrichtungen wurde damit für die bloß in den Freiverkehr einbezogenen Wertpapiere aufgehoben.[78]

Gleichzeitig ging mit der Einführung des § 78 BörsG 1987 auch eine Erhöhung der Einflussnahme vonseiten der Börse auf den Freiverkehr einher.[79] Bis dahin war weitgehend unstreitig, dass den Börsenorganen keine Kompetenz für ein Tätigwerden im Bereich des Freiverkehrs zustand, weil dieser ausschließlich privatrechtlich organisiert und im rechtlichen Sinne nicht in die Börse integriert war.[80] Mit der Neufassung des § 78 BörsG 1987 wurden jedoch die Preisfeststellung und deren Veröffentlichung der Regulierung durch die Börsenordnung sowie der Bedingung der Gewährleistung eines ordnungsgemäßen Handels unterstellt. Die Bewertung der Frage, ob ein ordnungsgemäßer Handel noch gewährleistet ist, oblag letztlich dem Börsenvorstand.[81] Bestand etwa der begründete Verdacht von Handelsunregelmäßigkeiten, war dieser befugt, den Handel im Freiverkehr auszusetzen oder gar zu untersagen.[82]

Insgesamt ging der Gesetzgeber mit der neuen Vorschrift deutlich über die von der Praxis geforderte gesetzliche Anerkennung des Freiverkehrs an deutschen Börsen hinaus. § 78 BörsG 1987 unterstellte den Freiverkehr zumindest in Bezug auf die Ausrufung, Ermittlung und Veröffentlichung von Preisen der

---

erhöhen: Die Geschäftsführung als Leitungsorgan einerseits, das diejenigen Aufgaben erfüllt, die der tägliche Börsenbetrieb mit sich bringt, und der Börsenrat andererseits, dem Kontrollaufgaben und autonome Rechtssetzungskompetenzen zugewiesen sind.

76 Der Freiverkehr als börsengesetzlich anerkanntes Handelssegment löste den bisher bestehenden geregelten Freiverkehr ab. Emittenten hatten bis Mai 1988 die Möglichkeit, ihre Wertpapiere im neu geschaffenen geregelten Markt listen zu lassen. Wurde davon kein Gebrauch gemacht, wurden sie in den Freiverkehr überführt.

77 Regierungsbegründung zum 2. Finanzmarktförderungsgesetz, BT-Drucksache 12/6679, S. 75; Fölsch, in: Hellner/Steuer, BuB, Loseblatt, Stand 03.04, Rdnr. 7/604; Franke, in: Assmann/Schütze, Handbuch des Kapitalanlagerechts, § 2 Rdnr. 87; Harter/Franke/Hogrefe/ Seger, S. 57.

78 Regierungsbegründung zum Börsenzulassungsgesetz, BT-Drucksache 10/4296, S. 18. Die Praxis kam dem z. B. bei der Benutzung der Abrechnungssysteme zuvor, die schon seit geraumer Zeit für den gesamten Börsenhandel eingesetzt wurden.

79 Schwark, in: Schwark, KMRK, § 57 BörsG Rdnr. 1.

80 Kümpel, WM 1985, Sonderbeilage Nr. 5, S. 11; v. Rosen, Handbuch des Kapitalanlagerechts in der 1. Aufl., § 2 Rdnr. 199.

81 v. Rosen, Handbuch des Kapitalanlagerechts in der 1. Aufl., § 2 Rdnr. 199.

82 Lenenbach, Kapitalmarkt- und Börsenrecht, Rdnr. 3.59; Schwark, BörsG in der 2. Aufl., § 78 Rdnr. 3.

Börsenordnung und damit einer partiellen Reglementierung durch die Börse.[83] Damit wurde der Börse nicht nur ein weiter Handlungs- und Eingriffsbereich vorbehalten, der dafür vorgesehen war, die Ordnungsmäßigkeit des Handels sicherzustellen,[84] sondern auch eine eigene Regelungsbefugnis, von der die Börsen in der Praxis auch Gebrauch machten.[85] Später wurde deshalb vielfach diskutiert, ob der Freiverkehr aufgrund dieser Vorschrift ein von staatlich anerkannten Stellen „regulierter Markt" im Sinne der Wertpapierdienstleistungsrichtlinie[86] sei und demzufolge die Emittenten der im Freiverkehr gehandelten Papiere etwa der Ad-hoc-Berichterstattungspflicht (eingeführt durch die Insider-Richtlinie[87]) unterlägen. Mit der Neufassung von § 78 BörsG durch das 2. Finanzmarktförderungsgesetz (FMFG)[88] im Jahre 1994 stellte der Gesetzgeber dagegen klar, dass nur der Freiverkehrsträger den Freiverkehr reglementiert und dieser daher kein staatlich regulierter Markt in besagtem Sinne ist.[89] § 78 BörsG 1994 lautete:

> (1) Für Wertpapiere, die weder zum amtlichen Handel noch zum geregelten Markt zugelassen sind, kann die Börse einen Freiverkehr zulassen, wenn durch Handelsrichtlinien eine ordnungsgemäße Durchführung des Handels und der Geschäftsabwicklung gewährleistet erscheint.
>
> (2) Preise für Wertpapiere, die während der Börsenzeit an einer Wertpapierbörse im Freiverkehr ermittelt werden, sind Börsenpreise. Börsenpreise sind auch Preise, die sich für die im Freiverkehr gehandelten Wertpapiere in einem an einer Börse durch die Börsenordnung geregelten elektronischen Handelssystem oder an Börsen bilden, an denen nur ein elektronischer Handel stattfindet. Die Börsenpreise müssen die Anforderungen nach § 11 Abs. 2 erfüllen.

Mit dieser Regelung wurde klargestellt, dass der Börse nur die grundsätzliche Zulassungsentscheidung obliegt, die Trägerschaft und die interne privatrechtliche Gestaltung jedoch von einem Dritten übernommen werden sollte. Gleichzeitig wurde sichergestellt, dass der Börsengeschäftsführung eine Eingriffskompe-

---

83 Das Verfahren zur Preisfeststellung wurde in den Börsenordnungen niedergelegt (vgl. Schwark, BörsG in der 2. Aufl., § 78 BörsG Rdnr. 3).

84 Regierungsbegründung zum Börsenzulassungsgesetz, BT-Drucksache 10/4296, S. 18.

85 Schwark, BörsG in der 2. Aufl., § 78 Rdnr. 3.

86 Art. 1 Abs. 13 der Richtlinie 93/22/EWG des Rates vom 10.5.1993 (Abl. L 141 vom 11.06.1993, 27).

87 Abl. Nr. L 334 vom 18.11.1989.

88 BGBl. I 1994, S. 1749.

89 Regierungsbegründung zum 2. FMFG, BT-Drucksache 12/6679, S. 76.

tenz zusteht, sobald die Bestimmungen der Handelsrichtlinien keinen ordnungsgemäßen Handel mehr gewährleisten.[90]

Ferner wurden die im Freiverkehr ermittelten Preise börsengesetzlich als Börsenpreise deklariert, sofern sie den allgemeinen Anforderungen der Legaldefinition in §§ 78 II i. V. m. 11 II BörsG 1994 entsprachen. Damit erhielt der Handel im Freiverkehr eine erhebliche Qualitätsaufwertung.[91] Dies hatte unter anderem mit dem ebenfalls im 2. FMFG eingeführten Börsenzwang zu tun, der vorgab, dass Effektengeschäfte von Bankkunden zwingend an der Börse auszuführen sind, sofern der Kunde keine anderweitige Weisung erteilt. Mit § 78 II BörsG beabsichtigte der Gesetzgeber, den Freiverkehr börsengesetzlich als Börsenhandel einzustufen, um ihn damit für die Ausführung von Kundenorders nutzbar zu machen.[92]

Mit dem 4. FMFG[93], das im Wesentlichen am 1.7.2002 in Kraft trat, erhielt neben der Börsengeschäftsführung nunmehr auch die Börsenaufsichtsbehörde die Befugnis, den Handel im Freiverkehr zu untersagen, soweit ein ordnungsgemäßer Handel nicht mehr gewährleistet ist (§ 57 III BörsG 2002). Der Gesetzgeber hielt diese Letztkontrollbefugnis aufgrund der partiellen Integration des Freiverkehrs in die Börsenorganisation für angezeigt, damit die Börsenaufsichtsbehörde den Handel an der Börse im Ganzen überwachen könne.[94] § 57 BörsG 2002 lautete:

> (1) Für Wertpapiere, die weder zum amtlichen Markt zugelassen noch zum geregelten Markt zugelassen oder einbezogen sind, kann die Börse einen Freiverkehr zulassen, wenn durch Handelsrichtlinien eine ordnungsmäßige Durchführung des Handels und der Geschäftsabwicklung gewährleistet erscheint.
>
> (2) Preise für Wertpapiere, die während der Börsenzeit an einer Wertpapierbörse im Freiverkehr ermittelt werden, sind Börsenpreise. Die Börsenpreise müssen den Anforderungen nach § *24* Abs. *2* entsprechen.[95]
>
> (3) Die Börsenaufsichtsbehörde kann den Handel untersagen, wenn ein ordnungsgemäßer Handel für die Wertpapiere nicht mehr gewährleistet erscheint.

---

90 Kümpel, Bank- und Kapitalmarktrecht in der 1. Auflage, Rdnr. 14.438; Schlüter, Börsenhandelsrecht, Abschnitt G, Rdnr. 812.

91 Kümpel, Bank- und Kapitalmarktrecht, Rdnr. 17.126.

92 Kümpel, Bank- und Kapitalmarktrecht in der 1. Aufl., Rdnr. 14.452.

93 Gesetz zur weiteren Fortentwicklung des Finanzplatzes Deutschland, 4. FMFG, BGBl. I 2002, 2010; sowie Berichtigung des 4. FMFG, BGBl. I 2002, 2316.

94 BR-Drucksache 936/01, S. 233.

95 Die Vorschrift des § 78 S. 2 BörsG 1994 ist mit dem 4. FMFG nicht entfallen. Die Vorschrift bezüglich Art und Weise der Ermittlung der Preise im Freiverkehr wurde in §§ 24 f. BörsG 2002 verortet, der nunmehr den Börsenpreis für alle Segmente einheitlich regelt.

Mit der Umsetzung der Finanzmarktrichtlinie durch das Finanzmarktrichtlinie-Umsetzungsgesetz im Jahr 2007 (FRUG)[96] hat der Freiverkehr erneut Änderungen erfahren, die in weiten Teilen Gegenstand der vorliegenden Arbeit sind. § 48 BörsG 2007 lautete:

> (1) Für Wertpapiere, die weder zum Handel im regulierten Markt zugelassen noch zum Handel in den regulierten Markt einbezogen sind, kann die Börse den Betrieb eines Freiverkehrs durch den Börsenträger zulassen, wenn durch Geschäftsbedingungen, die von der Geschäftsführung gebilligt wurden, eine ordnungsmäßige Durchführung des Handels und der Geschäftsabwicklung gewährleistet erscheint. Emittenten, deren Wertpapiere ohne ihre Zustimmung in den Freiverkehr einbezogen worden sind, können durch Handelsrichtlinien nicht dazu verpflichtet werden, Informationen in Bezug auf diese Wertpapiere zu veröffentlichen.
>
> (2) Die Börsenaufsichtsbehörde kann den Handel im Freiverkehr untersagen, wenn ein ordnungsgemäßer Handel für die Wertpapiere nicht mehr gewährleistet erscheint.
>
> (3) Der Betrieb des Freiverkehrs bedarf der schriftlichen Erlaubnis der Börsenaufsichtsbehörde. Auf den Betrieb des Freiverkehrs sind die Vorschriften dieses Gesetzes mit Ausnahme der §§ 27 bis 29 und der §§ 32 bis 47 entsprechend anzuwenden.

Diese Fassung von § 48 BörsG wurde knapp 14 Monate später nochmals geändert. Mit Art. 3a des Gesetzes zur Fortentwicklung des Pfandbriefrechts[97] hat der Gesetzgeber im Freiverkehr neben den Geschäftsbedingungen des Börsenträgers eine Handelsordnung installiert, die im Detail vom Börsenrat erlassen wird und den Wertpapierhandel im Freiverkehr zum Gegenstand hat. Der Gesetzgeber sah sich hierzu veranlasst, um dem Sanktionsausschuss der Börse die Möglichkeit einzuräumen, die Verletzung von Handelsregularien durch Handelsteilnehmer zu sanktionieren, was ihm nach neuester Rechtsprechung nicht möglich sein soll, wenn der Freiverkehrshandel auf rein privatrechtlichen Vorschriften basiert (näher dazu unter Kapitel 3, II. 2 c)). § 48 Freiverkehr BörsG 2009 lautet nun:

> (1) Für Wertpapiere, die weder zum Handel im regulierten Markt zugelassen noch zum Handel in den regulierten Markt einbezogen sind, kann die Börse den Betrieb eines Freiverkehrs durch den Börsenträger zulassen, wenn durch eine Handelsordnung sowie durch Geschäftsbedingungen des Börsenträgers, die von der Geschäftsführung gebilligt wurden, eine ordnungsmäßige Durchführung des Handels und der Geschäftsabwicklung gewährleistet erscheint. Die Handels-

96 Gesetz vom 16.07.2007, BGBl. I 2007, S. 1330.

97 Gesetz vom 20.3.2009, BGBl. I, 2009, S. 607.

ordnung regelt den Ablauf des Handels. Die Geschäftsbedingungen regeln die Teilnahme am Handel und die Einbeziehung von Wertpapieren zum Handel. Emittenten, deren Wertpapiere ohne ihre Zustimmung in den Freiverkehr einbezogen worden sind, können durch die Geschäftsbedingungen nicht dazu verpflichtet werden, Informationen in Bezug auf diese Wertpapiere zu veröffentlichen.

(2) Die Börsenaufsichtsbehörde kann den Handel im Freiverkehr untersagen, wenn ein ordnungsgemäßer Handel für die Wertpapiere nicht mehr gewährleistet erscheint.

(3) Der Betrieb des Freiverkehrs bedarf der schriftlichen Erlaubnis der Börsenaufsichtsbehörde. Auf den Betrieb des Freiverkehrs sind die Vorschriften dieses Gesetzes mit Ausnahme der §§ 27 bis 29 und der §§ 32 bis 47 entsprechend anzuwenden.

Die vorstehenden Ausführungen zeigen somit, dass die börsenrechtliche Organisation des Freiverkehrs seit seiner gesetzlichen Fixierung im Jahre 1987 einige nicht unwesentliche Änderungen erfahren hat. Auf diese wird im weiteren Verlauf dieser Abhandlung noch genauer einzugehen sein. Die grundsätzliche Aufgabe des Freiverkehrs hat sich dabei jedoch kaum verändert: Der Freiverkehr fungiert nach wie vor im Wesentlichen als eine Art „Auffangbecken“, das den öffentlich-rechtlich geordneten Börsenhandel insoweit ergänzt, als es einen organisierten Handel in solchen Wertpapieren ermöglicht, die aus unterschiedlichsten Gründen nicht zum regulierten Markt zugelassen sind.[98]

4. Existenzberechtigung des Freiverkehrs in der heutigen Börsenlandschaft – Freiverkehr als Relikt der Vergangenheit?

Seit den Anfängen des Freiverkehrs hat sich das Geschäft an der Börse in bedeutender Weise verändert. Früher trafen sich alle Beteiligten in einem erhabenen Gebäude und handelten täglich ein paar Stunden auf Zuruf.[99] In den vergangenen zwei Jahrzehnten dagegen haben vollelektronische und standortunabhängige Handelssysteme das tägliche Börsengeschäft signifikant verwandelt.[100] Mit der

98 Regierungsbegründung zum Börsenzulassungsgesetz, BT-Drucksache 10/4296, 11; Ledermann, in: Schäfer/Hamann (Hrsg.), KMG, 2. Aufl., 1. Lfg., 01/2006, Vor § 49 Rdnr. 4.

99 Vgl. Scheller, Der Handel in amtlich nicht notierten Werten, S. 78.

100 Bauer/Möllers, Die Beendigung des Parketthandels an der Frankfurter Wertpapierbörse, S. 17.

Einführung von Xetra[101] an der Frankfurter Wertpapierbörse wanderte der Aktienhandel vom Parkett[102] auf den Computerbildschirm. Auf Xetra können alle an der Frankfurter Wertpapierbörse gelisteten Wertpapiere gehandelt werden,[103] unabhängig davon, ob sie im regulierten Markt oder im Freiverkehr gelistet sind.[104] Am Handel von DAX-Werten hielt Xetra im Jahr 2010 einen Marktanteil von rund 97 Prozent,[105] was letztlich dazu führte, dass der Parketthandel an der FWB zum 23.05.2011 eingestellt wurde.[106] Doch auch dort, wo noch ein Parketthandel betrieben wird, spielt die Präsenz der Handelsteilnehmer auf dem Parkett inzwischen keine Rolle mehr.[107] Die Händler nehmen am Handel vollständig online über ihr Computerterminal teil.[108]

---

101 Xetra (exchange electronic trading) ist eine Entwicklung der Deutsche Börse Systems AG. Es löste offiziell am 28. November 1997 das IBIS-System ab, das 1991 eingeführt worden war.

102 Als Parketthandel wurde früher die Form des Börsenhandels bezeichnet, bei der sich die Marktteilnehmer persönlich zu festgelegten Zeiten an einem vorgegebenen Ort, dem sogenannten Parkett, trafen, um dort mit Wertpapieren zu handeln. Die Bezeichnung Präsenzhandel wurde im Wesentlichen synonym verwendet. Sie rührt daher, dass die physische Präsenz der Personen wesentliches Merkmal war. Heute spielt diese physische Präsenz keine Rolle mehr. Der gesamte Handel vollzieht sich online, ohne dass es darauf ankommt, an welchem Ort sich der Handelsteilnehmer befindet. Als Präsenzhandel bezeichnet man heute den maklerbasierten Handel (sog. Skontroführerhandel).

103 Franke, in: Assmann/Schütze, § 2 Rdnr. 93.

104 Bauer/Möllers, Die Beendigung des Parketthandels an der Frankfurter Wertpapierbörse, S. 18; Franke, in: Assmann/Schütze, § 2 Rdnr. 93.

105 Müller, Der Konzern 2008, 263, 264; vgl. auch FAZ vom 20.11.2007, S. 24.

106 Pressemitteilung der FWB vom 1.3.2010.

107 Xetra wird vor allem in liquiden Titeln genutzt, während der Parketthandel Vorteile in weniger liquiden Werten bietet. Vor allem Privatanleger (unter Zwischenschaltung eines zugelassenen Handelsteilnehmers) nutzen diesen Markt, weil die Skontroführer in den größten deutschen Aktien Teilausführungen vermeiden und Handel ohne Spread anbieten. Für die Beibehaltung des Parketthandels spricht auch, dass technische Störungen zum (kurzzeitigen) Ausfall von Xetra führen können und den Händlern so eine sofort verfügbare Alternative gegeben ist (vgl. FAZ vom 20.11.2007, S. 24).

108 Der zentrale Unterschied zwischen Präsenzhandel und dem elektronischen Handel liegt damit nicht im Einsatz von Computern. So erfolgte z. B. der Präsenzhandel an der FWB weitgehend unter Verwendung elektronischer Einrichtungen. Das wesentliche Unterscheidungsmerkmal waren die Regeln, nach denen der Handel vollzogen wurde. So hat beispielsweise Xetra ein offenes Orderbuch, während das den Präsenzhandel unterstützende Computersystem Xontro ein geschlossenes Orderbuch hatte, das nur vom Skontroführer eingesehen werden konnte. Des Weiteren ergibt sich in Xetra der Spread automatisch aus der Orderlage, während in Xontro die Quotes vom Skontroführer in das System eingegeben wurden. Geschäfte kamen in Xontro nicht automatisch zustande, sondern wurden vom Skontroführer vermittelt, der gleichzeitig die jeweiligen Wertpa-

Damit stellt sich die Frage nach der Existenzberechtigung des Freiverkehrs heute deutlich klarer als in der Vergangenheit. Betrachtet man die permanent fortschreitende Entwicklung der Informationstechnik und der Vernetzung der Börsenwelt durch das Internet bei gleichzeitiger Verdrängung des althergebrachten Präsenz- bzw. Parketthandels, so drängt sich die Frage auf, ob ein börseninterner Freiverkehr überhaupt noch benötigt wird.

Wie soeben unter Ziffer 3. dargestellt entstand die Veranstaltung „Freiverkehr" aus der notwendigen und unumgänglichen Anwesenheit der Handelsteilnehmer im Börsensaal. Diese wollten nicht darauf verzichten, während der Handelszeit neben den amtlich zugelassenen gleichzeitig auch die unnotierten Wertpapiere zu handeln. Heutzutage jedoch findet der Handel unabhängig vom Börsensegment nicht mehr im Börsensaal, sondern in einem Handelssystem statt, auf das die Handelsteilnehmer online mit ihrem eigenen PC-Terminal zugreifen können. Sie sitzen in eigenen Büros und handeln standortunabhängig Wertpapiere des regulierten Marktes ebenso wie die nicht börslich notierten Wertpapiere. Selbst im Präsenzhandel ist in der heutigen Börsenwelt keine Anwesenheit mehr im Börsensaal erforderlich. Die früher so typische Situation des Handels auf Zuruf im Börsensaal ist heute nicht mehr anzutreffen.

Aufgrund dieser tatsächlichen Veränderung des Börsenhandels liegt die Schlussfolgerung nahe, dem Freiverkehr seine Existenzberechtigung abzusprechen. Um nichtzugelassene Wertpapiere zu handeln, sind die Handelsteilnehmer heute nicht mehr auf den Freiverkehr angewiesen. Sie könnten das jeweilige Papier entweder online an der Börse handeln, an der es zugelassen ist, oder, sofern es an einer Börsenzulassung fehlt, auf ein anderes multilaterales Handelssystem ausweichen. Die meisten Handelsteilnehmer besitzen einen Online-Zugang zu mehreren Börsen und anderen außerbörslichen Handelsplattformen.[109] Grenzüberschreitender Wertpapierhandel wird heutzutage auch kaum noch durch wesentliche Zugangsbeschränkungen für Handelsteilnehmer erschwert. In Bezug auf Börsen ist es beispielsweise den Mitgliedstaaten der Europäischen Union verwehrt, europäischen Handelsteilnehmern den Zugang zu inländischen Börsen (sog. Fernzugang oder remote membership) ohne sachlichen Grund zu verweigern (vgl. Art. 42 VI MiFID). Ferner ist mit der Finanzmarktrichtlinie ein Art „europäischer Pass" für zugelassene Wertpapiere eingeführt worden. Gemäß Art. 40 V MiFID können Wertpapiere, die an einem *Regulated Market* gelistet sind, ohne die Zustimmung des Emittenten auch an anderen Börsen zugelassen bzw. einbezogen werden, freilich ohne dass dem Emittenten dadurch weiterge-

---

pierpreise feststellte. In Xontro konnte der Skontroführer auch selbst als Käufer oder Verkäufer eintreten, falls er dies wollte und keine adäquate Gegenpartei vorhanden war.

109 Christoph, Börsenkooperationen und Börsenfusionen, S. 62.

hende Verpflichtungen auferlegt werden dürfen. In § 33 BörsG ist dementsprechend normiert worden, dass solche Wertpapiere auf Antrag eines Handelsteilnehmers *oder* auch von Amts wegen durch die Börsengeschäftsführung in den regulierten Markt einbezogen werden können. Allein damit können zahlreiche im europäischen Ausland zugelassene Wertpapiere, die gegenwärtig oder früher in den Freiverkehr einbezogen sind bzw. waren, jetzt im regulierten Markt gehandelt werden.[110]

Der Gesetzgeber hätte daher bei der Umsetzung der MiFID den Freiverkehr theoretisch auch ganz abschaffen können. Statt den Freiverkehr mehr und mehr zu regulieren und ihn Schritt für Schritt weiter in die Börse zu integrieren, wie dies zuletzt mit der Einführung der „Handelsordnung für den Freiverkehr" geschehen ist, hätte er auch klare Verhältnisse schaffen können und entsprechend den Vorgaben der MiFID sich auf den staatlich (öffentlich-rechtlich) geregelten „regulierten Markt" und privatrechtlich regulierte „multilaterale Handelssysteme" im Sinne von § 31f WpHG (sog. Multilateral Trading Facility, „MTF") beschränken können. Damit hätte man einige rechtliche Probleme, die mit der Mischform des Freiverkehrs – öffentliches Recht hier, privates Recht dort – einhergehen, ad acta legen können. Alle Wertpapiere, die heute im Freiverkehr gehandelt werden, könnten auch auf einem privatrechtlich organisierten multilateralen Handelssystem gelistet und gehandelt werden. Mit einem Aufschrei der Händler wäre nicht zu rechnen gewesen, da es ihnen heutzutage genügt, dass Alternativen für ihre Wertpapiergeschäfte zur Verfügung stehen.

Bei einer Einstellung des Freiverkehrshandels wäre eher mit einer Intervention vonseiten der Börsen bzw. deren Trägergesellschaften zu rechnen gewesen. Denn ihnen würde damit ein wirtschaftlich nicht unbedeutendes Standbein genommen. Insbesondere die kleineren Regionalbörsen nutzen den Freiverkehr, um neue und innovative Handelssegmente für unterschiedlichste Wertpapierformen zu etablieren. Der wirtschaftliche Nachteil für die Börsen relativiert sich jedoch, wenn man bedenkt, dass auch Börsen bzw. deren Träger berechtigt sind, ein MTF zu veranstalten.[111] Dies wäre jedoch mit einigen Nachteilen für den jeweiligen Marktveranstalter verbunden, weil der Freiverkehr in bestimmten Bereichen durch seine partielle Börsenintegration einen höheren Qualitätsstandard vorweisen kann, insbesondere dass nicht-zuglassene Wertpapiere im Freiverkehr anders als an MTFs zu Börsenpreisen handelbar sind (dazu unten Kapitel 3 II.).

110 Eine vergleichbare Vorschrift fand sich im deutschen Recht bereits in § 56 BörsG 2002. Allerdings ermöglichte diese Norm lediglich die Einbeziehung in den mittlerweile eingestellten geregelten Markt, der früher das zweite börsliche Marktsegment nach dem amtlichen Markt darstellte.

111 Begründung der Bundesregierung zu § 31f WpHG, BT-Drucksache 16/4028, S. 68.

Paradoxerweise hat der Freiverkehr damit heutzutage ganz andere Fürsprecher als noch vor dem Siegeszug der Computertechnologie.

5. Gegenwärtige Motive zur Einbeziehung eines Wertpapiers in den Freiverkehr

Die Motive für die Einbeziehung eines Wertpapiers in den Freiverkehr haben sich im Laufe der Jahre kaum gewandelt. Aus Sicht der Emittenten bietet der Freiverkehr vor allem eine besonders günstige Kostenstruktur, die ihren Grund nicht nur in den geringeren Listingentgelten hat, sondern auch in dem deutlich geringeren Aufwand, der für die Erfüllung der Einbeziehungsvoraussetzungen und Einbeziehungsfolgepflichten zu betreiben ist.[112] Beispielsweise wird im Freiverkehr auf ein vergleichsweise aufwendiges öffentlichrechtlich strukturiertes Zulassungsverfahren verzichtet. Auch die Erstellung eines Prospekts ist grundsätzlich nicht Voraussetzung für die Einbeziehung eines Wertpapiers, sofern keine andere gesetzliche Vorschrift die Pflicht zur Erstellung und Veröffentlichung eines Prospekts vorsieht (dazu unten Kapitel 4, I. 1 c)).

Aber auch die laufenden Kosten, beispielsweise für die Erfüllung der Adhoc-Berichterstattungspflicht, die Erstellung von Quartals- oder Zwischenberichten oder die Rechnungslegung nach IFRS sind für viele kleinere Unternehmen von erheblicher Bedeutung. Weniger Aufwand bedeutet gleichzeitig geringere Kosten für das jeweilige Unternehmen, insbesondere auch geringere Provisionen für die begleitenden Kreditinstitute und weniger Kosten für sonstige Berater wie etwa Rechtsanwälte.

Aufgrund des deutlich geringeren Aufwands ermöglicht der Freiverkehr auch einen vergleichsweise schnellen Kapitalmarktzugang, der dennoch der Überwachung durch die jeweilige Börse und die Börsenaufsichtsbehörde des jeweiligen Bundeslandes untersteht (vgl. § 48 I S. 1, II BörsG).[113]

Unternehmen, die langfristig eine Notierung im regulierten Markt anstreben, können, wenn sie die rechtlichen Zulassungsvoraussetzungen zum regulierten Markt noch nicht erfüllen, den Freiverkehr gleichsam als Vorstufe nutzen. Diese Art der Vorbereitung auf eine Börsenzulassung wählen etwa Unternehmen mit überdurchschnittlichen Wachstumsaussichten, um sich bereits frühzeitig dem Publikum vorzustellen.[114] Andere, insbesondere Private-Equity- und Venture-Capital-Investoren, können, soweit es die Marktverhältnisse zulassen, den Freiverkehr als „Exit-Kanal“ nutzen, um sich nach erfolgreicher Restrukturierung

112 Wegmann/Kaehlert, AG 2008, R 250.

113 Claussen, ZGR 1984, 1, 19.

114 Jäger, Die Wahl des richtigen Börsensegments, NZG 1999, 381, 384.

des Unternehmens gewinnbringend von den übernommenen Anteilen zu trennen.[115]

Aus Emittentensicht ist ferner von Bedeutung, welche weiteren Änderungen tatsächlicher Art eine Zulassung zum regulierten Markt nach sich ziehen würde, die bei einer Einbeziehung in den Freiverkehr nicht gegeben wären. Ist eine Gesellschaft börsennotiert, ändert sich ihr gesamtes Umfeld. Das Unternehmen steht fortan täglich im öffentlichen Fokus der Wirtschaftspresse und muss seine unternehmerischen Entscheidungen gegenüber den Investoren permanent rechtfertigen. Ferner haben etwa auch Geschäftspartner aufgrund der wesentlich höheren Transparenz im regulierten Markt einen größeren Einblick in die wirtschaftliche Situation des Unternehmens. Will man diese Nachteile meiden, dennoch aber über den Kapitalmarkt zusätzliches Kapital für Zukunftsinvestitionen generieren, stellt ein Listing im Freiverkehr eine Alternative zum regulierten Markt dar. Allerdings müssen die Emittenten eine Notierung im Freiverkehr auch mit den damit einhergehenden Nachteilen abwägen.

Wegen der günstigen Kostenstruktur nutzen auch solche Unternehmen, die bereits eine Zulassung zum regulierten Markt oder einem vergleichbaren ausländischen Markt erhalten haben, die Möglichkeit zu einem sog. „Dual-Listing“. Von einer solchen Zweitnotiz profitieren neben dem jeweiligen Unternehmen, das dadurch seinen Anlegerkreis vergrößern und internationalisieren kann, vor allem die Handelsteilnehmer und Investoren. Denn sie haben so die Möglichkeit, die Wertpapiere des Unternehmens auch außerhalb der Geschäftszeiten der Heimatbörse an einem vergleichbaren Markt zu handeln, im Idealfall „around the clock“. Darüber hinaus mögen die Handelsteilnehmer zwar weltweit durch Internet und andere Telekommunikationsverbindungen vernetzt sein, besitzen aber nicht für jede Börse eine Händlerzulassung, da mit einer solchen Zulassung beachtliche Kosten verbunden sind. Hier erweist sich eine Zweitnotiz im Freiverkehrshandel als geeignetes Mittel, um die Wertpapiere dieses Unternehmens an mehreren Standorten handelbar zu machen. Insbesondere kleinere Wertpapierfirmen, die aus Kostengründen nur an einzelnen Börsen eine Handelszulassung aufrechterhalten, können damit auch solche Wertpapiere im Freiverkehr „ihrer“ Börse erwerben und veräußern, die nur an einer Börse zugelassen sind, zu der sie keinen Zugang haben.

Der Handel vor Ort hat noch einen weiteren Vorteil für die Handelsteilnehmer aufzuweisen. Längere Distanzen können für die Händler dann, wenn es für den Geschäftsabschluss auf Schnelligkeit ankommt, nachteilige Folgen haben.

115 Die Investoren bevorzugen dabei die Teilbereiche Entry Standard an der FWB oder M:access an der Börse München, weil dort neben der günstigen Kostenstruktur auch ein erhöhtes Maß an Transparenz und Öffentlichkeitswirksamkeit vorhanden ist.

Denn längere Leitungen bedeuten auch längere Zeiten, bis die Order am Ausführungsort ankommt, wenngleich sich die Zeiten hierbei regelmäßig im Millisekundenbereich bewegen werden. In manchen Situationen kann aber die Länge der Leitung entscheidend sein, wenn es darum geht, ein Wertpapiergeschäft möglichst schneller als die Konkurrenz abzuschließen.

II. Der Freiverkehr in Zahlen

1. Aktienhandel

Der im Freiverkehr betriebene Handel mit Aktien wird durch die ausländischen Papiere dominiert. Am 31.07.2012 waren an der FWB insgesamt 9882 Unternehmensaktien[116] in den Freiverkehr einbezogen, wovon gerade einmal 436 Unternehmen deutscher Herkunft waren.[117] Von diesen 436 Unternehmen waren 151 im Entry Standard und 285 im allgemeinen Freiverkehr notiert. Die im Entry Standard notierten Werte sind allesamt Primärnotierungen. Aber auch im allgemeinen Freiverkehr gibt es eine Reihe Unternehmen, die keine Börsenzulassung besitzen.

Von der großen Zahl der ausländischen Unternehmen waren nur 27 im Entry Standard vertreten. Die vergleichsweise geringe Akzeptanz unter ausländischen Emittenten mag darin ihre Gründe haben, dass diese sich mit ihrem Listing in Deutschland auch partiell dem deutschen Rechtssystem unterwerfen. Vergleichbare Handelssegmente wie der Alternative Investment Market (AIM) an der London Stock Exchange stehen bei internationalen Emittenten nach wie vor höher im Kurs.

Die übrigen 9446 ausländischen Unternehmen besaßen ganz überwiegend lediglich eine Zweitnotiz im Freiverkehr der FWB neben der Hauptnotierung an einer Börse ihres Heimatlandes.

---

116 Zum Vergleich: ca. 12 Jahre zuvor waren es gerade einmal 1 296 Unternehmen (vgl. Nachweise bei Zacharias, Börseneinführung mittelständischer Unternehmen, S. 189).

117 31.12.2004: 5393 ausländische und 156 deutsche Unternehmen;
31.12.2005: 5988 ausländische und 170 deutsche Unternehmen;
31.12.2006: 6950 ausländische und 320 deutsche Unternehmen;
31.12.2007: 8600 ausländische und 387 deutsche Unternehmen;
31.12.2008: 9540 ausländische und 416 deutsche Unternehmen;
Wie sich der vorstehenden Übersicht entnehmen lässt, stagnieren seit 2008 die Zahlen in Bezug auf neu in den Freiverkehr einbezogene Unternehmen; Quelle: Deutsche Börse Group, Monthly Cash Market Statistics, abrufbar unter http://xetra.com.

2. Andere Kapitalmarktinstrumente

Der größte Teil des Handels im Freiverkehr erfolgt jedoch nicht in Aktien, sondern in anderen Wertpapieren. Es gibt hier keine Beschränkung auf bestimmte Wertpapiergattungen. Einbezogen werden können sämtliche handelbaren Wertpapiere, die die Voraussetzungen der §§ 10f. FV-AGB FWB erfüllen. Darunter fallen etwa Kapitalmarktinstrumente wie festverzinsliche Wertpapiere (Schuldverschreibungen, Anleihen), Zertifikate, Optionsscheine und Rentenpapiere.[118] Zahlenmäßig machen sie den bei weitem größten Teil des Handels sowohl im Freiverkehr als auch im regulierten Markt aus. Am 31.12.2008 waren 292287 Finanzinstrumente im Freiverkehr der FWB und 80221 in ihrem regulierten Markt notiert.[119]

III. Begrenzte kapitalmarktrechtliche Bedeutung des Freiverkehrs aufgrund mangelnder Visibilität

Die Bedeutung des Freiverkehrs für den Kapitalmarkt wird nicht einheitlich gesehen. Während er von einzelnen als volkswirtschaftlich unwesentlich in die Schublade der Bedeutungslosigkeit abgelegt wird,[120] sehen andere in diesem Segment vor allem eine Chance für kleinere und mittlere Unternehmen (sog. „KMU"), ihre Unternehmensfinanzierung anstelle einer Fremdfinanzierung durch Bankkredite über den Kapitalmarkt zu bewerkstelligen.[121] Eine Notierung im regulierten Markt kommt für sie meist deshalb nicht infrage, weil sie weder finanziell noch strukturell in der Lage sind, die dort gestellten hohen Anforderungen zu erfüllen.

Bei größeren Wertpapieremissionen spielt der Freiverkehr hingegen in aller Regel keine Rolle.[122] Dies hat seinen Grund im Wesentlichen in der mangelnden Visibilität dieses Segments bedingt durch seine nur fragmentarische Regulierung. Diese Gegebenheiten lassen eine Investition im Freiverkehr deutlich riskanter erscheinen als im regulierten Markt, insbesondere weil man häufig nicht

---

118 Claussen, Bank- und Börsenrecht, § 9 Rdnr. 51.

119 Quelle: Factbook der Deutsche Börse Group 2009.

120 Müller-Michaels/Wecker, Finanzbetrieb 2005, 736, 736.

121 Ledermann, in: Schäfer/Hamann (Hrsg.), KMG, 2. Aufl., 1.Lfg., 01/2006, Vor § 49 BörsG Rdnr. 4; Harrer/Müller, WM 2006, 653, 653; Leuering, NJW Special 2006, 27, 27.

122 Marsch-Barner/Schäfer, Handbuch börsennotierte AG, § 6 Rdnr. 46.

genügend Details zur finanziellen Lage der Unternehmen erhält.[123] Dies führt zu grundsätzlichen Vorbehalten gegenüber im Freiverkehr gelisteten Werten. Es herrscht die Vermutung vor, dass sich Unternehmen mit soliden Finanzzahlen diesem negativen Licht des Freiverkehrs nicht aussetzen werden und daher stets – soweit rechtlich möglich – den regulierten Markt als Börsensegment wählen. Unternehmen, die strukturell die Anforderungen für die Zulassung im regulierten Markt erfüllen und darüber hinaus die finanziellen Lasten einer solchen Notierung schultern können, werden daher bei einem IPO im Zweifel den regulierten Markt wählen, vor allem auch deshalb, weil sich dort deutlich mehr Anleger mobilisieren lassen und damit ein höherer Emissionserlös generiert werden kann.

Aber auch für Neuemissionen von KMU ist der herkömmliche Freiverkehr aus den eben genannten Gründen nur bedingt geeignet. Denn für den Erfolg eines Börsengangs ist es von essenzieller Bedeutung, Vertrauen bei den Anlegern in das angebotene Produkt zu erzeugen, um so einen möglichst hohen Emissionserlös zu generieren, der das anvisierte Wachstum des Unternehmens finanziert.[124] Vertrauen erzeugt man zwar nicht allein mit einer Notierung im regulierten Markt. Denn für den Erfolg einer Emission ist nicht das Börsensegment entscheidend, sondern Faktoren wie die Erfolgsgeschichte des Unternehmens, eine solide und nachvollziehbare Unternehmensentwicklung, Perspektiven, Know-how, Managementgeschick und die Marktlage.[125] Es fällt jedoch schwer, diese Potenziale einem breiten Investorenpublikum vorzustellen, wenn man als Emittent in der Masse der Freiverkehrswerte untergeht, für die Einbeziehung nur geringfügige Voraussetzungen zu erfüllen hat und im Folgenden kaum nennenswerten Transparenz- und Publizitätspflichten unterliegt (vgl. dazu unten Kapitel 4).

Mit Blick auf diese Umstände verwundert es nicht, dass sich nur vereinzelt deutsche Aktien mit einer Primärnotierung im allgemeinen Freiverkehr vorfinden. Um der Problematik der mangelnden Visibilität zu begegnen, hatte der Gesetzgeber den – mittlerweile durch das FRUG wieder abgeschafften – geregelten Markt konzipiert, der kleinen und mittelständischen Unternehmen einen erleichterten Zugang zur Börse ermöglichen sollte.[126]

Die Deutsche Börse AG war von Oktober 2008 bis Juni 2012 einen neuen Weg gegangen und teilte die Wertpapiere der in ihrem Freiverkehr notierten Unternehmen in zwei Gruppen ein, um damit die Visibilität der Primärnotierungen

123 Bayer/Hoffmann, AG 2008, R379, R380.

124 Plückelmann, Der Neue Markt der Deutschen Börse AG, S. 67.

125 Leiner, Börsen-Zeitung vom 11.2.2006 (Nr. 30), Sonderbeilage B5.

126 Claussen, AG 1995, 163, 171.

zu erhöhen. Der ersten Gruppe, dem sog. First Quotation Board, gehörten sämtliche Aktien oder aktienvertretenden Zertifikate an, die an keinem in- oder ausländischen börsenmäßigen Handelsplatz (*Regulated Market*) zugelassen waren.[127] Der zweiten Gruppe, dem Second Quotation Board, gehörten sodann die Aktien und aktienvertretenden Zertifikate an, die im Freiverkehr an der FWB lediglich eine Zweitnotiz hatten.[128] Alle verbleibenden Nichtaktien wurden, sofern sie nicht in anderen speziellen Segmenten gelistet sind, weiter im allgemeinen Freiverkehrssegment gehandelt. Seit Juli 2012 hat man diese Untergliederung jedoch wieder aufgegeben (Vgl. unten Kapitel 4, I. 6.).

Ferner versuchen die Börsen oder deren Träger den Mangel an Visibilität mit der Einrichtung von Teilbereichen einzudämmen. Am Frankfurter Börsenplatz ist dies mit dem im Oktober 2005 eingeführten Entry Standard erfolgt, am Börsenplatz München mit dem M:access. Beide Teilbereiche sind speziell darauf ausgerichtet, mittelständischen Unternehmen einen Kapitalmarktzugang zu bieten (Näheres dazu unten Kapitel 4).[129] Die Teilbereiche sind grundsätzlich so konzipiert, dass sie zum einen die Vorteile des Freiverkehrs – leicht und schnell zugänglicher, flexibler und kostengünstiger Handel – beibehalten und darüber hinaus die Wertpapiere aus der Masse der Freiverkehrswerte herausheben, wobei ihnen ein Mindeststandard an Transparenz abverlangt wird, um dem einzelnen Anleger eine annehmbare Grundlage für eine Investitionsentscheidung zu Verfügung zu stellen.[130] Gleichwohl bleiben etwa im Entry Standard die an die Emittenten gestellten Anforderungen weit hinter denen zurück, die an die Emittenten des regulierten Marktes gestellt werden.[131]

Zwar können allein höhere Transparenzanforderungen dem Anleger keine erhöhte Sicherheit bieten,[132] wie man bereits bei den Verwerfungen im Neuen

---

127 § 13 FV-AGB FWB 05/2011.

128 § 12 FV-AGB FWB 05/2011.

129 Schmidt, AG Report 2008, R361.

130 Zu den Teilbereichen, insbesondere dem Entry Standard der FWB, vgl. unten Kapitel 4.

131 Wegmann/Kaehlert, AG Report 2008, R 250, die darauf hinweisen, dass die Einführung des Entry Standard kaum etwas an der Akzeptanz des Freiverkehrs insgesamt geändert habe.

132 Ob das derzeit für Regulated Markets installierte Transparenz- und Publizitätssystem tatsächlich ein höheres Schutzniveau erreicht, darf angesichts der Ereignisse um die Finanzmarktkrise im Jahre 2008 bezweifelt werden. Wenn Unternehmen, die gemäß den Vorgaben des Prime Standard der FWB (Teilbereich im regulierten Markt) ihre Unternehmenszahlen regelmäßig veröffentlichen und auf Basis dieser Zahlen die Unternehmen durch Ökonomen als wirtschaftlich solide ausgewiesen werden, die Unternehmen dann aber wenige Monate später doch bilanziell überschuldet sind oder sich in massiven Liquiditätsproblemen befinden, lässt das Zweifel an der Qualität des Transparenz- und Publizitätssystems EU-regulierter Wertpapiermärkte aufkommen. Ein solches System

Markt sehen konnte, einem Marktsegment, das sehr strenge Regulierungsvorschriften aufwies.[133] Es bleibt aber dabei, dass die Wertpapiere im Freiverkehr, insbesondere auch die, die in den Teilbereichen gelistet sind, häufig spekulative Handelsobjekte darstellen. Die Ursachen hierfür liegen häufig darin begründet, dass die dort gelisteten Wertpapiere üblicherweise von kleineren Unternehmen emittiert werden, die nicht täglich im Fokus der Öffentlichkeit stehen und sich deshalb regelmäßig durch ein deutlich geringeres Handelsvolumen auszeichnen. Zudem gibt es im Freiverkehr keine Anforderungen an den Streubesitz der Aktien, sodass es vorkommen kann, dass, wenn die Großaktionäre ihre Anteile nicht zum Verkauf stellen, nur sehr wenige Wertpapiere überhaupt handelbar sind. Dies kann hohe Kursschwankungen zur Folge haben, die nicht mit der aktuellen Unternehmensentwicklung in Verbindung stehen.

---

ist bereits dann als unzureichend einzustufen, wenn es nur einzelne für das Unternehmen maßgebliche Faktoren außer Betracht lässt, z. B. wenn Unternehmensrisiken in Zweckgesellschaften ausgelagert werden können und dadurch in der Bilanz nicht mehr auftauchen. In Bezug auf den Freiverkehr kann man nach den Erfahrungen der jüngeren Vergangenheit feststellen, dass das Fehlen von Publizitäts- und Transparenzpflichten im Freiverkehr zwar erhöhte Anforderungen an die Wachsamkeit der Investoren stellt, was sich aber relativiert, wenn man bedenkt, dass sich dies bei Unternehmen im regulierten Markt kaum anders darstellt.

133 Vgl. Plückelmann, Der Neue Markt der Deutschen Börse AG.

2. Kapitel
Rechtliche Grundlagen des Freiverkehrs

I. Der Freiverkehr im Kontext der Finanzmarktrichtlinie

Die Novellierung des Kapitalmarktrechts infolge der MiFID-Umsetzung hat zu einer europaweit einheitlichen Neugliederung der Handelsplätze geführt.[134] Den Wertpapierdienstleistungsunternehmen stehen nunmehr für die Ausführung ihrer Kauf- und Verkaufsaufträge in Finanzinstrumenten grundsätzlich drei Kategorien[135] an Handelsplätzen bzw. -systemen[136] zur Verfügung, an die das Gesetz teils übereinstimmende und teils unterschiedliche organisationsrechtliche Anforderungen stellt:[137]

- Regulated Markets (geregelte Märkte)[138]
- Multilateral Trading Facilities (multilaterale Handelssysteme, sog. MTFs)[139]

---

134 Die MiFID verfolgt mit der Einführung harmonisierter Regeln im EWR-Raum das Ziel der Herstellung eines sog. Level-Playing-Fields, das eine Stärkung des Wettbewerbs im europäischen Wertpapierhandel bewirken soll.

135 Art. 2 Nr. 8 DurchführungsVO (Verordnung (EG) 1287/2006 der Kommission vom 18.6.2006) nennt als Handelsplätze geregelte Märkte, MTFs und Internalisierer. Erwägungsgrund 5 dieser Verordnung spricht von einem vierten Bereich, der die Geschäfte umfasst, die außerhalb dieser Handelsplattformen getätigt werden: „Systematische Internalisierer und der Bereich außerhalb dieser Handelsplätze“ (vgl. auch Weber, NJW 2007, 3688, 3690).

136 Sofern hier von Handelssystemen die Rede ist, wird damit auf die organisatorische Systematik des jeweiligen Marktes Bezug genommen, nicht hingegen auf das Handelsmodell (zu diesen vgl. z. B. § 135 BörsO FWB vom 1.7.2010).

137 Vgl. Erwägungsgrund 6 und 34 MiFID.

138 Art. 4 Abs. 1 Nr. 14 MiFID i. V. m. den Bestimmungen des Titels III der MiFID, umgesetzt in § 2 V WpHG.

139 Art. 4 I Nr. 15 MiFID: Multilaterale Handelssysteme, die nicht den Regeln der Börsenmärkte unterliegen, legaldefiniert als Wertpapierdienstleistung in § 2 III Nr. 8 WpHG und als Finanzdienstleistung in § 1 Ia S. 2 Nr. 1b KWG. MTFs wurden vor der MiFID-Umsetzung üblicherweise unter dem Sammelbegriff ATS (Alternative Transaktionssysteme) zusammengefasst, der auch bilaterale Handelssysteme beinhaltete (dazu ausführlich Kümpel, in: Kümpel/Hammen/Ekkenga, KMR, Loseblatt, Stand 5/04, Kz. 050 Rdnr. 258 ff.; Cohn, ZBB 2002, 365, 367 ff.; Spindler, WM 2002, 1325 ff.). Erstmals – zumindest partiell – börsengesetzlich reguliert wurden elektronische Handelssysteme und börsenähnliche Einrichtungen mit dem 4. Finanzmarktförderungsgesetz in den

- Systematic Internaliser (systematische Internalisierer)[140]

Nach den Vorgaben der MiFID hat man somit grundsätzlich die multilateralen Handelssysteme von den bilateralen Handelssystemen zu unterscheiden.[141] Der ganz überwiegende Teil multilateraler Handelssysteme unterfällt den Kategorien geregelter Markt und MTF. Im bilateralen Handel differenziert man gemäß MiFID die systematischen Internalisierer im Sinne von § 2 X WpHG und den übrigen bilateralen Handel (nicht-internalisierender bilateraler Handel)[142], der nicht unter § 2 X WpHG subsumiert werden kann, etwa weil an dem Wertpapiergeschäft kein Wertpapierdienstleistungsunternehmen partizipiert oder dieses die Internalisierung nicht regelmäßig oder nicht auf organisierte und systematische Weise betreibt.[143]

Eine der bedeutendsten Neuerungen, die mit der MiFID einhergegangen sind, ist die Abschaffung bestimmter Privilegien für geregelte Märkte. So wurde etwa der noch in Art. 14 III der Wertpapierdienstleistungsrichtlinie (WpDRL)[144] enthaltene Börsenvorrang[145], nach dem Kundenaufträge in Wertpapieren, die zum Handel an einer inländischen Börse zugelassen oder in den Freiverkehr einbezogen waren, an einer Börse (amtlicher und geregelter Markt sowie Freiverkehr) ausgeführt werden mussten, sofern keine anderslautende Weisung des Kunden vorlag, vollständig und ersatzlos gestrichen.[146] Gemäß § 33a WpHG müssen Wertpapierdienstleistungsunternehmen bei der Ausführung einer Kun-

---

§§ 58 ff. BörsG 2002. Mit dem FRUG sind diese Vorschriften wieder aufgehoben worden.

140 Art. 4 Abs. 1 Nr. 7 MiFID, umgesetzt in § 2 X WpHG. Für systematische Internalisierer gelten insbesondere die §§ 32 ff. WpHG.

141 Mutschler, Internalisierung der Auftragsausführung im Wertpapierhandel, S. 53.

142 Weber, NJW 2007, 3688, 3690 verwendet an dieser Stelle nur den Begriff „OTC-Handel". Das ist zumindest unpräzise, weil OTC lediglich allgemein den außerhalb einer Börse stattfindenden Handel beschreibt (vgl. Kümpel, Bank- und Kapitalmarktrecht in der 2. Aufl., Rdnr. 14.70; Spindler/Kasten, WM 2006, 1749, 1755). Der Begriff OTC sagt nichts darüber aus, ob ein Handelssystem bilateralen oder multilateralen Handel ermöglicht. Handel an nicht-börslichen multilateralen Handelssystemen ist daher ebenfalls als OTC-Handel einzustufen.

143 Jedoch haben die Wertpapierdienstleistungsunternehmen seit der MiFID auch in diesem Bereich Transparenzvorschriften zu beachten (§ 31h WpHG).

144 Die WpDRL ist durch die MiFID ersetzt worden.

145 Die Vorgaben in Art. 21 I MiFID haben zur Streichung des Börsenvorrangs (§ 22 BörsG 2002) geführt. Nach dieser Vorschrift waren Kundenaufträge vorrangig an Börsen auszuführen, weil vermutet wurde, dass damit generell eine kundengünstige Ausführung gewährleistet sei.

146 Hirschberg AG 2006, 398, 400.

denorder allein dem Interesse des Kunden an einer bestmöglichen Ausführung der Order gerecht werden.[147] Um dies zu gewährleisten, haben sie mindestens einmal jährlich eigene Grundsätze zur Auftragsausführung festzulegen. § 33a II S. 2 WpHG enthält einige beispielhaft aufgelistete Kriterien, die hierbei zu berücksichtigen sind. Der Handelsplatz bzw. das Handelssystem, an dem die Order ausgeführt wird, ist nur einer von vielen Aspekten, die hier in den Entscheidungsprozess einzubeziehen sind. Die MiFID stellt bei der Auswahl der Handelsplätze die MTFs den geregelten Märkten gleich. Nur wenn ein Wertpapierdienstleistungsunternehmen beabsichtigt eine Kundenorder außerhalb dieser Märkte auszuführen, ist die vorherige Zustimmung des Kunden erforderlich.[148]

Der an die deutschen Börsen angegliederte Freiverkehr lässt sich nicht ohne weiteres einem der soeben aufgezählten Handelssysteme zuordnen. Das resultiert zum einen daraus, dass der Freiverkehr im europäischen Recht keine Erwähnung findet.[149] Des Weiteren enthält auch das deutsche Recht diesbezüglich keine klaren Vorgaben, da gemäß § 48 III S. 2 BörsG auf den Betrieb des Freiverkehrs nicht die Bestimmung des § 31f WpHG, sondern allgemein das Börsengesetz anzuwenden ist.

Damit hat sich der Gesetzgeber trotz des Umstandes, dass der Freiverkehr ein im Wesentlichen auf privatrechtlicher Basis reguliertes Handelssegment ist und sein Betreiber dementsprechend ohne die hoheitlichen Rechtssetzungs- und Gestaltungsbefugnisse auskommen muss, wie sie den Organen der Börsenanstalt zur Verfügung stehen, gegen die – eigentlich naheliegende – Anwendung der Organisationsbestimmungen für MTFs (§ 31f WpHG) entschieden. Stattdessen hat er neben den geregelten Märkten (Börsen) und MTFs eine dritte Form von Handelsplatz gesetzlich fixiert, die auf den ersten Blick zwischen geregelten Märkten und MTFs steht. Um nun eine Einordnung des Freiverkehrs in den Kontext der EU-Finanzmarktrichtlinie vornehmen und damit die Frage beantworten zu können, welche organisatorischen Mindestanforderungen sich aus der MiFID für den Freiverkehr ableiten lassen und ob der Freiverkehr de lege lata europarechtskonform organisiert ist, sollen im Folgenden die Handelsplätze der MiFID näher dargestellt, ihre jeweiligen Charakteristika herausgearbeitet und diese anschließend in Beziehung zum Freiverkehr gesetzt werden.

---

147 Art. 21 I MiFID.

148 Art. 21 III Unterabsatz 3 MiFID.

149 Eine der wenigen Ausnahmen ist die allgemeine Übergangsvorschrift für Unregulated Markets in Art. 71 V MiFID.

Handelsplätze nach MiFID:

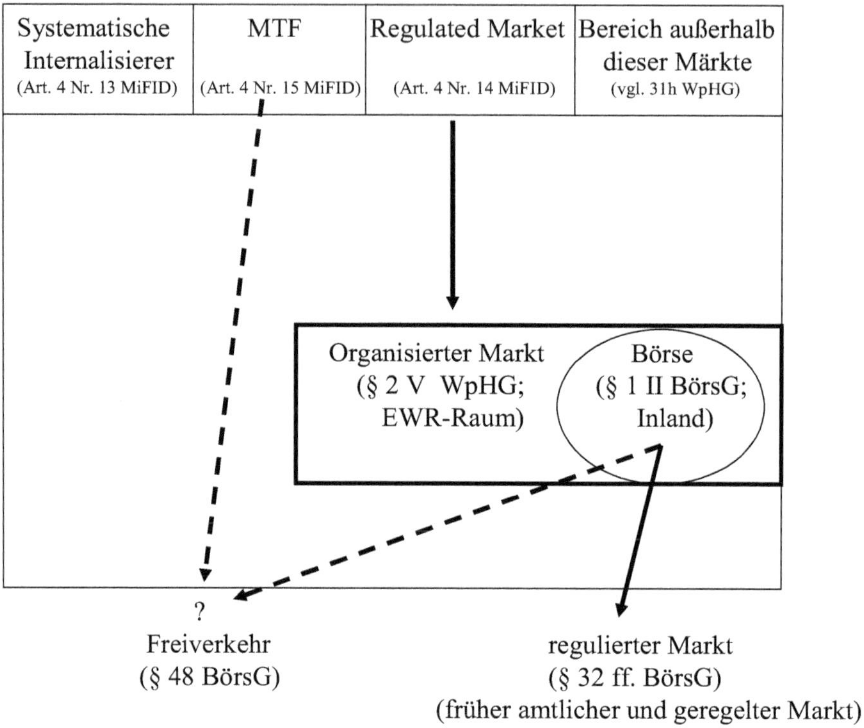

1. Bilaterale Handelssysteme, insbesondere systematische Internalisierer

Die systematische Internalisierung im Sinne der MiFID wird in § 2 X WpHG legaldefiniert. Sie umfasst den gesamten bilateralen Handel, den ein Wertpapierdienstleistungsunternehmen regelmäßig und auf organisierte und systematische Weise außerhalb geregelter Märkte und MTFs betreibt. Bei der systematischen Internalisierung von Kundenaufträgen stellt sich der Systembetreiber typischerweise selbst als Handelspartner zur Verfügung und führt die Aufträge gegen das eigene Buch aus.[150] Er wird damit selbst Kontrahent und trägt das Risi-

150 Sofern es sich um Aktien oder aktienvertretende Zertifikate handelt, verpflichtet er sich, regelmäßig und kontinuierlich für die angebotenen Aktiengattungen verbindliche Kauf- und Verkaufsangebote (sog. Quotes) zu veröffentlichen (§§ 32–32d WpHG).

ko des Wertpapiergeschäfts.[151] Keine Internalisierung in diesem Sinne – sondern regelmäßig ein MTF – stellen die sog. Inhouse-Crossing-Systeme dar, bei denen gegenläufige Kundenorders hausintern gegeneinander ausgeführt werden. Beiden ist gemein, dass durch die interne Abwicklung Entgelte an Dritte für Handel, Abrechnung und Wertpapierbelieferung eingespart werden können.

Aufgrund der Weite des Begriffs der systematischen Internalisierung kann ein Großteil des bilateralen außerbörslichen Handels hierunter subsumiert werden.[152] Voraussetzung ist allerdings, dass die Internalisierung der Kundenaufträge regelmäßig und auf organisierte und systematische Art und Weise betrieben wird (§ 2 X WpHG). Eine Konkretisierung dieser unbestimmten Rechtsbegriffe findet sich in Art. 21 der Durchführungsverordnung zur MiFID.[153] Darin werden im Wesentlichen die Fälle ausgegrenzt, in denen das Wertpapierdienstleistungsunternehmen nur ad hoc und unregelmäßig internalisiert, außerdem Geschäftsabschlüsse im Großhandel, die über die standardmäßige Marktgröße hinausgehen,[154] sowie diejenigen Fälle, in denen die Internalisierungstätigkeit keine wesentliche kommerzielle Rolle im Geschäftsmodell einnimmt.[155]

Zum Schutze der Kunden sind die Internalisierer seit dem Erlass des FRUG verpflichtet, Quotes zu veröffentlichen (§ 32a WpHG) und die Kundenaufträge zu den aktuell veröffentlichten Bedingungen auszuführen (§ 32c WpHG). Wertpapierfirmen dürfen eine Order nur dann systematisch internalisieren oder anderweitig außerhalb eines geregelten Marktes oder MTFs ausführen, wenn der Kunde dem vorher zugestimmt hat (§ 33a V WpHG). Damit die Kunden ferner in der Lage sind, auch bei Ausführung ihrer Order außerhalb geregelter Märkte und MTFs Kurse zu vergleichen, müssen Wertpapierdienstleistungsunternehmen gemäß § 31h WpHG den Abschluss solcher Geschäfte in Aktien oder aktienvertretenden Zertifikaten, die zum Handel an einem geregelten Markt zugelassenen sind, veröffentlichen (Nachhandelstransparenz).

Vom Freiverkehr unterscheiden sich die Internalisierungssysteme in wesentlicher Weise durch ihre bilaterale Funktionsweise. Wertpapiergeschäfte im Freiverkehr werden multilateral ausschließlich zwischen den einzelnen Teilnehmern und nicht mit dem Betreiber als Kontrahenten abgeschlossen. Die partielle Zwischenschaltung eines Zentralen Kontrahenten (CCP) verfolgt einen anderen

---

151 Thieme, Wertpapierdienstleistungen im Binnenmarkt, S. 326; Mutschler, Internalisierung der Auftragsausführung im Wertpapierhandel, S. 21, Assmann, in: Assmann/Schneider, WpHG, § 2 Rdnr. 108.

152 Weber, NJW 2007, 3688, 3690.

153 Verordnung (EG) Nr. 1287/2006 der Kommission vom 10.8.2006.

154 Erwägungsgrund 53 MiFID.

155 Kritisch dazu Spindler/Kasten, WM 2006, 1749, 1755; ebenso Thieme, Wertpapierdienstleistungen im Binnenmarkt, S. 327.

Zweck und vermag einen multilateralen nicht zu einem bilateralen Handel werden zu lassen.[156] Als multilaterales Handelssystem ist der Freiverkehr somit entweder ein geregelter Markt oder ein MTF.

2. Geregelte Märkte

Der Begriff „Regulated Market" (geregelter Markt) wurde in Art. 4 Nr. 14 MiFID definiert und vom deutschen Gesetzgeber in etwas abgewandelter Form in § 2 V WpHG umgesetzt, wobei er im WpHG als „organisierter Markt" bezeichnet wird. Börsen sind organisierte Märkt im Sinne dieser Norm, wie sich aus der Legaldefinition in § 2 I BörsG ergibt.[157] § 2 V WpHG erfasst jedoch im Unterschied zu § 2 I BörsG nicht nur inländische Märkte, sondern auch solche im europäischen Wirtschaftsraum (EWR-Raum).[158] Darüber hinaus kann es, was die begriffliche Konfusion perfekt macht, organisierte Märkte geben, die nicht zugleich Börse sind.

156 Kümpel/Hammen, Börsenrecht, S. 40.

157 Dass der Gesetzgeber zwischen Börse und organisiertem Markt trennt, lässt sich eindeutig § 24 II S. 3 BörsG entnehmen.

158 Die Begrifflichkeiten sind arg verwirrend. Der deutsche Gesetzgeber hat es bei der Umsetzung der MiFID versäumt, Klarheit zu schaffen. Der Begriff geregelter Markt entspringt der Vorgabe aus Art. 4 I Nr. 14 MiFID. Der deutsche Gesetzgeber hat diesen Begriff in „organisierter Markt" und „Börse" sozusagen aufgespalten, wobei es freilich eine große Schnittmenge gibt. Die vom geregelten Markt abweichende Bezeichnung organisierter Markt hat ihren Ursprung in der früheren und heute nicht mehr aktuellen deutschen Börsensegmentierung. Bis zum FRUG gab es an den deutschen Börsen den amtlichen und seit dem Börsenzulassungsgesetz von 1986 auch den geregelten Markt (als zweites öffentlich-rechtlich reguliertes Segment), die beide unterschiedliche Anforderungen an die Zulassung von Wertpapieren und die von den Emittenten zu erfüllenden Zulassungsfolgepflichten vorsahen (§§ 49 ff. BörsG in der Fassung vom 21.6.2002). Hätte der Gesetzgeber den europäischen Terminus geregelter Markt verwendet, wären Unklarheiten zu befürchten gewesen (vgl. Regierungsbegründung zum Umsetzungsgesetz 1997, BT-Drucksache 13/7142, S. 103; ferner Assmann, in: Assmann/Schneider, WpHG, 3. Aufl., § 2 Rdnr. 95). Mit der Abschaffung von amtlichem und geregeltem Markt zugunsten eines einzigen Börsensegments „regulierter Markt" sind diese Bedenken jedoch entfallen. Dennoch hält der Gesetzgeber am vertrauten Wortlaut fest, obwohl der Begriff „organisierter Markt" erhebliche Unschärfen aufweist, insbesondere weil auch MTFs eine detaillierte Organisationsstruktur voraussetzen. Auch diese Systeme sind organisierte Handelsplattformen. Die Bezeichnung geregelter Markt – wie sie die Finanzmarktrichtlinie verwendet – ist deutlich präziser.

§ 2 V WpHG 2007 definiert den organisierten Markt im Sinne dieses Gesetzes[159] als ein durch staatliche Stellen genehmigtes, geregeltes *und* überwachtes multilaterales System, das die Interessen einer Vielzahl von Personen am Kauf und Verkauf von dort zum Handel zugelassenen Finanzinstrumenten innerhalb des Systems und nach festgelegten Bestimmungen in einer Weise zusammenbringt oder das Zusammenbringen fördert, die zu einem Vertrag über den Kauf dieser Finanzinstrumente führt.[160]

Der Börsenhandel in dem einzigen echten Börsenhandelssegment „regulierter Markt" kann unzweifelhaft unter den Begriff des organisierten Marktes subsumiert werden. Der regulierte Markt an deutschen Börsen entstand mit dem FRUG, das die zuvor bestehenden Handelssegmente amtlicher und geregelter Markt zu einem Börsenhandelssegment zusammenfasste. Weil es damit nur noch ein echtes Börsensegment gibt, hätte der Gesetzgeber durchaus auch auf eine besondere Namensgebung verzichten und stattdessen vom Handel am organisierten Markt, geregelten Markt oder schlicht vom Börsenhandel sprechen können. Der Gesetzgeber hielt die Schaffung der neuen Bezeichnung für sinnvoll, um zum einen zu verdeutlichen, dass dieses Segment die europäischen Vorgaben der MiFID an „Regulated Markets" erfüllt, und zum anderen, um diesen Markt sprachlich besser vom Freiverkehr abgrenzen zu können, weil die allgemeine Bezeichnung „Börsenhandel" häufig auch für den Handel im Freiverkehr verwendet wird, obwohl dieser nur partiell in die Börsenselbstverwaltung eingegliedert ist.

Die Merkmale eines organisierten Marktes im Sinne von § 2 V WpHG stellen sich im Einzelnen wie folgt dar:

---

159 Fraglich ist, warum der Gesetzgeber die Formulierung organisierter Markt „im Sinne dieses Gesetzes" gewählt hat. Unklar ist etwa, ob der Gesetzgeber damit zum Ausdruck bringen wollte, diese Definition gelte beispielsweise nicht im KWG. Das KWG selbst sieht aber weder eine eigene Legaldefinition noch eine ausdrückliche Verweisung auf diese Vorschrift vor. Und auch die Regierungsbegründung differenziert hier nicht, sondern verweist auf die Umsetzung von Art. 4 I Nr. 14 MiFID (BT-Drucksache 16/4028 S. 57). Wenn in § 2 XII S. 1 KWG von organisierten Märkten die Rede ist, können damit nur solche im Sinne des § 2 V WpHG gemeint sein. Es liegt daher nahe, den Passus „im Sinne dieses Gesetzes" gedanklich zu streichen und als Redaktionsversehen einzustufen.

160 § 2 V WpHG 2002 lautete noch: Organisierter Markt im Sinne dieses Gesetzes ist ein Markt, der von staatlich anerkannten Stellen geregelt und überwacht wird, regelmäßig stattfindet und für das Publikum unmittelbar oder mittelbar zugänglich ist.

a) Multilaterales System, das die Interessen einer Vielzahl von Personen am Kauf und Verkauf von Finanzinstrumenten zusammenbringt

In ihrer grundsätzlichen Funktionsweise unterscheiden sich regulierter Markt, MTF und Freiverkehr nicht. Alle drei Handelssysteme ermöglichen einer Vielzahl von Personen Kauf- oder Verkaufsaufträge in das System einzugeben, die dann durch dieses oder im Präsenzhandel durch einen Skontroführer – soweit sie sich decken – zusammengeführt werden (sog. Matching), sodass am Ende ein Kauf und Verkauf von Finanzinstrumenten steht.[161] Beim Matching der Kundenaufträge dürfen die Auswahl der Vertragspartner oder die Durchführung des Geschäfts nicht im Ermessen des Betreibers stehen, sondern müssen nach zuvor festgelegten und nicht abdingbaren Regeln erfolgen.[162]

b) Erfordernis der Zulassung von Finanzinstrumenten

Die Begriffsbestimmung des geregelten Marktes in Art. 4 Nr. 14 MiFID unterscheidet sich von der des MTF in Art. 4 Nr. 15 MiFID darin, dass die Finanzinstrumente, sollen sie an einem geregelten Markt gehandelt werden, zunächst zugelassen werden müssen. Gleiches sieht § 2 V WpHG für organisierte Märkte vor. Die in Deutschland als Verwaltungsverfahren konzipierte Wertpapierzulassung[163] basiert auf den §§ 32 ff. BörsG 2007, der Börsenzulassungsverordnung[164], dem Wertpapierprospektgesetz[165] und der Prospektverordnung.[166] Im

---

161 Als MTF sind allerdings nur solche Systeme anzusehen, die die Effektenaufträge tatsächlich ausführen (sog. Matching), während bei organisierten (bzw. geregelten) Märkten gemäß § 2 V WpHG bereits die bloße „Förderung des Zusammenführens" ausreicht (vgl. Erwägungsgrund 20 MiFID, ferner Spindler/Kasten, WM 2006, 1749, 1755; Schäfer, in: Boos/Fischer/Schulte-Mattler, KWG, § 2 Rdnr. 106).

162 Fuchs, in: Fuchs, WpHG, § 2 Rdnr. 104.

163 Die Klassifizierung dieser Erlaubnis als Verwaltungsakt (von Rosen, in: Assmann/Schütze, 3. Aufl., § 2 Rdnr. 189) hat zudem zur Folge, dass der Emittent einen Anspruch auf die Zulassung hat, sollten sämtliche Voraussetzungen zu bejahen sein. Der Börsengeschäftsführung steht es somit im Gegensatz zum privatrechtlich organisierten Freiverkehrsträger nicht frei, einen Zulassungsantrag trotz Vorliegens der Zulassungsvoraussetzungen abzulehnen.

164 Die Börsenzulassungsverordnung hat ihren Ursprung in drei europäischen Richtlinien, der Börsenzulassungsrichtlinie von 1979, der Börsenzulassungsprospektrichtlinie von 1980 und der Zwischenberichtsrichtlinie von 1982. Die Richtlinien sind seitdem mehrfach und zum Teil in bedeutender Weise geändert worden.

165 Prospektrichtlinie-Umsetzungsgesetz vom 22.6.2005, BGBl. I S. 1698.

166 VO EG Nr. 809/2004 der Kommission vom 29.4.2004, ABl. L 159 vom 30.4.2004.

Zulassungsverfahren prüft die Börsengeschäftsführung insbesondere die vom Emittenten eingereichten Prospektangaben auf Vollständigkeit und Plausibilität.[167]

An MTFs und im Freiverkehr sind hoheitlich ausgestaltete Wertpapierzulassungsverfahren dagegen nicht vorgesehen.[168] An MTFs werden die handelbaren Wertpapiere entweder wie im Freiverkehr mittels privatrechtlicher Vereinbarung oder – was weit häufiger der Fall ist – vom Betreiber des Systems einseitig einbezogen.[169] Beispielsweise findet sich im Regelbuch des MTF Turquoise unter 4.1.1 die Bestimmung, dass das Management die auf Turquoise handelbaren Wertpapiere nach eigenem Ermessen festlegt.

Die Zulassung der Finanzinstrumente ist zwar ein Wesensmerkmal geregelter Märkte. Ob sie allerdings als Unterscheidungsmerkmal zwischen geregelten Märkten und MTFs taugt, ist dagegen fraglich.[170] Der Wortlaut von Art. 4 Nr. 14 MiFID legt diesen Schluss nahe, weil darin im Vergleich zu Art. 4 Nr. 15 MiFID die Zulassung ausdrücklich nur für geregelte Märkte vorgesehen ist. Verstärkt wird dieser Schluss durch Art. 40 I MiFID, der bestimmt, dass ein geregelter Markt über klare und transparente Regeln für die Zulassung von Finanzinstrumenten zum Handel verfügen muss, also ohne solche Bestimmungen selbst nicht als geregelter Markt zugelassen werden dürfte.

Allerdings wird der Begriff „Zulassung“ selbst nicht näher definiert. Eine Begriffsbestimmung beispielsweise als „Hoheitsakt gleich welcher Form“, wie sie die *Richtlinie über die Aufnahme und Ausübung der Tätigkeit der Kreditinstitute*[171] in Bezug auf die „Zulassung“, als Kreditinstitut zu agieren, (§ 32 KWG) enthält, fehlt sowohl in der WpDRL als auch in der MiFID.

---

167 Heidelbach, in: Schwark/Zimmer, KMRK, § 32 BörsG Rdnr. 56.

168 Franke, in: Assmann/Schütze, 3. Aufl., § 2 Rdnr. 70 weist zutreffend daraufhin, dass sich die Unterschiede zwischen reguliertem Markt und Freiverkehr auf die Art der Zulassung und die Zulassungsvoraussetzungen beschränken, dagegen nicht mehr in den Handelsmodalitäten liegen.

169 § 31f I Nr. 2 WpHG nennt nur die Einbeziehung von Wertpapieren.

170 So etwa Schweickert, Deutsche Börse Group Seminar zum Thema „ Markets in Financial Instruments Directive (MiFID) vom 7.11.2006, S. 36, abrufbar im Internet unter: http://www.kapitalmarktberatung.info/pdf/MiFID-Seminar-DBAG.pdf.

171 Art. 4 Nr. 2 der Richtlinie 2006/48/EG des Europäischen Parlaments und des Rates vom 14. Juni 2006 über die Aufnahme und Ausübung der Tätigkeit der Kreditinstitute (Neufassung), Amtsblatt der Europäischen Union vom 30.6.2006, L 177/13: „Zulassung: ein Hoheitsakt gleich welcher Form, der die Befugnis gibt, die Tätigkeit eines Kreditinstituts auszuüben.“

An deutschen Börsen erfolgt die Zulassung von Finanzinstrumenten durch die Börsengeschäftsführung in Form eines Verwaltungsaktes, also einer hoheitlichen Maßnahme.[172] Wenn die Zulassung generell nach europäischen Richtlinienvorgaben nur hoheitlich erfolgen könnte, dann wäre sie ein Unterscheidungsmerkmal gegenüber den anderen Handelssystemen, weil grundsätzlich nur einem Träger öffentlicher Gewalt – wie dies im deutschen Recht auf die Börse als Anstalt des öffentlichen Rechts zutrifft – Hoheitsbefugnisse obliegen. Die privatrechtlich organisierten MTFs könnten dann unstreitig keine Wertpapiere „zulassen". Die Tatsache, dass in der MiFID eine vergleichbare Bestimmung fehlt, die den Begriff Zulassung definiert, kann man jedoch als Indiz dafür werten, dass trotz dieser Wortwahl nicht zwingend vorausgesetzt wird, die Zulassung müsse als Hoheitsakt mit den Mitteln des öffentlichen Rechts erfolgen. Stattdessen lässt sich hier gut argumentieren, dass sie zumindest nach den europäischen Vorgaben wie die Einbeziehung von Wertpapieren in den Freiverkehr auch auf rein privatrechtlicher Basis vollzogen werden kann.

Weiterführend ist hier die MiFID selbst. Die Richtlinie differenziert nicht wie das nationale Recht nach Zulassung (hoheitlich) und bloßer Einbeziehung (privatrechtlich). In Erwägungsgrund 6 ist zu lesen, dass ein Markt, der aus einem Regelwerk besteht, das unter anderem Fragen in Bezug auf die Zulassung von Finanzinstrumenten zum Handel regelt, ein geregelter Markt oder ein MTF im Sinne dieser Richtlinie ist. Daraus folgt, dass auch außerhalb geregelter Märkte – nämlich an MTFs, die wie ein Freiverkehr auf rein privatrechtlicher Basis organisiert werden – Finanzinstrumente zugelassen werden können. Damit können auch die Betreiber von MTFs ein Zulassungsverfahren installieren, das dem Niveau von geregelten Märkten entspricht, freilich ohne die Existenz öffentlich-rechtlicher Handlungsinstrumente. An die Stelle eines Verwaltungsaktes tritt dann der Listingvertrag. Dieses Ergebnis verfestigt sich, betrachtet man Art. 36 IV MiFID. Darin ist bestimmt, dass (nur) der nach den Systemen des geregelten Marktes betriebene *Handel* dem öffentlichen Recht des Mitgliedstaates unterliegt. Aus dieser ausdrücklichen Anordnung bezüglich des Handels folgt, dass andere Bereiche wie etwa die Zulassung nicht dem öffentlichen Recht des Mitgliedstaates unterliegen müssen.

Nimmt man ferner hinzu, das auch an geregelten Märkten Finanzinstrumente gelistet sind, die kein formelles Zulassungsverfahren an dem jeweiligen Markt durchlaufen haben, wie etwa die staatlichen Schuldverschreibun-

---

172 Heidelbach, in: Schwark/Zimmer, KMRK, § 32 BörsG Rdnr. 17.

gen (§ 37 BörsG) sowie die Wertpapiere, die bereits an anderen geregelten Märkten und solchen Märkten, die in puncto Zulassungsvoraussetzungen sowie Melde- und Transparenzpflichten vergleichbare Standards aufweisen, zugelassen sind (§ 33 BörsG), kann der These, geregelte Märkte grenzten sich von anderen multilateralen Handelssystemen durch die „Zulassung" der Wertpapiere ab, nicht zugestimmt werden. Das Zulassungsverfahren ist kein konstitutives Merkmal eines geregelten Marktes, sondern eine notwendige Folge der Einstufung als geregelter Markt.[173] Der Verleihung des Status als geregelter Markt folgt die Pflicht nach, nur solche Wertpapiere in das Handelssystem aufzunehmen, die das Zulassungsverfahren erfolgreich durchlaufen haben. Als Unterscheidungsmerkmal gegenüber MTFs taugt die Wertpapierzulassung jedoch nicht, da auch MTFs nach den Vorgaben der MiFID eine Zulassung vorsehen können.

Dass im Freiverkehr Wertpapiere nicht zugelassen, sondern lediglich einbezogen werden, ist nicht nur dem Wortlaut von § 48 I S. 1 BörsG zu entnehmen, sondern lässt sich vor allem aus der Entstehungsgeschichte dieses Handelssegments ableiten. Wie bereits erörtert entstand der Freiverkehr als Folge der Einführung des amtlichen Handels, in dem nur Wertpapiere gehandelt werden durften, die zuvor ein Zulassungsverfahren erfolgreich durchlaufen hatten. Der Freiverkehr wurde also gerade für die nicht-zugelassenen Wertpapiere konzipiert. Anders als an MTFs wäre die Installierung eines Zulassungsverfahrens im Freiverkehr, das den geregelten Märkten entspricht, vollkommen sinnwidrig.

Damit wird an dieser Stelle bereits deutlich, dass der Freiverkehr nach europäischem wie nach innerstaatlichem Recht kein organisierter Markt und damit kein Börsenhandel sein kann, weil hier die obligatorische Installierung eines Zulassungsverfahrens (im Sinne von Art. 40 MiFID und § 32 BörsG) dem grundlegenden Verständnis eines Freiverkehrs, Handel in nicht-zugelassenen Wertpapieren an der Börse zu ermöglichen, diametral entgegenlaufen würde. Ein Zulassungsverfahren für Wertpapiere, wie dies Art. 4 Nr. 14 MiFID für geregelte Märkte vorschreibt, kann es daher im Freiverkehr nicht geben.

c) Durch staatliche Stellen genehmigtes, geregeltes und überwachtes multilaterales System – taugliches Abgrenzungskriterium zu MTFs und Freiverkehr?

In der jüngeren Vergangenheit sind Stimmen laut geworden, die – seitdem der Freiverkehrshandel durch die Handelsordnung geregelt wird – den Freiverkehr

173 So Spindler/Kasten, WM 2006, 1749, 1755.

als von staatlichen Stellen reguliert und damit als organisierten Markt im Sinne von § 2 V WpHG begreifen wollen. Wäre diese Auffassung richtig, würde das, abgesehen davon, dass dies wie soeben gezeigt dem Zweck des Freiverkehrs zuwiderlaufen würde, weitreichende Folgen nach sich ziehen. Insbesondere wären dann zahlreiche kapitalmarktrechtliche Regelungen auch auf bloß in den Freiverkehr einbezogene Wertpapiere anzuwenden, da diese Regelungen ihre Anwendbarkeit an die Voraussetzung knüpfen, dass die Wertpapiere zum Handel an einem organisierten Markt im Sinne von § 2 V WpHG zugelassen sind.

Eine solche Rechtsauffassung ist allerdings in mehrfacher Hinsicht angreifbar, argumentiert sie doch zu sehr an der Oberfläche des Kapitalmarktrechts und lässt eine tiefe dogmatische Durchdringung der Problematik vermissen. Im Folgenden wird daher zu zeigen sein, dass der Freiverkehr nicht nur praktisch kein geregelter Markt sein kann, sondern dass dies auch auf der Basis europa- und börsenrechtlicher Aspekte begründet werden kann.

Kernstück der deutschen Legaldefinition eines organisierten Marktes ist die Vorgabe, dass er als solcher von einer staatlichen Stelle genehmigt, reguliert *und* überwacht werden muss. Das Tatbestandsmerkmal „überwacht“ kann an dieser Stelle vernachlässigt werden, weil sowohl der Freiverkehr (durch die Börsenaufsichtsbehörde) als auch MTFs (durch die BaFin) der Überwachung durch staatliche Aufsichtsbehörden unterliegen. Die verbleibenden beiden Merkmale „genehmigt und reguliert“ bedürfen jedoch näherer Erläuterung.

aa) Erlaubnisvorbehalt

Den multilateralen Handelssystemen regulierter Markt, MTF und Freiverkehr ist gemein, dass ihr Betrieb unter Erlaubnisvorbehalt der jeweiligen Aufsichtsbehörde steht. Die Errichtung und der Betrieb einer Börse (und damit auch der Betrieb eines geregelten Marktes) erfolgen nach dem Wortlaut von § 5 I BörsG durch den Börsenträger, dem von der Börsenaufsichtsbehörde des jeweiligen Bundeslandes eine Erlaubnis nach § 4 I BörsG erteilt worden ist.[174]

Weil der Betrieb eines MTF als Wertpapierdienstleistung (§ 2 III Nr. 8 WpHG) bzw. Finanzdienstleistung (§ 1 Ia S. 2 Nr. 1b KWG) ausgestaltet ist, können nur Unternehmen ein solches Handelssystem betreiben, denen von der BaFin nach § 32 KWG eine Erlaubnis zur Erbringung solcher Dienstleistungen erteilt wurde.[175] Namentlich sind dies die Kredit- und Finanzdienstleistungsinstitute. Diese gelten zusammen mit den inländischen Zweigstellen ausländischer

174 Die Börsenanstalt beginnt ihre Tätigkeit mit dem von der Börsenaufsichtsbehörde provisorisch eingesetzten Börsenrat (§ 12 V BörsG). Dieser bestellt die Geschäftsführung und erlässt die erforderlichen Regelwerke.

175 Vgl. Art. 5 I MiFID; ferner Spindler/Kasten, WM 2006, 1749, 1755.

Unternehmen, die im Inland Bankgeschäfte tätigen und Finanzdienstleistungen offerieren (Unternehmen im Sinne von § 53 I S. 1 KWG) gemäß § 2 IV WpHG als Wertpapierdienstleistungsunternehmen, sofern sie Wertpapierdienstleistungen im Sinne von § 2 III WpHG gewerbsmäßig oder in einem Umfang erbringen, der einen in kaufmännischer Weise eingerichteten Geschäftsbetrieb erfordert. Mit der Einordnung der MTFs als Wertpapier- bzw. Finanzdienstleistung haben die Betreiber spezielle Anforderungen nach dem WpHG[176] und dem KWG[177] zu erfüllen und unterstehen dabei der Aufsicht der BaFin (§ 6 i. V. m. § 1 Ib KWG).[178] Etwas anderes gilt gemäß § 2 XII S. 2 KWG für Betreiber geregelter Märkte (sog. Marktbetreiber oder Börsenträger). Der Betrieb eines MTF durch den Börsenträger bedarf zwar auch der Zulassung durch die BaFin, was sich dem eindeutigen Wortlaut von Art. 5 II und 71 V MiFID entnehmen lässt. Sie gelten jedoch gemäß § 2 VI Nr. 16 KWG nicht als Finanzdienstleistungsinstitut[179] und haben gemäß § 2 XII S. 2 i. V. m. S. 1 KWG nur die darin explizit aufgelisteten kreditwesengesetzlichen Anforderungen zu erfüllen.[180] Ferner gilt ein Börsenträger, der einen MTF betreibt, gemäß § 2a I Nr. 13 WpHG auch nicht als Wertpapierdienstleistungsunternehmen (bzw. Wertpapierfirma im Sinne der MiFID).[181]

Für Marktbetreiber mit Sitz im Ausland, die ein MTF im Inland betreiben,[182] gilt grundsätzlich das Gleiche. Allerdings darf bezweifelt werden, dass die Auferlegung kreditwesengesetzlicher Pflichten für ausländische Marktbetreiber mit

---

176 Z. B.: Wohlverhaltenspflichten der §§ 31–37a WpHG, ferner Melde- und Anzeigepflichten nach §§ 9, 10, 16, 16b WpHG.

177 Z. B.: ausreichendes Anfangskapital (§ 33 I S. 1 Nr. 1KWG), Eigenkapitalanforderungen (§ 10 ff. KWG), Geschäftsleiterqualifikation (§ 33 I S. 1 Nr. 4 KWG) sowie andere Organisationsvorschriften (§ 33 I S. 1Nr. 7 KWG).

178 Betreiber eines MTF in Deutschland müssen der BaFin auch mitteilen, wenn sie – was in aller Regel der Fall sein wird – Handelsteilnehmern in anderen Staaten einen unmittelbaren Zugang zum System gewähren (§ 24a IIIa S.1 KWG).

179 Gemäß § 2a I Nr. 13 WpHG gelten sie ferner auch nicht als Wertpapierdienstleistungsunternehmen.

180 Regierungsbegründung zum FRUG, BT-Drucksache 16/4028, S. 59; Assmann, in: Assmann/Schneider, WpHG, § 2a Rdnr. 58.

181 Entsprechend gelten auch die Vorschriften der Kapitaladäquanzrichtlinie (Richtlinie 2006/49/EG des europäischen Parlaments und des Rates vom 14. Juni 2006, geändert durch Richtlinie 2009/111/EG des europäischen Parlaments und des Rates vom 16. September 2009) nicht für Börsenträger, die einen MTF betreiben, da diese Richtlinie nur Wertpapier- und Finanzdienstleistungsunternehmen erfasst und Börsenträger gemäß der genannten Vorschriften nicht als solche gelten.

182 Nach Auffassung der BaFin ist dies bereits dann der Fall, wenn sich der Betreiber lediglich zwecks Vermarktung des MTF zielgerichtet an das Inland wendet.

den Grundsätzen über den „europäischen Pass“ zu vereinbaren ist.[183] Nach *Schäfer* müsste das Notifizierungs- bzw. Mitteilungsverfahren nach § 53b KWG ausreichend und vorrangig anzuwenden sein.[184]

Der Betrieb eines MTF ist daher Personen vorbehalten, die eine Erlaubnis nach § 32 KWG durch die BaFin erhalten haben, ferner denjenigen, die gemäß § 53 I KWG als Kredit- oder Finanzdienstleistungsinstitut und damit nach § 2 IV WpHG als Wertpapierdienstleistungsunternehmen gelten und letztlich den Börsenträgern. Damit steht auch der Betrieb eines MTF unter Erlaubnisvorbehalt.

Schließlich kann auch der Freiverkehr ebenso wie ein regulierter Markt oder ein MTF nicht ohne Erlaubnis veranstaltet werden. Gemäß § 48 BörsG bedarf der Träger des Freiverkehrs zum einen einer Zulassung durch die Börse (Abs. 1 S. 1) und zum anderen einer schriftlichen Erlaubnis durch die Börsenaufsichtsbehörde (Abs. 3 S. 1).

Als Zwischenergebnis kann somit festgehalten werden, dass sowohl geregelte Märkte und MTFs als auch der Freiverkehr durch staatliche Stellen genehmigte und überwachte multilaterale Handelssysteme sind. Fraglich ist, ob solche Gemeinsamkeiten auch bei der Regulierung dieser Handelsplätze zu finden sind.

bb) Regulierung

aaa) Regulierter Markt als öffentlich-rechtlich reguliertes Handelssystem

Die Regulierung des regulierten Markts erfolgt allein durch die Börsenorgane.[185] Der Börsenrat, dem Vertreter der am Börsenhandel beteiligten Kreise angehören (§ 12 I S. 2 BörsG), ist dabei für den Erlass der börsenrechtlichen Regelwerke zuständig, die allesamt als Satzungen ergehen (§ 12 II S. 1 Nr. 1 BörsG). Neben diesen öffentlichrechtlichen Regularien kann die Börsengeschäftsführung als Leitungsorgan der Börse im Rahmen ihrer umfassenden Geschäftsführungskompetenz Anordnungen treffen,[186] die hoheitlichen Charakter besitzen und durch die Börse selbst vollstreckt werden können.[187] Deshalb sind geregelte Märkte *in Deutschland* öffentlich-rechtlich und damit von staatlichen Stellen organisierte „regulierte“ Märkte.

---

183 Kurth, WM 2000, 1521, 1526; vgl. auch Erwägungsgrund 2 der MiFID.

184 Schäfer, in: Boos/Fischer/Schulte-Mattler, KWG, § 2 Rdnr. 106.

185 Blumentritt, Die privatrechtlich organisierte Börse, S. 272.

186 Schwark, in: Schwark/Zimmer, KMRK, § 15 BörsG Rdnr. 5; vgl. auch § 9 I BörsO FWB vom 1.7.2010.

187 Blumentritt, Die privatrechtlich organisierte Börse, S. 275.

bbb) MTF als privatrechtlich reguliertes Handelssystem

Die in § 2 III S. 1 Nr. 8 WpHG legal definierten MTFs gleichen insofern regulierten Märkten, als sie in ähnlicher Weise einen funktional organisierten multilateralen Handel anbieten.[188] § 31f WpHG verlangt von den Betreibern solcher Handelssysteme die Bereitstellung bestimmter Mindestregularien und Mindestvorkehrungen, die im Wesentlichen die Kernpunkte einer soliden Marktorganisation bilden, also solche, die die Ordnungsmäßigkeit des Handels und der Geschäftsabwicklung gewährleisten.[189] Innerhalb der durch § 31f WpHG abgesteckten Grenzen obliegt die Ausgestaltung im Detail dem jeweiligen Betreiber des MTF.[190]

In der Art und Weise der Ausgestaltung bestehen jedoch erhebliche Unterschiede zum regulierten Markt. Weil das Börsengesetz auf MTFs keine Anwendung findet (§ 1 BörsG), fehlt es hier an einer vergleichbaren Organisationsstruktur. Dem Betreiber werden keine hoheitlichen Regulierungskompetenzen eingeräumt. Er kann daher beispielsweise nicht ohne Weiteres Regelwerksänderungen einseitig gegen den Willen der Handelsteilnehmer durchsetzen, wie dies etwa den Börsenorganen, die ihre Aufgaben überwiegend unter Verwendung öffentlich-rechtlicher Handlungsformen erfüllen, im regulierten Markt möglich ist.[191] Der Betreiber eines MTF ist darauf verwiesen, die Organisation des Handelssystems mit den Mitteln des Privatrechts zu bewerkstelligen. Organisationsrechtlich liegt hierin ein fundamentaler Unterschied zwischen MTFs und regu-

188 Erwägungsgrund 6 der MiFID; Schäfer, in BFS-KWG, § 2 Rdnr. 106.

189 Vor dem Erlass des FRUG waren nicht-börsliche multilaterale Handelssysteme partiell in § 58 ff. BörsG 2002 geregelt. Die Finanzmarktrichtlinie erforderte eine Neuregelung im Wertpapierhandelsgesetz, weil diese den Betrieb eines MTF als Wertpapierdienstleistung einstuft (Anhang I Abschnitt A Nr. 8 MiFID, umgesetzt in § 2 III Nr. 8 WpHG). Mit der Platzierung im Wertpapierhandelsgesetz hat der Gesetzgeber auch zum Ausdruck gebracht, dass diese Systeme mit der Börse als öffentlich-rechtlicher Anstalt in keinem rechtlichen Zusammenhang stehen. Dagegen sah eine Empfehlung des federführenden Finanzausschusses und des Wirtschaftsausschusses (abgedruckt unter BR-Drucksache 247/1/07) vor, die Regelungen zu MTFs im Börsengesetz zu platzieren. Damit wollte man erreichen, das MTFs wie regulierte Märkte der Aufsicht der Börsenaufsichtsbehörde unterstehen (BR-Drucksache 247/1/07 S. 6 f.). Zur Begründung wurde angeführt, dass die Börsenaufsichtsbehörde bislang auch für die Beaufsichtigung „börsenähnlicher Einrichtungen" zuständig war und hier keine Defizite festgestellt werden konnten.

190 Vgl. Laun, Börsen-Zeitung vom 10.1.2007, S. 2.

191 Näher dazu Müller, Der Konzern 2008, 263, 263 f.

lierten Märkten.[192] Aufgrund dieser fehlenden staatlichen Regulierung sind MTFs keine organisierten Märkte im Sinne von § 2 V WpHG.

ccc) Regulierung im Freiverkehr

Bis zur Einführung der „Handelsordnung im Freiverkehr" durch das Gesetz zur Fortentwicklung des Pfandbriefrechts im März 2009[193] war der Organisation des Freiverkehrs in Rechtsprechung und Schrifttum einhellig attestiert worden, ein auf rein privatrechtlicher Basis reguliertes Handelssegment zu sein.[194] Dem lagen folgende Feststellungen zugrunde:

Die Reglementierung des Freiverkehrs erfolgte gänzlich durch die von dem Freiverkehrsträger als Privatrechtssubjekt abgefassten Handelsrichtlinien (heute: Geschäftsbedingungen). Mangels gesetzlicher Kompetenz zur Statuierung öffentlich-rechtlicher Normen verblieb diesem nur eine Regulierung mit den Mitteln des Privatrechts. Die Börse als öffentlich-rechtliche Anstalt war hierin nicht involviert. Ihr oblag einzig die Prüfung, ob die Handelsrichtlinien geeignet waren, die Durchführung eines ordnungsgemäßen Handels und der Geschäftsabwicklung zu gewährleisten, mithin eine reine Kontrollkompetenz, die als solche keine Veränderung an dem privatrechtlichen Charakter des Regelwerks bewirkte.[195] Der Freiverkehr fand daher nur faktisch an der Börse statt, ohne aber rechtlich in sie integriert zu sein. Ferner erfolgte und erfolgt auch heute die Einbeziehung der Wertpapiere nicht durch ein Organ der öffentlich-rechtlichen Börsenanstalt, sondern entweder durch einen Freiverkehrsausschuss, der eine privat-

192 Regierungsbegründung zum FRUG, BT-Drucksache 16/4028 S. 57.

193 Bundesgesetzblatt vom 25.3.2009, Teil I Nr. 16, S. 607, 620 (Artikel 3a).

194 So der ausdrücklich geäußerte Wille des Gesetzgebers in BT-Drucksache 10/4296, S. 11; OLG Frankfurt a. M., WM 2002, 924, 927 f.; LG Frankfurt a.M., WM 2001, 1607, 1610; Primary Markets Arbitration Panel, BKR 2001, 153, 154; Müller-Stahl, Der geregelte Freiverkehr, S. 95; Schwark, in: Schwark, KMRK, § 57 BörsG Rdnr 2 m. w. N.; Bröcker, in: Claussen, Bank- und Börsenrecht, § 6 Rdnr. 63; ders. in: Die einzelnen Marktsegmente an deutschen Wertpapierbörsen, Beiträge zum Börsenrecht, Band 14, S. 46 u. 54; Groß, Kapitalmarktrecht, § 48 BörsG Rdnr. 2; Lenenbach, Kapitalmarkt- und Börsenrecht, § 3 Rdnr. 3.59.; Kümpel/Hammen, Börsenrecht in der 2. Aufl., S. 158 u. 232; Schmidt, in: Bank- und Börsenrecht Bd. 1, S. 163 (3.3.1.2); Meyer, in: Marsch-Barner/Schäfer, Handbuch börsennotierte AG, § 6 Rdnr. 46; Dehlinger, in: Marsch-Barner/Schäfer, Handbuch börsennotierte AG, § 11 Rdnr. 9; Blumentritt, Die privatrechtlich organisierte Börse, S. 59 u. 133; Reuschle/Fleckner, BKR 2002, 617, 624; Kersting, AG 1997, 222, 223; Baumbach/Hopt, HGB, § 48 BörsG Rdnr. 1; Jäger, NZG 1999, 381, 384; Segna, ZBB 1999, 144, 151.

195 Lenenbach, Kapitalmarkt- u. Börsenrecht, § 3 Rdnr. 3.59; Schäfer-Ledermann, 1. Aufl., § 78 BörsG Rdnr. 11.

rechtliche Einrichtungen des Wertpapierhandels ist,[196] oder – mittlerweile überwiegend – durch Trägergesellschaften, die als gewinnorientierte Aktiengesellschaften organisiert sind.[197] Grundlage der Einbeziehung sind die vom Freiverkehrsveranstalter erstellten privatrechtlichen Freiverkehrsregelwerke (früher „Handelsrichtlinien" und heute „Geschäftsbedingungen" genannt). Im Unterschied zum regulierten Markt wurden diese Regelwerke nicht im Rahmen eines verwaltungsrechtlich ausgestalteten Verfahrens, an dessen Ende ein Verwaltungsakt steht, in den Markt eingeführt,[198] sondern mittels eines schuldrechtlichen Listingvertrags zwischen antragstellendem Handelsteilnehmer und dem Freiverkehrsveranstalter (dazu unten Kapitel 3. V.).[199] Aufgrund dieser Gegebenheiten zweifelte kaum jemand ernstlich an der rein privatrechtlichen Regulierung des Freiverkehrs.

Dass man angesichts der erwähnten Rechtsänderung nicht mehr ohne weiteres an der privatrechtlichen Einordnung des Freiverkehrs festhalten kann, ohne zumindest einen gewissen Begründungsaufwand zu leisten, dürfte nicht ernstlich bestritten werden können. Der Freiverkehr ist heute weder – wie der regulierte Markt – vollständig öffentlich-rechtlich, noch – wie MTFs – vollständig privatrechtlich reguliert. Insoweit stellt der Freiverkehr gewissermaßen einen Zwitter dar, weil er auf der einen Seite durch die auf privatrechtlicher Basis erstellten Geschäftsbedingungen des Freiverkehrsveranstalters organisiert wird, die in die Listingvereinbarungen mit den Handelsteilnehmern integriert und damit rechtsgeschäftlich vereinbart werden, und weil er auf der anderen Seite der Handelsordnung für den Freiverkehr untersteht, die vom Börsenrat als Satzung erlassen wird (§ 12 II S.1 Nr.1 BörsG). Mit der Handelsordnung, die sämtliche Regelungen bezüglich des Handelsablaufs enthält, unterliegt der Freiverkehr partiell der Regelungsmacht des Börsenrates, einem Organ der Börse als öffentlich-rechtlicher Anstalt (§ 48 I S. 2 BörsG), und insoweit der Regulierung einer staatlichen Stelle im Sinne von § 2 V WpHG. Dem Freiverkehrsveranstalter vorbehalten bleibt die Einbeziehung der Wertpapiere und die Ausgestaltung der Listingsegmente, insbesondere die Festlegung der Einbeziehungsvoraussetzungen und Einbeziehungsfolgepflichten, sowie ferner die Teilnahme am Handel, wobei

196 Schwark, NJW 1987, 2041, 2042; ders., in: Anlegerschutz durch Wirtschaftsrecht, S. 25.

197 Regierungsbegründung zum 2. FMFG, BT-Drucksache 12/6679, S. 75.

198 Heidelbach, in Schwark/Zimmer, KMRK, § 32 BörsG Rdnr. 17; Lenenbach, Kapitalmarkt- und Börsenrecht, 1. Auflage, Rdnr. 3.51.; Kümpel/Hammen, Börsenrecht, S. 203.

199 Claussen, in: Festschrift Stimpel, 1049, 1053; Lenenbach, Kapitalmarkt- und Börsenrecht, 1. Auflage, Rdnr. 3.60; Dehlinger, Vertragliche Marktsegmentregulierung an Wertpapierbörsen, S. 105.

sich diesbezüglich bereits seit geraumer Zeit die gängige Praxis etabliert hat, die Berechtigung zur Teilnahme am Freiverkehrshandel an die Berechtigung zur Teilnahme am Börsenhandel zu koppeln.[200]

An die Feststellung, dass der Freiverkehr teils privatrechtlich und teils öffentlich-rechtlich reguliert ist, schließt sich die Frage an, ob dies ausreicht, den Freiverkehr nunmehr als von staatlicher Stelle reguliert einzustufen und ihn der Kategorie der organisierten Märkte im Sinne von § 2 V WpHG zuzuordnen.

(1) Parallele zu § 78 BörsG 1986

Die Bestimmung in § 48 I S. 1 BörsG 2009 ähnelt zu einem Teil derjenigen in § 78 BörsG 1986. In der letztgenannten Regelung war normiert, dass die Preise im Freiverkehr nach näherer Bestimmung durch die Börsenordnung ausgerufen, ermittelt oder veröffentlicht werden. *Schwark* vertrat seinerzeit die Auffassung, der Freiverkehr sei mit dieser Regelung nicht nur faktisch, sondern auch rechtlich in die Börse integriert worden.[201] Die in § 48 I S. 1 BörsG 2009 eingefügte Handelsordnung regelt wie die Vorschrift aus dem Jahre 1986 die Art und Weise der Preisfeststellung und damit einen ganz wesentlichen Teil des Wertpapierhandels.

Nach der damals von *Schwark* vorgetragenen Rechtsansicht müsste man hier nun zum gleichen Ergebnis gelangen, folglich die Integration des Freiverkehrs in die Börse und damit auch das Vorliegen der Voraussetzungen von § 2 V WpHG bejahen. Das wäre jedoch eine zu oberflächliche Betrachtung der Dinge. Mit der Neuregelung des § 48 I BörsG ist keineswegs zwingend bestimmt, dass der Freiverkehr nun, da er teilweise öffentlich-rechtlich reguliert wird, als organisierter Markt angesehen werden muss.

Zwar ist zuzugeben, dass dem Freiverkehrsveranstalter mit der Handelsordnung ein wichtiger Bestandteil seiner Regelungskompetenz in der Freiverkehrsorganisation genommen wurde. Er ist nun rechtlich daran gehindert, eigene innovative Handels- und Preisermittlungssysteme zu entwickeln. Beispielsweise kann er nicht mehr regeln, in welcher Weise die sog. Spezialisten im Fondhandel Taxen einstellen und veröffentlichen.[202] Erheblich sind die Auswirkungen der Rechtsänderung auch im Bereich des Handels mit strukturierten Produkten, weil gerade dort die Handelssysteme besonders variantenreich ausgestaltet sind, um aktiv die ansonsten eher schwache Liquidität dieser Finanzinstrumente zu

---

200 Vgl. etwa § 6 FV-AGB FWB.

201 Schwark, NJW 1987, 2041, 2043; ebenso Regierungsbegründung zum 2. FMFG, BT-Drucksache 12/6679, S. 75; Hopt, ZGR 1991, 17, 40 bezeichnete den Freiverkehr als ein durch die Börse reglementiertes Handelssystem.

202 § 25 FV-AGB FWB.

erhöhen, etwa durch die Mitwirkung von Quote-Verpflichteten[203] und Spezialisten.[204]

Demgegenüber sprechen jedoch der Wortlaut von § 2 V WpHG und die Entstehungsgeschichte zu § 48 I S. 1 und 2 BörsG gegen die Einstufung des Freiverkehrs als organisierten Markt. Weder im Wortlaut von § 2 V WpHG noch in den Gesetzesmaterialien kommt zum Ausdruck, dass die bloß partielle Regulierung durch eine staatliche Stelle bereits ausreicht, um ein Handelssegment als organisierten Markt einzuordnen. Der Wortlaut von § 2 V WpHG fordert eine vollständige Regulierung durch staatliche Stellen. Ferner muss bedacht werden, dass der Gesetzgeber mit der Einführung der Handelsordnung in keiner Weise beabsichtigte, den Freiverkehr in einen organisierten Markt umzuwandeln. Seine Intention bestand allein darin, dem Sanktionsausschuss der Börse Sanktionskompetenzen für Regelverstöße betreffend den Freiverkehrshandel einzuräumen. Im Regierungsentwurf zum FRUG hatte der Gesetzgeber sogar erwogen, den Freiverkehr in einen organisierten Markt umzuwandeln, wovon er letztlich ganz bewusst Abstand nahm.[205] Mit der Einführung der Handelsordnung wurde nicht beabsichtigt, die Rechtslage in diesem Punkt zu ändern. Hierfür hätte es vielmehr einer entsprechenden Umsetzung des Regierungsentwurfs zum FRUG bedurft.

(2) Der Freiverkehr im Regierungsentwurf zum Finanzmarktrichtlinie-Umsetzungsgesetz (FRUG)

Im Regierungsentwurf zum FRUG war eine Abkehr von der bisherigen privatrechtlichen Regulierung im Freiverkehr vorgesehen.[206] Während der Referentenentwurf[207] noch eine privatrechtliche Einordnung des Regelwerks favorisierte, sah der Regierungsentwurf vom 12.1.2007 vor, den Freiverkehr zu einem echten und vollwertigen Bestandteil der Börse werden zu lassen.[208] Angedacht war, der Börsengeschäftsführung die Kompetenz zum Erlass des Freiverkehrsregelwerks zuzuweisen und ihr damit die umfassende Regulierungs- und Orga-

---

203 § 19 FV-AGB Scoach vom 28.4.2008.

204 § 21 FV-AGB Scoach vom 28.4.2008; siehe jetzt § 1 I S. 4 FV-AGB Scoach, der für den Handel und die Geschäftsabwicklung auf der Handelsplattform Scoach auf die Handelsordnung des allgemeinen Freiverkehrs der FWB verweist.

205 Regierungsbegründung zum FRUG, BT-Drucksache 16/4028, S. 39.

206 Regierungsbegründung zum FRUG, BT-Drucksache 16/4028, S. 39.

207 Referentenentwurf des Bundesministeriums der Finanzen vom 14.9.2006

208 In der Begründung zum Regierungsentwurf des FRUG (BT-Drucksache 16/4028, S. 89) heißt es ausdrücklich, „der Freiverkehr sei nun dem öffentlichen Recht zuzuordnen, weil das Freiverkehrsregelwerk nach der Novellierung von der Geschäftsführung der Börse zu erlassen ist.“

nisationshoheit zu übertragen, während dem eigentlichen Freiverkehrsveranstalter allein Verwaltungsaufgaben verbleiben sollten. Damit wäre dem Freiverkehrsveranstalter der ganz wesentliche Teil seiner Gestaltungsmöglichkeiten genommen worden. Denn in den Handelsrichtlinien (heute: Geschäftsbedingungen) werden nahezu alle wesentlichen Bereiche der Freiverkehrsorganisation wie etwa auch die besonders wichtigen Teilbereiche[209] und Subsegmente[210] ausgestaltet. Da in diesem Fall der Freiverkehr effektiv der Normgewalt der Börsenselbstverwaltung unterstellt worden wäre, wodurch diese im Vergleich zur vorherigen Rechtslage auch befugt gewesen wäre, Detailfragen zu regeln, hätte man ohne Frage das Tatbestandsmerkmal „durch staatliche Stellen geregelt" bejahen und den Freiverkehr als organisierten Markt im Sinne von § 2 V WpHG einordnen müssen.

Im Finanzausschuss wurde das Ansinnen der Bundesregierung schließlich revidiert. Mit partiellen Änderungen gab man der Fassung des Referentenentwurfs den Vorzug und stellte im dazugehörigen Bericht klar, dass hiermit die zivilrechtliche Einordnung des Freiverkehrs entsprechend der überwiegenden Auffassung in Literatur und Rechtsprechung im Gesetz bestätigt werde.[211] Bezüglich der Gründe, die die Bundesregierung zu der angedachten Neuorientierung bewogen hatten, und der Vorteile, die damit hätten erzielt werden sollen, lassen sich folgende Vermutungen anstellen:

Der Gesetzgeber hat ein Interesse daran, neben einer funktionsfähigen vor allem auch eine wettbewerbsfähige Börsenstruktur zu schaffen. Die Wettbewerbsfähigkeit folgt in der unausgesprochenen kapitalmarktrechtlichen Bedeutungshierarchie des Gesetzgebers gleich nach dem Anlegerschutz. Vor diesem Hintergrund liegt der Schluss nahe, dass sich der Gesetzgeber von dieser Änderung eine effektivere Regulierung erhoffte, um bestehende Wettbewerbsnachteile zu beseitigen.

Hierher gehört etwa das Problem der nachträglich einseitig vorgenommenen Änderung der privatrechtlich ausgestalteten Geschäftsbedingungen des Freiverkehrs, ein Problem mit dem sich der Freiverkehr vor allem zu Zeiten des Neuen Marktes geplagt hatte und für das bis heute keine tragfähige Lösung gefunden worden ist. Diese Klauselwerke werden in die Listingverträge integriert und sind damit vertraglich vereinbart. Die nachträgliche Änderung stellt eine Vertragsänderung dar und setzt deshalb grundsätzlich die Zustimmung eines jeden einzelnen Handelsteilnehmers voraus.[212] Die vom Gesetzgeber im FRUG beabsichtig-

209 Beispielsweise der Entry Standard an der FWB.

210 Beispielsweise First und Second Quotation Board im Freiverkehr der FWB.

211 Bericht des Finanzausschusses zum FRUG, BT-Drucksache 16/4899, S. 15.

212 Zu diesem Problem vergleiche unten Kapitel 3, IV 5.

te Zuweisung der Kompetenz zum Erlass des Regelwerks an die Börsengeschäftsführung hätte dieses Problem gelöst. Entsprechend führt die Bundesregierung in der Begründung des Gesetzesentwurfs zum FRUG aus, dass sich „durch die öffentlich-rechtliche Rechtsnatur der Handelsrichtlinien als Verwaltungsvorschriften der Gestaltungsspielraum der Börsen erhöhe".[213] Die Freiverkehrsrichtlinien als Verwaltungsvorschriften einzustufen dürfte allerdings verfehlt gewesen sein, da diese Art von Rechtssatz reines Verwaltungsinnenrecht darstellt,[214] die Geschäftsbedingungen aber inhaltlich unter anderem die Rechtsbeziehungen des Freiverkehrsveranstalters nach außen hin zu den Handelsteilnehmern regeln.

Ferner heißt es in der Gesetzesbegründung, es sei bereits nach alter Rechtslage gelebte Praxis gewesen, dass die Börsengeschäftsführung bei ihrer Entscheidung bezüglich der Zulassung eines Freiverkehrs prüft, ob die vorgelegten Handelsrichtlinien ausreichen, um eine ordnungsgemäße Durchführung des Handels und der Geschäftsabwicklung sicherzustellen. Insofern mag man sich fragen, wieso in der Gesetzesbegründung auf die gelebte Praxis verwiesen wird, obwohl doch bereits seit § 78 I BörsG 1994 ausdrücklich normiert ist, dass der Freiverkehr einer Zulassung bedarf, die nur ergehen kann, wenn zu erwarten ist, dass die Handelsrichtlinien bzw. Geschäftsbedingungen einen ordnungsgemäßen Ablauf gewährleisten. Wenn der Gesetzgeber auf die Praxis im Freiverkehr abstellt, könnte man das allerdings so interpretieren, als sei er zu der Auffassung gelangt, die Börse könne die Handelsrichtlinien ohne Umwege gleich selbst erlassen, weil sie ohnehin die Möglichkeit besitze, in gewisser Weise mehr oder weniger intensiv auf deren Ausgestaltung einzuwirken. Das ist nicht von der Hand zu weisen, wenn man bedenkt, dass die Börsengeschäftsführung als Leitungsorgan der Börse, die als solche in erster Linie für die Funktionsfähigkeit des gesamten Börsenbetriebes einsteht (sog. Funktionsgarant)[215], in der Praxis die Ausgestaltung des Regelwerks solange beanstanden kann, bis eine ihren Anforderungen entsprechende Fassung vorgelegt wird. Dass dieses Szenario in der Börsenpraxis tatsächlich nie vorkommt, ist mit dem harmonischen Verhältnis von Börsenträger, der gemäß § 48 I BörsG allein als Freiverkehrsveranstalter in Betracht kommt, zur Börse zu erklären. In der Börsenpraxis arbeiten die Geschäftsführung der Börse und der Vorstand der Börsenträgergesellschaft eng zusammen, weil beide Gremien im Wesentlichen die gleichen Ziele verfolgen. Die Trennung von Börse und Träger (dualistisches Börsensystem) hat vor allem rechtliche, nicht dagegen wirtschaftliche Gründe. Infolgedessen sprechen die beiden Gremien die Bestimmungen in aller Regel im Vorfeld ab, was freilich in

---

213 Regierungsbegründung zum Entwurf des FRUG, BT-Drucksache 16/4028, S. 89.

214 Wolf/Bachof/Stober/Kurth, Verwaltungsrecht I, § 24 Rdnr. 20.

215 Dehlinger, Vertragliche Marktsegmentregulierung an Wertpapierbörsen, S. 88.

den Fällen entfällt, in denen – wie schon häufig vorgekommen – einzelne Personen in Personalunion sowohl Aufgaben im Vorstand der Börsenträgergesellschaft als auch in der Börsengeschäftsführung wahrnehmen. Betrachtet man diese Faktoren, wird in der Tat verständlich, warum der Gesetzgeber in Erwägung gezogen hat, den Erlass der Handelsrichtlinien bzw. Geschäftsbedingungen der Börsengeschäftsführung zu übertragen, insbesondere weil damit auch noch das Problem der nachträglichen einseitigen Regelwerksänderung hätte gelöst werden können.

Erwähnenswert ist auch noch ein formaljuristischer Ansatz zur Erklärung der Fassung von § 48 BörsG im Regierungsentwurf zum FRUG. Mit dem FRUG hat der Gesetzgeber die Rechtsform der Geschäftsbedingungen an der Börse (sog. Börsenusancen) geändert. Sie sind nunmehr vom Börsenrat als Satzung zu erlassen (§ 12 II S. 1 Nr. 1 BörsG). Da diese Usancen, denen bis dahin nach ganz herrschender Meinung ein privatrechtlicher Rechtscharakter attestiert wurde,[216] nunmehr dem öffentlichen Recht zugeordnet werden, könnte sich der Gesetzgeber dazu veranlasst gesehen haben, auch die privatrechtlichen Handelsrichtlinien des Freiverkehrs dem öffentlichen Recht zuzuordnen. Schließlich wäre die unterschiedliche Rechtsnatur zweier Regelwerke, die gegenständlich Vergleichbares regeln, nämlich die Bedingungen, unter denen Geschäfte abgeschlossenen werden, nur schwer nachzuvollziehen.[217] Hinter der Beibehaltung der privatrechtlichen Regulierung stehen vor allem spezielle finanzmarktrechtliche Erwägungen.

(3) Hintergrund der ursprünglich rein privatrechtlichen Regulierung im Freiverkehr

Die noch im Börsenzulassungsgesetz von 1986 vorhandenen Elemente öffentlich-rechtlicher Regulierung im Freiverkehr wurden mit dem 2. Finanzmarktförderungsgesetz aus dem Jahre 1994 (2. FMFG) vollständig gestrichen und durch die vom Freiverkehrsveranstalter zu erstellenden „Handelsrichtlinien“ (später: Geschäftsbedingungen), „die eine ordnungsgemäße Durchführung des Handels und der Geschäftsabwicklung gewährleisten“, ersetzt (§ 78 BörsG 1994). Der Gesetzgeber wies die Kompetenz zur Erstellung der Handelsrichtlinien ausschließlich dem Träger des Freiverkehrs zu und stellte darüber hinaus in der Ge-

216 Hammen, WM 2007, 1297, 1297 m. w. N.

217 Die Börsenusancen fanden nach § 21 I FV-AGB FWB in der Fassung vom 1.10.2008 auch im Freiverkehr der FWB (Open Market) sinngemäß Anwendung. Nunmehr findet sich die Verweisung auf die Börsenusancen in §§ 3 II FV-HO FWB.

setzesbegründung ausdrücklich klar, dass der Freiverkehr an deutschen Börsen auf rein privatrechtlicher Basis reguliert wird.[218]

Der ausschlaggebende Grund dafür, warum sich der Gesetzgeber beim Freiverkehr gegen den öffentlich-rechtlichen und für den privatrechtlichen Regulierungsweg entschieden hat, findet sich in der Insiderrichtlinie[219], die durch das 2. FMFG in nationales Recht umgesetzt worden ist.[220] Diese Richtlinie, ihrerseits inzwischen ersetzt durch die Marktmissbrauchsrichtlinie[221], enthielt in Art. 7 eine Vorschrift, die Emittenten dazu verpflichtete, Insiderinformationen unverzüglich zu veröffentlichen (Ad-hoc-Berichterstattung).[222] Vorübergehend war fraglich, ob diese Verpflichtung auch die Emittenten der in den Freiverkehr einbezogenen Wertpapiere treffe.[223] Hiergegen wurde vorgetragen, die Bejahung dieser Frage hätte zur Folge, dass den Emittenten – unter Umständen gar gegen ihren Willen – eine im Aufwand nicht unerhebliche Obliegenheit aufgedrängt würde. Man fürchtete insoweit, dass sich unter diesen Bedingungen insbesondere die weit überwiegende Zahl der ausländischen Emittenten aus dem Freiverkehr – gegebenenfalls unter Zuhilfenahme juristischer Mittel – zurückziehen würde. Schlussendlich wurde von der überwiegenden Auffassung in der Literatur das Ende des Freiverkehrs in seiner bisherigen Form prophezeit, sollte die Ad-hoc-Berichterstattungspflicht im Freiverkehr Anwendung finden.[224]

Um den Freiverkehr aus dem Geltungsbereich der Ad-hoc-Berichterstattungspflicht herauszuhalten, verzichtete der Gesetzgeber darauf, den Freiverkehr mit den Mitteln des öffentlichen Rechts zu organisieren. Denn die Insiderrichtlinie galt gemäß Art. 1 nur für solche Wertpapiere, die „zum Handel an einem Markt zugelassen sind, der von staatlich anerkannten Stellen reguliert und überwacht wird, regelmäßig stattfindet und der Öffentlichkeit direkt oder indirekt zugänglich ist" („geregelter Markt"). Diese Definition übernahm der Gesetzge-

---

218 Regierungsbegründung zum 2. FMFG, BT-Drucksache 12/6679, S. 76.

219 Richtlinie 89/592/EWG des Rates vom 13. November 1989 zur Koordinierung der Vorschriften betreffend Insider-Geschäfte, Amtsblatt Nr. L 334 vom 18.11.1989 S. 0030–0032.

220 BGBl. I 1994, S. 1749 ff.

221 Siehe Art. 20 der Richtlinie 2003/6/EG des Europäischen Parlaments und des Rates vom 28. Januar 2003 über Insider-Geschäfte und Marktmanipulation, Amtsblatt L 96/16 vom 12.4.2003.

222 Die Ad-hoc-Berichterstattung ist nunmehr in Art. 9 der Marktmissbrauchsrichtlinie verankert.

223 Kümpel, Bank- und Kapitalmarktrecht in der 1. Aufl., Rdnr. 14.453.

224 Regierungsbegründung zum 2. FMFG, BT-Drucksache 12/6679, S. 76.; Kümpel, Bank- und Kapitalmarktrecht, 1. Aufl., Rdnr. 14.454; Kümpel/Hammen, Börsenrecht, S. 234.

ber in § 2 I WpHG 1994[225] und richtete den Freiverkehr so ein, dass er die Voraussetzung „durch staatliche Stellen reguliert" nicht erfüllte.[226]

(4) Europäische Regulierungsvorgaben – Freiverkehr als „Regulated Market" im Sinne der geltenden europäischen Richtlinien?

Bis heute hält der Gesetzgeber an der in dieser Weise vorgenommenen Ausgrenzung des Freiverkehrs aus dem Kreise der geregelten Märkte fest. Das ist bedenklich, weil sich die Definition des geregelten Marktes in den maßgeblichen EU-Richtlinien schon zweimal in nicht unwesentlicher Weise geändert hat.

Die Bestimmung, ob ein Handelssegment die Kriterien eines geregelten Marktes aufweist, ist von ganz wesentlicher Bedeutung. Denn an das Vorliegen eines solchen Marktes knüpfen zahlreiche europäische Richtlinien spezielle kapitalmarktrechtliche Pflichten, von denen die Ad-hoc-Berichterstattung nur eine der wichtigsten darstellt. Ein Emittent unterfällt der Ad-hoc-Berichterstattungspflicht, wenn die von ihm begebenen Wertpapiere an mindestens einem geregelten Markt in den Mitgliedstaaten zugelassen sind oder die Zulassung beantragt ist (Art. 9 I Marktmissbrauchsrichtlinie).[227]

Um sagen zu können, dass der Freiverkehr auch nach den europäischen Vorgaben kein geregelter Markt ist, muss an dieser Stelle geprüft werden, ob der geltende § 2 V WpHG das Ergebnis einer richtlinienkonformen Umsetzung ist. Dabei soll zum besseren Verständnis zunächst auf die Vorgaben der Wertpapierdienstleistungsrichtlinie (WpDRL) eingegangen werden und im Anschluss auf diejenigen der MiFID.

(a) Organisierter Markt gemäß Umsetzung von Art. 1 Nr. 13 der Wertpapierdienstleistungsrichtlinie durch das Umsetzungsgesetz 1997[228]

Nach der vorstehend unter (3) dargestellten ersten Marktdefinition durch die Insiderrichtlinie wurde der Begriff „geregelter Markt" in Art. 1 Nr. 13 der WpDRL neu definiert. Die Marktmissbrauchsrichtlinie, die die Insiderrichtlinie ersetzte, verwies für die Bestimmung des relevanten Marktes nun allein auf die-

225 Vgl. Regierungsentwurf zum 2. FMFG, BT-Drucksache, 12/6679, S. 5.

226 Regierungsbegründung zum 2. FMFG, BT-Drucksache 12/6679, S. 76.

227 Nach Art. 9 III dieser Richtlinie gilt dies dann nicht, wenn der Zulassung kein Antrag des Emittenten zugrunde liegt.

228 Richtlinie 93/22/EWG, umgesetzt durch das Umsetzungsgesetz 1997 (Gesetz zur Umsetzung von EG-Richtlinien zur Harmonisierung bank- und wertpapieraufsichtsrechtlicher Vorschriften, BGBl. I 1997, S. 2518, 2558; aufgehoben durch Art. 69 Richtlinie 2004/39/EG (MiFID).

se Vorschrift. Nach ihr war ein geregelter Markt gemäß Spiegelstrich 4 unter anderem dadurch gekennzeichnet, dass „die Funktionsbedingungen des Marktes [...] durch Bestimmungen festgelegt sind, die von den zuständigen Behörden erlassen *oder* genehmigt werden“.[229] Der deutsche Gesetzgeber sah hier von einer wortgleichen Umsetzung ab und definierte den geregelten (organisierten) Markt in § 2 V WpHG 1997 als solchen, der „von staatlich anerkannten Stellen geregelt und überwacht wird.[230] Entgegen der Regierungsbegründung[231] und einigen Stimmen in der Literatur[232] entsprachen sich beide Definitionen nicht. Eine Übereinstimmung bestand zwar zunächst zwischen § 2 I WpHG 1994 und der besagten Bestimmung in Art. 1 der Insiderrichtlinie. Dies galt jedoch nicht mehr seit dem Inkrafttreten der WpDRL.

Die WpDRL ließ in Bezug auf die Funktionsbedingungen nunmehr gegenüber der Fassung in der Insiderrichtlinie alternativ zum Erlass des Regelwerks durch eine staatliche Stelle bereits die bloße staatliche Genehmigung des Regelwerks ausreichen. § 2 V WpHG 1997 hingegen ging über diese Vorgabe aus Art. 1 Nr. 13 WpDRL hinaus und forderte die aktive Regulierung durch eine staatliche Stelle.

Hätte der Gesetzgeber in § 2 V WpHG 1997 auch solche Märkte als organisierte Märkte eingestuft, deren Regelwerk von der zuständigen Behörde lediglich genehmigt wird, so hätte auch der Freiverkehr dieses Tatbestandsmerkmal eines organisierten Marktes erfüllt, weil dort – anders als bei den übrigen außerbörslichen Handelssystemen – das Regelwerk bereits bei der Zulassung des

---

229 Der Wortlaut von Artikel 1 Nr. 13 WpDRL lautete: „Geregelter Markt“: ein Markt für Finanzinstrumente im Sinne des Abschnitts B des Anhangs,
- der in das Verzeichnis gemäß Artikel 16 eingetragen ist, das von dem Mitgliedstaat erstellt wird, welcher der Herkunftsmitgliedstaat im Sinne von Artikel 1 Nummer 6 Buchstabe c) ist,
- der regelmäßig funktioniert,
- der dadurch gekennzeichnet ist, dass die Funktionsbedingungen des Marktes, die Bedingungen für den Zugang zum Markt sowie, wenn die Richtlinie 79/279/EWG Anwendung findet, die in dieser Richtlinie festgelegten Bedingungen für die Zulassung zur Notierung und, wenn die genannte Richtlinie keine Anwendung findet, die Bedingungen, die diese Finanzinstrumente erfüllen müssen, um tatsächlich auf dem Markt gehandelt werden zu können, durch Bestimmungen festgelegt sind, die von den zuständigen Behörden erlassen oder genehmigt wurden,
- auf dem alle Melde- und Transparenzvorschriften, welche nach den Artikeln 20 und 21 gelten, eingehalten werden müssen.

230 BGBl. I 1994, 1749.

231 Regierungsbegründung zum Umsetzungsgesetz 1997, BT-Drucksache 13/7142, S. 103.

232 Assmann, in: Assmann/Schneider, WpHG, § 2 Rdnr. 158; Fuchs, in: Fuchs, WpHG, § 2 Rdnr. 141.

Freiverkehrs durch die Börse inzidenter gebilligt wird.[233] Diese Billigung ist nichts anderes als die Genehmigung durch eine staatlich anerkannte Stelle im Sinne der Marktmissbrauchsrichtlinie. Dadurch, dass der deutsche Gesetzgeber insoweit höhere Anforderungen an die Organisationsbedingungen eines organisierten Marktes stellte, gelang es, die Emittenten von in den Freiverkehr einbezogenen Wertpapieren vor der Verpflichtung zur Erfüllung zahlreicher kapitalmarktrechtlicher Transparenz- und Publizitätspflichten zu bewahren. Dies allein genügt im Ergebnis jedoch nicht, um an der richtlinienkonformen Umsetzung der WpDRL Zweifel zu hegen.

Denn die Definition des geregelten Marktes in Art. 1 Nr. 13 WpDRL war im Wesentlichen von formalen Bedingungen geprägt und erschöpfte sich nicht – so wie dies der Wortlaut von § 2 V WpHG 1997 nahelegt – in der Art und Weise des Zustandekommens der Funktionsbedingungen des Marktes. Art. 1 Nr. 13 Spiegelstrich 1 der WpDRL setzte vielmehr insbesondere weiter voraus, dass das Handelssystem in ein vom Herkunftsmitgliedstaat zu erstellendes Verzeichnis gemäß Art. 16 dieser Richtlinie eingetragen wurde.[234] Diese Eintragung war konstitutives Merkmal eines geregelten Marktes. Märkte, die nicht in das Verzeichnis eingetragen wurden, galten damit als „Unregulated Markets“ im Sinne der WpDRL. Somit war die Klassifizierung als geregelter Markt allein vom Willen des einzelnen Mitgliedstaats abhängig.

Ausdrücklich kommt dies in der im Amtsblatt der Europäischen Union veröffentlichten *Übersicht über die geregelten Märkte und einzelstaatlichen Rechtsvorschriften zur Umsetzung der entsprechenden Anforderungen der WpDRL*[235] zum Ausdruck. Diese bezeichnet die Handelssysteme im ersten Absatz als Märkte, denen der Mitgliedstaat den Status des geregelten Marktes *ver-*

---

233 Ähnlich Schwark, WM 1997, 293, 301. Die ausdrückliche „Billigung der Geschäftsbedingungen“ hat erst mit dem FRUG Einzug in das Börsengesetz gefunden. Zuvor hatte die Börsengeschäftsführung bei der Zulassung des Freiverkehrs zu prüfen, ob das Freiverkehrsregelwerk geeignet ist, die Durchführung eines ordnungsgemäßen Handels und der Geschäftsabwicklung zu gewährleisten. Dies entsprach einer inzidenten Billigung.

234 Artikel 16 WpDRL lautete: „Jeder Mitgliedstaat hat zum Zwecke der gegenseitigen Anerkennung und der Anwendung dieser Richtlinie ein Verzeichnis der geregelten Märkte zu erstellen, für welche er Herkunftsmitgliedstaat ist und die seinen Vorschriften entsprechen, und dieses Verzeichnis den übrigen Mitgliedstaaten und der Kommission zusammen mit den Vorschriften über die Organisation und die Funktionsweise dieser geregelten Märkte zur Unterrichtung zu übermitteln. Die gleiche Mitteilung ist für jede Änderung dieses Verzeichnisses oder der genannten Vorschriften vorzunehmen. Die Kommission veröffentlicht im Amtsblatt der Europäischen Gemeinschaften mindestens einmal jährlich die Verzeichnisse der geregelten Märkte und deren aktualisierte Fassungen.“

235 Amtsblatt der Europäischen Union vom 23.3.2004, C 72/3.

liehen hat. Vor diesem Hintergrund vertrat *Schwark* zu Recht die Auffassung, Art. 1 Nr. 13 der WpDRL stelle gar keine Definition dar, sondern gebe lediglich Mindestanforderungen für Regulated Markets vor, über die die Mitgliedstaaten hinausgehen und strengere Voraussetzungen aufstellen könnten.[236] Somit stand die Vorgehensweise des deutschen Gesetzgebers, den Freiverkehr aus dem Kreise der geregelten Märkte herauszunehmen, mit der WpDRL im Einklang.

An dieser Stelle sei zudem angemerkt, dass die Umgehung der Ad-hoc-Berichterstattung nicht der einzige Grund gewesen war, den Freiverkehr als „ungeregelten Markt" auszugestalten. Denn das hätte sich leichter bewerkstelligen lassen. Art. 9 I der Marktmissbrauchsrichtlinie schreibt die Geltung dieser Richtlinie für alle Finanzinstrumente fest, die an einem geregelten Markt zugelassen sind oder für die ein Antrag auf Zulassung gestellt ist. Art. 9 III schränkt dies wiederum ein. Die Publizitätsobliegenheit (Artikel 6 Absätze 1 bis 3) gilt nicht für die Emittenten von Finanzinstrumenten, die keine Zulassung zum Handel an einem geregelten Markt in einem Mitgliedstaat beantragt oder erhalten haben. Diese Vorschrift ist so zu verstehen, dass Emittenten von der Obliegenheit befreit sind, wenn sie nicht selbst die Zulassung „ihrer" Wertpapiere betrieben haben, dies also auf alleinige Veranlassung Dritter geschehen ist. Dies entspricht der im Freiverkehr typischerweise vorzufindenden Situation, bei der die Emittenten nicht in die Einbeziehung der Wertpapiere involviert werden. Der Gesetzgeber hätte hier nur die Vorschrift des Art 9 III der Marktmissbrauchsrichtlinie ins WpHG übernehmen und normieren müssen, dass diejenigen Emittenten von der Ad-hoc-Berichterstattung befreit sind, die die Einbeziehung nicht unmittelbar selbst veranlasst haben.[237]

Die Tatsache, dass der Gesetzgeber so nicht vorgegangen ist, zeigt, dass mit der Ausgliederung des Freiverkehrs aus dem Kreise der geregelten Märkte ferner beabsichtigt war, den Freiverkehr generell möglichst unreguliert zu belassen. Denn ein Listing an einem geregelten Markt zieht für die Emittenten zahlreiche andere Transparenz- und Publizitätspflichten nach sich, auf die unten (Abschnitt II in diesem Kapitel) eingegangen werden soll.

(b) Organisierter Markt gemäß Umsetzung von Art. 4 Nr. 14 MiFID

Die WpDRL ist mittlerweile durch die Richtlinie über Märkte für Finanzinstrumente (MiFID) ersetzt worden. Dort, in Art. 4 Nr. 14, ist an keiner Stelle mehr

236 Schwark, WM 1997, 293, 301.
237 Eine vergleichbare Vorschrift findet sich nunmehr in § 48 I S.4 BörsG 2009.

von „Funktionsbedingungen, die von Behörden erlassen *oder* genehmigt wurden", die Rede.[238]

Trotz des insoweit eindeutigen Richtlinienwortlauts hält der deutsche Gesetzgeber im Wesentlichen an der auf die Insiderrichtlinie von 1989 zurückgehenden Formel fest und bestimmt den organisierten Markt nun in § 2 V WpHG 2007 als ein „von staatlichen Stellen genehmigtes, geregeltes und überwachtes multilaterales System." Die Elemente „genehmigt und überwacht" sind nicht neu und auch der MiFID an mehreren Stellen zu entnehmen.[239] Anders verhält es sich jedoch bei der Frage der Regulierung. Nach Art. 36 I S. 1 und 2 MiFID lassen die Mitgliedstaaten nur diejenigen Märkte als geregelte Märkte zu, deren Marktbetreiber sowie deren Systeme den Anforderungen des Titels III genügen. Bei genauerer Betrachtung dieser Bestimmungen, die die Organisation geregelter Märkte zum Gegenstand haben, wird sichtbar, dass der Richtliniengeber nicht danach unterscheidet, ob die Regulierung hoheitlich oder privatrechtlich erfolgt. Auch aus Art. 36 IV MiFID, der bestimmt, dass der an einem geregelten Markt betriebene Handel dem öffentlichen Recht des jeweiligen Mitgliedstaates unterliegt, kann diesbezüglich nichts entnommen werden. Die Vorschrift bezieht sich erkennbar nur auf den Wertpapierhandel,[240] nicht hingegen auf die Erstellung der Regelwerke. Ähnliches gilt für Art. 39 MiFID, der die organisatorischen Vorkehrungen regelt, insbesondere unter d) ganz allgemein anordnet, dass „der geregelte Markt Regeln und Verfahren für einen fairen und ordnungsgemäßen Handel sowie objektive Kriterien für eine effiziente Auftragsausführung festlegt", ohne dabei zu bestimmen, in welcher Art diese Festlegung zu erfolgen hat. Aus dem Wort „festlegen" selbst kann jedenfalls nicht abgeleitet werden,

238 Art. 4 Nr. 14 MiFID lautet: „Geregelter Markt: ein von einem Marktbetreiber betriebenes und/oder verwaltetes multilaterales System, das die Interessen einer Vielzahl Dritter am Kauf und Verkauf von Finanzinstrumenten innerhalb des Systems und nach seinen nichtdiskretionären Regeln in einer Weise zusammenführt oder das Zusammenführen fördert, die zu einem Vertrag in Bezug auf Finanzinstrumente führt, die gemäß den Regeln und/oder den Systemen des Marktes zum Handel zugelassen wurden, sowie eine Zulassung erhalten hat und ordnungsgemäß und gemäß den Bestimmungen des Titels III funktioniert."

239 Vgl. etwa die Art. 36 I , 50 MIFID.

240 Der Sinn dieser Vorschrift erschließt sich nicht ohne Weiteres. Dahinter könnte die Intention stehen zu gewährleisten, Regelverstöße im Wertpapierhandel umgehend durch staatliche Stellen sanktionieren zu können, was nicht ohne Weiteres möglich ist, wenn der Handel auf rein privatrechtlicher Basis funktioniert. Die Handelsteilnehmer sind in diesem Fall gezwungen, bei Verletzung von Handelsobliegenheiten zivilrechtliche Ansprüche gerichtlich geltend zu machen.

dass eine staatliche Stelle diese Regeln hoheitlich erlassen müsste.[241] Beispielsweise werden auch AGB vom Verwender einseitig festgelegt, stellen aber gleichwohl vertraglich vereinbarte Klauselwerke dar.

Wie sich sodann aus Art. 36 II ergibt, rückt die MiFID allein die zuständige Aufsichtsbehörde in den Mittelpunkt, die regelmäßig prüfen muss, ob der Marktbetreiber seinen Pflichten zu einer ordnungsgemäßen Marktorganisation nachkommt. Sofern dies nicht der Fall sein sollte, ist sie nach Abs. 5 berechtigt, diesem die Zulassung zu entziehen. Hiernach kommt es erkennbar nicht darauf an, wer das Regelwerk in welcher Handlungsform bestimmt. Die Richtlinie stellt stattdessen vorwiegend auf den Inhalt des Regelwerks ab, der von der zuständigen Behörde auf Übereinstimmung mit den Vorgaben der MiFID geprüft wird. Die MiFID entfernt sich damit etwas von dem formalen Begriffsverständnis „Funktionsbedingungen durch staatliche Stellen erstellt oder genehmigt", das zuvor der Insiderrichtlinie und der WpDRL immanent war, und wendet sich einer an inhaltlichen Kriterien bestimmten Begriffsbestimmung zu.

Auch das noch in Art. 1 Nr. 13 WpDRL enthaltene formale Kriterium einer Eintragung in das Verzeichnis geregelter Märkte ist auf den ersten Blick kein Definitionsbestandteil mehr (Art. 4 Nr. 14 MiFID). Allerdings erstreckt sich die Definition nun auf den gesamten Titel III der MiFID. Geregelte Märkte sind nur solche, die gemäß diesen Bestimmungen funktionieren. Dort findet sich in Art. 47 die Pflicht zur Erstellung eines Verzeichnisses inländischer geregelter Märkte, das der Europäischen Kommission zu übermitteln ist. Allerdings ist dem Wortlaut nicht zu entnehmen, dass diese Vorschrift – so wie noch Art. 1 Nr. 13 WpDRL – der Eintragung einen konstitutiven Charakter beimisst, ein geregelter Markt mithin erst dann vorliegt, wenn die Eintragung erfolgt ist.

Wesentliches konstitutives Merkmal eines geregelten Marktes ist stattdessen die Zulassung durch den Mitgliedstaat. In Art. 4 Nr. 14 MiFID ist schließlich als zweite Voraussetzung neben der Marktplatzfunktion (erste Voraussetzung) und dem Funktionieren nach Titel III der MiFID (dritte Voraussetzung) vorgegeben, das ein geregelter Markt nur derjenige ist, der von dem Mitgliedstaat eine Zulassung erhalten hat. Dementsprechend formuliert die Europäische Kommission in der Einleitung des von ihr veröffentlichten *Verzeichnisses geregelter Märkte*[242], das sämtliche geregelte Märkte in den Mitgliedstaaten enthält, dass alle Mitgliedstaaten gemäß Art. 47 MiFID befugt sind, den auf ihrem Gebiet errichteten Märkten den Status des „geregelten Marktes" zu verleihen. Dabei spricht viel

241 Auch im Freiverkehr war früher ganz herrschende Meinung, dass, obwohl der Freiverkehrsträger nach dem Wortlaut von § 57 BörsG 2002 die Handelsrichtlinien festlegte, diese rein privatrechtlich vereinbarte Bestimmungen sind.

242 Amtsblatt der Europäischen Union vom 4.11.2008, C 280/5, Absatz 1.

dafür, dass die Kommission die Phrase „den Status verleihen" synonym für die Zulassung des geregelten Marktes durch den Mitgliedstaat verwendet, die nach den Vorgaben von Art. 36 MiFID zu erfolgen hat. Denn in der Einleitung zum Verzeichnis geregelter Märkte wird darauf hingewiesen, dass jeder Mitgliedstaat einem inländischen Markt diesen Status *verleihen* kann, wenn dieser die in den nationalen Vorschriften niedergelegten Voraussetzungen erfüllt. Anstatt sich auf die Vorgaben der MiFID zu beziehen verweist die Kommission eindeutig auf die nationalen Zulassungsvoraussetzungen eines geregelten Marktes, im deutschen Recht mithin auf die Börsengenehmigung nach § 4 BörsG. Nicht von der Hand zu weisen ist damit, dass die Kommission die Auffassung vertritt, den Mitgliedstaaten stehe es grundsätzlich frei, inländische Märkte nach eigenen Vorschriften als „geregelte Märkte" zu bestimmen, wobei die Begriffsbestimmung in Art. 4 Nr. 14 i. V. m. Titel III MiFID keine enge Definition darstellt, sondern lediglich Mindestvorgaben enthält, die nicht unterschritten werden dürfen.[243]

Das geht konform mit Art. 36 I S. 2 MiFID, der ausdrücklich normiert, eine Zulassung als geregelter Markt dürfe nur erfolgen, wenn „zumindest" die Voraussetzungen des Titels III erfüllt sind. Aus dem Wortlaut dieser Bestimmung lässt sich ableiten, dass die Vorgaben der MiFID lediglich Grundstandards der Organisation geregelter Märkte enthalten. Der MiFID ist demgegenüber an keiner Stelle zu entnehmen, dass der einzelne Mitgliedstaat über diese Mindestanforderungen nicht hinausgehen darf. Nirgends ist normiert, dass ein potenzieller Marktbetreiber einen Anspruch auf Zulassung eines geregelten Marktes hat, wenn er die Mindestvoraussetzungen der MiFID erfüllt. Ein geregelter Markt ist folglich nicht bereits ein solcher, der die Anforderungen der MiFID erfüllt, sondern nur derjenige, der erstens die nationalen Vorschriften für geregelte Märkte erfüllt, zweitens eine Zulassung als geregelter Markt durch die national zuständige Behörde erhalten hat und drittens in das Verzeichnis geregelter Märkte eingetragen ist. Konstitutive Wirkung ist bereits der Zulassung zu attestieren, wohingegen der Eintragung in das Verzeichnis geregelter Märkte und deren Veröffentlichung durch die Kommission nur deklaratorischer Charakter beizumessen sein dürfte.[244]

Die MiFID reguliert die geregelten Märkte nicht abschließend, sondern erlaubt den Mitgliedstaaten weitere Regulierungsmaßnahmen, die dann dazu führen können, dass Märkte, die an sich die Definition eines geregelten Marktes

243 So schon Schwark, WM 1997, 293, 301, allerdings zur Definition in der WpDRL.

244 Das lässt sich m. E. der Formulierung der Kommission entnehmen, die mitteilt, dass „der Mitgliedstaat dem Markt den Status des geregelten Marktes verleiht", Amtsblatt der Europäischen Union vom 4.11.2008, C 280/5, Absatz 1.

nach Art. 4 Nr. 14 MiFID erfüllen, nach nationalem Recht keine geregelten Märkte sind. Die Anmeldung zum Verzeichnis geregelter Märkte dient Publizitätszwecken und schafft endgültig Klarheit darüber, ob ein Markt den Status als geregelter Markt erhalten hat; dieser Status weist aus, dass der Markt die Anforderungen an geregelte Märkte gemäß MiFID *und* gemäß nationalem Recht erfüllt.

Der Freiverkehr ist wie seine europäischen Pendants AIM und Alternext nicht in das Verzeichnis geregelter Märkte eingetragen, weil er nicht den nationalen Vorschriften an geregelte Märkte entspricht. Weil er national keine Zulassung erhalten hat, die ihn als geregelten Markt ausweist, ist er auch nach der MiFID nicht als geregelter Markt anzusehen. Die Vorgaben der MiFID sind somit in dieser Hinsicht eingehalten worden.

d) Zusammenfassung und Fazit

Die Begriffsbestimmung in Art. 4 Nr. 14 MiFID hat nicht dazu beigetragen, die Konturen eines „Regulated Market" zu schärfen. Zum Inhalt der Begriffsbestimmung gehört, dass der Markt gemäß den Bestimmungen des Titels III MiFID funktioniert. Titel III umfasst die Art. 36 bis 47. Die MiFID enthält damit keine subsumtionsfähige Definition geregelter Märkte. Stattdessen stellt sie an die Organisation eines solchen Marktes zahlreiche Mindestanforderungen. Diese Bestimmungen sind nicht in § 2 V WpHG, sondern im Börsengesetz umgesetzt worden, weil geregelte Märkte nach deutschem Recht nur die Börsenmärkte sind. Eine dieser Mindestanforderungen ist die Zulassung nach Art. 36 MiFID. Ohne eine solche Zulassung erhält kein Markt den Status als geregelter Markt.[245] Die Frage nach der Art und Weise der Regulierung, mit der die Ausführungen zu diesem Abschnitt begannen, ist dabei nicht maßgebend für die Frage, ob ein Handelssystem ein geregelter Markt europäischen Rechts ist. Wie die Mitgliedstaaten die Regulierung ihrer Märke oberhalb der Mindestanforderungen (Mindestharmonisierung) gestalten, ist grundsätzlich ihnen überlassen. Der deutsche Gesetzgeber handelt damit europarechtskonform, wenn er festlegt, dass Handelssysteme wie der Freiverkehr, die nicht oder nur partiell von staatlichen Stellen geregelt werden, nicht als organisierter/geregelter Markt einzustufen sind.

Zusammengefasst lassen sich somit folgende Argumente darstellen, die belegen, dass der Freiverkehr kein geregelter (organisierter) Markt ist:

245 Vgl. die Kommission im Amtsblatt der Europäischen Union vom 4.11.2008, C 280/5, Absatz 3 und 4.

Erstens müssen geregelte (organisierte) Märkte ein spezifisches Zulassungsverfahren für Wertpapiere vorsehen. Ein solches ist, vergegenwärtigt man sich die Entstehungsgeschichte des Freiverkehrs, mit dem Wesen des Freiverkehrshandels in keiner Weise zu vereinen. Zweitens wird der Freiverkehr von einer staatlichen Stelle, dem Börsenrat durch die Handelsordnung lediglich partiell reguliert. Weite Teile bleiben privatrechtlich organisiert. Damit fehlt es an der von § 2 V WpHG vorausgesetzten (*vollständigen oder zumindest wesentlichen*) Regulierung durch eine staatliche Stelle. Drittens lässt sich den Gesetzesmaterialien nicht entnehmen, dass der Wille des Gesetzgebers darauf gerichtet war, den Freiverkehr als organisierten Markt auszugestalten. Dieses Vorhaben hatte man im Regierungsentwurf zum FRUG erwogen, letztlich jedoch verworfen. Und viertens hat die aufsichtsrechtliche Zulassung als geregelter Markt durch den Mitgliedstaat konstitutive Wirkung. Ein Markt, der zwar die materiellen Anforderungen der MiFID an geregelte Märkte erfüllt, ist trotzdem nur dann als geregelter Markt einzustufen, wenn er auch die nationalen Vorschriften für die Zulassung als geregelter Markt erfüllt und die Zulassung erhalten hat.

Der Freiverkehr kann damit trotz der partiellen öffentlich-rechtlichen Regulierung einzig der Kategorie der MTFs zugeordnet werden.

II. Freiverkehr als MTF sui generis

Die Definition von MTFs wurde in Art. 4 Nr. 15 MiFID[246] bewusst breit angelegt, um möglichst umfassend jedwede Variante an multilateralen Handelssystemen einem einheitlichen Pflichtenkatalog zu unterwerfen. Damit soll in Anbetracht des Wettbewerbs unter den Handelsplattformen die Funktionsfähigkeit des europäischen Kapitalmarkts gewährleistet werden.[247] Der Bundesgesetzgeber hat diese Definition in § 2 III Nr. 8 WpHG und § 1 Ia S.1 Nr. 1b KWG umgesetzt.

Der Freiverkehr weist ohne Frage sämtliche Merkmale der Definition eines MTF auf.[248] Der Gesetzgeber[249] und einige Stimmen in der Literatur[250] ordnen

---

246 Multilaterales Handelssystem (MTF): Ein von einer Wertpapierfirma oder einem Marktbetreiber betriebenes multilaterales System, das die Interessen einer Vielzahl Dritter am Kauf und Verkauf von Finanzinstrumenten innerhalb des Systems und nach nichtdiskretionären Regeln in einer Weise zusammenführt, die zu einem Vertrag gemäß den Bestimmungen des Titels II MiFID führt.

247 Erwägungsgrund 5 MiFID (Richtlinie 2004/39/EG).

248 Regierungsbegründung zum FRUG, BT-Drucksache 16/4028, S. 68; Assmann, in: Assmann/Schneider, § 2 WpHG Rdnr. 96; Gomber/Hirschberg, AG 2006, 777, 779.

249 Regierungsbegründung zum FRUG, BT-Drucksache 16/4028, S. 68.

250 Schäfer, in: BFS-KWG, § 2 Rdnr. 106; Weber, NJW 2006, 3685, 3686; Harrer/Müller, WM 2006, 653, 654.

ihn deshalb ohne nähere Begründung als MTF ein.[251] Wie bereits gezeigt, muss dem zumindest im Grundsatz zugestimmt werden, insbesondere weil eine Einordnung als geregelter Markt nicht infrage kommt.

Indes bestehen zwischen beiden Handelssystemen signifikante Unterschiede, was sich allein schon daran zeigt, dass auf MTFs die §§ 31f f. WpHG und auf den Freiverkehr gemäß § 48 III S. 2 BörsG ausschließlich das Börsengesetz anzuwenden ist.[252] Daher wird im Folgenden zumindest zu hinterfragen sein, ob MTFs nach deutschem Recht in regulatorischer Hinsicht mit dem Freiverkehr auf einer Ebene stehen.[253]

1. MTF als organisatorische Grundform eines multilateralen Handelssystems

Der vom Bundesgesetzgeber ausdrücklich geäußerten Zuordnung des Freiverkehrs in die Kategorie der MTFs liegt vor allem die Intention zugrunde, ihm in dieser Weise den Stempel der Europarechtskonformität aufzudrücken. Weil er alle Merkmale eines MTF erfüllt, kann er mangels Alternativen nur in diese Gruppe eingeordnet werden.[254] Das hat zwangsläufig zur Konsequenz, dass an den Freiverkehr auch in rechtlicher Hinsicht die Anforderungen zu stellen sind, die die MiFID für MTFs vorgibt.[255] Nur wenn gewährleistet ist, dass für den Freiverkehr mindestens gleichwertige Regeln gelten, kann er als europarechts-

251 Ebenso BaFin, Jahresbericht 2007, S. 154, a.A.: Fuchs, in: Fuchs, WpHG, § 31f Rdnr. 1.

252 Der Wortlaut des § 48 III S. 2 BörsG schließt die Anwendung des WpHG nicht ausdrücklich aus. Man könnte hier also daran denken, beide Regelungskomplexe (WpHG und BörsG) parallel anzuwenden, was zumindest nicht fern liegt, begreift man den Freiverkehr als MTF im Sinne von § 31f WpHG. Aus der Entstehungsgeschichte des § 48 III S. 2 BörsG und der dazugehörigen Gesetzesbegründung ergibt sich jedoch das Gegenteil. Im Gesetzgebungsverfahren war zunächst angedacht, in besagtem Absatz 3 auf die Vorschriften der §§ 31f f. WpHG zu verweisen (BT-Drucksache 16/4028 S. 89). Auf Basis einer Stellungnahme des Bundesrates vom 15.12.2006 (BR-Drucksache 833/1/06, S. 24), in der auf einzelne Punkte hingewiesen wurde, die den Freiverkehr von anderen am Markt tätigen MTFs unterscheiden, änderte der Gesetzgeber seinen Entwurf und normierte stattdessen die Anwendung des Börsengesetzes.

253 BR-Drucksache 833/1/06, S.24. Ebenso Bröcker, in: Claussen, Bank- und Börsenrecht, 4. Aufl., § 6 Rdnr. 20.

254 Bericht des Finanzausschusses vom 29.3.2007, BT-Drucksache 16/4899, S. 15; Schäfer, in: BFS-KWG, § 2 Rdnr. 106; Weber, NJW 2006, 3685, 3686; Harrer/Müller, WM 2006, 653, 654.

255 Von Rosen, in: Assmann/Schütze, Handbuch des Kapitalanlagerechts, § 2, Rdnr. 217 (Fn. 195).

konformes Handelssystem bewertet werden (vgl. Art. 71 V MiFID).[256] Ob die entsprechenden Regelungen letztendlich im WpHG oder im BörsG verortet sind, ist europarechtlich irrelevant. Die MiFID bestimmt nicht, dass sämtliche unter die Definition eines MTF subsumierbare Handelsplattformen gleichartig zu regulieren sind. Sie schreibt lediglich einen inhaltlichen Mindeststandard vor, der vom nationalen Gesetzgeber auch für die Regulierung des Freiverkehrs Berücksichtigung finden muss. Wäre der Freiverkehr hingegen schwächer reguliert als die Grundform eines MTF und würde er dadurch den gesetzlichen Mindeststandard eines MTF unterschreiten, stünde seine Organisation nicht mit den europäischen Vorgaben in Einklang.[257]

2. Regulatorische Übereinstimmungen von Freiverkehr und MTF

Neben der bereits erörterten gleichen Funktionsweise von MTF und Freiverkehr, also dem Zusammenführen einer Vielzahl von am Kauf und Verkauf von Finanzinstrumenten interessierten Personen, bestehen ferner gleiche Standards für die Zulassung der Handelsteilnehmer, für die Preisbildung sowie für Vor- und Nachhandelstransparenz:[258]

Die Regelungen zur Zulassung der Handelsteilnehmer an MTFs müssen gemäß § 31f I Nr. 1 WpHG mindestens dem Standard an Börsen entsprechen.[259] Die Berechtigung, am Freiverkehrshandel teilzunehmen, wird gemäß § 48 III S. 2 i. V. m. § 19 I BörsG nur den an der Börse zugelassenen Handelsteilnehmern zugewiesen.

Die Preisbildung an MTFs hat gemäß § 31f I Nr. 4 WpHG entsprechend den Vorgaben des § 24 II BörsG zu erfolgen. Gleiches gilt gemäß § 24 I S. 2 BörsG für die Preisermittlung im Freiverkehr. Nach der MiFID steht es den Betreibern eines MTF grundsätzlich frei, ob sie selbst die Preisfeststellung durchführen oder stattdessen Preise von liquiden Märkten importieren (Referenzpreise, § 31f I Nr. 2 WpHG; sog. Crossing-Systeme[260]).[261]

256 Dies ergibt sich auch aus Art. 71 V MiFID, der sinngemäß bestimmt, dass jedes vor Inkrafttreten der MiFID bestehende Handelssystem, das unter die Definition eines MTF fällt, künftig nur als MTF weiterbetrieben werden darf, wenn es Anforderungen erfüllt, die denen in dieser Richtlinie für die Zulassung und den Betrieb von MTFs aufgestellten gleichwertig sind.

257 Bericht des Finanzausschusses vom 29.3.2007, BT-Drucksache 16/4899. S. 15.

258 Das gilt im Übrigen auch für den regulierten Markt; vgl. auch Kumpan, WM 2006, 797, 799; Laun, Börsen-Zeitung vom 10.1.2007 (Nr. 6), S. 2.

259 Art. 14 IV MiFID.

260 Mutschler, Internalisierung der Auftragsausführung im Wertpapierhandel, S. 58.

Die Vor- und Nachhandelstransparenzvorschriften[262] ergeben sich für den Freiverkehr aus § 48 III S. 2 BörsG, der auf die Vorschriften für den regulierten Markt verweist (§§ 30 f. BörsG), und für MTFs aus § 31g WpHG.

§ 31f I Nr. 3 WpHG schreibt dem Betreiber eines MTF vor, angemessene Kontrollverfahren einzurichten, die die Einhaltung der Regelwerke des Systems und der §§ 14 und 20a WpHG überwachen. Schwerwiegende Verstöße gegen die Handelsregeln, Störungen der Marktintegrität und Verstöße gegen besagte Vorschriften des WpHG sind gemäß § 31f III WpHG der BaFin unverzüglich mitzuteilen, die sodann befugt ist, vorübergehende Anordnungen zu treffen (§ 4 II WpHG). Im Freiverkehr wird diese Aufgabe zu einem nicht unbedeutenden Teil durch die Börsenorgane wahrgenommen. In der börslichen Handelspraxis wird regelmäßig nicht nach Segmentzugehörigkeit eines Wertpapiers unterschieden. Der Wertpapierhandel wird in allen Wertpapieren durch die Handelsüberwachungsstelle kontrolliert.[263] Missstände werden der Börsenaufsichtsbehörde und der Börsengeschäftsführung unverzüglich mitgeteilt (§ 7 V S. 1 BörsG). Diese sind befugt, eilbedürftige Anordnungen zu treffen, die notwendig sind um eine ordnungsgemäße Durchführung des Handels sicherzustellen.[264] Im Übrigen obliegt es dem Freiverkehrsveranstalter zu kontrollieren, ob die Handelsteilnehmer und Emittenten die sich aus den Geschäftsbedingungen ergebenden Verpflichtungen ordnungsgemäß erfüllen. Insoweit wird im Freiverkehr ein hohes Maß an Kontrolle gewährleistet, das in jedem Fall mindestens dem Standard an MTFs entspricht.

Die personenbezogenen Anforderungen an die Betreiber der Handelssysteme entsprechen sich weitgehend. Für Betreiber eines MTF gelten besondere Anforderungen an die Geschäftsleiter (§ 33 II KWG) und die zum Geschäftsbetrieb erforderlichen Mittel (§ 33 I S. 1 Nr. 1b KWG). Vergleichbare Regelungen finden sich für Marktbetreiber, die neben dem geregelten Markt einen MTF und/oder einen Freiverkehr betreiben, in §§ 4 III Nr. 2 und 5 V BörsG.

---

261 Balzer, ZBB 2003, 177, 182.

262 Vgl. Art. 29 f. und 44 f. MiFID.

263 Empfehlungen des Bundesfinanz- und Wirtschaftsausschusses zum FRUG, BR-Drucksache 833/1/06, S. 24. Vor der Einführung der „Handelsordnung für den Freiverkehr“ konnte man hierüber noch unterschiedlicher Auffassung sein, da die Handelsüberwachungsstelle gemäß § 7 V S. 1 BörsG grundsätzlich nur die Einhaltung börsenrechtlicher Vorschriften überwacht, worunter die privatrechtlich verfassten Geschäftsbedingungen nicht subsumiert werden konnten. Seit Einführung der Handelsordnung wird der Handel im Freiverkehr nunmehr durch diese öffentlich-rechtlich verfasste Satzung des Börsenrates geregelt, ein Regelwerk, das unstreitig als börsenrechtliches Regelwerk einzustufen ist.

264 Vgl. § 7 V S. 2 und § 3 V BörsG.

Freiverkehr und MTF ist ferner gemein, dass zahlreiche kapitalmarktrechtliche Anlegerschutzbestimmungen keine Anwendung finden, weil diese nur für geregelte Märkte vorgeschrieben sind. Betreiber eines MTF wie auch die Veranstalter eines Freiverkehrs sind jedoch nicht gehindert, auf diese Regeln zurückzugreifen und sie zumindest in Teilbereichen in ihr Handelssystem zu übernehmen. Dies gilt beispielsweise für die Verpflichtung zur Ad-hoc-Berichterstattung. Diese obliegt nur Inlandsemittenten, deren Wertpapiere an einem organisierten Markt zugelassen sind (§§ 15, 2 VII WpHG). Gleiches gilt für die Vorschriften bezüglich Directors Dealings (§ 15a WpHG). Dagegen sind die Vorschriften zur Marktmanipulation (§ 20a WpHG) und des Insiderhandelsverbots (§ 14 WpHG) sowohl im Freiverkehr als auch an MTFs zu beachten und deren Einhaltung zu überwachen. Zwar knüpfen diese Verbotsnormen ebenfalls daran an, dass das Finanzinstrument zu einem organisierten Markt zugelassen oder etwa in den Freiverkehr einbezogen ist (vgl. § 20a I S. 2 Nr. 1 und § 12 Nr. 1 WpHG). Für die verbotswidrige Handlung ist es jedoch unerheblich, an welcher Art von Handelsplattform diese vorgenommen wird.

Auch hinsichtlich der Handelspraxis finden sich Gemeinsamkeiten zwischen dem Freiverkehr und MTFs. An MTFs sind die Wertpapieremittenten üblicherweise nicht in die Einbeziehung der Wertpapiere involviert, ebenso wie der weit überwiegende Teil der im Freiverkehr gehandelten Aktien. Dementsprechend finden sich in § 48 I S. 4 BörsG und § 31f II WpHG beinahe wortgleiche Vorschriften, die klarstellen, dass Emittenten, deren Wertpapiere ohne ihre Zustimmung in den Handel einbezogen wurden, nicht verpflichtet werden können, Informationen zu veröffentlichen.

3. Regulatorische und strukturelle Unterschiede zwischen Freiverkehr und MTF

a) Grundsätzliche Organisation

Die Besonderheiten des Freiverkehrs im Vergleich zu allgemeinen MTFs resultieren im Wesentlichen aus seiner partiellen Börsenintegration. Einen Freiverkehr ohne Börse gibt es nicht. Diese Anbindung ist mittlerweile nicht mehr nur faktischer Natur; mit der Verweisung in § 48 III S. 2 BörsG auf die Regelungen des Börsengesetzes und der vom Börsenrat erlassenen Handelsordnung (§ 48 I S. 2 BörsG), die weitestgehend auf die Bestimmungen der Börsenordnung verweist, unterliegt der Freiverkehr nunmehr formellen und materiellen Rechtssätzen, die speziell für den öffentlich-rechtlich geprägten Börsenhandel konzipiert worden sind.

Ferner existieren im Freiverkehr zusätzliche börsenrechtliche Kontrollmechanismen. Beispielsweise werden die Geschäftsbedingungen bei der Freiverkehrszulassung von der Börsengeschäftsführung gebilligt (§ 48 I S. 1 BörsG) und der Handel in Freiverkehrswerten von den Börsenorganen (siehe dazu unten Kapitel 3, II. 2.) und der Börsenaufsichtsbehörde überwacht (§ 48 II BörsG). Ferner können vonseiten der Handelsteilnehmer begangene Verstöße gegen die Handelsordnung durch den Sanktionsausschuss zeitnah sanktioniert werden (§ 48 III S. 2 i. V. m. § 22 II BörsG). Diese und andere aus der Börsenanbindung heraus resultierende Organisationsstrukturen sind MTFs völlig fremd.

b) Einbeziehung von Wertpapieren

An MTFs kann, sofern es das Regelwerk zulässt, grundsätzlich jedes handelbare Finanzinstrument gelistet werden. In den Freiverkehrshandel können dagegen nur solche Finanzinstrumente einbezogen werden, die nicht bereits zum regulierten Markt dieser Börse zugelassen oder in den Handel einbezogen sind (§ 48 I S. 1 BörsG). Hinsichtlich der Einbeziehungsvoraussetzungen können Betreiber eines MTF im Gegensatz zu den Veranstaltern des Freiverkehrs die gleichen hohen (Zulassungs-)Bedingungen installieren, wie sie für geregelte Märkte bestehen.[265] Diese Einschränkungen zeigen auf, dass der Freiverkehr im Grunde lediglich ein den regulierten Börsenhandel – um die nicht zugelassenen Wertpapiere – ergänzendes Handelssegment darstellt.

c) Kreditwesengesetzliche Vorgaben

Neben den einschlägigen Vorschriften des WpHG müssen Betreiber eines MTF auch bestimmte kreditwesengesetzliche Anforderungen erfüllen, weil der Betrieb eines MTF nicht nur eine Wertpapier-, sondern auch eine Finanzdienstleistung nach § 1 Ia S. 1 Nr. 1b KWG darstellt. Für den Freiverkehr gilt dies nicht. Das ergibt sich primär aus § 48 III S. 2 BörsG. Zwar schließt diese Vorschrift die Anwendung des KWG nicht ausdrücklich aus. Aus der Entwicklung des Gesetzgebungsverfahrens und aus der Gesetzesbegründung zum FRUG lässt sich jedoch der eindeutige Wille des Gesetzgebers herauslesen, den Freiverkehr allein dem Börsengesetz zu unterstellen.[266] War zunächst im Regierungsentwurf noch eine Verweisung auf die für MTFs anzuwendenden Vorschriften ange-

265 S.o. Kapitel 2, I. 2. b).

266 Bericht des Finanzausschusses vom 29.03.2007, BT-Drucksache 16/4899, S. 15; BR-Drucksache 833/1/06, S. 24.

dacht,[267] gab man dieses Vorhaben auf Drängen des Bundesrates[268] und nach Beratungen im Finanzausschuss[269] auf und entschloss sich schließlich dazu, die Freiverkehrsorganisation allein dem Börsengesetz zu unterstellen. Dieses Ergebnis ergibt sich ferner auch aus einem Umkehrschluss aus § 2 XII S. 2 KWG, der zwischen Freiverkehr und MTF ausdrücklich differenziert, und nur bei dem Betrieb eines MTF die Einhaltung kreditwesengesetzlicher Mindestanforderungen anordnet.

Mit der Vorschrift in § 2 XII S. 2 KWG wird auch Betreibern eines organisierten Marktes – ohne dass diese dadurch die Eigenschaft eines Finanzdienstleistungsinstitutes erhalten (§ 2 VI S. 1 Nr. 16 KWG)[270] – die Einhaltung bestimmter kreditwesengesetzlicher Normen auferlegt, wenn sie beabsichtigen, ein MTF zu betreiben.[271] Der Betrieb des Freiverkehrs alleine vermag diese Verpflichtungen hingegen nicht auszulösen. Das Gesetz scheint damit von der Prämisse auszugehen, dass die den Börsenträgern im Börsengesetz obligatorisch vorgegebenen Organisationsbedingungen nicht ausreichend sind, neben dem Freiverkehr auch ein MTF zu betreiben. Dass dies eine gewisse gesetzgeberische Inkonsequenz darstellt, liegt auf der Hand.

In Bezug auf den Freiverkehr stellt sich damit die Frage, warum der Betreiber beim Betrieb eines MTF bestimmte kreditwesengesetzliche Verpflichtungen zu erfüllen hat, während Gleiches beim Betrieb des Freiverkehrs nicht gelten soll. § 2 XII KWG beruht auf Art. 5 II MiFID.[272] Danach dürfen Börsenbetreiber ein MTF betreiben, wenn sie den Anforderungen des § 33 I Nr. 1 bis 4 KWG genügen, insbesondere das Mindestkapital i. H. v. EUR 50 000,- gemäß § 33 I Nr. 1 lit. a KWG vorweisen,[273] und die Organisationspflichten gemäß § 25a KWG erfüllen sowie bestimmten Anzeigepflichten nachkommen, die es der Aufsichtsbehörde ermöglichen, Einblick in die Gesellschafterstruktur des Betreibers zu nehmen. Vergegenwärtigt man sich in diesem Zusammenhang nochmals, dass wie vorstehend unter 1. aufgezeigt die Freiverkehrsorganisation dem Mindeststandard von MTFs entsprechen muss, könnten hier Zweifel an der Europarechtskonformität der Freiverkehrsorganisation entstehen. In der Regierungsbegründung heißt es, die Vorschrift setze bankaufsichtsrechtliche Anforderungen für Börsenträger um, „die diese nach der MiFID zu erfüllen haben, so-

267 Regierungsbegründung zum FRUG, BT-Drucksache 16/4028, S. 89.

268 BR-Drucksache 833/1/06, S. 24.

269 Begründung des Finanzausschusses, BT-Drucksache 16/4899, S. 15.

270 Gleiches gilt für Wertpapierdienstleistungsunternehmen (§ 2a I Nr. 13 WpHG).

271 Regierungsbegründung zum FRUG, BT-Drucksache 16/4028, S. 93.

272 Luz/Neus/Scharpf/Schneider/Weber (Hrsg.), § 2 KWG Rdnr. 46.

273 Vgl. Art. 12 i. V. m. Art 67 MiFID.

weit sie nicht lediglich den börsenrechtlich regulierten Freiverkehr betreiben".[274] In der MiFID findet ein Freiverkehr jedoch keine Erwähnung. Stattdessen ordnet Art. 71 V MiFID für die bereits bestehenden Systeme an, dass diese eine Zulassung als MTF erhalten können, wenn sie die in der MiFID an MTFs gestellten Anforderungen erfüllen. Ist das nicht der Fall, müssen sie deren Betrieb einstellen, weil sie andernfalls eine Wertpapierdienstleistung ohne die dafür erforderliche Erlaubnis erbringen. Die in der vorstehend genannten Regierungsbegründung geäußerte Auffassung ist daher fehlerhaft, wenn sie dem Freiverkehr eine Sonderstellung gegenüber anderen MTFs einräumen will und dies mit dem Hinweis auf die Bestimmungen der MiFID noch zu untermauern versucht. Der Freiverkehr muss daher in gleicher Weise die in § 2 XII S.2 KWG für Betreiber von MTFs bestimmten Anforderungen erfüllen. Fraglich ist, ob das Börsengesetz, das auf den Freiverkehr gemäß § 48 III S. 2 BörsG anzuwenden ist, entsprechend gleichwertige Vorschriften für den Freiverkehrsveranstalter bzw. Börsenträger vorsieht.

Hinsichtlich des gesetzlich geforderten notwendigen Anfangskapitals (§ 33 I Nr. 1 KWG) findet sich in § 4 II S. 1 Nr. 1 i. V. m. § 5 V BörsG eine entsprechende Vorschrift, wobei das Börsengesetz keine nähere betragsmäßige Bestimmung vorsieht. Das für MTFs vorgesehene Mindestkapital von EUR 50 000,- dürfte jedoch beim Betrieb einer Börse regelmäßig deutlich übertroffen werden. Bei MTFs muss der die Erlaubnis beantragende Rechtsträger zuverlässig sein (§ 33 I Nr. 2 KWG). Die gleiche Regelung lässt sich für die Eigentümerstruktur beim Börsenträger § 4 III Nr. 3 BörsG entnehmen. Hinsichtlich der Beteiligungsverhältnisse („Inhaber bedeutender Beteiligungen") finden sich ebenfalls vergleichbare Vorschriften in § 33 I Nr. 3 KWG und § 4 II S. 1 Nr. 4, 5 BörsG, insbesondere der damit verbundenen Anzeigepflichten (§ 2c KWG und § 4 II S. 1 Nr. 4, 5 und § 6 BörsG). Gleiches gilt für die Qualifikation der Geschäftsleiter, die zuverlässig und entsprechend fachlich geeignet sein müssen (§ 33 I Nr. 4 KWG und § 4 III Nr. 2 BörsG). Auch in Bezug auf die allgemeinen organisatorischen Pflichten nach § 25 a KWG finden sich entsprechende Vorgaben in § 4 II S. 1 Nr. 3, § 5 IV BörsG.[275] Und auch die Anzeige neuer bzw. das Ausscheiden alter Geschäftsleiter (§ 24 I Nr. 1, 2 KWG) wird von der umfassenden Anzeigepflicht eines Börsenträgers nach § 4 VII BörsG aufgefangen, nach der jede Änderung in Bezug auf die bei der Antragstellung gemäß § 4 II S. 1 Nr. 1-5 BörsG gemachten Angaben anzuzeigen ist. Somit lässt sich feststellen, dass der Freiverkehrsveranstalter aufgrund seiner Eigenschaft als Börsenträger qualitativ vergleichbare Organisationsbedingungen erfüllen muss, wie sie das

274 Regierungsbegründung zum FRUG, BT-Drucksache 16/4028, S. 93.
275 Dazu Groß, Kapitalmarktrecht, § 5 BörsG Rdnr. 12.

KWG für die Betreiber eines MTF vorsieht.[276] Damit ist belegt, dass der Freiverkehr insoweit europarechtskonform organisiert wird.

Somit bleibt lediglich die Frage zu beantworten, welchen Zweck die Vorschrift des § 2 XII S. 2 KWG verfolgt, wenn sie für den Börsenträger kreditwesengesetzliche Vorgaben macht, die dieser inhaltlich ohnehin schon nach dem Börsengesetz erfüllen muss. Der Grund dafür, warum der Gesetzgeber hier Regelungsbedarf gesehen hat, liegt darin, dass MTFs von der BaFin und nicht von der Börsenaufsichtsbehörde zugelassen und beaufsichtigt werden. Weil für MTFs die Bestimmungen des Börsengesetzes keine Anwendung finden und die BaFin ihrerseits keine Kompetenz besitzt zu prüfen, ob der Börsenträger die entsprechenden börsengesetzlichen Bestimmungen einhält, stellt § 2 XII S. 2 KWG insoweit klar, dass die BaFin ihrerseits im Rahmen der Zulassung eines MTF zu der Prüfung berechtigt ist, ob der das MTF organisierende Börsenträger die vorstehend beschriebenen Organisationsbedingungen tatsächlich einhält.

d) Europäischer Pass

Mit Erteilung der Erlaubnis zur Erbringung der Finanzdienstleistung „Betrieb eines MTF“ ist es dem Betreiber möglich, seine Dienstleistung mithilfe des europäischen Passes grenzüberschreitend im gesamten EU-Raum anzubieten.[277] Im Gegensatz dazu sieht § 37i WpHG (Art. 42 VI MiFID) für geregelte Märkte lediglich vor, dass die Mitgliedstaaten es geregelten Märkten aus anderen Mitgliedstaaten ohne weitere rechtliche oder verwaltungstechnische Auflagen gestatten müssen, in ihrem Hoheitsgebiet angemessene Systeme bereitzustellen, um Fernmitgliedern oder Fernteilnehmern in ihrem Hoheitsgebiet den Zugang zu

276 Wäre dies nicht der Fall oder käme man zu dem Ergebnis, dass die beschriebenen Bestimmungen des Börsengesetzes qualitativ hinter denen des KWG zurückbleiben, müsste man feststellen, dass die Freiverkehrsorganisation insoweit nicht den Anforderungen an multilaterale Handelssysteme entsprechend den Vorgaben der MiFID genügt. Bei richtlinienkonformer Auslegung müsste man § 2 XII S. 2 KWG entgegen seinem Wortlaut auch dann auf Träger einer inländischen Börse anwenden, wenn dieser lediglich einen Freiverkehr betreibt. Jede andere Auslegung würde dazu führen, dass die Freiverkehrsorganisation europarechtswidrig ausgestaltet ist. Der Gesetzgeber müsste dann nachbessern und in § 2 XII S. 2 KWG den Passus „außer dem Freiverkehr“ streichen und im Börsengesetz aus Klarstellungsgründen diese kreditwesengesetzliche Bestimmung auch auf den Freiverkehr für anwendbar erklären.

277 Für die ausländischen Betreiber von MTFs ergibt sich das aus § 53b I S. 1 i. V. m. § 1 IIId S. 2 i. V. m. § 1 Ia S. 2 Nr. 1b KWG; vgl. im Übrigen Art. 6 III MiFID.

diesen Märkten und den Handel an ihnen zu erleichtern.[278] Für zugelassene geregelte Märkte fehlt es somit de lege lata an einem „europäischen Pass".

e) Betreiber der Handelsplattform

Betrachtet man die Person des Betreibers eines multilateralen Handelssystems, ergeben sich weitere bedeutende Unterschiede. Ein MTF kann von jeder natürlichen oder juristischen Person betrieben werden, die eine Erlaubnis nach § 32 KWG erhalten hat.[279] Solche Personen haben sogar einen Anspruch auf Erteilung der Erlaubnis und damit auf das Recht, ein MTF zu betreiben, wenn sie die im KWG vorgegebenen Voraussetzungen erfüllen. Einen Freiverkehr kann hingegen nur ein Börsenträger betreiben, weil Börse und Freiverkehr untrennbar miteinander verbunden sind. Weil im Freiverkehr auch den Börsenorganen Kompetenzen zugewiesen sind – genannt sei nur der Erlass der Handelsordnung durch den Börsenrat –, kann ein Freiverkehr nach geltendem Börsenrecht ohne die öffentlich-rechtliche Anstalt Börse nicht existieren. Möchte jemand ein Handelssegment in Form eines Freiverkehrs betreiben, bedarf er daher einer Börsengenehmigung nach § 4 I BörsG. Einen Anspruch auf Erteilung einer solchen Erlaubnis dürfte man jedoch de lege lata aus dem Börsengesetz nicht ableiten können. Im Gegensatz zu MTFs, die auf rein privatrechtlicher Basis organisiert sind, sind Börsen Anstalten des öffentlichen Rechts. Einen Anspruch eines Privatrechtssubjektes auf Erteilung einer Erlaubnis, die ihm die Errichtung einer öffentlich-rechtlichen Anstalt[280] ermöglicht (§ 5 I S. 1 BörsG), ist dem deutschen Recht völlig fremd. Eine öffentlich-rechtliche Anstalt ist Teil der öffentlichen Verwaltung und dient einem besonderen öffentlichen Zweck. Ihre Errichtung hat zum Ziel, staatliche Aufgaben auf selbstständige Verwaltungsträger zu verlagern, um die Staatsverwaltung zu entlasten. Das einzelne nicht demokratisch legitimierte Privatrechtssubjekt hat daher keinen Rechtsanspruch darauf, eine

278 Dabei geht es vor allem darum, dass ausländische Marktbetreiber im Inland ungehindert Handelsbildschirme aufstellen können, die es den Fernmitgliedern und -teilnehmern ermöglichen, am Handel des geregelten Marktes zu partizipieren (vgl. Dreyling/Döhmel, in: Assmann/Schneider, WpHG, § 37i Rdnr. 1).

279 MTFs können daneben auch von Marktbetreibern organisiert werden (Marktbetreiber im Sinne von Art. 4 Nr. 13 MiFID – im nationalen Recht der Börsenträger nach § 5 I BörsG). Somit ist dem Börsenträger nicht bloß der Betrieb eines Freiverkehrs, sondern auch eines beliebigen anderen MTF erlaubt (vgl. § 2 XII S. 2 KWG).

280 Die Errichtung der Börse erfolgt nicht durch den Träger, sondern durch die Börsenaufsichtsbehörde, die gemäß § 12 V BörsG einen vorläufigen Börsenrat einsetzt, der sodann die Börsengeschäftsführung bestellt und die maßgeblichen Börsenregelwerke erlässt (ausführlich Christoph, Börsenkooperationen und Börsenfusionen, S. 171).

öffentlich-rechtliche Anstalt errichten zu dürfen. Die Errichtung öffentlicher Anstalten fällt ausschließlich in die Organisationsgewalt der jeweiligen Genehmigungsbehörde.[281]

Tatsache ist aber, dass das Börsengesetz de lege lata den Markt in dieser Weise beschränkt und den Betrieb des Freiverkehrs nur den etablierten Börsenträgern gestattet. Andere Personen, die ein multilaterales Handelssystem betreiben wollen, müssen dies nach den Vorschriften für MTFs tun und können nicht die Vorteile in Anspruch nehmen, die mit dem Betrieb eines börslichen Freiverkehrs einhergehen. Der Betrieb eines Freiverkehrs hat gegenüber dem Betrieb eines MTF nicht zu übersehende Vorteile, die vor allem aufgrund des Zusammenhangs mit der Börse bestehen. Genannt seien an dieser Stelle nur die öffentlichrechtliche Handelsordnung, die Kompetenzen des Sanktionsausschusses und die Überwachung durch die Handelsüberwachungsstelle. Nicht auszuschließen ist ferner, dass diese Verbindung zu den Organen einer öffentlichen Anstalt dem Freiverkehr gegenüber den in privater Hand befindlichen MTFs in der allgemeinen öffentlichen Wahrnehmung eine höhere Akzeptanz verschafft.

Fraglich ist, ob das Börsengesetz insoweit angreifbar ist, als es den Börsenhandel nur durch eine Börsenanstalt gestattet. Könnte man die Börse nicht nur als öffentliche Anstalt, sondern auch privatrechtlich organisieren, stünden dem Anspruch auf Erteilung einer Erlaubnis dagegen keine tragfähigen Gründe entgegen.

Aus der MiFID lässt sich zu dieser Frage nichts ableiten. Sie ist nur auf Mindestharmonisierung ausgerichtet. An keiner Stelle findet sich ein Verbot, MTFs über den Mindeststandard hinaus partiell höher zu regulieren oder deren Betreiber mit zusätzlichen Kompetenzen auszustatten, selbst wenn hiervon ein Wettbewerbsvorteil ausginge. In diesem Fall müsste man prüfen, ob wettbewerbsrechtliche Bedenken bestehen. Ferner könnte man darüber nachdenken, ob europarechtlich – sofern beispielsweise ein EU-Ausländer im Inland einen Freiverkehr betreiben möchte – Bedenken gegen die Europarechtskonformität des Börsengesetzes bestehen, wenn dieses die Zulassung weiterer Betreiber von innerstaatlichen Sonderregelungen abhängig macht oder die zuständigen Behörden mit dem Hinweis auf fehlende Bedürfnisse weiterer Märkte im Inland abwiegeln. Die Erörterung dieser Fragen würde den Rahmen dieser Untersuchung sprengen. Festzuhalten bleibt aber Folgendes:

Rechtssubjekte, die einen Freiverkehr im Sinne des Börsengesetzes betreiben wollen, bedürfen einer Börsengenehmigung nach § 4 I BörsG, die sie nach § 5 I BörsG auch zur Errichtung und zum Betrieb der Börse verpflichtet. Die Trennung dieser Handelsplätze ist nach deutschem Recht nicht möglich. Wer

281 Beck, in Schwark, KMRK, § 1 Rdnr. 13; Groß, Kapitalmarktrecht, § 4 BörsG Rdnr. 7.

keinen geregelten Markt, aber dennoch ein multilaterales Handelssystem betreiben will, muss ein MTF betreiben.

f) Primärnotierungen

Primärnotierungen im Freiverkehr sind ganz anders als an MTFs keine Seltenheit. Obwohl das Gesetz Primärnotierungen an einem MTF nicht ausschließt, sind solche Notierungen bislang eher eine Ausnahmeerscheinung. An den großen bekannten MTFs bestimmt grundsätzlich der Betreiber die Finanzinstrumente, die auf seiner Handelsplattform gehandelt werden können.[282] Dabei beschränkt man sich derzeit weitgehend auf die liquidesten und umsatzstärksten Aktientitel.[283] Die Handelsteilnehmer können hier also grundsätzlich nicht – wie im Freiverkehr – durch die Stellung von Einbeziehungsanträgen die Palette an handelbaren Wertpapieren aktiv mitgestalten. § 31f I Nr. 2 WpHG setzt den Betreibern hier nur insoweit Grenzen, als das von ihnen erstellte Regelwerk zumindest transparente Bestimmungen für die Aufnahme der Wertpapiere in das System enthalten muss. Inhaltliche Beschränkungen bestehen dagegen nach dem Wortlaut von § 31f WpHG keine.[284] Allerdings wird man hier in § 31f I Nr. 2 WpHG hineindeuten müssen, dass die „Regelungen für die ordnungsgemäße Durchführung des Handels" auch bestimmen müssen, dass Wertpapiere, in denen wie im Freiverkehr kein ordnungsgemäßer Handel erfolgt oder nicht erwartet werden kann, nicht in den Handel einbezogen werden dürfen.

Die bei MTFs meist zu beobachtende präsente Beschränkung auf bestimmte Wertpapiere resultiert aus dem Geschäftsmodell der Systembetreiber. Wertpapiere, in denen kein nennenswerter Handelsumsatz erfolgt, sind für gewinnorientierte Betreiber nutzlos und blockieren Ressourcen, die anderweitig sinnvoller eingesetzt werden können. Nur mit umsatzstarken Titeln lassen sich neue Handelsteilnehmer gewinnen und bei niedrigen Handelsgebühren gleichwohl auskömmliche Profite erzielen. Die von Banken initiierten MTFs zielen dagegen gar nicht einmal primär darauf ab, hohe Gewinnmargen zu erwirtschaften, sondern beabsichtigen, einen kostengünstigen Handel zu ermöglichen, um so selbst die hohen Handelsgebühren einzusparen, die sie an den Börsen entrichten müssen.[285] Dabei legen sie den Fokus freilich auf die Wertpapiere, die sie naturgemäß am häufigsten handeln. Wertpapierexoten, wie man sie im Freiverkehr häufig findet, sind daher derzeit an den großen MTFs kaum vorzufinden.

---

282 Vgl. z. B. 4.1.1 Turquoise Rule Book (Version 3.4. / Stand: 11.06.2012)

283 Vgl. Börsen-Zeitung vom 27.1.2009.

284 Vgl. auch Wortlaut von Art. 14 II MiFID.

285 Das hat mittlerweile dazu geführt, dass die Börsen ihre Gebühren gesenkt haben, vgl. z. B. FAZ vom 17.6.2009, S. 19: „Deutsche Börse senkt Gebühren".

Sehen MTFs die Möglichkeit von Primärnotierungen vor, werden weitere Unterschiede zwischen MTFs und Freiverkehr sichtbar: Freiverkehrswerte sind im Unterschied zu den an MTFs gehandelten Papieren gemäß § 12 S. 1 Nr. 1 WpHG Insiderpapiere. Das Verbot von Insiderhandelsgeschäften ist an diese Klassifizierung geknüpft. Insider können also ein Insiderdelikt begehen, wenn dem Geschäft Insiderinformationen über ein lediglich in den Freiverkehr einbezogenes Wertpapier zugrunde liegen. Dagegen werden die ausschließlich an einem MTF notierten Wertpapiere vom Verbot des Insidergeschäfts nicht erfasst. Zwar findet die Vorschrift des § 14 WpHG (Verbot von Insidergeschäften) aufgrund der Verweisung in § 31f I Nr. 3 WpHG auch auf MTFs Anwendung. Vom Verbot des Insidergeschäfts werden damit aber nur die Wertpapiere erfasst, die die Klassifizierung als Insiderpapier aufweisen, also an einem regulierten Markt zugelassen oder in den Freiverkehr einbezogen sind. Den ausschließlich an einem MTF notierten Werten fehlt diese Eigenschaft jedoch, was zu der Konsequenz führt, dass § 14 WpHG für sie nicht gilt.

Ein ähnlicher Sachverhalt lässt sich bei Analysen von Finanzinstrumenten identifizieren. Hier gelten gemäß § 34b WpHG für die Analysten besondere Anforderungen, wenn die Finanzinstrumente, über die sie berichten, zum Handel an einem regulierten Markt zugelassen oder in den regulierten Markt oder den Freiverkehr einbezogen sind (§ 34b III WpHG). Wertpapiere, die lediglich an einem MTF notiert sind, können dagegen öffentlich analysiert werden, ohne die Mindestvoraussetzungen an eine sorgfältige und neutrale Finanzanalyse zu erfüllen.[286]

g) Aufsicht

Ein weiterer Unterschied zwischen Freiverkehr und MTF findet sich im Aufsichtsrecht. Während die Wertpapier- und Finanzdienstleistung „Betrieb eines MTF" der Allfinanzaufsicht der BaFin untersteht (§§ 6 I KWG, 4 I WpHG), wird der Freiverkehr gemäß § 3 I S. 2 BörsG durch die Börsenaufsichtsbehörde beaufsichtigt, die in das Wirtschaftsministerium des jeweiligen Bundeslandes eingegliedert ist. Diese Kompetenzverteilung war nach dem Regierungsentwurf zum FRUG noch unklar, weil in § 48 III S. 2 BörsG auf die Vorschriften zu MTFs im WpHG verwiesen wurde, also einen Bereich, der unstreitig in die aufsichtsrechtliche Zuständigkeit der BaFin gehört.[287] Deshalb wurde eine doppelte

286 Auch die „Rechtsverordnung über die Analyse von Finanzinstrumenten" vom 17.12.2004 ist für ausschließlich an einem MTF notierte Wertpapiere nicht anwendbar.

287 Stellungnahme des Bundesrats, BR-Drucksache 833/1/06 S. 24; Stellungnahme des Handelsrechtsausschusses des Deutschen Anwaltsvereins, NZG 2006, 935, 938; Gomber/Hirschberg, AG 2006, 777, 780.

Beaufsichtigung des Freiverkehrs befürchtet, was in der Praxis womöglich zu Kompetenzstreitigkeiten geführt hätte.[288] Mit den §§ 3 I S. 2 und 48 III S. 2 BörsG besteht nunmehr jedoch kein Zweifel mehr an der alleinigen aufsichtsrechtlichen Zuständigkeit der Börsenaufsichtsbehörde. Die Behörde kann den ihr zur Verfügung stehenden Befugniskatalog aus § 3 II bis X BörsG auch im Freiverkehr voll ausschöpfen. Dies ergibt sich zwar nicht zwingend aus § 3 BörsG, weil der Freiverkehr in diesem Katalog keine Erwähnung findet. Betrachtet man jedoch den klaren Wortlaut von § 48 III S. 2 BörsG und bedenkt man ferner, dass wie soeben gezeigt die börsengesetzlichen Regelungen zum Freiverkehr einer europarechtskonformen Auslegung bedürfen, die dazu führen muss, dass auch im Freiverkehr mindestens die europarechtlichen Vorgaben der MiFID bezüglich MTFs zu erfüllen sind, lässt sich kein anderer Schluss ziehen. Wäre dies anders, würde der Freiverkehr aufsichtsrechtlich nicht so behandelt, wie die MiFID dies für MTFs gemäß Art. 14 VII i. V. m. Art. 50 vorgibt. Danach ist die zuständige Behörde mit den für die Wahrnehmung ihrer Aufgaben notwendigen Überwachungs- und Ermittlungsbefugnissen auszustatten, die sie in die Lage versetzen, Anweisung bezüglich des Ausschlusses von Finanzinstrumenten oder Handelsaussetzungen zu erteilen.

Der Befugniskatalog, der der BaFin gemäß § 4 WpHG zur Verfügung steht, ist dem der Börsenaufsichtsbehörde vergleichbar. Das führt im Ergebnis dazu, dass aufsichtsrechtlich – abgesehen von der unterschiedlichen Behördenzuständigkeit – ein gleichwertiges Aufsichtsniveau bei Freiverkehr und MTF besteht.

4. MTFs in der Praxis

Seit der Abschaffung des Börsenvorrangs[289] (§ 22 BörsG a. F.) und der europarechtliche Regulierung von MTFs durch die Finanzmarktrichtlinie hat sich unter den Wertpapierhandelsplattformen ein deutlich verschärfter Wettbewerb entwickelt.[290] Dies ist grundsätzlich positiv zu bewerten, weil die Anbieter damit gezwungen werden, die Plattformen zu optimieren, Innovationen voranzutreiben und Transaktionen möglichst günstig anzubieten. Gibt es allerdings zu viele Handelsplattformen, führt dies zu einer Fragmentierung der Kapitalmärkte. Dar-

288 Stellungnahme des Handelsrechtsausschusses des Deutschen Anwaltsvereins, NZG 2006, 935, 938.

289 In § 33a WpHG wird nunmehr die bestmögliche Ausführung von Kundenaufträgen angeordnet. Wertpapierfirmen haben dabei Folgendes zu berücksichtigen: Kurs, Kosten, Schnelligkeit, Wahrscheinlichkeit der Ausführung und Abrechnung und alle sonstigen für die Auftragsausführung relevanten Aspekte (Art. 21 MiFID).

290 Vgl. Börsen-Zeitung vom 21.2.2009, S. 17.

unter könnte die Liquidität der einzelnen Handelsplätze leiden, was schließlich in nicht marktgerechten Preisen münden kann. Gibt es an verschiedenen Handelsplätzen für das gleiche Finanzinstrument unterschiedliche Preise, könnten Wertpapierhändler durch Arbitragegeschäfte bereits bei geringen Preisdivergenzen leicht „unverdienten" Profit erwirtschaften. Dem sollten sämtliche Handelsplattformen dadurch entgehen, Preise anderer Systeme zu importieren bzw. diese bei der eigenen Preisfeststellung zu berücksichtigen. Der Gesetzgeber hat diese Gefahr gesehen und in den §§ 24 II S. 3 BörsG, 31f I Nr. 2 und 32a I S. 3 WpHG die Einbeziehung von Referenzpreisen generell zugelassen bzw. angeordnet.

Erfolgreiche MTF sind etwa Turquoise[291] und BATS Chi-X Europe[292], die beide als englische Limited organisiert sind und demzufolge der Aufsicht der Financial Services Authority (FSA) unterstehen. Weitere, allerdings weniger erfolgreiche MTF sind NasdaqOMX Europe und Nyse Arca Europe[293].

Turquoise ist eine pan-europäische vollelektronische Handelsplattform einiger Investmentbanken, die am 14.8.2008 ihre Tätigkeit aufgenommen hat.[294] Unter Einhaltung der neu eingeführten Regelungen der Finanzmarktrichtlinie ist diese Plattform vor allem auf die Bedürfnisse der Händler im Bereich des Aktienhandels zugeschnitten. Eine Order soll hier – im Vergleich zu den Börsen – deutlich preiswerter ausgeführt werden können.[295] Aber auch die Art des Han-

---

291 Turquoise Services Limited ; Homepage unter: http://www.tradeturquoise.com/.

292 BATS Holdings Inc. war ursprünglich eine im Jahre 2006 von Banken initiierte elektronische Handelsplattform in den Vereinigten Staaten, die dort mittlerweile von der amerikanischen Börsenaufsicht die Lizenz als Wertpapierbörse erhalten hat. Im Oktober 2008 war mit BATS Trading Limited (BATS Europe), eine 100-%ige Tochtergesellschaft der BATS Holdings Inc., auch ein europäischer Ableger in Form eines MTF aktiv. Ende 2011 hat BATS das bis dahin nach Handesumsatz erfolgeichste europäische MTF Chi-X übernommen. Die MTFs BATS Europe und Chi-X Europe wurden unter dem Namen BATS Chi-X Europe zusammengeführt. Mit etwa 25 Prozent des gesamten Aktienhandels in Europa soll derzeit der größte gesamteuropäische Wertpapiermarkt sein. Homepage unter: http://www.batstrading.co.uk/.

293 Betreiber dieses MTF ist die transatlantische Börse NyseEuronext.

294 Gründungsmitglieder waren: Credit Swiss, Deutsche Bank, Goldman Sachs, Morgan Stanley, Merrill Lynch, Citi-Group, UBS, BNP Paribas und Sociètè Gènèrale.

295 Die Investmentbanken versprechen sich von einer eigenen Handelsplattform deutliche Einsparungen bei den Transaktionskosten im Wertpapierhandel. Weil ein beträchtlicher Marktanteil am europäischen Aktienhandel auf diese 9 Banken entfällt, sind sie in der Lage, auf diese Weise starken Druck auf die Börsen zu erzeugen und für wesentlich mehr Wettbewerb zu sorgen. Die Börsen haben durch die MiFID ihre komfortable monopolartige Position verloren. Ihnen wird nichts anderes übrig bleiben als sich im innovativen wie preislichen Rahmen den neuen Wettbewerbern anzupassen (zu Maßnahmen

dels wird variabler. So bietet Turquoise etwa neben dem herkömmlichen transparenten Handel die Möglichkeit an, große Orderblöcke anonym auszuführen (sog. „Dark Pool").[296] Sämtliche Geschäfte werden über das Abrechnungs- und Abwicklungssystem EuroCCP[297] abgewickelt.

Chi-X war das erste dem Markt zur Verfügung stehende ordergesteuerte und europaweit erreichbare MTF für Aktiengeschäfte.[298] Die im April 2007 gestartete Handelsplattform hat mittlerweile beträchtliche Marktanteile gewonnen,[299] die mit dem Zusammenschluss mit BATS noch erweitert werden konnten. BATS Chi-X Europe wirbt mit besonderen Kostenvorteilen. Die Transaktionsentgelte sind durchweg niedriger als an den führenden europäischen Börsen, Anschlussgebühren gibt es bislang keine.[300] Aber auch technisch ist BATS Chi-X Europe auf einem hohen Standard. So erfolgen etwa der Geschäftsabschluss und die Versendung der Ausführungsnachricht um ein Mehrfaches schneller als an den Leitbörsen.[301]

Das Angebot an handelbaren Wertpapieren auf den Handelsplattformen der renommierten MTFs unterscheidet sich von dem der geregelten Märkte ganz beträchtlich. Den Betreibern eines MTF steht die Möglichkeit offen, sich die Palette an auf ihrer Plattform handelbaren Wertpapieren selbst und ohne die Mitwirkungen der Emittenten zusammenzustellen. Sie fokussieren sich dabei

---

der DBAG vgl. Börsen-Zeitung vom 27.8.2008, S. 1, 3. Die schweizerische SFMS kürzt ihre Trading-Fees zum 1.10.2008 um 30 %, siehe Financial News online, abrufbar unter http://www.efinancialnews.com/tradingandtechnology/index/content/2451587118).
Dies ist freilich das Resultat einer Entwicklung, die die Börsen selbst verschuldet haben. Die einst vorwiegend von den Börsennutzern getragenen Börsen sind selbst an die Börse gegangen. Investoren haben die Anteile erworben, wodurch der Druck auf das Management des Betreibers anstieg, möglichst hohe Gewinnmargen zu erzielen. Dies wiederum hat zu einer sukzessiven Erhöhung der Transaktionskosten beigetragen, gegen die sich nun – und da schließt sich der Kreis – die Händler selbst mit eigenen Handelsplattformen zur Wehr setzen (vgl. dazu FAZ vom 6.12.2006, S. 24).

296 Vgl. FAZ vom 15.8.2008, S. 19. Im Gegensatz zum offenen Orderbuch bei Xetra wird hier auf Transparenz vollständig verzichtet, indem sowohl Ordervolumen als auch Kauf- und Verkaufslimit komplett geheim gehalten werden.

297 European Central Counterparty Limited, vgl. Hompage unter: www.euroccp.co.uk.

298 Hinter der im April 2007 gegründeten Chi-X stehen BNP Paribas, Citigroup, Credit Suisse, Goldman Sachs, Merrill Lynch, Morgan Stanley, Société Générale, UBS und der japanische Broker Nomura. Zu den Gründern von Turqoise gehört neben den Chi-X-Gründern noch die Deutsche Bank – Nomura hingegen nicht.

299 Im europäischen Aktienhandel hatte Chi-X laut Börsen-Zeitung vom 10.3.2009 (S. 3) 9,8 % Marktanteil (Turquoise 6,1 %) und war damit in 2009 nach Handelsvolumen bereits die fünftgrößte Handelsplattform in Europa (Börsen-Zeitung vom 18.2.2009, S. 5).

300 Bessler/Schmidt, in: Die Hamburger Börse, S. 109, 121.

301 Bessler/Schmidt, in: Die Hamburger Börse, S. 109, 121.

naturgemäß zunächst auf die umsatzstärksten und liquidesten Titel am Markt, weil sich mit diesen trotz der niedrigen Handelsgebühren ausreichend Profit erwirtschaften lässt. Das führt dazu, dass diese Handelsplattformen europäische Märkte darstellen, an denen die Aktien der größten europäischen Unternehmen gehandelt werden.[302] Im Gegensatz dazu sind die nationalen Börsen immer noch weitgehend auf Aktien ihres Herkunftsstaates ausgerichtet. Gemäß § 33 I BörsG steht den deutschen Börsen allerdings die Möglichkeit zur Verfügung, ihren Markt zu internationalisieren und von Amts wegen Wertpapiere in den regulierten Markt einzubeziehen, die im EWR-Raum zugelassen oder an einem Markt in einem Drittstaat mit vergleichbaren Bedingungen notiert sind.

5. Zusammenfassung

Der Begriff MTF beschreibt einen regulatorischen Mindeststandard, der auf den europäischen Vorgaben der MiFID basiert. Diesen Standard muss gemäß Art. 71 V MiFID auch die gesetzliche Organisation des Freiverkehrs erfüllen, weil dieser unter die Definition eines MTF subsumiert werden kann. Mit § 48 III S. 2 BörsG ist ein Regulierungsniveau geschaffen worden, das die Anforderungen für MTFs gemäß § 31f WpHG, bedingt durch die mannigfaltigen Verflechtungen zur Börse, grundsätzlich erfüllt und in Teilen auch übertrifft. Insoweit könnte man den Freiverkehr als qualifiziertes MTF bezeichnen. Den Betreibern eines Freiverkehrs und auch den Betreibern eines MTF steht es darüber hinaus frei, in ihren Regelwerken das Regulierungsniveau über das Mindestmaß hinaus zu erhöhen, um das von ihnen anvisierte Optimum an Handelsqualität und Anlegerschutz zu erreichen.

Konzeptionell unterscheiden sich die bekannten MTFs vom Freiverkehr in bedeutender Weise. Ihr Geschäftsmodell zielt (derzeit) allein darauf ab, den etablierten Börsen Marktanteile in den umsatzstärksten Wertpapieren abzunehmen. Sie konkurrieren also in erster Linie nicht mit dem Freiverkehr, sondern mit den Börsen. Der Freiverkehr hingegen sieht seine Funktion vor allem in der bloßen Ergänzung des Börsenhandels mit dem Handel von Aktien kleinerer und mittelgroßer Unternehmen und einer großen Zahl verschiedenartiger Finanzinstrumente. Zwar werden auch im Freiverkehr umsatzstarke Wertpapiere gehandelt, die an anderen Börsen zugelassen sind. Wie sich aus der Handelsstatistik ablesen lässt, stellt dies jedoch nur einen untergeordneten Teil des Wertpapierhandels im Freiverkehr dar.

---

302 Schmidt, ZBB 2009, 233, 236, der diese MTFs „Europaplattformen" nennt.

III. Anwendung kapitalmarktrechtlicher Bestimmungen im Freiverkehr

Bis zur börsengesetzlichen Fundierung des Freiverkehrs durch das Börsenzulassungsgesetz existierten für den Freiverkehr keine gesetzlichen Bestimmungen. Ferner herrschte auch nach Inkrafttreten dieses Gesetzes lange die Auffassung vor, das Börsengesetz könne aufgrund seiner öffentlich-rechtlichen Prägung auf Sachverhalte des Freiverkehrs nicht angewendet werden. Dies hat sich im Zuge der jüngeren Novellierungen des Börsengesetzes erheblich geändert. Im Folgenden soll daher erörtert werden, welche formellen und materiellen Bestimmungen des Börsen- und Kapitalmarktrechts de lege lata auch im Freiverkehr Anwendung finden.

1. Überblick

Das weitgehend auf europäischen Richtlinien basierende Kapitalmarktrecht knüpft die meisten Obliegenheiten an die Voraussetzung an, dass die Wertpapiere des betreffenden Emittenten an einem geregelten Markt im Inland, in einem EU- oder EWR-Staat zugelassen sind. Weil der Freiverkehr wie vorstehend gezeigt aus diversen Gründen nicht als geregelter Markt eingestuft werden kann,[303] finden zahlreiche der den Kapitalmarkt und den Wertpapierhandel dicht reglementierenden Vorschriften hier keine Anwendung.[304] Insbesondere haben Emittenten im Freiverkehr nicht den umfassenden Katalog von Transparenz- und Publizitätsverpflichtungen geregelter Märkte zu erfüllen. Das betrifft insbesondere:

- Ad-hoc-Publizität von Insiderinformationen nach § 15 I WpHG,
- Veröffentlichung von Directors' Dealings nach § 15a IV WpHG,
- Pflicht zur Führung eines Insiderverzeichnisses nach § 15b WpHG,
- Mitteilungs- und Veröffentlichungspflichten von Stimmrechtsänderungen nach §§ 21 ff., 1 I WpHG,[305]
- Veröffentlichung von Mitteilungen bezüglich Hauptversammlung, Dividendenzahlungen und Ausgabe neuer Aktien im elektronischen Bundesanzeiger gemäß § 30b WpHG,

---

303 Baumbach/Hopt, HGB, § 48 Rdnr. 2; Kümpel, Bank- und Kapitalmarktrecht, 17.626; Claussen, DB 1998, 177, 178.

304 Vgl. nur Harrer/Müller, WM 2006, 653, 653.

305 Die mitteilungsbedürftigen Schwellenwerte liegen bei 3, 5, 10, 15, 25, 30, 50 und 75 Prozent der Stimmrechte an der börsennotierten Gesellschaft.

- Bei beabsichtigter Änderung der Satzung – Vorlagepflicht des Änderungsentwurfs gemäß § 30c WpHG,
- Mitteilungspflicht bezüglich jeder Änderung der mit dem Wertpapier verbundenen Rechte gemäß § 30e WpHG,
- Halbjahresfinanzbericht nach § 37w WpHG,
- Zwischenmitteilungen nach § 37x I, II WpHG oder Quartalsbericht nach § 37x III WpHG,[306]
- Konzernabschluss nach IAS/IFRS[307] (*International Accounting Standards/International Financial Reporting Standards)*, § 315a HGB I, II i. V. m. Art. 4 I AS-VO 2002/1606/EG,
- Erstellung eines Prospekts nach § 32 III Nr. 2 BörsG,
- jährliches Dokument nach § 10 WpPG.[308]

Ferner gelten Freiverkehrswerte nicht als börsennotiert i. S. v. § 3 II AktG. Das hat zur Folge, dass sämtliche Vorschriften des Aktiengesetzes im Freiverkehr nicht zur Anwendung gelangen, die eine Börsennotierung voraussetzen.[309] Beispielsweise muss ein nicht-börsennotiertes Unternehmen keine Entsprechenserklärung zum Corporate Governance Kodex (§ 161 AktG) abgeben.[310]

Im Übrigen ist auch die Anwendung des Wertpapierübernahmegesetzes davon abhängig, ob die Wertpapiere der Zielgesellschaft an einem geregelten Markt zugelassen sind (§ 1 I WpÜG). Deshalb wird beispielsweise bei der durch Aktienerwerb erfolgten Kontrollerlangung einer Zielgesellschaft, deren Wertpapiere nur in den Freiverkehr einbezogen sind, kein Pflichtangebot nach § 35 WpÜG fällig.

Dagegen stellen folgende Vorschriften nicht auf die Zulassung zu einem geregelten Markt ab oder beziehen den Freiverkehr explizit in den Anwendungsbereich mit ein:

---

306 Im Prime Standard der FWB sind Quartalsberichte Pflicht. Dann gilt § 37x III WpHG, der als Mindestanforderungen für Quartalsberichte die Anforderungen an Halbjahresberichte nach § 37w II Nr. 1 und 2, III, IV WpHG aufstellt (vgl. dazu Zimmermann, in: Fuchs, WpHG, § 37x Rdnr. 16).

307 Vgl. dazu Nonnenmacher, in: Marsch-Barner/Schäfer, Handbuch börsennotierte AG, § 53 Rdnr. 1 ff.: Börsennotierte Unternehmen müssen ihre Geschäftsabschlüsse für Geschäftsjahre, die ab dem 1.1.2005 beginnen, nach diesen Rechnungslegungsgrundsätzen aufstellen.

308 Vgl. dazu Götze, NZG 2007, 570.

309 Die Unterscheidung zwischen börsennotierten und nicht-börsennotierten AGs existiert seit dem Inkrafttreten des Gesetzes für kleine AGs vom 2.8.1994 (BGBl. I S. 1961).

310 Aufzählung bei Schäfer, NJW 2008, 2536, 2537; Doralt/Diregger, in: MüKo, § 3 AktG Rdnr. 37.

- Verbot der Marktmanipulation nach § 20 a WpHG,
- Insiderrecht, §§ 12–14 WpHG,
- Meldepflicht für Geschäftsabschlüsse gemäß § 9 WpHG,[311]
- Offenlegung eines Jahresfinanzberichts gemäß §§ 264, 325 HGB,
- Prospektvorschriften bei öffentlichem Angebot i. S. v. § 3 I WpPG,
- Vorschriften zum Unternehmensregister, § 8b HGB,
- Transparenz der Beteiligungsverhältnisse nach §§ 20 ff. AktG.

2. Publizitätsobliegenheiten nicht börsennotierter Aktiengesellschaften

Dieser Überblick zeigt deutlich, dass sich bei den Emittenten, deren Aktien nur in den Freiverkehr einbezogen sind, ein erhebliches Defizit an Transparenz und Publizität ergibt, das es den Anlegern schwer macht, ihre Investitionsentscheidung auf verlässliche und fundierte Informationen zu stützen. Bei den deutschen Unternehmen besteht aufgrund der Rechnungslegungsvorschriften des Handelsgesetzbuches und einigen Vorschriften des Aktiengesetzes[312] zumindest eine gewisse Mindesttransparenz.[313] So haben diese Emittenten etwa ihren Jahresabschluss, versehen mit dem Bestätigungsvermerk oder dem Vermerk über dessen Versagung, einen Lagebericht, den Bericht des Aufsichtsrats, den Vorschlag für die Verwendung des Ergebnisses und den Beschluss über seine Verwendung unter Angabe des Jahresüberschusses oder Jahresfehlbetrags beim elektronischen Bundesanzeiger einzureichen (§ 325 I HGB) und danach unverzüglich zu veröffentlichen (§ 325 II HGB). Diese Publizitätsanforderungen gelten zum Zwecke des Gläubigerschutzes auch für kleinere Kapitalgesellschaften, insbesondere für nicht-börsennotierte Aktiengesellschaften.[314] Die Verletzung dieser Pflichten kann vom Bundesamt für Justiz mit Ordnungsgeldern belegt werden (§ 329 IV HGB).[315] Für kleine und mittelgroße Kapitalgesellschaften sieht das Gesetz in den §§ 326, 327 HGB lediglich Publizitätserleichterungen vor. Sämtli-

---

311 Die Meldepflicht für im Freiverkehr abgeschlossene Geschäfte war mit dem FRUG aufgehoben worden, vgl. Gesetzesbegründung zum FRUG, BT-Drucksache 16/4028, S. 62 (dazu unten in diesem Kapitel III 1. c). Dieser Fehler ist mit Art. 6 des Gesetzes zur Stärkung der Finanzmarkt- und der Versicherungsaufsicht zum 1.11.2009 wieder beseitigt worden (siehe dazu das BaFin Rundschreiben 19/2009 (WA) zur Meldepflicht von Freiverkehrsinstrumenten vom 4.11.2009).

312 Näher Doralt/Diregger, in: MüKo, § 3 AktG Rdnr. 37.

313 Müller-Michaels/Wecker, Finanzbetrieb 2005, 736, 739; Harrer/Heidemann, DStR 1999, 254, 257.

314 Merkt, in: Baumbach/Hopt, HGB, § 325 Rdnr. 2.

315 In der Praxis ist dies keine Seltenheit, vgl. Bericht in der FAZ vom 6.3.2009, S. 13.

che Anleger haben die Möglichkeit, die beim elektronischen Bundesanzeiger hinterlegten Daten einzusehen und sich damit bezüglich der Solvenz des jeweiligen Unternehmens zu informieren.

3. Insiderrecht und Ad-hoc-Berichterstattung

Alle in den Freiverkehr einbezogenen Wertpapiere in- und ausländischer Emittenten sind gemäß § 12 S. 1 Nr. 1 WpHG Insiderpapiere. Damit können Insidergeschäfte (§ 14 WpHG), bei denen gezielt ein Informationsvorsprung zum Zwecke der finanziellen Bereicherung ausgenutzt wird, auch dann straf- und ordnungswidrigkeitenrechtlich verfolgt werden, wenn sie sich auf ein Wertpapier beziehen, das bloß in den Freiverkehr einbezogen ist (vgl. § 38 WpHG).[316]

Um unter anderem den Missbrauch von Insiderinformationen zu vermindern, sieht das Gesetz in § 15 WpHG eine Vorschrift vor, die den Emittenten und dessen Insider – an erster Stelle den Vorstand der Gesellschaft – dazu verpflichtet, Insiderinformationen, die ihn unmittelbar betreffen, unverzüglich zu veröffentlichen (Ad-hoc-Berichterstattungspflicht).[317] Eine Insiderinformation ist gemäß § 13 I S. 1 WpHG eine konkrete Information über nicht öffentlich bekannte Umstände, die sich auf Emittenten von Insiderpapieren oder auf die Insiderpapiere selbst beziehen und die geeignet sind, im Falle ihrer Veröffentlichung den Börsen- oder Marktpreis der Wertpapiere erheblich zu beeinflussen. Für das Vorliegen eines Verstoßes gegen das Insiderhandelsverbot nach § 14 I WpHG kommt es nicht darauf an, auf welcher Wertpapierhandelsplattform das Wertpapiergeschäft abgeschlossen wurde (regulierter Markt, MTF, Freiverkehr oder Internalisierer), sondern ausschließlich darauf, ob das Wertpapier im regulierten Markt zugelassen oder in den regulierten Markt oder den Freiverkehr einbezogen ist.[318]

Obwohl Freiverkehrswerte Insiderpapiere sind, hat der Gesetzgeber deren Emittenten von der Ad-hoc-Berichterstattungspflicht befreit.[319] Die Veröffentlichungspflicht gilt gemäß § 15 I S.1 WpHG, der durch das Transparenzrichtlinie-

---

316 Der Gesetzgeber hielt es zum Schutze des gesamten Wertpapierhandels für geboten, die Insiderregelung auch auf den Freiverkehr auszudehnen, vgl. Begründung des Regierungsentwurfs zum 2. FMFG, BT-Drucksache 12/6679, S. 45.

317 Pfüller, in: Fuchs, WpHG, § 15 Rdnr. 34.

318 Mennicke, in: Fuchs, WpHG, § 12 Rdnr. 17.

319 Vgl. Begründung des Regierungsentwurfs des 2. FMFG, BT-Drucksache 12/6678, S. 76; Kümpel, Bank- und Kapitalmarktrecht, 17.626; Hammen, in Kümpel/Hammen/ Ekkenga, KMR, Loseblatt, Stand 4/03, Kz. 060 Rdnr. 483; Claussen, DB 1998, 177, 178; Blumentritt, Die privatrechtlich organisierte Börse, S. 167.

Umsetzungsgesetz (TUG)[320] neu gefasst worden ist, nur für Inlandsemittenten. Zwar wurde im Wortlaut dieser Norm der Passus „Finanzinstrumente, die zum Handel an einem organisierten Markt zugelassen sind" gestrichen. Dass die Ad-hoc-Berichterstattungspflicht gleichwohl nicht für Freiverkehrswerte und im Übrigen auch nicht für Emittenten gilt, deren Wertpapiere ausschließlich an einem MTF notiert sind, ergibt sich aus der Begriffsbestimmung des Inlandsemittenten in § 2 VII WpHG.[321] Nach dieser Bestimmung können nur solche Unternehmen Inlandsemittenten sein, deren Wertpapiere an einem organisierten Markt zugelassen sind oder die zumindest einen Antrag auf Zulassung gestellt haben (§ 15 I S. 2 WpHG).

Der Gedanke, die Emittenten im Freiverkehr von der Ad-hoc-Berichterstattungspflicht zu befreien, wurde vor allem mit dem hohen Anteil an ausländischen Emittenten begründet.[322] Man wollte es vermeiden, diesen Unternehmen den hohen Aufwand und die damit einhergehenden nicht unerheblichen Kosten der Erfüllung der Ad-hoc-Berichterstattung aufzubürden. Schließlich verhält es sich im Freiverkehr in den meisten Fällen so, dass die Wertpapiere ohne eine Zustimmung der Emittenten einbezogen werden. Wäre man hier anders vorgegangen, hätte dies zu juristischen Auseinandersetzungen geführt, in denen die Emittenten die Rückgängigmachung der Einbeziehung („Delisting") beansprucht hätten.

Ob diese Bedenken nach heutiger Rechtslage noch gerechtfertigt sind, ist fraglich. Die Ad-hoc-Berichterstattungspflicht gilt nach § 15 I WpHG nur noch für Inlandsemittenten.[323] Unter diesen Begriff lassen sich solche Emittenten nicht subsumieren, deren Herkunftsstaat nicht Deutschland, sondern ein EU- oder EWR-Staat ist (§ 2 VII Nr. 2 WpHG). Haben solche Emittenten eine Zweitnotierung an einem inländischen geregelten Markt, gelten sie nicht als Inlandsemittent und unterliegen damit auch nicht noch einmal den Veröffentlichungspflichten nach dem WpHG (Herkunftsstaatsprinzip[324]).[325] Insofern könnte

---

320 Gesetz zur Umsetzung der Richtlinie 2004/109/EG.

321 Regierungsbegründung zum TUG, BT-Drucksache 16/2498, S. 31.

322 Regierungsbegründung zum 2. FMFG, BT-Drucksache 12/6679, S. 76.; Kümpel, Bank- und Kapitalmarktrecht, 1. Aufl., Rdnr. 14.454.

323 Regierungsbegründung zum TUG, BT-Drucksache 16/2498, S. 31.

324 Nach diesem ebenfalls mit dem TUG in das WpHG eingeführten Prinzip knüpfen kapitalmarktrechtliche Informations- und Verhaltenspflichten allein an den Sitz des Emittenten an (§ 2 VI WpHG). Damit soll gewährleistet werden, dass grenzüberschreitend agierende Emittenten Informationen nicht mehrfach, also in jedem Mitgliedstaat, in dem sie eine Zulassung zu einem geregelten Markt besitzen, veröffentlichen müssen (Regierungsbegründung zum TUG, BT-Drucksache 16/2498, S. 30). Weil die Transparenz-

bei einer Einbeziehung dieser Wertpapiere in den Freiverkehr, vorausgesetzt der Gesetzgeber würde eine Regelung schaffen, die die Emittenten von in den Freiverkehr einbezogenen Wertpapieren der Ad-hoc-Berichterstattung unterwirft,[326] nichts anderes gelten. Für ausländische Emittenten (EU-/EWR-Raum) würde die Ad-hoc-Publizitätspflicht im Freiverkehr nur greifen, wenn sie keine Zulassung zu einem geregelten Markt in ihrem Herkunftsstaat besäßen. Die klassische Situation, dass ein Wertpapier eines solchen Emittenten im Heimatland an einem geregelten Markt zugelassen ist und im Inland in den Freiverkehr einbezogen wird, würde also keinen zusätzlichen durch eine Ad-Hoc-Berichterstattungspflicht verursachten Aufwand für diese Emittenten mit sich bringen, da sie bereits nach dem Recht ihres Herkunftslandes zur Ad-hoc-Berichterstattung verpflichtet sind.[327]

Ähnlich verhält es sich mit Emittenten aus Drittstaaten. Nach § 2 VII Nr. 1 WpHG gelten grundsätzlich solche Emittenten als Inlandsemittenten, für die Deutschland Herkunftsstaat ist. Gemäß § 2 VI Nr. 1b WpHG ist Deutschland auch für ausländische Emittenten aus Drittstaaten dann Herkunftsstaat, wenn ihre Aktien zum Handel an einem geregelten Markt im Inland, EU- oder EWR-Staat zugelassen sind und das jährliche Dokument im Sinne von § 10 WpPG bei der BaFin hinterlegt ist.[328] Liegen die vorstehenden Voraussetzungen vor, begründet diese Wertpapierzulassung im EU oder EWR-Raum die Veröffentlichungspflichten des europäischen Rechts, auch wenn die Emittenten ihren Sitz außerhalb des EU- und EWR-Raumes haben.

Eine Ad-hoc-Publizität im Freiverkehr hätte demnach nur für diejenigen Emittenten eigenständige Bedeutung, die keine Zulassung zu einem geregelten Markt im Geltungsbereich der Finanzmarktrichtlinie besitzen, ganz gleich, ob ihr Herkunftsstaat ein EU-, EWR- oder Drittstaat ist. Das betrifft immer noch eine beachtliche Zahl an Emittenten. Beispielsweise sind Zweitzulassungen amerikanischer Unternehmen in Europa eher selten, weil dies erhebliche Zusatzkosten verursacht, ohne dabei einen sichtbaren Mehrwert für das Unternehmen zu generieren. Für solche Unternehmen würde eine Ad-hoc-Berichter-

---

standards europaweit vereinheitlicht worden sind, reicht es aus, wenn die Mitteilung einmal veröffentlicht und europaweit bekannt gemacht wird.

325 Assmann, in: Assmann/Schneider, WpHG, § 2 Rdnr. 176.

326 Die könnte etwa so aussehen, dass die Definition des Inlandsemittenten in § 2 VII WpHG in beiden Nummern neben dem organisierten Markt auch auf die Einbeziehung in den Freiverkehr erstreckt wird.

327 Im Übrigen ist seit dem FRUG sogar eine Zweitnotierung an einem geregelten Markt ohne die Zustimmung des Emittenten möglich (Art. 40 V MiFID). § 33 III BörsG sieht nur die Unterrichtung des Emittenten vor.

328 Fuchs, in: Fuchs, § 2 WpHG Rdnr. 157.

stattungspflicht im Freiverkehr Bedeutung erlangen. Im Hinblick auf die Bestimmung des § 38 WpHG müssten sie, sofern sie beabsichtigen Handlungen vorzunehmen, die unter die Insiderhandelsverbote des § 14 I WpHG subsumiert werden können, sie also unter Verwendung einer Insiderinformation Insiderpapiere erwerben oder veräußern wollen (Nr.1), einem anderen eine Insiderinformation unbefugt mitteilen oder zugänglich machen wollen (Nr. 2) oder einem anderen auf der Grundlage einer Insiderinformation den Erwerb oder die Veräußerung von Insiderpapieren empfehlen oder einen anderen auf sonstige Weise dazu verleiten wollen (Nr.3), die entsprechende Information vorher veröffentlichen, wollen sie ihr den Charakter einer Insiderinformation nehmen.[329] Da die Insiderhandelsverbote relativ weit gefasst sind und deren tatbestandliche Verwirklichung in der Praxis leicht erfolgen kann, empfiehlt es sich für Emittenten bzw. deren Insider, bereits von vornherein jedem Insiderhandelsverdacht durch die unverzügliche Veröffentlichung kursrelevanter Insiderinformationen zuvorzukommen. Wegen der Strafandrohung müsste man somit als Drittstaatenemittent bzw. Insider ad hoc Bericht erstatten, will man sich nicht der Gefahr einer Strafverfolgung in Deutschland (und evtl. auch in anderen europäischen Ländern) aussetzen. Dies dürfte für diese Unternehmen jedoch nicht hinnehmbar sein. Gegen die Einführung einer generellen Ad-hoc-Berichterstattungspflicht in den Freiverkehr sprechen daher nach wie vor die oben dargestellten Bedenken. Zudem wäre eine solche Pflicht für diejenigen Unternehmen, die im Geltungsbereich der Finanzmarktrichtlinie eine Zulassung zu einem geregelten Markt besitzen, ohnehin unnötig, weil diese bereits der Ad-hoc-Berichterstattung unterliegen.

Zusammenfassend lässt sich feststellen, dass eine Trennung von Insiderstrafandrohung und Ad-hoc-Berichterstattungspflicht nur dort angezeigt ist, wo andere Interessen dies unbedingt erfordern. Beim Freiverkehr ist diese Bedingung gegeben, weil er unter anderem zu dem Zweck konzipiert worden ist, einen einfachen und schnellen Handel mit Wertpapieren aus aller Welt zu ermöglichen, was in dieser Weise nicht möglich wäre, würden die Emittenten generell zur Erfüllung der Transparenz- und Publizitätspflichten der geregelten Märkte im Sinne des Europarechts verpflichtet.

Dies gilt jedoch nicht für die Emittenten, die auf eigene Veranlassung im Freiverkehr gelistet sind bzw. dem Listing zugestimmt haben. In Bezug auf Pri-

---

329 Wann genau eine Information als „öffentlich bekannt" gilt und folglich den Charakter einer Insiderinformation verliert, ist umstritten. Nach überwiegender Auffassung ist eine Bereichsöffentlichkeit ausreichend. Danach gilt die Information als bekannt, sobald es einer unbestimmten Anzahl von Personen aus dem Kreis der Marktteilnehmer möglich ist, Kenntnis zu nehmen, vgl. dazu Assmann, in: Assmann/Schneider, WpHG, § 13 Rdnr. 34 ff.

märnotierungen im Freiverkehr wäre daher zu überlegen, ob man auf solche Emittenten die Ad-hoc-Berichterstattungspflicht ausweiten sollte. Hiergegen ließe sich allenfalls argumentieren, dass die Emittenten durch eine solche Verpflichtung finanziell zusätzlich belastet würden, was deren wirtschaftliches Fortkommen einschränken könnte.

In manchen Teilbereichen des Freiverkehrs ist eine derartige Regelung jedoch bereits gelebte Praxis. Im Entry Standard an der Frankfurter Wertpapierbörse, dem Freiverkehr Plus an der Baden-Württembergischen Wertpapierbörse und dem M:access an der Börse München sind durch deren Veranstalter Vorschriften installiert worden, die der Ad-hoc-Berichterstattungspflicht nach § 15 WpHG nachgebildet sind.[330] Potenziell kursbeeinflussende Tatsachen sind dabei jeweils auf der eigenen Website des Emittenten zu veröffentlichen. Damit wird das Defizit der fehlenden anlassbezogenen Publizität im Freiverkehr zumindest in den Teilbereichen beseitigt, in denen die Emittenten der Einbeziehung ihrer Wertpapiere zugestimmt bzw. aktiv an der Einbeziehung mitgewirkt haben und damit freiwillig ihre Transparenz und Publizitätsverpflichtungen erhöht haben.

4. Mitteilungspflicht nach § 9 WpHG

Mit dem FRUG hatte der Gesetzgeber in bedenklicher Weise die ohnehin schon schwierige Bekämpfung von Insiderhandel im Freiverkehr weiter erschwert, wenn nicht gar zeitweise unmöglich gemacht. Vor Inkrafttreten des FRUG galt die Meldepflicht des § 9 WpHG auch für Geschäfte in Finanzinstrumenten, die lediglich in den Freiverkehr einbezogen waren. An dieser Regelung hielt man bei der Umsetzung der Finanzmarktrichtlinie nicht fest, weil die MiFID in Art. 25 III die Meldepflicht nur für die an einem geregelten Markt zugelassenen Finanzinstrumente vorschreibt.[331] Diese Vorgehensweise des Gesetzgebers war nicht nachvollziehbar, insbesondere weil er doch augenscheinlich weiter an der Bekämpfung des Insiderhandels und der Marktmanipulation im Freiverkehr festhalten wollte. Unter den so geschaffenen Bedingungen war es aber den Aufsichtsbehörden praktisch nicht möglich, den Freiverkehrshandel wirksam und effektiv zu überwachen.

Inzwischen hat man diesen Fehler erkannt und mit Art. 6 des Gesetzes zur Stärkung der Finanzmarkt- und der Versicherungsaufsicht, der zum 1.11.2009 in Kraft getreten ist, beseitigt.

330 Vgl. § 6 II b) Regelwerk M:access; § 19 I c) FV-AGB FWB; § 46 I Nr. 4 FV-AGB BW-WB.

331 Gesetzesbegründung der Bundesregierung zum FRUG, BT-Drucksache 16/4028, S. 62.

3. Kapitel
Der Tatbestand des § 48 BörsG im Einzelnen

Wie der Tatbestand des Freiverkehrs nach der Umsetzung der MiFID aussehen würde, war im Gesetzgebungsverfahren bis zuletzt völlig offen. Sämtliche Entwürfe sahen Änderungen in vielfältiger und höchst unterschiedlicher Weise vor.[332] So war etwa im Gesetzesentwurf der Bundesregierung vom 12.1.2007

---

332 Gesetzesentwürfe zur Gestaltung des § 48 BörsG (während des Gesetzgebungsverfahrens zum FRUG):

Referentenentwurf des BMF vom 14.9.2006:

(1) Für Wertpapiere, die weder zum regulierten Markt zugelassen noch zum Handel in den regulierten Markt einbezogen sind, kann die Börse einen Freiverkehr zulassen, wenn durch Geschäftsbedingungen, die von der Geschäftsführung gebilligt wurden, eine ordnungsmäßige Durchführung des Handels und der Geschäftsabwicklung gewährleistet erscheint.

(2) Die Börsenaufsichtsbehörde kann den Handel im Freiverkehr untersagen, wenn ein ordnungsgemäßer Handel für die Wertpapiere nicht mehr gewährleistet erscheint.

(3) Auf den Betrieb des Freiverkehrs finden die Vorschriften über den Betrieb multilateraler Handelssysteme der §§ 31f bis 31h, 33, 34, 34a und 37 des Wertpapierhandelsgesetzes entsprechende Anwendung.

Entwurf der Bundesregierung vom 8.12.2006, BR-Drucksache 833/06 sowie vom 12.01.2007, BT-Drucksache 16/4028:

(1) Für Wertpapiere, die weder zum Handel im regulierten Markt zugelassen noch zum Handel in den regulierten Markt einbezogen sind, kann die Börse einen Freiverkehr zulassen. Die Geschäftsführung hat Handelsrichtlinien zu erlassen, die transparente Regeln für die Einbeziehung von Wertpapieren in den Freiverkehr vorsehen und eine ordnungsmäßige Durchführung des Handels und der Geschäftsabwicklung gewährleisten. Emittenten, deren Wertpapiere ohne ihre Zustimmung in den Freiverkehr einbezogen worden sind, können durch die Handelsrichtlinien nicht dazu verpflichtet werden, Informationen in Bezug auf diese Wertpapiere zu veröffentlichen, sofern diese bereits an einem organisierten Markt zugelassen sind.

(2) s. o.

(3) Auf den Betrieb des Freiverkehrs sind die Vorschriften dieses Gesetzes sowie die §§ 33, 33b, 34 und 34a des Wertpapierhandelsgesetzes entsprechend anzuwenden.

Fassung nach Stellungnahme des Bundesrates vom 15.12.2006, BR-Drucksache 833/06:

(1) wie Bundesregierung, s. o.

(2) s. o.

(3) Auf den Betrieb des Freiverkehrs sind die Vorschriften dieses Gesetzes anzuwenden.

angedacht, den Freiverkehr der öffentlich-rechtlichen Regulierung durch die Börsenorgane zu unterstellen. Dem Freiverkehrsveranstalter sollte lediglich die Rolle des Verwalters verbleiben. Schlussendlich einigte man sich im Finanzausschuss auf weniger einschneidende Änderungen, sodass der Freiverkehr zunächst weitgehend in seiner altbewährten Gestalt erhalten blieb. Mit dem Gesetz zur Fortentwicklung des Pfandbriefrechts[333] haben sodann allerdings doch öffentlich-rechtliche Regelungselemente ihren Weg in die Freiverkehrsorganisation gefunden. Diese Unentschlossenheit des Gesetzgebers offenbart den im Freiverkehr besonders ausgeprägten Konflikt zwischen dem Erfordernis eines ordnungsgemäßen Handels auf der einen Seite, der eine Regulierung und Überwachung auf hohem Niveau erfordert und sich im Ergebnis vor allem in marktgerechten Preisen und damit letztlich in einem angemessenen Anlegerschutz niederschlägt, und einer möglichst liberalen Regulierung auf der anderen Seite, um dadurch dem Betreiber die nötige Flexibilität zu belassen, die nötig ist, um die Wettbewerbsfähigkeit gegenüber anderen Handelsplätzen zu gewährleisten.

I. Zulassung eines Freiverkehrs

1. Kompetenz der Börsengeschäftsführung

Gemäß § 48 I S. 1 BörsG bedarf der Börsenträger für den Betrieb des Freiverkehrs zwingend der Zulassung durch die Börse.[334] Welches Organ der Börse hier

---

Fassung des Finanzausschusses vom 28.3.2007, BT-Drucksache 16/4883 sowie 16/4899:

(1) Für Wertpapiere, die weder zum Handel im regulierten Markt zugelassen noch zum Handel in den regulierten Markt einbezogen sind, kann die Börse den Betrieb eines Freiverkehrs durch den Börsenträger zulassen, wenn durch Geschäftsbedingungen, die von der Geschäftsführung gebilligt wurden, eine ordnungsmäßige Durchführung des Handels und der Geschäftsabwicklung gewährleistet erscheint. Emittenten, deren Wertpapiere ohne ihre Zustimmung in den Freiverkehr einbezogen worden sind, können durch Handelsrichtlinien nicht dazu verpflichtet werden, Informationen in Bezug auf diese Wertpapiere zu veröffentlichen.

(2) s. o.

(3) Der Betrieb des Freiverkehrs bedarf der schriftlichen Erlaubnis der Börsenaufsichtsbehörde. Auf den Betrieb des Freiverkehrs sind die Vorschriften dieses Gesetzes mit Ausnahme der §§ 27 bis 29 und der §§ 32 bis 47 entsprechend anzuwenden.

333 BGBl. I 2009 (Nr. 16), S. 607.

334 Nach früherer Rechtslage herrschte überwiegend die Auffassung vor, dass der Freiverkehrsveranstalter nicht auch Inhaber einer Börsengenehmigung nach § 4 Abs. 1 BörsG

als Entscheidungsträger fungiert, kann dem Gesetzeswortlaut nicht entnommen werden. Ganz überwiegend wird diese Aufgabe der Börsengeschäftsführung als dem Leitungsorgan der Börse zugesprochen.[335] In dieser Funktion obliegt es der Geschäftsführung als Trägerin öffentlicher Gewalt, die Börse in eigenverantwortlicher Weise zu leiten. Sie ist zuständig in allen Angelegenheiten, die mit dem täglichen Betrieb der Börse zusammenhängen und nicht ausdrücklich durch Rechtsvorschrift einem anderen Börsenorgan zugewiesen sind.[336] Da es sich aber bei der Zulassung eines Freiverkehrs um keine alltägliche, sondern um eine Maßnahme von grundsätzlicher Bedeutung handelt, die das Bild der Marktstruktur an einer Börse in nicht unerheblicher Weise prägt, könnte man auch an eine Zuständigkeit des Börsenrates denken. Schließlich obliegt es gerade ihm, unter anderem die rechtliche Struktur der Börse durch die Börsenordnung und andere Regelwerke zu gestalten (Grundlagenzuständigkeit, § 12 II BörsG). Der Wortlaut von § 48 I S. 1 BörsG steht diesem Ansatz nicht entgegen. Während die Norm die Billigung der Geschäftsbedingungen explizit und ausschließlich der Geschäftsführung zuweist, wird die Zulassung des Freiverkehrs allgemein als Sache der Börse bestimmt. Wenn der Gesetzgeber auch die Zulassung ausschließlich dem Kompetenzbereich der Börsengeschäftsführung hätte zuordnen wollen, müsste man zu Recht fragen, warum dann diese abweichende Formulierung gewählt wurde. Die Gesetzesmaterialien enthalten hierzu keine weiterführenden Anhaltspunkte. Eine eng am Wortlaut orientierte Auslegung des § 48 I BörsG spricht daher dafür, dass der Börsenrat in der Börsenordnung selbst festlegen kann, wer die Zulassungsentscheidung zu treffen hat.[337]

Gegen die Kompetenz des Börsenrates lässt sich hingegen die Systematik des Börsenorganisationsrechts anführen. Die Entscheidung bezüglich der Zulassung eines Freiverkehrs besitzt weniger rechtlichen Gestaltungs- als vielmehr geschäftspolitischen Charakter, und die Geschäftspolitik ist nach ganz überwiegender Auffassung – wie beim Vorstand einer Aktiengesellschaft – Sache der

---

sein müsse. Seit dem Inkrafttreten des FRUG, das als einzigen möglichen Freiverkehrsveranstalter den eigenen Börsenträger festgelegt hat, kommt dieser Frage nicht einmal mehr theoretische Bedeutung zu.

335 Kümpel, Bank- und Kapitalmarktrecht, Rdnr. 17.624; Schwark, in: Schwark/Zimmer, KMRK, § 48 BörsG Rdnr. 7.

336 Vgl. § 7 II BörsO FWB; ferner Kümpel, Bank- und Kapitalmarktrecht, Rdnr. 17.353; Groß, Kapitalmarktrecht, § 15 BörsG Rdnr. 5.

337 Die Frankfurter Wertpapierbörse hat genau dies getan und ordnet seit dem 15.4.2009 in § 116 I BörsO FWB (vormals § 175 I BörsO FWB) die Zuständigkeit der Geschäftsführung ausdrücklich an; sie hat damit den noch in der Börsenordnung vom 8.4.2008 stehenden Passus „die FWB kann den Betrieb eines Freiverkehrs zulassen“ durch „die Geschäftsführung“ ersetzt.

Geschäftsführung.[338] Allerdings kann der Börsenrat Maßnahmen in Geschäftsführungsangelegenheiten von grundsätzlicher Bedeutung, worunter auch die Zulassung eines Freiverkehrs zu subsumieren ist, in der Börsenordnung von seiner Zustimmung abhängig machen (börsenrechtliche Zustimmungsvorbehalte, § 12 II S. 3 BörsG).[339]

Unabhängig davon, welcher Position man hier den Vorrang einräumen will, kann zumindest festgestellt werden, dass der Börsenrat bei der Zulassungsentscheidung de lege lata einen nicht unerheblichen Einfluss nehmen kann. Problematisch wäre es indes, wenn der Börsenrat in der Börsenordnung normieren wollte, dass ihm selbst die Kompetenz zur Zulassung des Freiverkehrs zustehe. Dann wäre zu prüfen, ob diese Satzungsbestimmung börsenrechtswidrig ist, weil der Börsenrat sich eine Kompetenz anmaßt, die durch das Börsengesetz der Geschäftsführung zugewiesen wurde. Das wäre zu bejahen, wenn man dem Wortlaut von § 48 I S. 1 BörsG keine entscheidende Bedeutung zumessen und stattdessen die Zulassung des Freiverkehrs als eine reine Geschäftsführungsmaßnahme einstufen wollte.

In der Börsenpraxis ist die Zuständigkeit der Börsengeschäftsführung allerdings allgemein anerkannt. Dies lässt sich daran ablesen, dass entweder die Börsenordnung die Zuständigkeit der Geschäftsführung vorsieht[340] oder die Geschäftsführung diese Aufgabe im Rahmen der Ausübung ihrer Börsenleitungskompetenz tatsächlich wahrnimmt. An keiner deutschen Börse erfolgt die Zulassung des Freiverkehrs durch den Börsenrat.

2. Zulassungsvoraussetzungen

Nach § 48 I S.1 BörsG kann die Börse den Betrieb eines Freiverkehrs durch den Börsenträger zulassen, wenn durch eine Handelsordnung sowie durch Geschäftsbedingungen des Börsenträgers, die von der Geschäftsführung gebilligt wurden, eine ordnungsgemäße Durchführung des Handels und der Geschäftsabwicklung gewährleistet erscheint.

Der Tatbestand gibt keinen detaillierten Katalog von Merkmalen oder Voraussetzungen für den Betrieb eines Freiverkehrs vor. In generalklauselartiger Form wird als einzige Bedingung die Gewährleistung der Grundvoraussetzun-

---

338 Kümpel/Hammen, WM 2000, Sonderbeilage Nr. 3, S. 3, 5 f.

339 Vgl. den Katalog von Zustimmungsvorbehalten in § 4 II BörsO FWB; ferner grundsätzlich zu Zustimmungsvorbehalten in der Börsenordnung: Schwark, in: Schwark/Zimmer, KMRK, § 12 BörsG Rdnr. 18; Franke, in: Assmann/Schütze, Handbuch des Kapitalanlagerechts, § 2 Rdnr. 27.

340 Vgl. § 116 I BörsO FWB.

gen eines funktionsfähigen Marktes festgelegt. Der Börsengeschäftsführung obliegt die abschließende Prüfung, ob die Freiverkehrsregelwerke (Handelsordnung und Geschäftsbedingungen) diesen Anforderungen genügen, wobei sie eine Prognose anzustellen hat. Fällt diese positiv aus, schließt sich eine Ermessensentscheidung an. Dies alles hat vor dem Hintergrund der Ratio des Zulassungsverfahrens zu geschehen, die ganz überwiegend darin gesehen wird, den öffentlich-rechtlichen Börsenhandel vor Missständen im Freiverkehr zu schützen.[341]

a) Freiverkehrsregelwerke – Handelsordnung und die von der Geschäftsführung gebilligten Geschäftsbedingungen

Die Freiverkehrsorganisation untergliedert sich in die von der Börse als Satzung erlassene Handelsordnung und die vom Börsenträger aufgestellten Geschäftsbedingungen. Auf die inhaltliche Ausgestaltung der Regelwerke wird noch an anderer Stelle ausführlich eingegangen werden. An dieser Stelle – im Rahmen der

---

341 In der Regierungsbegründung zum 2. FMFG, BT-Drucksache 12/6679, S. 76 wurde argumentiert, dass Freiverkehr und regulierter (zu dieser Zeit noch amtlicher und geregelter) Markt in der Praxis nicht isoliert nebeneinander stünden. Ein Vertrauensverlust der Anleger wirke sich daher auf alle Börsensegmente aus, da der unkundige private Investor eine Unterscheidung in Marktsegmente kaum treffen könne. Freiverkehrswerte könnten deshalb mit zugelassenen Werten vermischt werden, obwohl Letztere wegen der wesentlich strengeren Zulassungsvoraussetzungen und Zulassungsfolgepflichten eine Art „Gütesiegel" tragen (so auch Kümpel, WM 1985, Beilage 5, 1, 12). Dieser Argumentation konnte man schon damals entgegenhalten, dass der Privatanleger gar nicht unmittelbar am Börsengeschehen teilnehmen kann. Er kann Wertpapiergeschäfte an der Börse nur unter Einschaltung eines zugelassenen Handelsteilnehmers tätigen.
Heute kann diese Argumentation meines Erachtens als überholt angesehen werden, weil sich das Niveau des Anlegerschutzes seit dieser Zeit erheblich verbessert hat. Die Aufklärungspflichten der Handelsteilnehmer gegenüber Privatanlegern haben mit der MiFID einen neuen Standard erreicht. Handelsteilnehmer sind heute verpflichtet, auf die Risiken des Wertpapiererwerbs hinzuweisen, wobei insbesondere darzulegen ist, ob die Emittenten der Wertpapiere die hohen Voraussetzung geregelter Märkte erfüllen. In Art. 19 MiFID ist bestimmt, dass Wertpapierdienstleistungsunternehmen Wertpapierdienstleistungen ehrlich, redlich und professionell im bestmöglichen Interesse der Kunden zu erbringen haben. In verständlicher Form sind den Kunden und potenziellen Kunden angemessene Informationen zur Verfügung zu stellen über die Wertpapierfirma und ihre Dienstleistungen, Finanzinstrumente und vorgeschlagene Anlagestrategien, die auch geeignete Leitlinien und Warnhinweise zu den Finanzinstrumenten umfassen, die Ausführungsplätze und die Kosten und Nebenkosten, sodass sie nach vernünftigem Ermessen die genaue Art und die Risiken der Wertpapierdienstleistung und des speziellen Typs von Finanzinstrument verstehen können.

Zulassung des Freiverkehrs – sollen sich die Ausführungen auf deren wirksame und den Anforderungen des Börsenrechts genügende Erstellung beschränken. Ein Freiverkehr darf ohne diese Regelwerke nicht betrieben werden.

Die Wirksamkeit der Handelsordnung richtet sich nach den allgemeinen verwaltungsrechtlichen Voraussetzungen für die Erstellung einer Satzung. Deren Rechtmäßigkeit kann mit der abstrakten Normenkontrolle nach § 47 VwGO überprüft werden. Hier ergeben sich keine börsenrechtlichen Besonderheiten. Etwas schwieriger ist die Wirksamkeit der Geschäftsbedingungen zu beurteilen. Dieses Regelwerk bedarf – anders als herkömmliche AGB – der Billigung vonseiten der Börsengeschäftsführung. Nach § 48 I S. 1 BörsG werden die Geschäftsbedingungen nur unter dieser Voraussetzung wirksame Rechtsgrundlage der Freiverkehrsorganisation. Ohne diese Billigung darf ein Freiverkehr nicht zugelassen werden.

In § 57 I BörsG 2002 sucht man diese Zulassungsvoraussetzung noch vergebens. Erst mit dem FRUG hat der Gesetzgeber das Billigungserfordernis in den Tatbestand eingefügt. Zuvor hielt man es für nicht notwendig, die Billigung der Geschäftsbedingungen ausdrücklich als Voraussetzung für die Zulassung eines Freiverkehrs zu normieren. Denn die Börsengeschäftsführung hatte ohnehin bei der Zulassung des hauseigenen Freiverkehrs zu prüfen, ob die Geschäftsbedingungen geeignet sind, die Durchführung eines ordnungsgemäßen Handels und der Geschäftsabwicklung sicherzustellen.[342] Somit war also auch nach alter Rechtslage zumindest inzident eine Billigung der Geschäftsbedingungen im Wege einer Funktionstauglichkeitsprüfung Grundlage der Freiverkehrszulassung.

Aus den Gesetzesmaterialien lässt sich nicht entnehmen, dass der Gesetzgeber mit der Neufassung des Tatbestands in § 48 I S. 1 BörsG inhaltliche Änderungen vornehmen wollte.[343] Dort heißt es lediglich abstrakt, die Vorschrift fixiere die an einigen Börsen bereits praktizierte Handhabe, die Zulassungsentscheidung von der Funktionsfähigkeit des Regelwerks abhängig zu machen, gesetzlich.

Betrachtet man allerdings allein den Wortlaut der Vorschrift, spricht einiges dafür, hier auch inhaltlich eine Änderung auszumachen. Bereits nach früherer Rechtslage war fraglich, ob Änderungen an den Geschäftsbedingungen vonseiten des Freiverkehrsveranstalters einer wiederholten Billigung durch die Börsengeschäftsführung bedürfen. Nach § 57 I BörsG 2002 war nur die Durchführung des ordnungsgemäßen Handels und der Geschäftsabwicklung zu gewähr-

---

342 Schwark, in: Schwark/Zimmer, KMRK, § 48 BörsG Rdnr 7.

343 Begründung zum Referentenentwurf S. 88 f.; Bericht des Finanzausschusses, BT-Drucksache 16/4883, S. 35.

leisten. Ein Interventionsrecht stand der Geschäftsführung nur zu, wenn diese Bedingung nicht mehr erfüllt war. Eine besondere Billigung der Geschäftsbedingungen war nicht vorgesehen. Somit konnten kleinere Änderungen an den Geschäftsbedingungen ohne Weiteres durchgeführt werden.

Nach dem nunmehr geltenden Wortlaut von § 48 I S. 1 BörsG könnte man jedoch annehmen, es müsse jede noch so unbedeutende Änderung der Geschäftsbedingungen von der Geschäftsführung gebilligt werden. Man muss diese Frage auch im Kontext mit dem zum Gesetzesentwurf der Bundesregierung vom 8.12.2006 betrachten.[344] Dieser Entwurf ging sogar noch einen Schritt weiter und legte die Kompetenz zum Erlass der Geschäftsbedingungen in die Hände der Börsengeschäftsführung. Dabei wird deutlich, wie stark der Gesetzgeber das Mitspracherecht der Börsengeschäftsführung bei der Ausgestaltung des Freiverkehrsregelwerks ausprägen wollte. Die einmalige Billigung der Geschäftsbedingungen ist dagegen ein sehr schwaches Einwirkungsinstrument, weil der Freiverkehrsveranstalter das Regelwerk alsbald nach der Zulassungsentscheidung wieder ändern könnte. Deshalb spricht einiges dafür, dass nachträgliche Änderungen der erneuten Billigung durch die Börsengeschäftsführung bedürfen.

Diesen rechtstheoretischen Ansätzen folgt ein kurzer Blick in die Börsenpraxis. Die tatsächlichen Gegebenheiten an den deutschen Börsen gestalten sich im Allgemeinen so, dass eine strikte Trennung von Börsenträger und Börsengeschäftsführung allenfalls rechtlich, nicht aber personell praktiziert wird. Börsengeschäftsführung und Vorstand der Trägergesellschaft arbeiten Hand in Hand als eine Art Zwangsgemeinschaft zusammen, die die gleichen Ziele verfolgt. Teilweise befinden sich sogar dieselben Personen in den Leitungsorganen.[345] Dies hat seinen Grund darin, Entscheidungsprozesse zu beschleunigen und zu vereinfachen. Denn Vorhaben, die die Börse betreffen, müssen oftmals in den verschiedenen Gremien sowohl der Börse als auch des Trägers entschieden werden. Eine solche bisweilen unökonomische Schwerfälligkeit von Entscheidungsabläufen löst man an einigen Börsen, indem man eine Personalunion zwischen Mitgliedern der Börsengeschäftsführung und zentralen Managementposten beim

344 BT-Drucksache 16/4028.

345 Beispiel: Frankfurter Wertpapierbörse im Juni 2007:Roger Müller war Mitglied der Börsengeschäftsführung und zugleich bei der DBAG zuständig für Legal Affairs & Market Policy; Rainer Riess war Mitglied der Börsengeschäftsführung und zugleich bei der DBAG zuständig für Stock Market Business Development; Frank Gerstenschläger war zugleich in der Börsengeschäftsführung und dem Vorstand der DBAG vertreten; Jürgen Röthing war Mitglied der Börsengeschäftsführung und zugleich bei der DBAG zuständig für Trading/Clearing/Info Operations. Seit Juni 2010 hat sich die Situation etwas entflochten. Nunmehr ist nur noch Frank Gerstenschläger als Vorsitzender der Börsengeschäftsführung zugleich Mitglied im Vorstand der DBAG.

Träger installiert.[346] In solchen nicht unüblichen Konstellationen ist die Billigung der Geschäftsbedingungen durch die Börsengeschäftsführung eine reine Formalität.

Dessen ungeachtet ist mit der Billigung des Regelwerks durch die Börsengeschäftsführung gleichwohl noch nichts dazu gesagt, ob die darin enthaltenen einzelnen Klauseln auch rechtswirksam sind. Denn eine behördliche Genehmigung hat keinerlei präjudizielle Wirkung.[347] Die rechtliche Inhaltskontrolle nach den §§ 307 ff. BGB ist allein Sache der Judikative.

b) Gewährleistung der ordnungsgemäßen Durchführung des Handels und der Geschäftsabwicklung

Die Gewährleistung dieser Mindestvoraussetzung ist durch die soeben erörterten Freiverkehrsregelwerke sicherzustellen. § 48 I S. 1 BörsG nennt lediglich zwei Komplexe: Handel und Geschäftsabwicklung. Die Regulierung bezüglich des Handels erfolgt in der Handelsordnung und obliegt dem Börsenrat (§ 12 II S. 1 Nr. 1 BörsG), der hier in aller Regel auf die entsprechenden Bestimmungen der Börsenordnung verweist, wodurch gleiche oder vergleichbare Standards wie im regulierten Markt geschaffen werden. An der Gewährleistung eines ordnungsgemäßen Handels besteht daher unter der Voraussetzung der (üblichen) Verweisung auf die Börsenordnung kein Zweifel.

Die Geschäftsabwicklung wird in § 48 I S. 2 und 3 hingegen nicht explizit der Handelsordnung oder den Geschäftsbedingungen zugeordnet. Dennoch ordnet beispielsweise die FWB auch diesen Bereich der Handelsordnung und damit dem Kompetenzbereich des Börsenrates zu.[348] Damit kommt man auch hier, da insofern ebenfalls auf die Anwendung der Bestimmungen der öffentlich-rechtlichen Börsenusancen verwiesen wird, zu dem Ergebnis, dass an einer ordnungsgemäßen Geschäftsabwicklung im Freiverkehr keine ernsthaften Bedenken bestehen können.

---

346 Laule, in: Festschrift Heinsius, 437, 452; Segna, ZBB 1999, 144, 146.

347 Staudinger/Schlosser, BGB, Vorbemerkung zu §§ 307–309 Rdnr. 13.

348 Der Börsenrat der FWB ordnet die Regulierung der Geschäftsabwicklung ausdrücklich der Handelsordnung zu (§ 1 HandelsO FWB). Die FWB war die erste Börse, die nach der gesetzlichen Einführung der Handelsordnung in § 48 I BörsG eine solche aufstellte und dabei auch die Geschäftsabwicklung als Gegenstand der Handelsordnung einstufte. Mittlerweile ist ihr die Baden-Württembergische Wertpapierbörse gefolgt, die offenkundig die gleiche Rechtsauffassung vertritt und dementsprechend in § 1 HO-BW-WB die Geschäftsabwicklung im Freiverkehr als Gegenstand der Handelsordnung deklariert hat.

Gegen die vorstehend dargestellte Rechtsauffassung der FWB bestehen jedoch erhebliche Bedenken. Handel und Geschäftsabwicklung bilden zwar besonders wichtige Bestandteile eines funktionierenden Marktes, sind aber nicht untrennbar miteinander verbunden. Auch im Börsenhandel werden beide Bereiche seit jeher in verschiedenen Rechtsquellen, der Börsenordnung und den Börsenusancen, geregelt.[349] Warum dies im vorliegenden Kontext anders zu bewerten sein soll, ist nicht erkennbar. Dass Handel und Geschäftsabwicklung nicht untrennbar zueinander gehören, lässt sich schließlich auch § 48 II BörsG entnehmen. Während in Absatz 1 die Zulassungsentscheidung mit der Ordnungsgemäßheit von Handel *und* Geschäftsabwicklung verknüpft ist, kann die Untersagung des Handels nach Absatz 2 nur erfolgen, wenn ein ordnungsgemäßer Handel nicht mehr gewährleistet erscheint. Ist bloß die ordnungsgemäße Geschäftsabwicklung gefährdet, rechtfertigt dies jedenfalls nach dem Wortlaut des § 48 II BörsG nicht die Untersagung des Handels durch die Börsenaufsichtsbehörde.

Ein zweites gewichtiges Argument eröffnet sich bei einem Blick auf die Entstehungsgeschichte der Handelsordnung. Die Handelsordnung wurde allein deshalb in das Gesetz eingefügt, um dem Sanktionsausschuss der Börse Sanktionskompetenzen im Freiverkehrshandel zuzuweisen (dazu ausführlich unten Kapitel 3, II. 2. c)). Verstöße der Handelsteilnehmer gegen börsenrechtliche Vorschrift sollten so auch im Freiverkehr sanktionierbar gemacht werden. Dabei hatte man vorwiegend die Tätigkeit der Skontroführer im Auge, nicht jedoch die Abwicklung der im Freiverkehr abgeschlossenen Geschäfte. Wäre dies anders, hätte der Gesetzgeber das im Börsengesetz zum Ausdruck bringen können. Zu bedenken ist ferner, dass die öffentlich-rechtliche Handelsordnung eine Art Fremdkörper in der Freiverkehrsorganisation darstellt. Der Freiverkehr war seit jeher rein privatrechtlich organisiert. Daran wollte der Gesetzgeber im Grundsatz auch festhalten. Dem steht es entgegen, wenn Börsen nun die Handelsordnung auf andere Bereiche ausdehnen, mit dem Argument, dies stünde in einem irgendwie gearteten Zusammenhang zum Handel. Weil die Handelsordnung in der Freiverkehrsorganisation eine Besonderheit darstellt, die einzig dafür geschaffen worden ist, dem Sanktionsausschuss eine Tür zum Freiverkehr zu öffnen, muss ihr sachlicher Regelungsinhalt auf diesen Zweck begrenzt bleiben. Eine Ausdehnung auf andere Regelungsbereiche verbietet sich damit.

---

349 Vor dem FRUG besaßen diese Rechtsquellen auch einen unterschiedlichen Rechtscharakter. Im Gegensatz zum öffentlich-rechtlichen Charakter der Börsenordnung als Satzung der Börsenselbstverwaltung waren die Börsenusancen privatrechtliche Vertragsbedingungen (vgl. dazu Hammen, WM 2007, 1297, 1297). Nunmehr werden auch die Börsenusancen vom Börsenrat in der Form der öffentlich-rechtlichen Satzung erlassen.

Für die gegenteilige Rechtspraxis der Frankfurter Wertpapierbörse ließe sich allenfalls anführen, die Geschäftsabwicklung stelle den letzten Teil des Handelsablaufs – nämlich die Vollziehung – dar und knüpfe damit direkt an den Handel an; die Regelungskomplexe „Teilnahme am Handel" und „Einbeziehung der Wertpapiere", wie sie von § 48 I S. 3 BörsG ausdrücklich den Geschäftsbedingungen zugewiesen werden, beträfen demgegenüber lediglich allgemeine Fragen betreffend die Handelsteilnehmer und die gehandelten Gegenstände. Wenn das „*wann* und *wie*" des Handels in die Handelsordnung gehört, könnte – so mag man argumentieren – auch das nach Abschluss des Handels ablaufende Prozedere hier systematisch passend verortet werden.

Nach einer solchen m. E. nicht überzeugenden und – wie sogleich zu zeigen sein wird – auch kaum vertretbaren Sichtweise der FWB ergäbe sich sodann jedoch folgendes Bild:

Da der Ablauf des Handels inklusive der Geschäftsabwicklung im Freiverkehr somit vollständig in der durch die Börse erstellten Handelsordnung reguliert würde und die Geschäftsbedingungen (nur noch) die „Teilnahme am Handel" und die „Einbeziehung der Wertpapiere" zum Gegenstand hätten, müsste man sich fragen, wie Geschäftsbedingungen aussehen müssen, die die Zulassungskriterien „ordnungsgemäße Durchführung des Handels und der Geschäftsabwicklung" nicht erfüllen. Schließlich verweisen sämtliche existenten Handelsordnungen auf die Regelungen des öffentlich-rechtlichen Börsenhandels – für den Handel auf die Börsenordnung und für die Geschäftsabwicklung auf die Börsenusancen.[350] Die Börsengeschäftsführung wird im Rahmen der Zulassung des Freiverkehrs nicht ernstlich daran zweifeln, dass diese Regelungen eine ordnungsgemäße Marktveranstaltung gewährleisten. Die Tatbestandsvoraussetzung des § 48 I S. 1 BörsG „Gewährleistung einer ordnungsgemäßen Durchführung des Handels und der Geschäftsabwicklung" würde daher – folgt man der Rechtspraxis der Frankfurter Wertpapierbörse – streng genommen zumindest seit der Einführung der Handelsordnung nur noch eine inhaltsleere Floskel darstellen, weil sie von der Börsengeschäftsführung stets zu bejahen wäre. Der Zulassungstatbestand wäre damit in weiten Teilen sinnentleert.

Die vom Freiverkehrsveranstalter aufgestellten Geschäftsbedingungen müssten schon ganz außergewöhnliche Formen annehmen, um die ordnungsgemäße Durchführung des Handels und der Geschäftsabwicklung zu gefährden, was – bedenkt man, dass der Börsenträger diese ausarbeitet – wohl kaum vor-

350 Vgl. Handelsordnung der FWB: § 3 I für den Handel und § 3 II für die Geschäftsabwicklung. Eine von der Börsenordnung abweichende Regelung wäre zwar denkbar, würde aber wenig Sinn ergeben.

kommen dürfte. Die Zulassung eines Freiverkehrs würde folglich zu einer reinen Formsache degradiert werden.

Ferner zeichnet sich unter Zugrundelegung dieser Rechtspraxis ein mit der Systematik des Börsenrechts nicht in Einklang zu bringendes Bild ab. Prüft die Börsengeschäftsführung im Rahmen des Zulassungsverfahrens, ob die Freiverkehrsregelwerke eine ordnungsgemäße Durchführung des Handels und der Geschäftsabwicklung gewährleisten, müsste sie dabei die vom Börsenrat erstellte Handelsordnung prüfen, weil nur darin diese Bereiche reguliert werden. Ein Recht der Geschäftsführung, Maßnahmen des Börsenrats zu prüfen bzw. zu billigen, sieht das Börsenrecht jedoch an keiner Stelle vor. Auch im Aktienrecht ist undenkbar, dass der Vorstand Beschlüsse des Aufsichtsrates oder der Hauptversammlung billigt. Das Billigungserfordernis in § 48 I S. 1 BörsG kann sich daher – wie sich auch dem Wortlaut der Norm entnehmen lässt – nur auf die Geschäftsbedingungen, nicht jedoch auf die Handelsordnung beziehen. Wenn jedoch beide Bereiche (Handel und Geschäftsabwicklung) gar nicht in den Geschäftsbedingungen geregelt werden, schließt sich die Frage an, was eigentlich Gegenstand des Billigungsverfahrens sein soll. Diese Unstimmigkeit zeigt auf, dass der Rechtspraxis der FWB nicht gefolgt werden kann. Ordnet man hingegen die Geschäftsabwicklung richtigerweise der Regelungskompetenz des Freiverkehrsveranstalters zu, verbleibt der Geschäftsführung ein Bereich, den sie entsprechend dem Auftrag aus § 48 I S. 1 BörsG prüfen kann.

Doch auch bei diesem Rechtsverständnis bleibt der Norm eine gewisse Inkonsistenz zu attestieren, weil nach dem Wortlaut von § 48 I S. 1 BörsG die Billigung der Geschäftsbedingungen u. a. von der Feststellung abhängig ist, dass diese einen ordnungsgemäßen Handel gewährleisten, obwohl die Handelsorganisation gar nicht Gegenstand der Geschäftsbedingungen ist. Die Vorschrift kann daher als gesetzgebungstechnisch missglückt bezeichnet werden.

3. Zulassungsvorbehalt im geltenden Börsenrecht und der heutigen Börsenpraxis

Die Veranstaltung eines Freiverkehrs ist nach § 48 I S. 1 BörsG dem Börsenträger zwar optional an die Hand gegeben, weshalb dieser zumindest theoretisch nicht dazu verpflichtet ist einen Freiverkehr zu veranstalten.[351] In der Praxis jedoch ist eine Börse ohne Freiverkehrsveranstaltung kaum vorstellbar. Da alle deutschen Börsen von der Möglichkeit, einen Freiverkehr zuzulassen, Gebrauch gemacht haben, stellen sich Zulassungsfragen in der heutigen Börsenpraxis

351 Das gilt freilich nur für den Kassamarkt. Den Terminbörsen ist das Veranstalten eines Freiverkehrs fremd.

praktisch nicht mehr. Damit darf die Frage gestellt werden, ob man de lege ferenda auf eine Zulassung durch die Börse auch gänzlich verzichten könnte.

Das mit dem 2. FMFG im Jahre 1994 in das Börsengesetz eingefügte Erfordernis einer Zulassung durch die Börse erscheint mittlerweile aus mehreren Gründen überholt:

Einerseits hat die Zulassungsentscheidung nur noch formalen Charakter, da der Freiverkehr seit dem FRUG nur noch vom Börsenträger organisiert werden darf. Der Börsengeschäftsführung ist es damit nun verwehrt, die Organisation eines Freiverkehrs durch einen Dritten zuzulassen (z.B. durch Händlervereinigungen). Die grundsätzliche Frage bezüglich des „Ob" einer Zulassung stellt sich in der Praxis ebenfalls nicht mehr, weil jede Börse im Kassamarkt einen Freiverkehr anbietet, um den Handelsteilnehmern eine möglichst breite Palette an Handelsmöglichkeiten zu eröffnen. Der Verzicht auf die Veranstaltung eines Freiverkehrs hätte nicht zu übersehende Wettbewerbsnachteile zur Folge. Bedenkt man zudem, dass Börsenträger und Börsengeschäftsführung, deren Mitglieder in der jüngeren Vergangenheit oftmals partiell personenidentisch waren, in der Regel nicht gegeneinander, sondern zusammenarbeiten und gleichgerichtete Interessen verfolgen, wird klar, warum es sich bei der Zulassung um eine reine Formalität handelt. Das gilt insbesondere für die Billigung der Geschäftsbedingungen. Es ist kein Fall bekannt, in dem es zwischen dem Freiverkehrsveranstalter und der Börse zu einem Disput über die Zulassung eines Freiverkehrs gekommen wäre.

Zudem ist der Zulassungsvorbehalt auch in rechtssystematischer Hinsicht antiquiert. Dem Börsenträger ist – wie den Wertpapierdienstleistungsunternehmen mit der Erlaubnis zur Erbringung von Finanz- bzw. Wertpapierdienstleistungen nach § 32 KWG – von der Börsenaufsichtsbehörde durch die Erteilung der Erlaubnis nach § 4 I BörsG bescheinigt worden, geeignet zu sein, eine Marktveranstaltung für Wertpapiere zu errichten und zu betreiben, sodass ihm gegenüber in keiner Weise Bedenken bestehen dürften, auch Betreiber des Freiverkehrs zu sein. Der Gesetzgeber kann nicht ernstlich daran zweifeln, dass ein Börsenträger keine geeignete Person für die Organisation des Freiverkehrs ist. Das könnte man aber annehmen, liest man den Wortlaut von § 48 I BörsG.

Dennoch hält der Gesetzgeber hier an einer zusätzlichen anfänglichen Zulassungsentscheidung fest. Als Grund hierfür wird die Anbindung des Freiverkehrs an die Börse vorgetragen, die ein herkömmliches MTF gerade nicht vorweisen kann. Nach wie vor existiert die Befürchtung, Missstände könnten sich im Freiverkehr auch auf das Standing des regulierten Marktes und der Börse als Gesamtgebilde auswirken.[352] Um dieser Gefahr zu begegnen sei – so meint man

352 Regierungsbegründung zum 2. FMFG, BT-Drucksache 12/6679, S. 78.

– der Betrieb des Freiverkehrs vorab zu genehmigen. Diese Argumentation vermag jedoch seit der Umsetzung der MiFID nicht mehr zu überzeugen, weil MTFs und geregelte Märkte in Bezug auf den Anlegerschutz ein vergleichbares Niveau aufweisen müssen.[353] Dass die Gefahr von Missständen im Freiverkehr und deren Auswirkungen auf die Börse in der Praxis nicht zuletzt wegen der engen Kooperation zwischen Börsenträger und Börsengeschäftsführung tatsächlich minimal ist, wird nicht bestritten. Selbst wenn diese Ausnahmesituation eintreten sollte, würden Missstände nur von sehr kurzer Dauer sein, weil Börsengeschäftsführung und Börsenaufsichtsbehörde (§ 48 II BörsG) verpflichtet sind, unverzüglich einzuschreiten und den Handel gegebenenfalls zu untersagen.[354] Somit zeigt sich, dass ein formelles Zulassungsverfahren nicht nur in rechtssystematischer Hinsicht überholt ist; es fehlt ihm ferner auch an der Erforderlichkeit.

Zwar bedarf ein MTF (aufgrund seiner Klassifizierung als Wertpapierdienstleistung) - und damit auch ein Freiverkehr - gemäß den Vorgaben der MiFID grundsätzlich einer Zulassung durch den jeweiligen Mitgliedstaat (vgl. auch nachstehende Ziffer 4.); die MiFID untersagt es jedoch nicht, den Börsenträgern gleichzeitig mit der Zulassung zum Betrieb einer Börse auch die Erlaubnis zum Betrieb eines MTFs bzw. Freiverkehrs zu erteilen (vgl. Art. 5 II MiFID).

Die geltende Rechtslage könnte im Übrigen zu dem merkwürdigen Ergebnis führen, dass der Börsenbetreiber bei Ablehnung einer Freiverkehrszulassung durch die Börsengeschäftsführung zwar gehindert wäre einen Freiverkehr zu organisieren, er stattdessen aber aufgrund seiner Eigenschaft als Marktbetreiber bei der BaFin die (vereinfachte) Erlaubnis zum Betrieb eines MTF nach § 32 KWG beantragen kann und grundsätzlich auch erhalten wird, sofern er die in § 2 XII S. 2 KWG normierten kreditwesengesetzlichen Mindestanforderungen erfüllt und der Betrieb des MTF seine einzige Wertpapierdienstleistung bleibt.[355]

353 Vgl. Erwägungsgrund 6 und 71 MiFID; Art. 21 III Unterabsatz 3 MiFID schreibt vor, dass Wertpapierfirmen nur dann die vorherige ausdrückliche Zustimmung der Kunden einholen müssen, wenn sie Kundenaufträge außerhalb eines geregelten Marktes oder eines MTF ausführen. Darin wird zum Ausdruck gebracht, dass die Interessen der Anleger gleichermaßen geschützt sind, unabhängig davon, ob die Order an einem geregelten Markt oder einem MTF ausgeführt wird.

354 Kümpel, Bank- und Kapitalmarktrecht, Rdnr. 17.624.

355 Vgl. Erwägungsgrund 56 MiFID.

4. Schriftliche Erlaubnis durch die Börsenaufsichtsbehörde (§ 48 III S. 1 BörsG)

Nach § 48 III S. 1 BörsG bedarf der Betrieb des Freiverkehrs seit dem FRUG zudem noch der schriftlichen Erlaubnis durch die Börsenaufsichtsbehörde. Der Gesetzgeber hat also nicht nur an der Zulassung durch die Börsengeschäftsführung festgehalten, sondern darüber hinaus einen Erlaubnisvorbehalt der Börsenaufsichtsbehörde installiert. Damit liegt die Entscheidung bezüglich einer Freiverkehrszulassung nicht mehr allein in der Hand der Börse. Auch diese Regelung gibt Anlass zu Kritik.

Im Bericht des Finanzausschusses wird hierzu vorgetragen, ein MTF, das von einem Börsenbetreiber organisiert werde, bedürfe nach Art. 71 V MiFID einer Zulassung durch die zuständige Behörde, im Falle des Freiverkehrs durch die Börsenaufsichtsbehörde.[356]

Nach Art. 71 V MiFID wird *jedes bestehende System*, das unter die Definition eines MTF fällt und das von einem Marktbetreiber eines geregelten Marktes betrieben wird, auf Antrag des Marktbetreibers als MTF zugelassen, vorausgesetzt, dass es Anforderungen erfüllt, die den in dieser Richtlinie für die Zulassung und den Betrieb von MTFs aufgestellten Anforderungen gleichwertig sind.

Der Einführung des Erlaubnisvorbehalts der Börsenaufsichtsbehörde in § 48 III S. 1 BörsG liegt ein falsches Verständnis von Art. 71 V MiFID zugrunde. Diese Bestimmung ist vor allem – wie man bereits der Überschrift entnehmen kann – als Übergangsvorschrift für bestehende Handelssysteme zu verstehen. Die ratio legis von Art. 71 V MiFID liegt im letzten Teil der Norm. Es soll einzig und allein sichergestellt werden, dass bestehende Handelssysteme, die unter die Definition eines MTF fallen, auch die in der MiFID niedergelegten Mindestanforderungen erfüllen. Die Vorschrift ist also erkennbar nicht für neu eingerichtete Systeme konzipiert. Für diese neuen Systeme stehen die Zulassungsvoraussetzungen seit dem Inkrafttreten des FRUG bereits im Gesetz. Der Freiverkehr und sein Träger werden nunmehr im Börsengesetz entsprechend den Vorgaben der MiFID reguliert, sodass für die Börsenaufsichtsbehörde gar kein Raum vorhanden ist, um zu prüfen, ob diese Systeme „den Anforderungen der Richtlinie für die Zulassung und den Betrieb von MTFs" wie oben zitiert entsprechen. Dennoch hat der Gesetzgeber hier ohne Not einen zusätzlichen Erlaubnisvorbehalt installiert. Unklar bleibt dabei, was die Börsenaufsichtsbehörde über das, was die Börse bei ihrer Zulassungsentscheidung im Rahmen von § 48 I S. 1 BörsG inhaltlich prüft, hinaus prüfen soll. Diese zusätzliche Erlaubnis durch

356 Bericht des Finanzausschusses zum FRUG, BT-Drucksache 16/4899, S. 15.

die Börsenaufsichtsbehörde ist somit weder europarechtlich notwendig noch sachlich weiterführend. Dass dies die Bundesregierung und der Bundesrat zunächst ebenso gesehen hatten, ergibt sich aus der unter Fußnote 332 aufgezeigten Übersicht zu den verschiedenen Entwürfen des FRUG. Erst im letzten Entwurf, der unter Federführung des Finanzausschusses entstand, fand der Erlaubnisvorbehalt der Börsenaufsichtsbehörde Einzug in den Gesetzestext.

Prinzipiell ist der Gedanke, den Betrieb des Freiverkehrs ausschließlich der Erlaubnis durch die Börsenaufsichtsbehörde zu unterlegen, nicht zu beanstanden. Nicht nachvollziehbar ist allerdings, warum der Gesetzgeber es für notwendig erachtet hat, den Betrieb des Freiverkehrs von der Erlaubnis zweier Institutionen, der Börse und der Börsenaufsichtsbehörde, abhängig zu machen.

5. Rechtswirkungen der Zulassung

Der Vollständigkeit halber sei abschließend noch kurz auf die Rechtswirkungen der Zulassung eingegangen. Die Erlaubnis stellt einen Dauerverwaltungsakt dar, dessen Voraussetzungen auch nach Aufnahme des Freiverkehrshandels zu gewährleisten sind.[357] Dies ergibt sich unmittelbar aus § 48 I S. 1 BörsG, der eine durch Geschäftsbedingungen und die Handelsordnung gewährleistete (dauerhafte) Ordnungsmäßigkeit des Handels und der Geschäftsabwicklung verlangt. Es könnte daher die Zulassung nachträglich wieder entzogen werden, sollte diese Bedingung nicht mehr erfüllt sein. Freilich ist dieser Fall bislang rein theoretischer Natur. Gleiches gilt für eine Rückgabe der Zulassung. Während der Börsenträger in Bezug auf die Börse einer Betriebspflicht unterliegt (§ 5 I BörsG), könnte er in seiner Funktion als Freiverkehrsveranstalter dessen Betrieb allerdings jederzeit beenden, sofern vertraglich nichts anderes vereinbart ist.[358] Zuvor wären freilich die Einbeziehungsverträge ordentlich zu kündigen. Beispielsweise könnte eine solche Einstellung des Freiverkehrsbetriebs mit der Intention erfolgen, stattdessen ein MTF gemäß dem WpHG zu betreiben, um hier vermehrt internationale Handelsteilnehmer anzusprechen. Ein MTF lässt sich als eigenständige Handelsplattform im EWR-Raum besser vermarkten, weil dessen Regelwerke im Grundsatz einerseits den Vorgaben der MiFID entsprechen und andererseits internationalen Standards entsprechend angelegt werden können, während der Freiverkehr durch nationale Besonderheiten gezeichnet ist.

---

357 Vgl. BVerwGE 22, 16, 22 f.; Mager, NVwZ 1996, 134, 135.

358 Ledermann, in: Schäfer/Hamann (Hrsg.), KMG, 2. Aufl., 1.Lfg., 01/2006, § 57 BörsG Rdnr. 27.

6. Zusammenfassung und Fazit

Der Zulassungsvorbehalt des Freiverkehrs ist spätestens seit der Einführung der Handelsordnung in seiner gegenwärtigen Form nicht mehr zeitgemäß und sollte daher aufgegeben werden.

Zur Börse gehört in der Börsenpraxis zwingend auch ein Freiverkehrshandel. Der Börsenträger sollte daher mit der Erlaubnis zur Errichtung und dem Betrieb einer Börse befugt sein, ohne weitere Erlaubnis einen Freiverkehr zu veranstalten. Bereits de lege lata ist für den Börsenhandel und den Freiverkehrshandel die Erlaubnis der Börsenaufsichtsbehörde einzuholen (§§ 4 I und 48 III S. 1 BörsG). Es ist kein plausibler Grund ersichtlich, warum die Börsenaufsichtsbehörde den Börsenträger einer doppelten Prüfung unterziehen soll, einmal nach § 4 I und einmal nach § 48 III S. 1 BörsG. Aus welchen Gründen ein Börsenträger, der die Börsenanstalt mit den notwenigen Mitteln ausstattet und dessen Geschäftsleiter notwendigen Sachverstand und Zuverlässigkeit aufweisen müssen, nicht in der Lage sein soll, einen Freiverkehr zu organisieren, ist nicht ersichtlich, insbesondere wenn man sich vergegenwärtigt, dass im täglichen Handelsgeschehen heutzutage ohnehin nicht mehr zwischen Handel im regulierten Markt und Handel im Freiverkehr unterschieden wird.

Die Billigung der Geschäftsbedingungen durch die Börsengeschäftsführung sollte in der bestehenden Form ebenfalls abgeschafft werden. Wie gezeigt hat diese Prüfung in der Praxis vor allem wegen der engen Verbindung von Träger und Börse keinerlei Bedeutung mehr. Man könnte stattdessen folgenden Weg einschlagen: Denkbar wäre die Überprüfung durch die unabhängige Börsenaufsichtsbehörde. Diese genehmigt schließlich gemäß § 16 III BörsG auch die vom Börsenrat verfasste Börsenordnung. In gleicher Weise könnte sie die Freiverkehrsregelwerke (Handelsordnung und Geschäftsbedingungen) des Freiverkehrsveranstalters der Prüfung unterziehen, ob diese Regelwerke die Durchführung eines ordnungsgemäßen Handels und der Geschäftsabwicklung gewährleisten. In Bezug auf die Handelsordnung obliegt ihr diese Prüfungskompetenz bereits zumindest mittelbar, weil die Handelsordnungen in aller Regel auf die jeweilige Börsenordnung verweisen. Dies entspräche auch der Situation an herkömmlichen MTFs. Deren Regelwerke werden ebenfalls durch die Aufsichtsbehörde dahingehend geprüft, ob sie die Vorschriften der §§ 31f f. WpHG einhalten und dementsprechend einen ordnungsgemäßen Handel gewährleisten.

Die inhaltliche Abgrenzung von Handelsordnung und Geschäftsbedingungen muss entsprechend dem mit der Handelsordnung verfolgten Zweck erfolgen. Somit verbietet sich die Regulierung der Geschäftsabwicklung in der Handelsordnung. Sie war und ist Teil der vom Freiverkehrsveranstalter aufzustellenden

Geschäftsbedingungen. Unter Berücksichtigung dieser Feststellungen könnte ein Freiverkehrstatbestand de lege ferenda wie folgt lauten:

Fassung de lege ferenda	**Fassung de lege lata**
(1) Für Wertpapiere, die weder zum Handel im regulierten Markt zugelassen noch zum Handel in den regulierten Markt einbezogen sind, kann der Börsenträger einen Freiverkehr betreiben. Der Betrieb des Freiverkehrs wird reguliert durch eine Handelsordnung der Börse und durch Geschäftsbedingungen des Börsenträgers („Freiverkehrsregelwerke"), die von der Börsenaufsichtsbehörde zu genehmigen sind. Die Handelsordnung regelt ausschließlich den Ablauf des Handels. Die Geschäftsbedingungen regeln die Teilnahme am Handel, die Einbeziehung der Wertpapiere zum Handel sowie alle außerhalb des Handels liegenden Bereiche, insbesondere die Geschäftsabwicklung.[359] Änderungen der Geschäftsbedingungen bedürfen der erneuten Genehmigung durch die Börsenaufsichtsbehörde.	(1) Für Wertpapiere, die weder zum Handel im regulierten Markt zugelassen noch zum Handel in den regulierten Markt einbezogen sind, kann die Börse den Betrieb eines Freiverkehrs durch den Börsenträger zulassen, wenn durch eine Handelsordnung sowie durch Geschäftsbedingungen des Börsenträgers, die von der Geschäftsführung gebilligt wurden, eine ordnungsmäßige Durchführung des Handels und der Geschäftsabwicklung gewährleistet erscheint. Die Handelsordnung regelt den Ablauf des Handels. Die Geschäftsbedingungen regeln die Teilnahme am Handel und die Einbeziehung von Wertpapieren zum Handel. Emittenten, deren Wertpapiere ohne ihre Zustimmung in den Freiverkehr einbezogen worden sind, können durch die Geschäftsbedingungen nicht dazu verpflichtet werden, Informationen in Bezug auf diese Wertpapiere zu veröffentlichen.
(2) Die Börsenaufsichtsbehörde kann den Handel im Freiverkehr untersagen, wenn eine ordnungsgemäße Freiverkehrsorganisation, insbesondere der Handel und die Geschäftsabwicklung, nicht mehr gewährleistet erscheint.	(2) Die Börsenaufsichtsbehörde kann den Handel im Freiverkehr untersagen, wenn ein ordnungsgemäßer Handel für die Wertpapiere nicht mehr gewährleistet erscheint.
(3) Auf den Betrieb des Freiverkehrs sind die Vorschriften dieses Gesetzes mit	(3) Der Betrieb des Freiverkehrs bedarf der schriftlichen Erlaubnis der Börsen-

359 Satz 4 setzte Art. 14 VI MiFID um. Dieses Satzes bedarf es im deutschen Recht jedoch nicht, weil ein Dritter ohne seine Mitwirkung durch ein Privatrechtssubjekt nicht wirksam verpflichtet werden kann.

Ausnahme der §§ 27 und 29 sowie der §§ 32 bis 43 entsprechend anzuwenden.

aufsichtsbehörde. Auf den Betrieb des Freiverkehrs sind die Vorschriften dieses Gesetzes mit Ausnahme der §§ 27 bis 29 und der §§ 32 bis 43 entsprechend anzuwenden.

II. Marktorganisation im Freiverkehr durch das Börsengesetz und die Börse

1. Anwendung des Börsengesetzes im Freiverkehr

Seit dem Inkrafttreten des FRUG wird in § 48 III S. 2 BörsG angeordnet, dass auf den Betrieb des Freiverkehrs die Normen des Börsengesetzes mit Ausnahme der §§ 27–29 BörsG (Skontroführer) und §§ 32–43 BörsG (Zulassung zum regulierten Markt)[360] entsprechend anzuwenden sind. Die vorherigen Fassungen des § 48 BörsG sahen Derartiges nicht vor.[361] Dementsprechend ging man in der Literatur bis dahin ganz überwiegend davon aus, dass das Börsengesetz aufgrund seiner öffentlich-rechtlichen Prägung auf den Freiverkehr grundsätzlich keine Anwendung finden könne.[362] Nur ausnahmsweise wurde die Anwendbarkeit von allgemeinen auf den Handel an der Börse bezogenen Regelungen bejaht.[363]

Mit § 48 III S. 2 BörsG können nunmehr auch solche Bestimmungen im Freiverkehr von Bedeutung sein, die ursprünglich speziell auf den öffentlich-rechtlich geprägten Börsenhandel zugeschnitten waren. Weil das Börsengesetz jedoch nur „*entsprechend*" auf den Freiverkehr anzuwenden ist, kann es sein, dass einzelne Bestimmungen aufgrund ihres öffentlich-rechtlich geprägten Inhalts im Bereich des Freiverkehrs nicht zur Anwendung gelangen können. Denn börsengesetzliche Bestimmungen können hier nur insoweit Beachtung finden, als dies mit dem Wesen des Freiverkehrs und seiner grundsätzlich privatrechtlichen Organisation zu vereinbaren ist.[364] Aus den Gesetzesmaterialien lässt sich dementsprechend auch nicht ableiten, der Gesetzgeber habe beabsichtigt, mit dieser Norm bestehende grundlegende Elemente der Freiverkehrsorganisation zu ändern. Im Gesetzgebungsverfahren zum FRUG äußerte der Bundesrat lediglich, ein Verweis auf die §§ 31 ff. WpHG im Rahmen der Freiverkehrsorganisation sei entbehrlich, weil der Freiverkehr durch seine partielle Integrierung in die

---

360 Bericht des Finanzausschusses zum FRUG, BT-Drucksache 16/4899, S. 15: Diese Ausklammerung hat ihren Grund in der rein öffentlich-rechtlichen Prägung dieser Vorschriften, deren Anwendung nach Auffassung der Gesetzesverfasser im Freiverkehr keinen Sinn ergebe.

361 Vgl. den Überblick der historischen Tatbestände des Freiverkehrs im Anhang.

362 Kümpel/Hammen, Börsenrecht, S. 61; Ledermann, in: Schäfer/Hamann (Hrsg.), KMG, 2. Aufl., 1. Lfg., 01/2006, Vor § 49 Rdnr. 4; Hofmann, Der Skontroführer an deutschen Wertpapierbörsen, S. 610.

363 Vgl. ausführlich dazu Hofmann, Der Skontroführer an deutschen Wertpapierbörsen, S. 610 ff.

364 Hofmann, Der Skontroführer an deutschen Wertpapierbörsen, S. 617, der für eine korrigierende Auslegung dieser Bestimmung plädiert.

Börse bereits umfassenden Organisationsvorschriften unterliege (z. B. §§ 5, 6, 15, 48 Abs. 1 BörsG).[365] Allein aus diesen gesetzessystematischen Gründen sei in § 48 III S. 2 BörsG (klarstellend) zu bestimmen, dass auf den Freiverkehr das Börsengesetz Anwendung finde. Hinter dieser Regelung steht demnach lediglich die praktische Erwägung, Börse und Freiverkehr wegen ihrer diversen Verknüpfungen einheitlich im Börsengesetz zu regeln.[366] Keineswegs sollte damit die Anwendung sämtlicher Vorschriften des Börsengesetzes „eins zu eins" auf den Freiverkehr angeordnet werden. In der Gesetzesbegründung der Bundesregierung heißt es hieran anknüpfend, die organisatorischen Pflichten des Börsengesetzes hinsichtlich des Betriebs einer Börse (z. B. § 5 BörsG) seien für den Bereich des Freiverkehrs entsprechend europarechtskonform auszulegen, sodass der Freiverkehrsträger die Anforderungen der MiFID an den Betrieb eines multilateralen Handelssystems erfüllen müsse.[367] Dies und die Wendung „entsprechende Anwendung" belegen, dass die Anwendung von einzelnen Bestimmungen des Börsengesetzes im Freiverkehr erstens nur möglich ist, wenn dies mit der Institution des Freiverkehrs in Einklang steht, zweitens aber auch zwingend notwendig sein kann, wenn dies nötig ist, damit unter diesen Bedingungen die Freiverkehrsorganisation den europarechtlichen Vorgaben der MiFID entspricht.

Von den börsengesetzlichen Bestimmungen, die von der Verweisungsnorm erfasst werden, sind für den Freiverkehr die folgenden von Bedeutung. Anwendung finden müssen aufgrund der Vorgaben der MiFID die Organisationsvorschriften, die den Börsenträger und die Börsenaufsichtsbehörde betreffen (§§ 3–6 BörsG).[368] Ferner gelten ohne Zweifel auch die Bestimmungen zur Vor- und Nachhandelstransparenz (§§ 30, 31 BörsG).[369] Die Regelungen hinsichtlich des Börsenpreises (§ 24 BörsG) fanden bereits vor dem FRUG im Freiverkehrshandel Anwendung (§ 57 II BörsG 2002).

Nicht anwendbar sind hingegen etwa die Vorschriften hinsichtlich der Börsenregelwerke, insbesondere der Börsenordnung. Denn die grundsätzliche Organisationskompetenz des Freiverkehrsveranstalters darf nicht dadurch ausgehe-

365 Stellungnahme des Bundesrates zum FRUG, BR-Drucksache 833/06, S. 24.

366 Vgl. die Stellungnahme des Handelsrechtsausschusses des deutschen Anwaltsvereins bezüglich des Regierungsentwurfs zum FRUG, NZG 2006, 935, 936, der insbesondere hervorhebt, dass ein Verweis auf die Regelungen des WpHG bezüglich MTFs zu Doppelregulierungen und Unklarheiten in der Rechtsanwendung führen würde.

367 Bericht des Finanzausschusses zum FRUG, BT-Drucksache 16/4899, S. 15: „Diese Zuweisung bewirkt ferner zusammen mit den Ausnahmeregelungen in § 2a Abs. 1 Nr. 13 WpHG und § 2 Abs. 6 Satz 1 Nr. 16 i. V. m. Abs. 12 KWG, dass der Freiverkehr nunmehr abschließend im Börsengesetz geregelt ist und die § 31f ff. WpHG nicht gelten."

368 Vgl. Art. 5 II MiFID.

369 Vgl. Art. 29, 30 MiFID.

belt werden, dass der Börsenrat über die Verweisungsnorm des § 48 III S. 2 BörsG wesentliche Teile der Freiverkehrsorganisation praktisch an sich zieht und entsprechende Regelungen in der Börsenordnung erlässt. Anders ist dies freilich im Bereich der Handelsordnung, da der Gesetzgeber hier ausdrücklich klargestellt hat, dass die Organisation des Handelsablaufs an der Börse durch den Börsenrat erfolgen soll.[370]

Problematisch ist jedoch die Anwendung von Vorschriften, die die Börsenorgane und deren Kompetenzen regeln. Auch diese Bestimmungen sind von der Verweisungsregelung in § 48 III S. 2 BörsG erfasst. Im Folgenden soll deshalb dargestellt werden, inwieweit den einzelnen Börsenorganen Regelungs- und Entscheidungskompetenzen im Bereich des Freiverkehrs zugewiesen sind.

2. Kompetenzen der Börsenorgane im Bereich des Freiverkehrs

Weil man in Literatur und Rechtsprechung bislang nahezu einhellig davon ausging, der Freiverkehr sei allenfalls partiell in die Börsenorganisation eingegliedert, bestehe hiervon abgesehen aber als organisatorisch eigenständiges, privatrechtlich reguliertes Handelssegment,[371] bestand auch Einigkeit darin, dass den Organen der Börsenanstalt abgesehen von aufsichtsrechtlichen Befugnissen grundsätzlich keine Kompetenzen zustünden, regulatorisch auf die Freiverkehrsgestaltung einzuwirken.[372] Auch § 48 I S. 1 BörsG regelt eine strikte Trennung von Zulassung und Organisation des Freiverkehrs. Während die Börse nur zur Entscheidung über das „Ob" der Freiverkehrsveranstaltung berufen ist, soll es anschließend vor allem Aufgabe des Freiverkehrsträgers sein, das „Wie" der Organisation zu regeln. Vereinzelte Eingriffskompetenzen wurden früher mit der Anbindung des Freiverkehrs an die Börse und der Gefahr begründet, dass sich Missstände im Freiverkehr auch auf den Börsenhandel auswirken könnten, begründet.[373] Dieser Begründung bedarf es heute wegen der Regelung in § 48 III S. 2 BörsG nicht mehr. Betrachtet man deren Wortlaut, wird man kaum bestreiten können, dass jedenfalls die den Börsenorganen durch das Börsengesetz in

370 In der Praxis hat sich damit für den Freiverkehr jedoch nichts geändert, da auch vorher schon von den Freiverkehrsveranstaltern in den Geschäftsbedingungen bzw. Handelsrichtlinien hinsichtlich des Handelsablaufs regelmäßig eine entsprechende Anwendung der börslichen Vorschriften bestimmt wurde (vgl. § 21 FV-AGB FWB vom 1.10.2008).

371 Hofmann, Der Skontroführer an deutschen Wertpapierbörsen, S. 610.

372 Schwark, in: Schwark, KMRK, § 57 BörsG Rdnr. 6.

373 Kümpel, Bank- und Kapitalmarktrecht, Rdnr. 17.624.

Bezug auf den Börsenhandel eingeräumten Eingriffsbefugnisse nunmehr grundsätzlich auch im Bereich des Freiverkehrs zum Tragen kommen.

a) Börsengeschäftsführung (§ 15 BörsG)

aa) Kompetenzen in Bezug auf den Freiverkehrshandel

Abgesehen von ihren Kompetenzen im Rahmen des Freiverkehrszulassungsverfahrens hat die Börsengeschäftsführung im Anschluss hieran die vorstehend angedeuteten Eingriffsbefugnisse. So kann sie bei Unregelmäßigkeiten im Freiverkehrshandel die Preisfeststellung aussetzen, einstellen oder den Handel in einzelnen Wertpapieren vollständig untersagen (vgl. § 3 I FV-HO FWB i. V. m. § 57 BörsO FWB). Ferner ergibt sich aus ihrer allgemeinen Börsenleitungsfunktion abgeleitet eine Verpflichtung, bei gravierenden Missständen im Freiverkehrshandel, die geeignet sind, das Ansehen der Institution Börse zu beschädigen, Maßnahmen zu ergreifen, die erforderlich sind, um Schäden von der Börse abzuwenden.[374] Als Ultima Ratio ist auch der Entzug der Freiverkehrs-Zulassung denkbar. Da es sich bei dieser Zulassung um einen Dauerverwaltungsakt handelt, kann die Börse entsprechend verfahren, wenn die Voraussetzungen für eine Rücknahme bzw. einen Widerruf gemäß §§ 48 ff. VwVfG vorliegen.[375]

Weitergehende Kompetenzen, die es der Börsengeschäftsführung erlauben würden, auch in gestalterischer Weise auf die Freiverkehrsorganisation einzuwirken, sind hingegen nicht anzuerkennen. Wie bereits erörtert hält der Gesetzgeber an der grundsätzlich privatrechtlich organisierten Struktur des Freiverkehrs fest. Hiernach unterliegen die Leitung und die Regulierung des Freiverkehrs grundsätzlich allein der freien unternehmerischen Gestaltung des Freiverkehrsveranstalters.

bb) Regelmäßige Überprüfung der Freiverkehrs-Geschäftsbedingungen

Ferner stellt sich, was die Billigung der Geschäftsbedingung durch die Börsengeschäftsführung anbelangt, die Frage, ob die Geschäftsführung auch bei nachträglichen Änderungen dieser Bedingungen zur erneuten Billigung des Regelwerks berufen ist – und in der Konsequenz damit berechtigt ist, Neuregelungen abzulehnen – oder ob sie bei Veränderungen der Marktverhältnisse eine Neuges-

374 Lenenbach, Kapitalmarkt- und Börsenrecht, Rdnr. 3.59; Bröcker, in: Claussen, Bank- und Kapitalmarktrecht, § 6 Rdnr. 36.

375 Kümpel, Bank- und Kapitalmarktrecht, Rdnr. 17.625; Lenenbach, Kapitalmarkt und Börsenrecht, Rdnr. 3.59.

taltung der Geschäftsbedingungen vom Freiverkehrsveranstalter einfordern kann. Eine klare Regelung zu diesen Fragen ist dem Wortlaut von § 48 I BörsG nicht zu entnehmen. Danach findet eine Billigung der Geschäftsbedingungen auf den ersten Blick nur im Zulassungsverfahren statt.

Gewichtet man jedoch, dass § 48 I BörsG die Zulassung des Freiverkehrs im Wesentlichen unter der einen Bedingung gestattet, dass „durch die Geschäftsbedingungen eine ordnungsgemäße Durchführung des Handels und der Geschäftsabwicklung gewährleistet erscheint", spricht viel dafür, dass diese Bedingung auch dauerhaft gewährleistet sein muss. Wollte man der Geschäftsführung eine entsprechende Prüfungskompetenz verwehren, könnte der Freiverkehrsträger unmittelbar nach der Zulassungsentscheidung Änderungen am Freiverkehrsregelwerk vornehmen, mit der Folge, dass das Regelwerk einen Inhalt besäße, dem die Geschäftsführung so nicht zugestimmt hätte. Das Freiverkehrszulassungsverfahren würde unter solchen Umständen erheblich entwertet werden.

Sind erhebliche Mängel in der Freiverkehrsorganisation festzustellen, muss die Geschäftsführung in der Lage sein darauf hinzuwirken, dass der Freiverkehrsträger die entsprechenden Klauseln in den Geschäftsbedingungen in der Art und Weise ändert, dass diese wieder eine ordnungsgemäße Freiverkehrsorganisation gewährleisten.[376] Wenn der Börsengeschäftsführung schon die Kompetenz zusteht, der Freiverkehrsveranstaltung unter bestimmten Voraussetzungen die Zulassung zu entziehen, so müssen ihr entsprechend dem Grundsatz der Verhältnismäßigkeit auch mildere Mittel zugestanden werden. Ein solches milderes Mittel stellt die Anordnung der Geschäftsführung dar, Änderungen an den Geschäftsbedingungen vorzunehmen oder geplante Änderungen zu unterlassen, wenn solche Änderungen zur Gefährdung der Ordnungsmäßigkeit des Handels und der Geschäftsabwicklung führen würden. Um der Geschäftsführung diese Prüfung zu ermöglichen, sind Änderungen der Geschäftsbedingungen vorab der Börsengeschäftsführung zur (Billigungs-)Prüfung vorzulegen.

Die Geschäftsführung hat freilich jedoch vor, während oder nach diesem Prüfungsverfahren kein irgendwie geartetes Recht, konkret auf den Inhalt der einzelnen Geschäftsbedingungen Einfluss zu nehmen. Sie kann lediglich in allgemeiner Form rügen, dass die Geschäftsbedingungen aus bestimmten Gründen keine ordnungsgemäße Freiverkehrsorganisation gewährleisten und daher änderungsbedürftig sind. Anschließend ist es allein Aufgabe des Freiverkehrsveranstalters, das Regelwerk so anzupassen, dass die börsengesetzlichen Vorgaben erreicht bzw. wiederhergestellt werden.

376 Vgl. die entsprechende Vorgabe für Wertpapierdienstleistungsunternehmen in Art. 16 MiFID.

cc) Kompetenzzuweisung in den Teilbereichen

Der Teilbereich M:access der Börse München wird ausweislich des einschlägigen Teilbereichsregelwerks von der Börsengeschäftsführung der Börse München organisiert. Die Leitung des Handelssegments, die Einbeziehung der Wertpapiere und sämtliche sonstigen Entscheidungen obliegen ausschließlich ihrer Zuständigkeit. Fraglich ist, ob dies rechtlich zulässig ist. Der Wortlaut des § 48 I S. 1 BörsG lässt hieran zunächst Zweifel aufkeimen. Danach ist – mit Ausnahme der Regelungen in der Handelsordnung – ausschließlich der Freiverkehrsträger zur Organisation des Freiverkehrs berufen. Damit ist allerdings nicht ausgeschlossen, dass der Freiverkehrsträger seine Kompetenz auf einen Dritten überträgt, sei es auch ein Organ der Börsenanstalt. Hiergegen bestehen keine grundsätzlichen Bedenken.

Die Zuständigkeit der Börsengeschäftsführung kann hier aber nur eine abgeleitete Kompetenz sein mit der Folge, dass ihr hier nicht mehr Kompetenzen zustehen können, als sie auch dem Freiverkehrsträger gesetzlich zustehen. Der Börsengeschäftsführung kommen daher, sofern sie im privatrechtlich organisierten Freiverkehr organisatorisch tätig wird, keine hoheitlichen Kompetenzen zu. Die genannten Teilbereiche werden hierdurch auch nicht zu börslichen Handelssegmenten im engeren Sinne, selbst dann, wenn sich auch Unternehmen aus dem regulierten Markt hier notieren lassen können. Solche Handelssegmente sind reine Freiverkehrssegmente. Das ergibt sich unter anderem aus § 42 BörsG, der es den Börsen lediglich gestattet, solche Teilbereiche zu installieren, die zusätzliche und damit erhöhte Zulassungsvoraussetzungen und -folgepflichten statuieren. Ihnen ist es hingegen nicht gestattet, Teilbereiche mit einem im Vergleich zum regulierten Markt niedrigeren Niveau einzurichten. Damit sind sie insofern auf ein Engagement im Freiverkehr angewiesen, was wie vorstehend beschrieben jedoch zur Konsequenz hat, dass sie sich aus dem Bereich, in dem sie gemäß der Zuweisungen des Börsengesetzes hoheitlich tätig werden können, herausbegeben. Börsen können statt eines Freiverkehrs auch ein MTF installieren, bei dem sie aber in gleicher Weise auf jegliche hoheitliche Kompetenz verzichten müssen.

Ob diese Tatsache der Börse München bewusst ist, erscheint fraglich. Die Regelung in § 15 S. 2 Regelwerk M:access beispielsweise, in der sich die Börsengeschäftsführung ein einseitiges Änderungsrecht ohne jede Einschränkung oder Konkretisierung vorbehält, ist wegen Verstoßes gegen § 307 I BGB unwirksam (dazu ausführlich unten Kapitel 3, IV. 5.). Daran vermag auch die Tatsache nichts zu ändern, dass das Regelwerk in diesem Fall von der Börsengeschäftsführung aufgestellt wird.

b) Handelsüberwachungsstelle (§ 7 BörsG)

Aufgabe der Handelsüberwachungsstelle ist es, die Einhaltung der formellen und materiellen börsenrechtlichen Vorschriften für den Börsenhandel, insbesondere die Ordnungsmäßigkeit der Kursfeststellung durch die Skontroführer,[377] und die Börsengeschäftsabwicklung zu überwachen und Verstöße zu ermitteln (§ 7 I S. 1 BörsG).[378] Zu diesem Zweck werden von ihr – soweit möglich – sämtliche Daten des an der Börse stattfindenden Handels systematisch erfasst und ausgewertet (§ 7 I S. 2 BörsG).[379] Der Handelsüberwachungsstelle obliegt im öffentlich-rechtlichen Börsenhandel eine Primärzuständigkeit, die sich direkt aus § 7 I S. 1 BörsG ableiten lässt.[380] Daneben stehen der Börsenaufsichtsbehörde weitgehende Einwirkungskompetenzen zu. Sie kann in Bezug auf die Einrichtung und den Betrieb der Handelsüberwachungsstelle Weisungen erteilen und einzelne Ermittlungen übernehmen (§ 7 I S. 1 und 3 BörsG).

Der Kompetenzbereich der Handelsüberwachungsstelle in ihrer Funktion als Organ der Börse war ursprünglich auf den eigentlichen Börsenhandel begrenzt. Vor dem Inkrafttreten des FRUG wurde die Auffassung vertreten, der Handelsüberwachungsstelle stünden im Bereich des Freiverkehrs keinerlei Kompetenzen zu, da sich Derartiges aus dem Börsengesetz nicht ableiten ließe.[381] Weil jedoch auch im Freiverkehr ein ordnungsgemäßer Handel gewährleistet sein muss, wird dort in der Praxis seit geraumer Zeit ebenfalls eine inhaltlich entsprechende Überwachung vonseiten der Handelsüberwachungsstelle durchgeführt. Diese Tätigkeit der Handelsüberwachungsstelle im Freiverkehr wurde mit dem Argument gerechtfertigt, dass die im Freiverkehr ermittelten Preise Börsenpreise im Sinne von § 24 BörsG sind.[382] Ferner verwies man auf die Handelspraxis. Da dort grundsätzlich nicht danach unterschieden werde, ob ein Wertpapier im regulierten Markt oder im Freiverkehr notiere, vielmehr Freiverkehrswerte in gleicher Weise über Xetra und im Präsenzhandel mit Unterstützung von Xontro gehandelt würden, biete sich eine Überwachung durch die gleiche Stelle an.

---

377 Im Blickpunkt steht hier vor allem die Kontrolle darüber, dass die Skontroführer ihre Tätigkeit neutral ausüben und ihre Eigen- und Aufgabegeschäfte nicht tendenzverstärkend wirken.

378 Vgl. dazu Näheres in der Regierungsbegründung zum 2. FMFG, BT-Drucksache 12/6679, S. 33, 60.

379 Beck, in: Schwark/Zimmer, KMRK, § 7 BörsG Rdnr. 13.

380 Beck, in: Schwark/Zimmer, KMRK, § 7 BörsG Rdnr. 1; Groß, Kapitalmarktrecht, § 7 BörsG Rdnr. 9.

381 Historisch ist dies eine ureigene Aufgabe des Freiverkehrsausschusses gewesen, dessen Aufgaben heute an den meisten Börsen der Freiverkehrsträger übernimmt, vgl. Franke, in: Assmann/Schütze, Handbuch des Kapitalanlagerechts in der 1. Aufl., § 2 Rdnr. 39.

382 Schwark, in: Schwark/Zimmer, KMRK, § 48 BörsG Rdnr. 11.

Durfte man vor dem FRUG diese Frage noch kontrovers diskutieren, wird man heute wegen der Regelung in § 48 III S. 2 BörsG die Zuständigkeit der Handelsüberwachungsstelle für den Handel im Freiverkehr nicht mehr ernstlich bestreiten können. Schließlich ist sie im Gegensatz zu anderen Organen der Börse nicht mit hoheitlichen Eingriffs-, Anordnungs- oder Sanktionskompetenzen ausgestattet.[383] Ihre Aufgabe beschränkt sich auf die Ermittlung von Missständen im Wertpapierhandel an der Börse (§ 7 V S. 1 BörsG), die sie sodann anderen Behörden (Börsengeschäftsführung, Börsenaufsichtsbehörde oder BaFin) meldet.[384] Weil die Gewährleistung eines ordnungsgemäßen Handels im Freiverkehr eine Überwachung des Handels in vergleichbarer Weise erfordert, wie sie im regulierten Markt erfolgt, und dies am effektivsten von der Handelsüberwachungsstelle bewältigt werden kann, bestehen keine Bedenken gegen eine Tätigkeit dieses Börsenorgans im Bereich des Freiverkehrs.[385]

c) Sanktionsausschuss (§ 22 BörsG)

Der Sanktionsausschuss, der wie die Handelsüberwachungsstelle Organ der Börse ist und dessen Tätigkeit ebenfalls gemäß § 3 I S. 2 BörsG der allgemeinen Börsenaufsicht unterliegt,[386] hat die Aufgabe, durch zeitnahe Sanktionierung börsenrechtlichen Fehlverhaltens die Regelkonformität des Wertpapierhandels an der Börse zu gewährleisten.[387] Sowohl Handelsteilnehmer (§ 22 II S. 1 BörsG) als auch Emittenten (§ 22 II S. 2 BörsG – in Bezug auf die Einhaltung der Zulassungsfolgepflichten) können von ihm mit Sanktionsmaßnahmen belegt werden.[388] Tätig wird er, sobald die Börsengeschäftsführung oder die Börsenaufsichtsbehörde das Sanktionsverfahren einleiten.[389]

Eine effektive Überwachung der Skontroführer, also der Handelsteilnehmer, die im Präsenzhandel einer Börse sowohl im regulierten Markt als auch im Freiverkehr für die Feststellung der Börsenpreise zuständig sind, ist für einen ord-

383 Damit die Handelsüberwachungsstelle Rechtsverstöße effektiver ermitteln kann, stehen ihr nach § 7 III BörsG vereinzelte Rechte der Börsenaufsichtsbehörde zu, z. B. das Recht, Unterlagen und Auskünfte zu verlangen.

384 Groß, Kapitalmarktrecht, § 7 BörsG Rdnr. 6.

385 BR-Drucksache 703/08, S. 2.

386 Beck, in: Schwark/Zimmer, KMRK, § 22 BörsG Rdnr. 2.

387 BT-Drucksache 12/6679, S. 68; Müller, Der Konzern 2008, 263, 264.

388 Die hessische Landesregierung hatte auf Grundlage von § 20 I BörsG 2002 am 19.8.2003 eine Sanktionsausschussverordnung erlassen, die Einzelheiten zur Organisation des Gremiums und zu den Verfahrensabläufen regelt. Mittlerweile ist diese Ordnung durch die hessische Börsenverordnung abgelöst worden.

389 Vgl. für Hessen § 25 hessische Börsenverordnung.

nungsgemäßen Börsenhandel von besonderer Bedeutung. Preismanipulationen oder bewusste Orderausführungsverzögerungen, die nicht konsequent sanktioniert werden, können einem Börsenstandort nachhaltig Schaden zufügen. Solche Schäden kann man am effektivsten abwehren, wenn ein Fehlverhalten zeitnah sanktioniert wird. Dies ist durch die Einrichtung des Sanktionsausschusses gewährleistet, der zur Vornahme der in § 22 II BörsG aufgelisteten Maßnahmen befugt ist.

Dem Adressaten einer solchen Sanktionsmaßnahme steht gemäß § 22 III BörsG der Verwaltungsrechtsweg offen. Von dieser Möglichkeit wird regelmäßig Gebrauch gemacht, insbesondere auch bezüglich solcher Wertpapiere, die im Freiverkehr notiert sind. Die Verwaltungsgerichte hatten sich mehrfach mit der Frage auseinanderzusetzen, ob dem Sanktionsausschuss auch im Bereich des Freiverkehrs Sanktionsbefugnisse zustehen. Die Beantwortung dieser Frage hing davon ab, ob die Handelsrichtlinien / Geschäftsbedingungen im Freiverkehr als börsenrechtliche Vorschriften im Sinne von § 22 II S. 1 BörsG 2007 klassifiziert werden können.

Das *Verwaltungsgericht Frankfurt a. M.*[390] bejahte diese Frage mit Urteil vom 28.10.2002. Anknüpfungspunkt sei, sofern es sich um eine Pflichtverletzung eines Handelsteilnehmers handele, § 19 BörsG. Danach benötigt jeder Handelsteilnehmer für die Teilnahme am Börsenhandel eine Zulassung durch die Börsengeschäftsführung. Weil diese Zulassung zum Handel im regulierten Markt nach den an den deutschen Börsen geltenden Freiverkehrsregelwerken das allein maßgebliche Kriterium dafür sei, ob der Handelsteilnehmer insbesondere auch als Skontroführer am Handel im Freiverkehr partizipieren dürfe, seien diese Marktteilnehmer auch im privatrechtlich organisierten Freiverkehr als Handelsteilnehmer im Sinne von § 19 BörsG tätig und unterlägen daher aufgrund des hierdurch begründeten öffentlich-rechtlichen Rechtsverhältnisses auch beim Handeln im Freiverkehr der Sanktionsbefugnis des Sanktionsausschusses.[391] Darüber hinaus stellte das Gericht fest, die Richtlinien für den Freiverkehr (heute Geschäftsbedingungen) seien ungeachtet ihres privatrechtlichen Charakters als börsenrechtliche Vorschriften anzusehen, weil sich aus einer Gesamtbetrachtung der börsengesetzlichen Regelungen ergebe, dass der Gesetzgeber dem ordnungsgemäßen Handel eine herausragende Bedeutung beigemessen habe, dem man nur gerecht werden könne, wenn auch die Verletzung des Freiverkehrsregelwerks vom Sanktionsausschuss mit Sanktionen belegt werden könne.

390 Aktenzeichen 9 E 551/02 (2), abgedruckt in ZIP 2003, 528, 528.

391 VG Frankfurt am Main, ZIP 2003, 528.

Dieser Auffassung der 9. Kammer vermochte sich die 1. Kammer des *Verwaltungsgerichts Frankfurt a. M.*[392] nicht anzuschließen. Mit Urteil vom 19.6.2008 stellte das Gericht fest, dass nur öffentlich-rechtliche Regelwerke mit Gesetzeswirkung (Gesetze, Rechtsverordnungen, Satzungen) sowie Richtlinien und Verwaltungsvorschriften der Börsenorgane[393] unter den Begriff der börsenrechtlichen Vorschriften im Sinne von § 22 II S. 1 BörsG subsumiert werden können, nicht aber Geschäftsbedingungen eines privaten Unternehmens. Solche auf vertraglicher Basis konzipierten Vereinbarungen („Regelwerke") seien keine börsenrechtlichen Vorschriften, weil ein solches Rechtsverständnis dem aus dem Willkürverbot des Art. 3 I GG abgeleiteten Grundsatz der Systemgerechtigkeit zuwiderlaufe, der die „Folgerichtigkeit gesetzlicher Wertungen verlange".[394] Es stelle insofern einen Systembruch dar, die Verletzung privatrechtlicher Verträge mit hoheitlichen Sanktionen zu ahnden.[395] Weil eine solche Durchbrechung des Systems nicht plausibel gerechtfertigt werden könne, sei man hier auf das Instrument der Vertragsstrafe verwiesen, mit dem nach Auffassung des Gerichts brauchbare Ergebnisse erzielt werden könnten.

Der Auffassung der Kammer, es sei dem deutschen Recht wesensfremd, die Verletzung von Pflichten, die durch privatrechtliche Verträge begründet werden, mit den Mitteln des öffentlichen Rechts zu sanktionieren, ist zuzustimmen. Jedoch wurde die Auffassung, man könne mit Vertragsstrafenregelungen einen ordnungsgemäßen Handel in adäquater Weise gewährleisten, von der Legislative nicht geteilt. Über den Bundesrat wurde umgehend nach Veröffentlichung der vorgenannten Entscheidung eine Börsengesetzänderung initiiert, die am Ende zur Einführung der „Handelsordnung für den Freiverkehr" führte. In der Gesetzesbegründung zu Art. 3a des Gesetzes zur Fortentwicklung des Pfandbriefrechts ist zu lesen, es sei zur Gewährleistung eines ordnungsgemäßen Handels im Freiverkehr unerlässlich, etwaige Verletzungen der Handelsbestimmungen sofort zu sanktionieren.[396] Wäre der Freiverkehrsträger hingegen genötigt, auf zivilgerichtlichem Wege auf Vertragserfüllung zu klagen, sei aufgrund der damit verbundenen erheblichen zeitlichen Verzögerung ein ordnungsgemäßer Handel nicht mehr gewährleistet. Insbesondere weil Freiverkehrspreise Börsenpreise sind – ein Qualitätsmerkmal, das sich durch seine Regelgerechtheit und Überwachtheit auszeichne –, sei eine folgenlose Hinnahme nicht regelkonformen

392 VG Frankfurt am Main, Aktenzeichen 1 E 2583/07 (2).

393 So der hessische VGH, Aktenzeichen 6 UE 142/07.

394 Kischel, in Beck'scher Onlinekommentar, GG, Art 3 Rdnr. 87 m.w.N..

395 VG Frankfurt am Main, Aktenzeichen, 1 E 2583/07 (2), S. 18.

396 Bericht des Finanzausschusses, BT-Drucksache 16/11929, S. 9.

Verhaltens mit den Wertungen des Börsengesetzes nicht in Einklang zu bringen.[397]

Wird die börsengesetzlich vorgesehene Funktion der Freiverkehrsregelwerke – Sicherung des ordnungsgemäßen Handels als einzig echte Bedingung an die Zulassung eines Freiverkehrs – durch die bestehenden Bestimmungen nicht entsprechend erfüllt, ist die Börsenaufsichtsbehörde gemäß § 48 II BörsG verpflichtet, den Handel im Freiverkehr zu untersagen. Ferner hat die Börsengeschäftsführung zu prüfen, ob unter Umständen der Widerruf der Zulassung zu veranlassen ist. Diese eher theoretischen Szenarien bewogen den Gesetzgeber dazu, tätig zu werden. Zunächst war lediglich angedacht, in § 22 II S. 2 BörsG die Feststellung einzufügen, dass auch die Geschäftsbedingungen des Freiverkehrs börsenrechtliche Vorschriften im Sinne dieser Norm sind.[398] Man beabsichtigte damit, den Sanktionsausschuss als öffentlich-rechtliches Organ der Börse zu befähigen, vertragliche Pflichtverletzungen der am Freiverkehrshandel beteiligten Personen zu sanktionieren. Da es einer straf- bzw. disziplinarrechtlichen Bestimmung, die einem Organ des öffentlichen Rechts Sanktionskompetenz für die Verletzung vertraglich begründeter Pflichten verleiht, an dem aus Art. 103 II GG abgeleiteten Bestimmtheitserfordernis mangelt, hätten jedoch verfassungsrechtliche Bedenken im Raum gestanden. Da sich der Gesetzgeber schließlich für einen anderen Weg entschieden hat, erübrigt sich eine eingehende Erörterung dieser Problematik.

Mit der Neuregelung hat der Gesetzgeber die bestehende Unklarheit beseitigt. Der Freiverkehr wird nunmehr auf Basis zweier Regelwerke organisiert. Die zivilrechtlichen Geschäftsbedingungen enthalten Regelungen betreffend der Teilnahme am Handel und der Einbeziehung von Wertpapieren. In diesem Kontext kommt dem Sanktionsausschuss keinerlei Sanktionskompetenz zu. Neben den Geschäftsbedingungen regelt die Handelsordnung die Fragen rund um den Handel im Freiverkehr. In der Praxis hat sich hier die Gewohnheit herausgebildet, weitgehend auf die Vorschriften des regulierten Marktes zu verweisen. Das hat zur Folge, dass die Qualität der Preisfeststellung nachhaltig gesichert ist. Die Handelsordnung für den Freiverkehr wird vom Börsenrat als Satzung erlassen (§ 48 I S. 1 BörsG). Als materielles Recht der Börsenselbstverwaltung stellen die darin enthaltenen Vorschriften börsenrechtliche Bestimmungen im Sinne von § 22 II S. 1 BörsG dar, deren Verletzung durch den Sanktionsausschuss mit Sanktionsmaßnahmen belegt werden kann.

397 Stellungnahme des Bundesrates, BR-Drucksache 703/08, S. 2.

398 Stellungnahme des Bundesrates zum Entwurf eines Gesetzes zur Fortentwicklung des Pfandbriefrechts, BR-Drucksache 703/08, S. 1.

d) Börsenrat (§ 12 BörsG)

Vor der Einführung der Handelsordnung ging man ganz überwiegend davon aus, dass die Börsenregelwerke der Börsenordnung und der Börsenusancen[399] ausschließlich für den Börsenhandel konzipiert seien und daher im Freiverkehr keine Anwendung fänden.[400] Um gleichwohl einige Bestimmungen dieser Regelwerke für den Freiverkehr nutzbar zu machen, hielten die Freiverkehrsveranstalter in ihren Freiverkehrsrichtlinien üblicherweise Regelungen vor, die eine entsprechende Anwendung solcher Bestimmungen im Freiverkehr vorsahen.[401] Diese betrafen vor allem die Regelungskomplexe des Handels und der Geschäftsabwicklung, eine Materie, für die die Freiverkehrsveranstalter aufgrund der engen Verbindung zur Börse keinen Bedarf sahen, eine von den Bestimmungen des regulierten Marktes abweichende Regulierung vorzunehmen.[402]

Der Freiverkehrshandel wird nunmehr seit Inkrafttreten des Gesetzes zur Fortentwicklung des Pfandbriefrechts ausschließlich durch die Handelsordnung geregelt, die vom Börsenrat als Satzung erlassen wird (§ 12 II S. 1 Nr. 1 BörsG). Die Handelsordnungen verweisen dabei üblicherweise im Wesentlichen auf die jeweiligen Bestimmungen in der Börsenordnung oder den Börsenusancen, so wie dies zuvor durch entsprechende Regelungen in den Freiverkehrsrichtlinien bzw. Geschäftsbedingungen geschah.[403]

Neben der bereits unter I 1. lit. b) dieses Kapitels erörterten Befugnis des Börsenrates zum Erlass der Handelsordnung bleibt an dieser Stelle noch die Frage zu erörtern, ob der Börsenrat im Rahmen seiner Kompetenz zum Erlass der Börsenordnung befugt ist, an den Freiverkehrsträger adressierte Vorgaben für die Organisation des Freiverkehrs zu machen. Die Börsenordnungen sämtlicher deutscher Börsen enthalten mindestens eine Norm, die sich mit dem Frei-

399 Die Börsenusancen sind „Geschäftsbedingungen“ für Geschäftsabschlüsse im regulierten Markt, die vom Börsenrat gemäß § 12 II S. 1 Nr. 1 BörsG seit dem FRUG als Satzung erlassen werden (kritisch hierzu Hammen, WM 2007, 1297 ff.).

400 Vgl. § 1 der Bedingungen für Geschäfte an der Frankfurter Wertpapierbörse.

401 § 21 FV-AGB FWB vom 15.4.2009 lautete:
„Für den Handel und die Geschäftsabwicklung von Wertpapieren im Open Market und im Entry Standard, die Entscheidung über die Art der Preisermittlung sowie für die Preisfeststellung in diesen Wertpapieren einschließlich deren Beaufsichtigung gelten die Regelungen des regulierten Marktes sinngemäß, soweit nicht Besonderheiten gemäß diesen AGB zu beachten sind. Als Geschäftstage der DBAG gemäß diesen AGB gelten die von der Geschäftsführung der FWB festgelegten Börsentage.“

402 Kümpel, in: Kümpel/Hammen/Ekkenga, KMR, Loseblatt, Stand 5/04, Kz. 050 Rdnr. 244.

403 Vgl. die §§ 2, 3 I FV-HO FWB den Handel betreffend und § 3 II FV-HO FWB die Geschäftsabwicklung betreffend.

verkehr auseinandersetzt. Üblicherweise wird darin jedoch im Wesentlichen der Wortlaut des § 48 BörsG wiederholt.

Bevor der Gesetzgeber mit dem FRUG die Trägerschaft des Freiverkehrs ausschließlich auf den Börsenträger übertrug, war es üblich, in der Börsenordnung eine Regelung vorzusehen, die es der Börsengeschäftsführung gestattete, Nachbesserung bezüglich der Freiverkehrsorganisation zu verlangen.[404] Diesbezüglich konnte man geteilter Auffassung darüber sein, ob eine solche Bestimmung eine Kompetenzüberschreitung darstellt, da sich die dem Börsenrat durch das Börsengesetz zugewiesenen Kompetenzen grundsätzlich nur auf den öffentlich-rechtlichen Börsenhandel beziehen. Nun, da der Freiverkehr zwingend durch den Börsenträger zu veranstalten ist und die Regulierung des Handels ohnehin von der Börse bestimmt wird, kommt dieser Frage keine Bedeutung mehr zu. Die Börsen verzichten mittlerweile auf eine derartige Regelung, weil man davon ausgeht, dass mit dem Börsenträger als Freiverkehrsveranstalter keine unterschiedlichen Auffassungen mehr hinsichtlich einer funktionsfähigen Marktorganisation bestehen werden.[405]

Im Übrigen gilt nach wie vor der Grundsatz: „Nicht die Börse, sondern der Träger reguliert den Freiverkehr."[406] Der Börsenrat kann dem Freiverkehrsträger außer in den gesetzlich gesondert ausgewiesenen Fällen keine Organisationsvorgaben in der Börsenordnung unterbreiten, weil das Börsengesetz ihm insoweit keine Kompetenzen zuweist. In der Börsenordnung darf er lediglich eigene Angelegenheiten der Börse regulieren (Selbstverwaltung).

3. Handelsordnung für den Freiverkehr

Mit der Kompetenzzuweisung bezüglich des Erlasses der Handelsordnung für den Freiverkehr hat nun auch der Börsenrat eine Aufgabe bei der Organisation des Freiverkehrs erhalten. Mit dieser letzten Änderung im Bereich der Freiverkehrsorganisation sind nunmehr alle Börsenorgane mit einer Aufgabe im Bereich des Freiverkehrs betraut, was wie zu Beginn dieser Abhandlung aufgezeigt in den Anfängen des Freiverkehrs schlicht undenkbar war.

404 § 66 II S. 2 BörsO FWB vom 2.9.2002 lautete: „Die Geschäftsführung kann verlangen, dass darin Bestimmungen über die ordnungsgemäße Durchführung des Handels einschließlich der Voraussetzungen für die Einführung von Wertpapieren in den Freiverkehr sowie über die ordnungsgemäße Feststellung von Börsenpreisen, deren Veröffentlichung und über die Geschäftsabwicklung enthalten sind."

405 Vgl. § 116 BörsO FWB.

406 BT-Drucksache 12/6679, 76.

Heute prüft die Börsengeschäftsführung das Freiverkehrsregelwerk und lässt den Freiverkehr – soweit keine Beanstandungen vorliegen – zu. Der Sanktionsausschuss ahndet Regelverstöße der Handelsteilnehmer gegen die Handelsordnung, die vom Börsenrat erlassen wird und in weiten Teilen auf die Bestimmungen der Börsenordnung verweist. Letztlich agiert auch die Handelsüberwachungsstelle im Freiverkehr, ohne dabei in rechtspraktisch erkennbarer Weise zwischen Freiverkehrshandel und Börsenhandel zu unterscheiden.

a) Rechtsform der Handelsordnung

Die Handelsordnung wird gemäß § 12 II S. 1 Nr. 1 BörsG als öffentlich-rechtliche Satzung erlassen. Eine Satzung als Regelwerk im bislang nach allgemeiner Ansicht als rein privatrechtlich organisiert eingestuften Freiverkehr wirkt bereits auf den ersten Blick als Fremdkörper. Den Freiverkehrshandel mittels einer als Satzung verfassten Handelsordnung, erlassen durch ein Börsenorgan, zu regulieren, stößt zudem auch in rechtsdogmatischer Hinsicht auf erhebliche Bedenken.

Zum allein zulässigen Inhalt und zur Frage der Notwendigkeit der Handelsordnung wurde bereits oben unter I 1. lit. b) dieses Kapitels Stellung bezogen. Zur Vervollständigung dieser Ausführungen ist abschließend noch die Frage zu erörtern, ob der Gesetzgeber mit der Wahl der Rechtsform ei.ööner öffentlich-rechtlichen Satzung die Grenzen des Satzungsrechts überschritten hat.

b) Schranken des Satzungsrechts

Satzungen werden grundsätzlich definiert als „i. d. R. abstrakte und generelle in bestimmter Weise hoheitlich einseitig erlassene materielle Rechtsnormen eigenständiger, dem Staate eingeordneter Verbände, insbesondere der funktionalen Selbstverwaltung, zur Regelung ihrer eigenen Angelegenheiten im Rahmen der ihnen verliehenen Autonomie mit Wirksamkeit für die ihnen angehörenden und unterworfenen Personen.“[407] Mit der Verleihung von Satzungskompetenz mittels formalgesetzlicher Ermächtigung wird verselbstständigten Trägern öffentlicher Verwaltung (öffentlich-rechtliche Körperschaften) in einem bestimmten auf ihre eigenen Angelegenheiten begrenzten Bereich Normsetzungsbefugnis eingeräumt.[408] Grundlage ist das Selbstverwaltungsprinzip, das die Regelung eigener Angelegenheiten durch demokratisch legitimierte Organe vorsieht.[409] Das Sat-

---

407 Wolff/Bachof/Stober/Kluth, Verwaltungsrecht. I, § 25 Rdnr. 57.

408 Maunz, in: Maunz/Dürig, GG, Art. 80 Rdnr. 47; Schoch, NVwZ 1990, 801, 802; Wolff/Bachof/Stober/Kluth, Verwaltungsrecht. I, § 25 Rdnr. 60; Damrau, Selbstregulierung im Kapitalmarktrecht, S. 333.

409 Maurer, Allgemeines Verwaltungsrecht, § 4 Rdnr. 16.

zungsrecht unterliegt damit – wie sich aus der vorstehenden Definition ergibt – gewissen Grenzen. Grundsätzlich ist die Satzungskompetenz *sachlich* auf den jeweiligen gesetzlich bestimmten Aufgaben- und Zuständigkeitsbereich der juristischen Person des öffentlichen Rechts begrenzt und *personell* auf dessen Mitglieder bzw. Nutzer beschränkt.

Der Börsenrat als solcher ist Organ der Börsenanstalt, die ihrerseits gemäß den vorstehenden Grundsätzen Inhaber von Satzungskompetenz ist. Problematisch erscheint aber, dass der Börsenrat in der Handelsordnung sachlich nicht die Angelegenheiten der Börse, also der Einrichtung regelt, deren Organ er ist, wie er dies etwa im Rahmen der ihm erteilten Ermächtigung zum Erlass der Börsenordnung unstreitig tut,[410] sondern die des Freiverkehrs, also die Rechtsbeziehungen zwischen dem Freiverkehrsträger, einem Dritten, und den Freiverkehrsnutzern.

Der Freiverkehr ist – so wurde es jedenfalls bislang in der Lehre einhellig vertreten – kein integrierter Bestandteil der Börse, sondern lediglich an diese angegliedert.[411] Der Freiverkehr ist nach bisherigem Rechtsverständnis keine Selbstverwaltungsangelegenheit der Börse, sondern privater Handel an der Börse, der von einem außerhalb der Börse stehenden Rechtsträger organisiert wird. Insofern verstößt es gegen allgemeine Prinzipien des Satzungsrechts, wenn der Börsenrat Angelegenheiten eines außerhalb der Börsenanstalt stehenden Rechtsträgers regelt.

Hier wird ganz zentral die bereits seit Langem im Raum stehende Frage bedeutsam, ob der Freiverkehr integrierter Bestandteil der Börse ist und damit eine „eigene Angelegenheit" der Börse darstellt. Dass bereits mit dem Inkrafttreten des FRUG hier erste Anzeichen eines neuen Rechtsverständnisses zu bemerken waren, weil mit diesem Gesetz die Anwendung weiter Teile des Börsengesetzes auf den Freiverkehr angeordnet wurde, ist bereits erläutert worden. Jedoch hielt selbst der Gesetzgeber in der Regierungsbegründung zum FRUG an der Auffassung fest, dass der Freiverkehr lediglich in die Infrastruktur der Börse integriert sei, seine Organisation aber privatrechtlich erfolge.[412] Die Einführung der Handelsordnung kann jedoch nur so interpretiert werden, dass der Gesetzgeber nunmehr davon ausgeht, der Freiverkehr sei auch rechtlich partiell als integraler Bestandteil der Börse zu begreifen. Anders wäre die Einstufung der Handelsordnung als Satzung nach der hier vertretenen Auffassung rechtsdogmatisch nicht zu rechtfertigen.

---

410 Kümpel/Hammen, Börsenrecht, S. 152.

411 Statt vieler Kümpel, Bank- und Kapitalmarktrecht, Rdnr. 17.620; Ledermann, in: Schäfer/Hamman, KMG, 2. Aufl. 1. Lfg. 01/2006, § 57 BörsG Rdnr. 5.

412 Bericht des Finanzausschusses zum FRUG, BT-Drucksache 16/4899, S. 15.

Begreift man den Freiverkehr jedoch als Bestandteil der Börse, könnte dies gewisse Nebenwirkungen hervorrufen, die der Gesetzgeber nach wie vor vermeiden will (z. B. die Anwendung der Vorschriften für Regulated Markets). Es wird versucht, die Vorteile der öffentlich-rechtlichen Börse auch im Freiverkehr nutzbar zu machen, zugleich aber nicht mit Begründungen gespart, um die Geschäftsbedingungen als privatrechtliches Regelwerk erscheinen zu lassen, um nicht in den Konflikt zu geraten, den Freiverkehr möglicherweise als staatlich reguliertes Handelssegment einstufen zu müssen. Wie jedoch bereits in Kapitel 2, I. aufgezeigt ist diese Sorge unbegründet, da sich die Definition des Regulated Market geändert hat und es nach den geltenden europäischen Richtlinien keine Rolle mehr spielt, ob das Handelssegment öffentlich-rechtlich reguliert wird oder nicht.

Zusammenfassend lässt sich damit feststellen, dass der Freiverkehr de lege lata mit Einführung der Handelsordnung zumindest partiell in die Börsenorganisation integriert worden ist.

III. Marktorganisation durch den Börsenträger

1. Ausschließliche Kompetenz

Als Betreiber eines Freiverkehrs kommt nach der Novellierung des Börsengesetzes durch das FRUG nur noch der Träger der Börse in Betracht (§ 48 I S. 1 BörsG). Damit ist der Freiverkehrsträger zwingend personenidentisch mit dem Börsenträger. In der Börsenpraxis ist diese Struktur bereits seit geraumer Zeit durchweg üblich. Blickt man hingegen etwas weiter in die Vergangenheit zurück, zeigt sich, dass dies früher eine vollkommen unübliche Konstruktion gewesen ist. Wie in Kapitel 1, I. aufgezeigt war die Regulierung des Freiverkehrs lange Zeit Sache des Freiverkehrsausschusses, der sich aus Vertretern der Handelsteilnehmer zusammensetzte. Insoweit regelten die Handelsteilnehmer ihre eigenen Angelegenheiten im Freiverkehr eigenständig und unabhängig von Dritten. Dieser Selbstregulierungsgedanke ist in der Freiverkehrsorganisation heutiger Prägung vollständig verlorengegangen.

Der Gesetzgeber hat mit der Neufassung des § 48 I S. 1 BörsG die Rechtslage lediglich der Rechtspraxis angepasst. Dies hat unter anderem zur Konsequenz, dass die Börsen nunmehr nicht mehr nach ihrem Belieben darüber befinden können, ob sie die Organisation des Freiverkehrs den Handelsteilnehmern, dem eigenen Träger oder gar einem Dritten übertragen.

Es stellt sich nun die Frage, warum sich der Gesetzgeber dazu veranlasst gesehen hat, den Börsen die Möglichkeit zu nehmen, die Trägerschaft des Freiverkehrs nach ihren Vorstellungen zu vergeben. Die Gesetzesmaterialien schweigen hierzu. Man kann davon ausgehen, dass der Gesetzgeber annahm, der Börsenträger sei am besten geeignet, den Freiverkehr in einer Weise zu betreiben, die den börslichen Handel optimal ergänzt. Die Gefahr, dass dies bei der Organisation durch Dritte nicht gewährleistet ist oder der regulierte Markt bei Missständen im Freiverkehr einen Imageschaden erleiden könnte, wurde damit im Keim erstickt.

Diese Kompetenzverkürzung zu Lasten der Börse bleibt allerdings nicht folgenlos. Denn die Möglichkeit, die Organisation des Freiverkehrs einem Dritten zu übertragen – auch wenn von ihr seit geraumer Zeit kein Gebrauch mehr gemacht wurde – eröffnete den Börsen ein gewisses Druckpotenzial gegenüber dem Freiverkehrsträger, das sie nutzen konnten, um diesen mit Nachdruck darauf hinzuweisen, auf eine fortschreitende Entwicklung des Freiverkehrs hinzuwirken, sofern – was freilich ebenfalls recht theoretisch klingt – Börse und Träger in der Frage der zukünftigen Entwicklung des Freiverkehrs nicht die gleiche Auffassung vertreten sollten. Dabei sei an dieser Stelle in Erinnerung gerufen, dass es tatsächlich schon Fälle gab, bei denen zwischen Börse und Träger gravierende Meinungsverschiedenheiten bestanden. Als Beispiel sei hier der Zwist zwischen dem Börsenrat der FWB und der Trägergesellschaft Deutsche Börse AG im Zusammenhang mit dem im Jahre 2000 geplanten Zusammenschluss der FWB mit der London Stock Exchange (LSE) genannt. Vereinfacht ausgedrückt ging es dabei inhaltlich um die Frage, ob die Deutsche Börse AG verpflichtet war, zur Durchführung dieses Vorhabens die Zustimmung des Börsenrates einzuholen.[413]

Dass die Interessen von Börse und Börsenträger nicht immer gleichgerichtet sind, wird auch vor dem Hintergrund deutlich, dass die Börse eine Anstalt des öffentlichen Rechts ist, deren Organe allein im öffentlichen Interesse handeln (vgl. etwa § 12 VI BörsG), während der Börsenträger meist ein gewinnorientiertes, gelegentlich selbst börsennotiertes Wirtschaftsunternehmen ist, dessen Vorstand oder Geschäftsführung auch die Interessen der Aktionäre bzw. Anteilseigner zu berücksichtigen haben. Die Börse hingegen hat keine „Eigentümer“, die ihre Interessen am wirtschaftlichen Fortkommen des Unternehmens durchsetzen wollen, sondern sie ist – wenngleich verselbstständigt – Bestandteil der öffentlichen Verwaltung. Während der Blick eines börsennotierten Börsenträgers auch auf Aspekte wie insbesondere die Steigerung des Umsatzes, Rentabilität oder auch die Erhöhung des eigenen Börsenwertes gerichtet ist, streben die Börse und vor allem die im Börsenrat vertretenen Handelsteilnehmer vorwiegend einen

---

413 Frankfurter Allgemeine Zeitung vom 12.9.2000 ; ausführlich dazu Hammen, ZBB 2001, 84 ff.

effektiven und kostengünstigen Handel an. Weil Börse und Börsenträger mithin nicht stets die gleichen Interessen verfolgen, sind Meinungsverschiedenheiten auch in Bezug auf die Freiverkehrsorganisation nicht ausgeschlossen.

Grundsätzlich ist zwar zuzugeben, dass der Börsenträger in der Regel am besten dafür geeignet ist, den Freiverkehr in einer Weise zu gestalten, die den Handel im regulierten Markt bestmöglich ergänzt. Dennoch bestand kein Grund, den Börsen die Kompetenz bezüglich der Vergabe des Freiverkehrs zu nehmen. Diese Kompetenzverkürzung ohne triftigen Grund könnte sich in Zukunft noch als Fehler herausstellen. Die Börse kann dem Börsenträger die Freiverkehrszulassung nach neuem Recht nicht mehr entziehen und auf einen anderen übertragen, was z. B. notwendig wäre, wenn die vom Börsenträger aufgestellten Geschäftsbedingungen nicht ausreichen, um eine ordnungsgemäße Marktveranstaltung zu organisieren, und der Träger sich beharrlich weigert, entsprechende Änderungen vorzunehmen. Der Börse bleibt in einem solchen Fall nur noch die Wahl zwischen einer Freiverkehrsveranstaltung zu nicht akzeptablen Bedingungen auf der einen Seite und der Einstellung des Freiverkehrs auf der anderen Seite. Beides ist nicht hinnehmbar. Das sollte bei der nächsten Überarbeitung des Börsengesetzes noch einmal überdacht werden.

2. Organisationsaufgaben im Bereich des Freiverkehrs

a) Bereitstellung der Handelsinfrastruktur

Bei der Schaffung der Infrastruktur einer Handelsplattform zeigen sich die Vorzüge, die es hat, wenn der Börsenträger auch den Freiverkehrshandel organisiert. Der Börsenträger stellt den Handelsteilnehmern im Freiverkehr regelmäßig dieselben Handelssysteme zur Verfügung wie im regulierten Markt. Der Handel im Freiverkehr erfolgt somit wie der Handel im regulierten Markt nicht nur in der gleichen Weise nach größtenteils identischen Handelsregularien,[414] sondern auch unter Verwendung derselben Handelseinrichtungen. Auf XETRA, dem vollelektronischen Handelssystem der FWB, werden neben den im regulierten Markt notierten Wertpapieren auch sämtliche Freiverkehrswerte gehandelt. Für den Träger von Börse und Freiverkehr stellt es eine Verringerung des eigenen Aufwands dar, die vorhandenen Systeme und sonstigen Einrichtungen in beiden Handelsbereichen zur Verfügung zu stellen.

Xetra ist freilich nur ein Beispiel für die Installierung und Anwendung von an sich für den Börsenhandel entwickelten Einrichtungen. Mit dem zentralen

414 Vgl. die Verweisungen in § 3 FV-HO FWB.

Kontrahenten (sog. Central Counterpart, „CCP“)[415] besteht eine weitere im Bereich des Geschäftsabschlusses und der Geschäftsabwicklung angesiedelte Einrichtung, die nicht an die Segmentzugehörigkeit der Wertpapiere anknüpft.[416]

b) Gestaltung des Freiverkehrs durch die Geschäftsbedingungen

Im Freiverkehr obliegt dem Träger nicht nur – wie in Bezug auf die Börse – die Pflicht, für deren vollständige Ausstattung in finanzieller, sachlicher und personeller Hinsicht zu sorgen. Er ist hier ferner verpflichtet, die gesamte Organisation von der Einbeziehung bis zum Delisting zu übernehmen. Dementsprechend besteht gemäß § 48 I S. 1 BörsG seine zentrale Aufgabe darin, die Geschäftsbedingungen, die die Grundlage der Freiverkehrsorganisation darstellen, zu erstellen und weiterzuentwickeln.

415 An der Frankfurter Wertpapierbörse erfolgen das Matching, das Clearing und die Abwicklung unter Einschaltung eines zentralen Kontrahenten, der Eurex Clearing AG. Diese tritt als Vertragspartner zwischen Käufer und Verkäufer eines jeden einzelnen Wertpapiergeschäfts, wodurch eine Anonymisierung erfolgt und Vertragsrisiken, die in der Person der Geschäftschließenden liegen, erheblich gedrosselt werden.

416 Voraussetzung für die Einschaltung des zentralen Kontrahenten ist, dass das jeweilige Wertpapier für die CCP-Abwicklung vorgesehen ist und dass die Handelsteilnehmer Clearingmitglieder sind (1.1. III und 2.1. I a) der Clearingbedingungen der Eurex Clearing AG).

IV. Die Geschäftsbedingungen des Freiverkehrs

1. Inhalt

Die Geschäftsbedingungen sind das zentrale Regelwerk des Freiverkehrs. Die vom Börsenträger als Träger des Freiverkehrs verfassten und von der Börsengeschäftsführung gebilligten Regelungen müssen der börsengesetzlichen Vorgabe gerecht werden, einen ordnungsgemäßen Ablauf des Handels und der Geschäftsabwicklung zu gewährleisten. Damit leisten sie nicht nur einen ganz erheblichen Beitrag zur Funktionssicherung des Freiverkehrs selbst. Weil sich Missstände im Freiverkehr unter Umständen auch negativ auf den Handel im regulierten Markt auswirken können, kommt ihnen auch eine nicht zu unterschätzende Bedeutung für den gesamten börslichen Handel zu.[417]

Die Geschäftsbedingungen, die vor dem FRUG noch als „Handelsrichtlinien" bezeichnet wurden, statuieren vertragliche Nutzungsbedingungen, die der Börsenträger den Handelsteilnehmern diktiert, wenn diese am Handel teilnehmen wollen oder beabsichtigen, Wertpapiere in den Freiverkehr einzubeziehen. Sie enthalten organisatorische Sonderregelungen, die von den Bestimmungen des regulierten Marktes abweichen. Geregelt werden für den Freiverkehr der FWB etwa einzelne Bereiche der Handelsorganisation (§§ 24-26 FV-AGB FWB), die Voraussetzungen der Zulassung der Handelsteilnehmer (§§ 6-7 FV-AGB FWB), die Einbeziehung der Wertpapiere (§§ 8–23 FV-AGB FWB), Mitwirkungs- und Mitteilungspflichten der Handelsteilnehmer (§§ 5, 13 FV-AGB FWB) sowie Maßnahmen bei Pflichtverletzungen (§§ 15, 20-22 FV-AGB FWB). Dabei ist zu beachten, dass jeder deutsche Börsenträger seine eigenen Geschäftsbedingungen aufstellt, durch die er sich gegebenenfalls gegenüber der Konkurrenz profilieren kann.[418] Das wird besonders daraus deutlich, dass in diesen Regelwerken auch die Voraussetzungen für ein Listing in Teilbereichsmärkten, wie etwa dem Entry Standard an der FWB, festgelegt sind.

Weil den Geschäftsbedingungen des Freiverkehrs eine herausragende Bedeutung zukommt, ist hier eine ausführliche Erörterung angezeigt. Die Rechts-

---

417 Diese Tatsache hat sich besonders deutlich in den Anfängen des Freiverkehrshandels um 1920 bis 1930 gezeigt (vgl. Scheller, Der Handel in amtlich nicht notierten Werten, S. 110).

418 Vor der gesetzlichen Legitimierung des Freiverkehrs in § 78 BörsG a. F. durch das Börsenzulassungsgesetz von 1986 hatte die Ständige Kommission für sämtliche Freiverkehrssegmente an deutschen Börsen zumindest einheitliche Handelsusancen aufgestellt. In Ergänzung zu diesen Usancen wurden an den meisten Börsen von den Freiverkehrsausschüssen Handelsrichtlinien aufgestellt, die etwa die Arbeit des Ausschusses und die Einbeziehung der Wertpapiere regelten.

natur, die Rechtsform und die Frage nach einer einseitigen Änderungsbefugnis des Börsenträgers bilden dabei die Kernelemente der folgenden Ausführungen.

2. Rechtsnatur

Die Frage nach der Rechtsnatur der Geschäftsbedingungen scheint, bedenkt man, dass der Freiverkehrsträger an allen deutschen Börsen eine juristische Person des Privatrechts ist, auf den ersten Blick eine einfache zu sein. Denn grundsätzlich kann ein privater Rechtsträger kein öffentliches Recht setzen, es sei denn, ihm kommt der Status eines Beliehenen zu, dem durch den Beleihungsakt Rechtsetzungsgewalt übertragen worden ist.[419]

Eine Beleihung des Freiverkehrsveranstalters setzt voraus, dass sich dem Tatbestand des § 48 I BörsG ein eigener Beleihungsakt entnehmen lässt, der den Freiverkehrsveranstalter zum Träger öffentlicher Verwaltung erklärt.[420] Dem Wortlaut lässt sich ein solcher Regelungsgehalt nicht entnehmen. Freilich könnte man einwenden, auch dem Wortlaut des § 4 I BörsG könne kein gesetzlicher Beleihungsakt entnommen werden, die h. M. jedoch gleichwohl das Vorliegen eines solchen Aktes bejahe.[421] Ein Vergleich mit § 4 I BörsG ist jedoch angesichts der erheblichen strukturellen Unterschiede zwischen Börse und Freiverkehr nicht weiterführend. Ausschlaggebend kann letztlich nur der Wille des Gesetzgebers sein, der deutlich darauf ausgerichtet sein muss, eine Beleihung anzuordnen. Davon kann aber beim Freiverkehr nicht die Rede sein. In der Gesetzesbegründung zum FRUG wird ausdrücklich darauf verwiesen, dass der Freiverkehr auch zukünftig keine Veranstaltung der Staatsverwaltung werden, sondern ausschließlich eine solche des Privatrechts bleiben soll.[422] Der Gedanke,

419 Wolff/Bachof/Stober/Kluth, Verwaltungsrecht I, § 54 Rdnr. 39 sowie § 55 Rdnr. 106; Blumentritt, Die privatrechtlich organisierte Börse, S. 159; Römermann/Schröder, BKR 2001, 83, 84; Primary Markets Arbitration Panel, BKR 2001, 153, 153; Damrau, Selbstregulierung im Kapitalmarktrecht, S. 333, der zu Recht darauf verweist, dass etwa „die Übertragung der Kompetenz zum Erlass öffentlich-rechtlicher Satzungen auf Privatrechtssubjekte verfassungsrechtlich nicht möglich sei.“ Satzungen in diesem Sinne werden ausschließlich von demokratisch gewählten Organen beschlossen, die ihre Angelegenheiten eigenverantwortlich gestalten sollen. Der Freiverkehrsveranstalter erfüllt diese Voraussetzungen nicht.

420 Lorenz, Die Wertpapierbörse und ihr Träger, S. 68 f.; Bauer/Pleyer/Hirche, BKR 2002, 102, 114, die das im Ergebnis für denkbar halten.

421 BT-Drucksache 14/8017, S. 72; Beck, in: Schwark/Zimmer, KMRK, § 4 BörsG Rdnr. 6; Ledermann, in: Schäfer/Hamann, KMG, 2. Aufl., 1. Lfg., 01/2006, Vor § 1 BörsG Rdnr. 33.

422 Bericht des Finanzausschusses vom 29.3.2007, BT-Drucksache 16/4899, S. 15.

dem Freiverkehrsträger – eventuell im Wege einer Beleihung – hoheitliche Befugnisse an die Hand zu geben, ist im Gesetzgebungsverfahren zur Umsetzung der MiFID zwar aufgegriffen, aber nicht weiter verfolgt worden.[423]

§ 48 I BörsG kann damit nicht als eigenständige Grundlage für einen Beleihungsakt herangezogen werden.

Da seit dem Inkrafttreten des FRUG als potenzieller Freiverkehrsträger nur noch der Börsenträger in Betracht kommt, könnte man ferner daran denken, dass sich dessen Beleihung, die ihm die überwiegende Auffassung in der Literatur[424] – zumindest im Rahmen seiner Funktion als Börsenträger – zuspricht, auch auf die Organisation des Freiverkehrs erstreckt. Jedoch wird der Börsenträger – sofern man der Auffassung der h. M. folgen mag[425] – nur mit Bezug auf die Börse als beliehenes Unternehmen angesehen. Die Organisation des Freiverkehrs – und damit der Erlass der Geschäftsbedingungen – liegt jenseits dieser Aufgabenzuweisung zum Betrieb einer Börse.[426] Nur bei Letzterem ist der Trä-

---

423 Vgl. Begründung der Bundesregierung zum FRUG, BT-Drucksache 16/4028, S. 89.

424 Kümpel, BKR 2003, 3, 5; Köndgen/Mues, WM 1998, 53, 57; Lorenz, Die Wertpapierbörse und ihr Träger, S. 67 ff. m. w. N.; Kümpel/Hammen, Börsenrecht, S. 108, die jedoch gleichzeitig darauf verweisen, dass der Börsenträger keine Befugnisse zu einem einseitigen hoheitlichen Handeln besitzt, weshalb die börsliche Betriebspflicht nur zur schlichten Hoheitsverwaltung gehöre; kritisch Christoph, Börsenkooperationen und Börsenfusionen, S. 176 ff. m. w. N.

425 Gesetzliche Grundlage dieser Beleihung soll § 4 I BörsG sein. Durch den Beleihungsakt wird ein Privatrechtssubjekt zum Träger öffentlicher Gewalt. Das schließt freilich hoheitliche Befugnisse mit ein (Wolff/Bachof/Stober, Verwaltungsrecht Band 3, § 90 Rdnr. 48). Der Börsenträger handelt jedoch wie jedes andere Privatrechtssubjekt ohne irgendwie geartete hoheitliche Befugnisse. Daher bestehen Zweifel an einer Einordnung als Beliehener. Es gibt de facto keinen Tätigkeitsbereich des Börsenträgers, in dem er tatsächlich hoheitlich tätig wird. Ihm wird also nicht das Recht zuteil, wie dies etwa für die Börsengeschäftsführung gilt, belastende Verwaltungsakte zu erlassen und damit einseitig Maßnahmen zu treffen. Auch ordnungspolizeiliche Aufgaben sind dem Börsenträger nicht zugeteilt, weder in seiner Funktion als Börsenbetreiber noch in der des Freiverkehrsveranstalters (so aber bei den klassischen Beliehenen wie den Flugkapitänen, TÜV-Sachverständigen, Jagdaufsehern). Der Börsenträger unterscheidet sich von einem herkömmlichen Privatrechtssubjekt nur durch die aus der Börsenerlaubnis (§ 4 I BörsG) resultierende Betriebspflicht, die ihn verpflichtet, die Börsenanstalt mit den für den Börsenbetrieb notwendigen Mitteln auszustatten. Damit gehen aber keine hoheitlichen Befugnisse einher. Diese nur „schlichte" Hoheitsverwaltung ohne jeglichen hoheitlichen Kompetenzbereich vermag einen Beliehenenstatus im eigentlichen Sinne nicht zu begründen. Im Übrigen ist dies auch gar nicht erforderlich, da die Aufgaben, die vom Börsenträger zu erfüllen sind, allein auf privatvertraglicher Ebene bewältigt werden können und werden.

426 Bauer/Pleyer/Hirche, BKR 2002, 102, 113.

ger auch verpflichtet, eine Börse zu betreiben,[427] wohingegen die Veranstaltung des Freiverkehrs rein fakultativ ist. Diese Auswahloption in der Hand des Börsenträgers spricht eindeutig gegen einen öffentlich-rechtlichen Charakter der Geschäftsbedingungen. Denn dass Aufgaben der Staatsverwaltung optional einem Privatrechtssubjekt übertragen werden, ist ausgeschlossen. Ist die infrage stehende Aufgabe – wie bei dem Betrieb einer Börse[428] – der Verantwortung des Staates zugewiesen, dann muss der mit dieser Aufgabe Betraute auch dafür Sorge tragen, dass sie erfüllt wird.[429]

Ferner kommt hinzu, dass, selbst wenn man die Beleihung des Börsenträgers inhaltlich auf den Betrieb des Freiverkehrs erstrecken wollte, sich am Ergebnis nichts ändern würde. Denn dem Börsenträger werden auch im Bereich der Börse keine hoheitlichen Kompetenzen, insbesondere keine Rechtsetzungsgewalt, zugewiesen.[430] Im Freiverkehr wird der Börsenträger daher wie jedes andere herkömmliche Privatrechtssubjekt tätig und nicht in der Funktion eines Beliehenen.

Somit bleibt an dieser Stelle festzuhalten: Weil dem Tatbestand des § 48 I BörsG nicht entnommen werden kann, dass dem Freiverkehrsträger der Status eines beliehenen Unternehmens zukommt, der ihn unter Umständen auch dazu berechtigen könnte, die Geschäftsbedingungen in den Formen des öffentlichen Rechts zu erlassen, ist von einer privatrechtlichen Qualifikation der Geschäftsbedingungen auszugehen.

3. Rechtsnatur des Freiverkehrsregelwerks de lege ferenda?

Trotz der vorstehend beschriebenen Gegebenheiten wurde vereinzelt angeregt, dem Regelwerk des Freiverkehrs de lege ferenda einen öffentlich-rechtlichen Rechtscharakter zuzuschreiben.[431] Dies wird bzw. wurde mit der Besorgnis begründet, Emittenten bzw. Handelsteilnehmer könnten sich bei einer Regulierung auf privatrechtlicher Grundlage gegen nachträgliche Änderungen des Regel-

427 Beck, in: Schwark/Zimmer, KMRK, § 5 BörsG Rdnr. 2.

428 § 2 V WpHG ordnet an, dass organisierte Märkte nur die staatlich regulierten Märkte sind. Börsen sind nach § 2 I BörsG Anstalten des öffentlichen Rechts, die multilaterale Systeme regeln und überwachen.

429 Wolff/Bachof/Stober, Verwaltungsrecht Band 3, § 90 Rdnr. 45 f.

430 Ausführlich Bressler, Public Private Partnership, S. 72; ferner Kümpel, Bank- und Kapitalmarktrecht in der 2. Aufl. 17.110; Bachmann, WM 2001, 1793, 1794.

431 Zuletzt Gesetzesentwurf zum FRUG, BT-Drucksache 16/4028, S. 89; vgl. auch Bauer/Pleyer/Hirche, BKR 2002, 102, 114.

werks durch den Freiverkehrsveranstalter sperren.[432] Mit einer öffentlich-rechtlichen Organisationsstruktur des Freiverkehrs wäre dies anders. Denn mit dieser Struktur gehen auch die Vorteile der öffentlich-rechtlichen Regelungsinstrumente einher, bestehende Bestimmungen einseitig und ohne die Zustimmung sämtlicher Adressaten zu ändern. Die Börse kann beispielsweise die Börsenordnung durch den Börsenrat jederzeit kurzfristig ohne Mitwirkung der Handelsteilnehmer ändern, wodurch eine besonders flexible und effiziente Durchführung des Börsenhandels gewährleistet wird.[433] Damit kann die Börse in bereits bestehende Rechtsverhältnisse zwischen ihr und den Handelsteilnehmern oder Emittenten eingreifen. Zusätzlich erforderlich ist lediglich die Genehmigung der Börsenaufsichtsbehörde nach § 16 III S. 1 BörsG, wodurch eine potenzielle Missbrauchsgefahr ausgeschlossen wird. Diese Rechtssetzungsgewalt ist demokratisch legitimiert, weil der Börsenrat aus dem Kreise aller am Börsengeschehen Beteiligten gebildet wird (§ 12 I S. 2 BörsG).[434]

Aufgrund der privatrechtlichen Organisation des Freiverkehrs stehen dem Freiverkehrsveranstalter diese Instrumentarien nicht zur Verfügung. Er muss seine Rechtsbeziehungen zu den Freiverkehrsteilnehmern ausschließlich mit den Mitteln des Privatrechts gestalten. Dies kann zum Beispiel dann zum Problem werden, wenn der Freiverkehrsveranstalter nachträglich Änderungen in den Geschäftsbedingungen vornehmen möchte. Hierzu wären prinzipiell Änderungsvereinbarungen mit sämtlichen Freiverkehrsteilnehmern notwendig. Dabei dürfte es jedoch nahezu unmöglich sein, die Zustimmung sämtlicher Handelsteilnehmer und Emittenten zu erhalten, insbesondere wenn deren bestehende Rechtspositionen nachteilig abgeändert werden sollen.

Abgesehen von dieser Problematik,[435] die sich unter Zuhilfenahme öffentlich-rechtlicher Regelungsinstrumente einfacher handhaben ließe, ist die privatrechtliche der öffentlich-rechtlichen Organisation überlegen.[436] Hierzu mögen folgende Überlegungen angebracht sein. Träger öffentlicher Gewalt müssen sich

432 Eine Parallele dazu bildet die Änderung der Rechtsnatur der Börsenusancen. Bis zum Inkrafttreten des FRUG wurden diese auf privatrechtlicher Basis „vereinbart". Seither werden sie vom Börsenrat als Satzung erlassen, vgl. dazu Hammen, WM 2007, 1297, 1297; Kümpel/Hammen, Börsenrecht, S 157 ff.

433 Kümpel, in: Kümpel/Hammen/Ekkenga, Kapitalmarktrecht, Loseblatt; Stand 5/04, Kz. 050 Rdnr. 169.

434 Beck, BKR 2007, 699, 707.

435 Zu dieser Problematik vgl. ferner die folgenden Abschnitte (4. und 5.).

436 A. A. Kümpel, Kapitalmarktrecht, Rdnr. 203 ff.

bei ihrem Wirken stets an öffentlich-rechtlichen Rechtsprinzipien orientieren.[437] Jede Maßnahme muss dabei mit dem gesamten öffentlichen Recht, insbesondere den Grundrechten, in Einklang stehen.[438] Öffentlich-rechtliche Rechtsträger wie die Börsenanstalt sind damit keineswegs frei in der rechtlichen Gestaltung ihrer Rechtsverhältnisse zu den Handelsteilnehmern, sondern sie müssen stets die Wertungen der gesamten öffentlich-rechtlichen Werteordnung in ihre Überlegungen mit einbeziehen. Hierzu zählen neben den Grundrechten etwa auch verfassungsrechtliche Prinzipien wie der Bestimmtheitsgrundsatz[439], der Verhältnismäßigkeitsgrundsatz und darüber hinaus Sozial-[440] oder gar Individualinteressen. Probleme in diesem Zusammenhang bereitet auch die Existenz der Normenkontrollklage, die einen relativ einfachen Weg vorsieht, die Rechtswirksamkeit öffentlich-rechtlicher Bestimmungen durch die Verwaltungsgerichte überprüfen zu lassen.[441]

Besonders anschaulich wurde dieses Problem im Rahmen des Rechtsstreits um die Skontroverteilungspraxis der FWB. Während im Freiverkehr die Skontrovergabe auf rein privatrechtlicher Basis erfolgt und damit weitgehend im Belieben des Freiverkehrsträgers steht,[442] sind die Grenzen der Gestaltungsfreiheit im Bereich der Börse unübersehbar: Der Börsenrat der FWB beschloss am 24.1.2007 neue Regeln für die Vergabe von Aktienskontren, die sich ausschließlich an der fachlichen Leistung der Skontroführer orientierten.[443] Handelsteilnehmer, die für die Skontroführung eine Zulassung nach § 27 I BörsG erhalten hatten, sollten nur dann tatsächlich Skontren betreuen dürfen, wenn sie eine gewisse Leistungsgrenze überschritten. Das VG Frankfurt am Main vertrat die Auffassung, diese Satzungsregelung sei wegen Verletzung höherrangigen Rechts nichtig. Der vollständige Ausschluss eines zugelassenen Skontroführers von der Skontroführung durch Nichtzuteilung von Skontren (bei gleichzeitiger Aufrechterhaltung des Präsenzhandels) sei der Sache nach ein Berufsverbot, das

---

437 BGH NJW 2004, 1031, 1031: „Die öffentliche Hand müsse gewisse Bindungen und Schranken beachten, die für Privatpersonen nicht in entsprechender Weise gelten, und zwar auch dann, wenn die öffentliche Hand auf privatrechtlicher Basis agiere."

438 VGH Kassel, ZIP 2008, 1520; Wolff/Bachof/Stober, Verwaltungsrecht Band 3, Rdnr. 46.

439 Vgl. VGH Kassel vom 27.9.2006, Az.: 6 N 1388/05.

440 Die öffentliche Hand darf z. B. einzelne Personen nicht willkürlich benachteiligen (BGHZ NJW 2004, 1031, 1031).

441 Antragsbefugt ist, wer geltend macht, durch die Rechtsvorschrift oder deren Anwendung in seinen Rechten verletzt zu sein oder in absehbarer Zeit verletzt zu werden (§ 47 II S. 1 VwGO).

442 Ausnahmen können nur spezialgesetzliche Diskriminierungsverbote begründen wie z. B. die §§ 19, 20 GWB.

443 AG Report 2007, R63.

einen Eingriff in den Schutzbereich des Grundrechts der Berufswahl darstelle (Art. 12 I GG).[444] Der zugelassene Skontroführer könne sich demnach darauf berufen, durch den Ausschluss von der Skontrozuteilung daran gehindert zu werden, den Beruf des Skontroführers für den regulierten Aktienmarkt auszuüben. Unter Anwendung der Stufentheorie des Bundesverfassungsgerichts gelangte das VG Frankfurt zu dem Resultat, dass die Optimierung der Abläufe an der Präsenzbörse und damit die Verbesserung der Wettbewerbsfähigkeit der Börse die vorliegende Einschränkung der Berufswahl nicht rechtfertigen könne.

Dem Nichtjuristen kann dieses unbefriedigende Ergebnis nicht plausibel erläutert werden. An ein und derselben Börse kann sich der Skontroführer im Bereich des Freiverkehrs nicht gegen seine Nichtberücksichtigung wehren, im Bereich des regulierten Marktes hingegen – dank der öffentlich-rechtlichen Organisation der Börse – schon. Ferner kann der Börsenträger im Freiverkehr diejenigen Skontroführer auswählen, die seiner Ansicht nach am besten geeignet sind, den Präsenzhandel auf einem hohen Level zu betreiben, während die Börse im regulierten Markt hieran gehindert wird. Das kann in der Folge zu dem ungereimten Ergebnis führen, dass im „unregulierten“ Freiverkehr nur den besten Skontroführern Skontren zugeteilt werden, während im regulierten Markt nicht nur diese, sondern alle Skontroführer agieren, die die formalen Zulassungsvoraussetzungen des § 27 I BörsG erfüllen. Dass diese Rechtslage für die Weiterentwicklung der FWB – gerade im Hinblick auf die internationale Wettbewerbsfähigkeit – sehr hinderlich ist, weil man bei der Qualität einzelner Handelsfaktoren (hier: Skontroführerauswahl) aufgrund deren öffentlich-rechtlichen Organisation Abstriche machen muss, liegt auf der Hand.[445]

---

444 VG Frankfurt, Beschluss vom 5.3.2007, Az.: 1 G 5756 / 06; kritisch dazu Pietzcker, ZBB 2007, 295, 296, der nicht die Berufsfreiheit tangiert sieht, sondern den allgemeinen Gleichheitssatz. Bei diesem lasse sich aufgrund sachlicher Gesichtspunkte – wie etwa Leistungsfähigkeit der Skontroführer und damit Funktionsfähigkeit des Präsenzhandels – eine unterschiedliche Behandlung rechtfertigen.

445 Die Skontrovergabe ist bei Weitem nicht das einzige Beispiel für die Probleme, die die FWB mit der öffentlich-rechtlichen Organisation der Börse hat. Ein weiteres war etwa der Fall Porsche: Der Automobilkonzern wollte in den Prime Standard der FWB aufgenommen werden, war aber nicht bereit, die hierbei erforderlichen Quartalsberichte anzufertigen und zu veröffentlichen. Die Ablehnung der Aufnahme in den Prime Standard vonseiten der FWB wurde von Porsche – letztlich erfolglos – mit der Begründung angegriffen, das Unternehmen werde dadurch in seinen Rechten auf freie Berufsausübung verletzt (VGH Kassel vom 28.3.2007, 6 N 3224/04, Rdnr. 32). Porsche trug vor, die Begründung einer Pflicht zur Quartalsberichterstattung in der Börsenordnung sei nicht von der in § 42 BörsG enthaltenen Satzungsermächtigung gedeckt, weil es sich um eine zu weit gehende Erweiterung der gesetzlichen Publizitätspflichten handele. Die Quartalsberichtspflicht verstoße überdies gegen den Grundsatz der Verhältnismäßigkeit und

Diese Ausführungen zeigen, dass die öffentlich-rechtliche Regulierung kein erstrebenswertes Ziel für die Freiverkehrsorganisation darstellt. Die Rechtsnatur der Geschäftsbedingungen des Freiverkehrs sollte daher auch de lege ferenda privatrechtlich sein. Auch der Gesetzgeber hat sich schließlich – nach langem Ringen im Gesetzgebungsverfahren zum FRUG[446] – dieser Auffassung angeschlossen.[447] Mit dem Terminus „Geschäftsbedingungen" (zuvor: Handelsrichtlinien) hat er das Regelwerk für den Freiverkehr eindeutig dem Zivilrecht zugeordnet und ist damit der ganz überwiegenden Auffassung in Rechtsprechung[448] und Schrifttum gefolgt.[449]

4. Rechtsform

Mit der Novellierung des § 48 BörsG durch das FRUG hat der Gesetzgeber freilich nicht alle im Schrifttum umstritten Aspekte des Freiverkehrs geklärt. So wurde etwa nicht ausdrücklich bestimmt, ob die nunmehr mit „Geschäftsbedingungen" titulierten Bestimmungen des Freiverkehrs rechtlich als Allgemeine Geschäftsbedingungen im Sinne der §§ 305 ff. BGB einzuordnen sind. Die diese Frage bejahende Auffassung ist weit verbreitet.[450] Die Bezeichnung als *Geschäftsbedingungen* legt diesen Schluss auch nahe, zwingend ist er jedoch nicht.

---

sei für die Emittenten unzumutbar. Außerdem dürfe der Satzungsgeber anders als der Gesetzgeber bei Eingriffen in die Berufsausübung nicht bis an die Grenze der Verhältnismäßigkeit gehen.

446 Vgl. dazu nur die unterschiedlichen Entwürfe zu § 48 BörsG, oben Fn. 336; auch von Rosen, in: Assmann/Schütze, § 2 Rdnr. 217 (Fn. 195).

447 Bericht des Finanzausschusses vom 29.3.2007, BT-Drucksache 16/4899, S. 15.

448 LG Frankfurt a. M., WM 2001, 1607, 1610; Primary Markets Arbitration Panel, BKR 2002, 468, 470.

449 Bauer/Pleyer/Hirche, BKR 2002, 102, 114; Dehlinger, Vertragliche Marktsegmentregulierung an Wertpapierbörsen, S. 95; Hammen, EWiR, 2002, 335, 335; Bachmann, WM 2001, 1793, 1794; Wolf, WM 2001, 1785, 1785; Römermann/Schröder, BKR 2002, 83, 84; Heyder, BKR 2002, 806, 807.

450 Das Freiverkehrsregelwerk schon unter der alten Bezeichnung „Handelsrichtlinien" als AGB einordnend: LG Frankfurt a. M., WM 2001, 1607, 1610; Schwark, in: Schwark, KMRK, § 57 BörsG Rdnr. 2; Groß, Kapitalmarktrecht, § 48 BörsG Rdnr. 2; Kümpel, BKR 2003, 3, 11; Kümpel/Hammen, Börsenrecht, S. 158; Baumbach/Hopt, HGB, § 48 BörsG Rdnr. 3; Krämer, BKR 2001, 131, 133; Wolf, WM 2001, 1785, 1786; Römermann/Schröder, BKR 2002, 83, 84; Heyder, BKR 2002, 806, 807; Bachmann, WM 2001, 1793, 1795.
Für die Einstufung des Regelwerks Neuer Markt als AGB: Plückelmann, Der Neue Markt der Deutschen Börse AG, S. 145 f.; Römermann/Schröder, BKR 2001, 83, 84; Potthoff/Stuhlfauth, WM 1997, Sonderbeilage Nr. 3, 8.

Gegen die Einordnung des Freiverkehrsregelwerks als Allgemeine Geschäftsbedingungen im Sinne von § 305 ff. BGB wurden Einwände erhoben.[451] Die Geschäftsbedingungen sind der zentrale Anknüpfungspunkt für die Zulassung eines Freiverkehrs. Als solches seien sie – so wird gesagt – jedoch nur tauglich, wenn sie tatsächlich gegenüber allen Teilnehmern allgemeine Gültigkeit beanspruchen könnten.[452] Das sei aber mit Allgemeinen Geschäftsbedingungen nicht zu bewerkstelligen, weil dem Verwender die rechtliche Handhabe fehle, diese Bestimmungen nachträglich und für alle laufenden Verträge einheitlich zu ändern.[453] Wegen des im deutschen Privatrecht geltenden fundamentalen Prinzips „pacta sunt servanda" werde bei nachträglichen Änderungen der Allgemeinen Geschäftsbedingungen grundsätzlich ein Änderungsvertrag im Sinne von § 311 BGB erforderlich, der die Einbeziehung der neuen Regeln zum Gegenstand haben müsse.[454] Damit müsse nachträglich eine Willensübereinkunft zwischen dem Freiverkehrsveranstalter und sämtlichen Handelsteilnehmern herbeigeführt werden, was in der Praxis angesichts der hohen Zahl an Handelseilnehmern nur mit unverhältnismäßig hohem Bürokratie- und Kostenaufwand zu bewerkstelligen sei. Hiervon abgesehen werde es kaum möglich sein, die Zustimmung aller Vertragspartner zu erhalten, wenn man bedenke, dass ihnen mit ihrer Zustimmung kein greifbarer Vorteil erwachse, ihre Rechtsstellung unter Umständen gar geschwächt wird. Selbst wenn die Änderungen zum Zwecke der markttechnischen Funktionsverbesserung objektiv angezeigt erschienen, werde es immer auch Teilnehmer geben, die darin keine adäquate Gegenleistung für ihre Zustimmung erblickten.

Zu bedenken sei ferner, so heißt es weiter, dass selbst bei erfolgter Zustimmung die wirksame Einbeziehung des Regelwerks im konkreten Vertragsverhältnis stets unter dem Vorbehalt einer zwischen den Parteien getroffenen abweichenden Individualvereinbarung stehe (§ 305b BGB). Es stünde dem Freiverkehrsveranstalter weitgehend frei, nach seinem Belieben die Allgemeinen Geschäftsbedingungen durch vorrangige Individualvereinbarungen zu ersetzen. Nach außen hin werde damit nicht sichtbar, ob die Geschäftsbedingungen im einzelnen Vertragsverhältnis zur Geltung kommen könnten oder nicht. Ein ord-

---

451 Schwartz, Anlegerschutz im Freiverkehr, S. 54; Bauer/Pleyer/Hirche, BKR 2002, 102, 115 f.; Breitkreuz, Die Ordnung der Börse, S. 313; Schlüter, Börsenhandelsrecht, Abschnitt G Rdnr. 840; Pluskat, WuB I G 7.– 2.02, 556, 558.

452 Breitkreuz, Die Ordnung der Börse, S. 310.

453 Die Deutsche Börse AG ändert regelmäßig die Geschäftsbedingungen für den Freiverkehr, zuletzt zum 12. Juli 2010.

454 BGHZ 117, 190, 194; Staudinger/Schlosser, BGB, § 305 Rdnr. 172; Staudinger/Rieble, BGB, § 315 Rdnr. 22; Kümpel/Hammen, Börsenrecht, S. 157; Hammen, EWiR § 78 BörsG, 1/02, 335, 335; Ebel, BB 1980, 477, 479.

nungsgemäßer, einheitlicher, schneller und zuverlässiger Handel setze aber gerade voraus, dass die Einbeziehungsvoraussetzungen, Einbeziehungsfolgepflichten und der Handelsbedingungen transparent sind und für alle Markteilnehmer gleichermaßen gelten.[455] Es bestünden untragbare Marktzustände, wenn in ein und demselben Handelssegment gegenüber den Handelsteilnehmern bzw. den Emittenten unterschiedliche Regeln eingreifen würden. Damit wären zum Beispiel standardisierte Geschäftsabläufe bedeutend erschwert, was einen ordnungsgemäßen Handel im Sinne der vorstehend genannten Kriterien ernsthaft in Gefahr bringen könne. Auch die hiermit einhergehende Kostensteigerung bei den Investoren sei zu bedenken, die einen erhöhten Aufwand betreiben müssten, um in Erfahrung zu bringen, welche Bedingungen der einzelne Emittent auf Basis „seines" Einbeziehungsvertrages tatsächlich erfüllen müsse.[456]

Deshalb wird in Rechtsprechung und Literatur nicht ernstlich bestritten, dass Nutzungsbedingungen für die Teilnahme an einem Wertpapiermarkt – unabhängig davon, ob dieser öffentlich-rechtlich oder privatrechtlich organisiert wird – allen Teilnehmern gegenüber gleichermaßen Gültigkeit entfalten müssen.[457]

a) Freiverkehrsgeschäftsbedingungen als private Rechtsnormen[458]

Unter Hinweis auf die soeben benannten Schwierigkeiten, Allgemeine Geschäftsbedingungen nachträglich einseitig zu ändern, stuft eine beachtliche Mindermeinung die Freiverkehrsgeschäftsbedingungen als private Rechtsnormen ein.[459] Ein Privatrechtssubjekt könne ausnahmsweise durch Gesetz dazu ermächtigt werden, in verbindlicher Art und Weise abstrakt-generell wirkende Normen festzusetzen. Dies sei durch § 57 BörsG a. F. (§ 48 BörsG n. F.) geschehen. Diese Norm verordne dem durch private Hand verfassten Freiverkehrsregelwerk allgemeine Gültigkeit und schaffe damit objektives Recht.[460] Eine solche Norm-

455 Kümpel, Bank- und Kapitalmarktrecht, Rdnr. 17.210.

456 Blumentritt, Die privatrechtlich organisierte Börse, S. 181.

457 Kümpel/Hammen, Börsenrecht, S. 152; Riehmer/Heuser, NZG 2001, 385, 391.

458 Ausführlich zu dieser Form einseitig erlassenen privaten Rechts: Blumentritt, Die privatrechtlich organisierte Börse, S. 164 ff. m. w. N..

459 Zuletzt Schwartz, Anlegerschutz im Freiverkehr, S. 54; Bauer/Pleyer/Hirche, BKR 2002, 102, 115 f.; Breitkreuz, Die Ordnung der Börse, S. 313; Schlüter, Börsenhandelsrecht, Abschnitt G Rdnr. 840; Pluskat, WuB I G 7.– 2.02, 556, 558; Für vertretbar hält dies auch Bachmann, WM 2001, 1793, 1795; ablehnend Blumentritt, Die privatrechtlich organisierte Börse, S. 179.

460 Bauer/Pleyer/Hirche, BKR 2002, 102, 115 f.; Breitkreuz, Die Ordnung der Börse, S 313; Schwartz, Anlegerschutz im Freiverkehr, S. 54; Schlüter, Börsenhandelsrecht, Ab-

interpretation entspreche dem Willen des Gesetzgebers, weil nur durch eine allgemeine Geltung des Regelwerks eine ordnungsgemäße Durchführung des Handels und der Geschäftsabwicklung zu gewährleisten sei.[461] Daher müsse es sich bei den Geschäftsbedingungen um sog. private Rechtsnormen handeln, die abstrakt-generell gegenüber einem bestimmten Personenkreis Wirkung entfalten und zudem einseitig aufgestellt und wieder abgeändert werden könnten.

Bevor auf diese Argumente näher eingegangen werden kann, muss man sich vergegenwärtigen, dass sich die beiden Rechtsauffassungen in ihrer Argumentation weitgehend auf zwei unterschiedlichen Ebenen bewegen, nämlich zum einen auf der Tatbestandsebene (Einstufung als Allgemeine Geschäftsbedingungen oder private Rechtsnormen) und zum anderen auf der Rechtsfolgenebene (Existenz eines einseitigen Änderungsrechts). Diese unterschiedlichen Argumentationsansätze resultieren daraus, dass die Geschäftsbedingungen mit relativ wenig Begründungsaufwand als Allgemeine Geschäftsbedingungen eingeordnet werden können, was freilich die Konsequenz nach sich zieht, dass sie sich dann nicht ohne Weiteres durch den Freiverkehrsveranstalter ändern lassen. Deshalb hat diese Rechtsauffassung ihren Begründungsschwerpunkt an dieser Stelle auf der Rechtsfolgenebene. Dagegen müssen die opponierenden Stimmen in der Literatur, die in den Geschäftsbedingungen private Rechtsnormen sehen wollen, den Begründungsaufwand allein auf der Tatbestandsebene leisten, weil für die Annahme dieser Rechtsfigur weder der Gesetzeswortlaut noch die Gesetzesbegründung als Argument angeführt werden können.

Vergegenwärtigt man sich diese Ausgangsposition, drängt sich die Frage auf, ob es dogmatisch haltbar ist, allein rechtsfolgenorientiert zu argumentieren, indem man meint, die Geschäftsbedingungen müssten private Rechtsnormen sein, weil nur dann die begehrte Rechtsfolge, das einseitige Änderungsrecht, und damit die Durchführung eines ordnungsgemäßen Handels erreicht werden könnten.[462]

Soweit jedoch rechtlich haltbare Ergebnisse auch anderweitig erreicht werden können, ist von einer im Kern rein ergebnisorientierten Argumentation Abstand zu nehmen. Die Einstufung des Freiverkehrsregelwerks als private Rechtsnorm kann zulässigerweise nur erfolgen, wenn sich ein solches Rechtsverständnis dem Tatbestand des § 48 BörsG entnehmen lässt.

---

schnitt G Rdnr. 840, der dies folgendermaßen formuliert: „Die privat verfassten Freiverkehrsregeln würden in die öffentlichrechtliche Norm des § 57 BörsG integriert und erhielten dadurch allgemeine Gültigkeit gegenüber den Teilnehmern des Freiverkehrs“; für vertretbar hält dies auch Bachmann, WM 2001, 1793, 1795.

461 Breitkreuz, Die Ordnung der Börse, S. 311.

462 Schwartz, Anlegerschutz im Freiverkehr, S. 53.

Letzteres ist jedoch zu verneinen. Ein derartiges Rechtsverständnis ergibt sich weder aus dem Wortlaut der Norm oder ihrer Entstehungsgeschichte noch aus den Gesetzesmaterialien. Zwar mag sich § 48 BörsG, der die Gewährleistung einer ordnungsgemäßen Organisation des Handels und der Geschäftsabwicklung als oberste Prämisse ausgibt, das Erfordernis einer uniformen Regulierung entnehmen lassen.[463] Allein daraus lässt sich jedoch nicht der Schluss ziehen, der Gesetzgeber habe mit dieser Norm dem Freiverkehrsregelwerk einen staatlichen Geltungsbefehl zuschreiben wollen.[464] Denn ein solches Rechtsverständnis liegt fern von dem, was die Norm an Interpretationsspielraum zulässt und entspricht im Übrigen auch nicht den Anforderungen an die erforderliche Bestimmtheit einer Rechtsnorm.[465] Auch aus der Gesetzesbegründung zum 2. FMFG[466], in der die Wendung „Regelwerk festlegen" gebraucht wird, sowie aus der Gesetzesbegründung zum FRUG[467], in der der Gesetzgeber formuliert: „Geschäftsbedingungen werden vom Börsenträger *erlassen*", kann nicht gefolgert werden, dass der Freiverkehrsveranstalter im Wege des Erlasses privater Rechtsnormen Regelwerksänderungen gegen den entgegenstehenden Willen der Teilnehmer beschließen kann.[468] Solche Wendungen dürfen nicht isoliert betrachtet und damit überbewertet werden. Schließlich werden auch Allgemeine Geschäftsbedingungen bei Vertragsschluss vom Verwender durch einseitiges Diktat „festgelegt".

Ferner muss auch die Tragweite bedacht werden, die eine derartige allgemeine Geltung der Geschäftsbedingungen hätte. Wie schon *Hammen*[469] zutreffend dargelegt hat, sind Änderungen der Börsenordnung, die unzweifelhaft einseitig vorgenommen werden (§ 12 II S. 1 Nr. 1 BörsG), börsenrechtlich demokratisch legitimiert, weil der Börsenrat aus Vertretern der am Börsengeschehen beteiligten Personen gebildet wird. Diese regeln mit der Börsenordnung ihre eigenen Angelegenheiten. Bei der Gestaltung der Freiverkehrsgeschäftsbedingungen wirken die Teilnehmer dagegen nicht mit. Sie können mithin im Freiverkehr keinen Einfluss auf die Gestaltung der Geschäftsbedingungen nehmen, was bei der Annahme von privaten Rechtsnormen zur Konsequenz hätte, dass sie dem Willen des Freiverkehrsträgers weitgehend schutzlos ausgeliefert wären. Die

463 Krämer, BKR 2001, 131, 133; Heyder, BKR 2002, 806, 808.

464 Ledermann, in Schäfer/Hamann (Hrsg.), KMG, 2. Aufl., 1. Lfg., 01/2006, § 57 BörsG, Rdnr. 14; Dehlinger, Vertragliche Marktsegmentregulierung, S. 102; a. A. Schwartz, Anlegerschutz im Freiverkehr S. 50.

465 Damrau, Selbstregulierung am Kapitalmarkt, S. 338.

466 Regierungsbegründung zum 2. FMFG, BT-Drucksache 12/6679, S. 76.

467 Bericht des Finanzausschusses, BT-Drucksache 16/4899, S. 15.

468 So aber Schwartz, Anlegerschutz im Freiverkehr, S. 50.

469 Hammen, EWiR § 78 BörsG 1/02, S. 335, 336.

Gesetzesmaterialien zum FRUG enthalten deshalb folgerichtig keine Stütze für die Annahme eines staatlichen Geltungsbefehls der Geschäftsbedingungen.

Für die Annahme einer Rechtsnormqualität ist ein hierauf gerichteter gesetzgeberischer Wille zwingend notwendig. Betrachtet man die Änderungen des Wortlauts, die der Tatbestand in § 48 BörsG durch das FRUG erfahren hat, lässt sich eher auf den entgegengesetzten Willen schließen. Die Norm bestimmt ausdrücklich, dass das zuvor als Handelsrichtlinien titulierte Regelwerk im Sinne von Geschäftsbedingungen zu verstehen ist und deshalb nunmehr auch so benannt wird.[470] Dem Gesetzgeber wäre es ein Leichtes gewesen, hier eine Form privater Normsetzungskompetenz zu installieren. Stattdessen aber soll ein privatrechtlicher Börsenträger nicht mit Handelsrichtlinien, sondern mit Geschäftsbedingungen den Freiverkehr regulieren. Diese Klarstellung im Wortlaut lässt die Einordnung des Regelwerks als private Rechtsnorm als nicht vertretbar erscheinen.

Allenfalls mit Blick auf § 48 I S. 4 BörsG könnte man in Erwägung ziehen, der Gesetzgeber messe dem Freiverkehrsregelwerk tatsächlich abstrakt-generelle Wirkung bei. Begreift man die Geschäftsbedingungen in § 48 BörsG als Allgemeine Geschäftsbedingungen, bedarf es dieses Satzes eigentlich gar nicht, weil man Dritte ohnehin rechtsgeschäftlich nicht wirksam verpflichten kann (unzulässiger Vertrag zulasten Dritter). Dass der Gesetzgeber diese Umstände bei der Gesetzesfassung bedacht hat, ist jedoch zu bezweifeln. Vielmehr wird man hier annehmen können, dass der Gesetzgeber schlicht den Wortlaut von Art. 14 VI MiFID für den Freiverkehr übernommen hat, ohne zu prüfen, ob dieser Satz überhaupt Sinn macht. Die Gesetzesbegründung geht jedenfalls auf Satz 4 des § 48 I BörsG mit keinem Wort ein. Es ist somit davon auszugehen, dass diesem Passus lediglich deklaratorische Bedeutung beizumessen ist.

Die Auffassung, die Geschäftsbedingungen des Freiverkehrs seien private Rechtsnormen, ist nach den vorstehenden Ausführungen letztlich nur dann vertretbar, wenn ein funktions- und wettbewerbsfähiger Freiverkehr auf einem anderen rechtlichen Wege schlicht nicht zu organisieren wäre. Denn dass der Gesetzgeber einen funktionstauglichen Freiverkehrshandel etablieren wollte, kann nicht ernstlich infrage gestellt werden. Damit bleibt die Frage zu klären, ob die Freiverkehrsorganisation mittels Verwendung Allgemeiner Geschäftsbedingungen in „ordnungsgemäßer" Weise bewerkstelligt werden kann.

470 Bericht des Finanzausschusses zum FRUG, BT-Drucksache 16/4899, S. 15.

b) Freiverkehrsgeschäftsbedingungen als Allgemeine Geschäftsbedingungen im Sinne der §§ 305 ff. BGB

Die Klassifizierung der Geschäftsbedingungen als Allgemeine Geschäftsbedingungen bereitet keine Schwierigkeiten. Nicht nur die mit dem Inkrafttreten des FRUG geänderte gesetzliche Bezeichnung des Freiverkehrsregelwerks legt eine Qualifikation als Allgemeine Geschäftsbedingungen nahe. Gewichtiger ist die Tatsache, dass der Börsenträger den Handelsteilnehmern das Regelwerk bei Vertragsschluss einseitig vorgibt und diese dem Regelwerk zustimmen müssen, ohne dass ihnen auch nur im Ansatz ein Verhandlungsspielraum eingeräumt wird.[471] Dieses einseitige Diktat („take it or leave it") ist das klassische Charakteristikum aller Allgemeinen Geschäftsbedingungen.[472] Der Umstand, dass die Handelsteilnehmer in der Regel gleichfalls ein Interesse an der Geltung des Regelwerkshaben, etwa weil das Regelwerk die Ordnungsmäßigkeit der Organisationsabläufe sicherstellt und damit den Anlegern eine gewisse Vertrauensbasis bereitet, ändert nichts an der Tatsache, dass die Handelsteilnehmer im Rahmen des Einbeziehungsverfahrens keinen Einfluss auf den Inhalt der Geschäftsbedingungen nehmen können.[473] Stattdessen werden diese Bedingungen für eine Vielzahl von Einbeziehungsverträgen vorformuliert.[474]

Die gegen die Einordnung der Geschäftsbedingungen als Allgemeine Geschäftsbedingungen vorgetragenen Bedenken greifen bei näherer Betrachtung nicht durch:

aa) Inter-partes Wirkung von Allgemeinen Geschäftsbedingungen

Allgemeine Geschäftsbedingungen wirken wie der ihnen zugrunde liegende Hauptvertrag nur inter partes.[475] Eine weitergreifende Geltung der Freiverkehrsgeschäftsbedingungen würde grundsätzlich eine Art Vertrag zulasten Dritter darstellen, den die deutsche Rechtsordnung nicht kennt.[476] Mithin kann der Träger des Freiverkehrs in seinen Geschäftsbedingungen beispielsweise keine Bestimmungen vorsehen, die seine Haftung Dritten gegenüber wirksam begren-

---

471 Schwark, NJW 1987, 2041, 2043; Heyder, BKR 2002, 806, 807; Dehlinger, Vertragliche Marktsegmentregulierung, S. 103 f.

472 BGHZ 127, 175, 181; Staudinger/Schlosser, BGB, Vorbemerkung zu §§ 305 ff. Rdnr. 4 und § 305 BGB Rdnr. 17; Brox/Walker, Allgemeiner Teil des BGB, § 10 Rdnr. 220.

473 Bachmann, WM 2001, 1793, 1795.

474 Basedow, in: Müko, BGB, § 305 Rdnr. 13 u. 17.

475 Staudinger/Schlosser, BGB, § 305 Rdnr. 167.

476 Medicus, Schuldrecht I, Rdnr. 759; Schlüter, Börsenhandelsrecht, Abschnitt G Rdnr. 833; Schwartz, Anlegerschutz im Freiverkehr, S. 53.

zen.[477] Freiverkehrsveranstalter hätten ein berechtigtes Interesse daran, potenzielle Haftungsansprüche auch Dritten gegenüber auszuschließen bzw. zu begrenzen, weshalb Haftungsbegrenzungsklauseln gängige Praxis seien.[478] Diesem Ansatz kann entgegengehalten werden, dass er allein ergebnisorientiert ausgerichtet ist. Die Tatsache, dass manche Freiverkehrsveranstalter solche Regelungen vorhalten, ist für die rechtliche Einordnung des Regelwerks ohne jeden Belang.[479]

Ferner kann auch die Rechtsfolge, dass nämlich der Freiverkehrsveranstalter Dritten gegenüber seine Haftung nicht in wirksamer Weise auszuschließen vermag, hingenommen werden. Schließlich ist der Börsenträger ein privates Wirtschaftsunternehmen und keine öffentlich-rechtliche Anstalt, bei der der Gesetzgeber sich darum bemühen muss, die Haftung des Staates (Amtshaftungsansprüche) zu begrenzen. Wirtschaftsunternehmen anderer Art können ihre Haftung gleichfalls keineswegs gegenüber jedermann ausschließen. Warum dem Börsenträger hier eine Sonderstellung zukommen soll, ist nicht ersichtlich. Es ist allein Sache des Gesetzgebers, den Börsenträger von möglichen Haftungsrisiken freizustellen, so wie er es etwa für die Börsenorgane vorgesehen hat. Deren Haftung ist insoweit begrenzt, als sie – wie z. B. § 12 VI BörsG klarstellt – ausschließlich im öffentlichen Interesse handeln, womit die für die Amtshaftung notwendige Drittbezogenheit der Amtspflicht regelmäßig entfällt und damit insoweit eine Haftung aus Art. 34 i. V. m. § 839 BGB ausgeschlossen wird.[480] Gänzlich ausgeschlossen werden kann die Haftung der Börsenorgane hierdurch jedoch nicht.[481]

bb) Einbeziehungswille des Trägers

Ferner wird der Einwand erhoben, es sei mit dem Wortlaut des § 48 I BörsG nicht zu vereinbaren, dass die Geltung der Geschäftsbedingungen zur Dispositi-

---

477 § 48 I S. 4 BörsG stellt dies nunmehr im Gesetz zumindest in Bezug auf die Veröffentlichungspflichten von Emittenten ausdrücklich klar. Danach dürfen den Emittenten, die ihre Zustimmung zur Einbeziehung der von ihnen emittierten Wertpapiere nicht erteilt haben, keine Veröffentlichungspflichten auferlegt werden.

478 Vgl. § 29 FV-AGB FWB; Breitkreuz, Die Ordnung der Börse, S. 308; Schwartz, Anlegerschutz im Freiverkehr, S. 53.

479 A. A. Schwartz, Anlegerschutz im Freiverkehr, S. 53, der wegen der gängigen Praxis die Einstufung als AGB als unpraktikabel bezeichnet.

480 Jaskulla, WM 2002, 1093, 1103; Lorenz, Die Wertpapierbörse und ihr Träger, S. 86; Palandt/Sprau, § 839 Rdnr. 44.

481 Die Einzelheiten sind streitig, vgl. Schwark, in: Schwark/Zimmer, KMRK, § 15 BörsG Rdnr. 11.

on des Börsenträgers stehe.[482] Dies sei aber der Fall, wenn man das Regelwerk als Allgemeine Geschäftsbedingungen begreife, weil deren Einbeziehung dann allein im Ermessen des Verwenders stehe.[483] Dieser sei dann nämlich nicht gezwungen, die Allgemeinen Geschäftsbedingungen jedem zwischen ihm und einem Handelsteilnehmer geschlossenen Einbeziehungs- oder Teilnahmevertrag zugrunde zu legen.[484] Abgesehen davon könne der Freiverkehrsveranstalter durch Individualvereinbarungen das Regelwerk dann auch partiell außer Kraft setzen (§ 305b BGB).

Diese Überlegungen greifen zu kurz. Grundsätzlich ist in der börsenrechtlichen Literatur allgemein anerkannt, dass ein Wertpapiermarkt nur dann effizient und vor allem wettbewerbsfähig funktionieren kann, wenn gegenüber jedem Teilnehmer die gleichen Handelsbedingungen gelten.[485] Auch im Freiverkehr ist es daher unbedingt erforderlich, einheitliche Marktverhältnisse vorzufinden. Deshalb müssen die Geschäftsbedingungen Grundlage jeder Einbeziehung eines Wertpapiers in den Freiverkehr sein.[486] Andernfalls würde die ohnehin schon knapp bemessene Transparenz dieses Segments noch weiter aufgelockert, weil dann für Investoren nicht sichtbar wäre, welcher Emittent bzw. Handelsteilnehmer welche Pflichten zu erfüllen hat. Das würde den Wettbewerb um Anlagekapital verzerren, Investoren und Anleger verunsichern und schlussendlich den gesamten Handel negativ belasten. Ein unübersichtliches Marktsegment ohne einheitliches Normgefüge findet im internationalen Wettbewerb keine Akzeptanz.

Würde der Börsenträger trotz dieser fundamentalen marktorganisatorischen Grundvoraussetzungen anders vorgehen und mit den Handelsteilnehmern uneinheitliche Listingverträge schließen oder gar Individualvereinbarungen treffen, stünden die dadurch erzeugten Marktverhältnisse nicht mit dem Börsengesetz in Einklang. § 48 BörsG verlangt eine ordnungsgemäße Durchführung des Handels. Das bedingt unabdingbar eine Uniformität der Marktverhältnisse.[487] Bör-

482 Breitkreuz, Die Ordnung der Börse, S. 308, Schwartz, Anlegerschutz im Freiverkehr, S. 53, Schlüter, Börsenhandelsrecht, Abschnitt G Rdnr. 831; Bauer/Pleyer/Hirche, BKR 2002, 102, 115.

483 Bachmann, WM 2001, 1793, 1795 m. w. N.

484 Schlüter, Börsenhandelsrecht, Abschnitt G Rdnr. 829; Bauer/Pleyer/Hirche, BKR 2002, 102, 114; Schwartz, Anlegerschutz im Freiverkehr, S. 53, Breitkreuz, Die Ordnung der Börse, S. 308.

485 Ausführlich Primary Markets Arbitration Panel, BKR 2002, 468, 471; Schwartz, Anlegerschutz im Freiverkehr, S. 48.

486 Vgl. etwa Präambel der „Allgemeinen Geschäftsbedingungen für den Freiverkehr an der FWB".

487 Dehlinger, Vertragliche Marktsegmentregulierung, S. 102.

sengeschäftsführung und Börsenaufsichtsbehörde hätten in einem solchen Fall börsenrechtswidrigen Verhaltens die Pflicht, dieses Verhalten zu beanstanden und einheitliche Marktverhältnisse einzufordern.

cc) Verflechtung mit der Börsenordnung

Drittens wurde eingewandt, nahezu jede Börsenordnung an einer deutschen Börse halte eine Norm vor, die der Börsengeschäftsführung das Recht einräume, den Freiverkehrsträger anzuweisen, bestimmte Vorschriften in die Geschäftsbedingungen einzufügen, die sie für die ordnungsgemäße Durchführung des Handels für erforderlich halte.[488] Diese Regelungen ergäben nur Sinn, wenn der Freiverkehrsträger auch in der Lage sei, die Regelwerksänderung einheitlich gegenüber allen Handelsteilnehmern des Freiverkehrs durchzusetzen. Ginge man dagegen davon aus, dass der Widerspruch einzelner Handelsteilnehmer die Durchsetzung der von der Börsengeschäftsführung angewiesenen Bestimmungen hindern könnte, wären die genannten Bestimmungen in der Börsenordnung wertlos. Daher – so wurde vorgetragen – könne das Freiverkehrsregelwerk nicht die Rechtsform von Allgemeinen Geschäftsbedingungen haben.[489]

Dieses Argument hat sich mit der Einführung der Handelsordnung für den Freiverkehr erledigt. Wesentliche Bestimmungen den Handel im Freiverkehr betreffend kann der Börsenrat nun selbst verbindlich für alle Handelsteilnehmer in der Handelsordnung treffen.

c) Ergebnis

Somit kann festgehalten werden, dass gegen die Einordnung der Freiverkehrsgeschäftsbedingungen als Allgemeine Geschäftsbedingungen im Sinne der §§ 305 ff. BGB keine nachhaltigen Einwände vorliegen. Ob der Freiverkehr unter Verwendung von Allgemeinen Geschäftsbedingungen in einer Weise organisiert werden kann, die den Anforderungen des § 48 BörsG in Bezug auf eine ordnungsgemäße Freiverkehrsorganisation entspricht, soll im Folgenden geprüft werden. Dies wird zu bejahen sein, wenn dem Freiverkehrsträger die Kompetenz

488 Vgl. etwa § 140 II S. 3 BörsO FWB vom 01. November 2007.

489 So etwa Bauer/Pleyer/Hirche, BKR 2002, 102, 113, im Ansatz auch Wolf, WM 2001, 1785, 1787, der aber zu Recht normenhierarchische Bedenken äußert. Denn normenhierarchisch betrachtet kann materielles Recht (Börsenordnung) nicht zur Änderung, Konkretisierung oder Auslegung formellen Rechts (§ 57 BörsG 2002) beitragen, wenn es dafür keine bundesgesetzliche Ermächtigung gibt. Im Rahmen der Selbstverwaltungskompetenz erlassenes Recht kann nicht den Selbstverwaltungsbereich verlassen und Angelegenheiten Dritter regeln.

zuteil wird, die Geschäftsbedingungen nach Vertragsschluss kurzfristig und einseitig an veränderte Marktbedingungen anzupassen.

5. Die einseitige Änderung eines in Allgemeine Geschäftsbedingungen gekleideten marktorganisierenden Regelwerks

a) Einleitung

Während bei einmaligen Austauschverhältnissen, bei denen jeweils nur eine (Haupt)-Leistung geschuldet ist, eine nachträgliche Änderung von Allgemeinen Geschäftsbedingungen generell für nicht zulässig erachtet wird,[490] da hier ein Veränderungsbedürfnis in den alleinigen Risikobereich des Verwenders fällt, gilt es, bei Dauerschuldverhältnissen eine differenzierte Betrachtung vorzunehmen.[491] Weil in solchen Rechtsverhältnissen regelmäßig neue bzw. wiederkehrende Leistungen erbracht werden, kann dem Verwender ein anerkennenswertes Anpassungsbedürfnis nicht pauschal abgesprochen werden. Dies gilt in besonderem Maße für den Betreiber eines Wertpapierhandelssystems. Aufgrund der Tatsache, dass sich die wirtschaftlichen Rahmenbedingungen zyklisch oder aufgrund besonderer Ereignisse, wie z. B. der Finanzmarktkrise, in nicht unbedeutender Weise ändern können und sich der Kapitalmarkt stetig weiterentwickelt, kann das den Wertpapiermarkt organisierende Regelwerk nicht dauerhaft unverändert bleiben.[492]

Gegenstand dieses Abschnitts ist daher die Erörterung der Frage, ob es dem Betreiber des Freiverkehrs möglich ist, angemessen auf veränderte Marktverhältnisse zu reagieren und die Vertragsbedingungen für die Zukunft einseitig zu ändern.[493]

b) Praktische Relevanz

Die Problematik, ob der Veranstalter eines privatrechtlich organisierten Wertpapiermarktes sein Regelwerk nachträglich einseitig ändern kann, ohne dass dies einen neuen Vertrag und damit die Zustimmung der Handelsteilnehmer (und ggfs. Emittenten) erfordert, ist bereits im Zusammenhang mit der Diskussion, ob

---

490 Vgl. nur Staudinger/Rieble, BGB, § 315 Rdnr. 228.

491 BGH NJW 1990, 115, 115.

492 Heyder, BKR 2002, 806, 808; Bauer/Pleyer/Hirche, BKR 2002, 102, 113.

493 Freilich müsste dann dem Vertragspartner die Möglichkeit verbleiben, den Einbeziehungsvertrag zu kündigen, vgl. Basedow, in: Müko, BGB, § 305 Rdnr. 82.

eine deutsche Börse mit einer privatrechtlichen Organisationsform im internationalen Wettbewerb besser aufgestellt wäre, eindringlich diskutiert worden.[494]

Praktische Bedeutung erhielt diese Problematik im Rahmen der „Penny-Stock"-Kontroverse des *Neuen Marktes*, als die Deutsche Börse AG das Regelwerk Neuer Markt (zum wiederholten Male) nachträglich einseitig änderte.[495] In diesem Fall führte sie eine Delistingklausel[496] in das Regelwerk Neuer Markt ein, die ihr die Befugnis verleihen sollte, einzelne Emittenten bei Vorliegen bestimmter Voraussetzungen vom Neuen Markt auszuschließen. Die Anwendung dieser Vorschriften führte zu einer Reihe von gerichtlichen Verfahren im Wege des einstweiligen Rechtsschutzes. Weil das Schiedsgericht des Neuen Marktes (sog. „Primary Markets Arbitration Panel"), verschiedene Rechtsprechungsinstanzen und auch die Stimmen in der Literatur höchst unterschiedliche und widersprüchliche Wege der Problemlösung beschritten, bestand eine ausgeprägte Rechtsunsicherheit, die für den Finanzstandort Deutschland, im Besonderen auch für die FWB, äußerst misslich war, besonders weil dies nicht gerade zu einer Verbesserung des bereits durch die allgemeine Entwicklung des Neuen Marktes beschädigten Anlegervertrauens beitrug. Ohne eine zufriedenstellende Klärung der Rechtslage endete die Diskussion um die Änderung des Regelwerks Neuer Markt abrupt mit dem Einlenken der Deutschen Börse AG[497] und der späteren Einstellung des Handelssegments Neuer Markt.[498]

---

494 Blumentritt, Die privatrechtlich organisierte Börse, S. 131 ff. m. w. N.

495 Damrau, Selbstregulierung im Kapitalmarktrecht, S. 354.

496 Abschnitt 1 Nr. 2.1.5 Abs. 2 Regelwerk Neuer Markt („RNM") in der Fassung vom 1.10.2001.

497 Pressebericht der Deutschen Börse AG vom 23.4.2002: Nach dem Urteil des OLG Frankfurt a. M. (Urteil vom 23.4.2002 – 5 U 278/01), das in zweiter Instanz eine einseitige Änderungsbefugnis der Deutschen Börse AG in Bezug auf das Regelwerk Neuer Markt ablehnte, sah sich die Deutsche Börse AG gezwungen, die Delistingregelung auszusetzen. Nach Ansicht des Gerichts sei auch im Eilverfahren ein konkreter Nachweis ausreichender Gründe für die Einführung neuer Ausschlusskriterien unentbehrlich, der im vorliegenden Fall nicht erfolgreich geführt worden sei (ausführlich dazu Weber, NJW 2003, 18, 22).

498 Die Deutsche Börse AG stellte das Handelssegment im Juni 2003 ein. Die zunächst angedachte „Verlegung" des Neuen Marktes – heraus aus dem privatrechtlich organisierten Freiverkehr hinein in den öffentlich-rechtlich organisierten geregelten Markt – wurde nicht weiterverfolgt. Erst seit dem Inkrafttreten des 4. FMFG war dies rechtlich überhaupt möglich. Der Neue Markt hätte als Teilbereich des geregelten Marktes installiert werden können. Die Aufstellung von zusätzlichen Zulassungsvoraussetzungen und Zulassungsfolgepflichten, wie sie den Neuen Markt kennzeichneten, wurde mit den §§ 42, 50 III, 54 BörsG 2002 ermöglicht. Die Verortung des Neuen Marktes in den Bereich der öffentlich-rechtlich regulierten Börsensegmente hätte das Problem der einseitigen

Aufgrund der Tatsache, dass die deutschen Börsen ihre Geschäftsbedingungen in regelmäßigen Abständen und in nicht unerheblicher Weise ändern,[499] ist die nach wie vor bestehende Rechtsunsicherheit bezüglich der Wirksamkeit solcher Änderungsklauseln nicht hinnehmbar. Auch an dem im Jahre 2005 eingeführten *Entry Standard* als Teilbereich des Freiverkehrs an der FWB könnten sich die damals aufgeworfenen und nicht abschließend geklärten Fragen erneut stellen.[500] Beispielsweise könnten sich Emittenten an Änderungen der Vertragsstrafenregelung in §§ 15, 20-22 FV-AGB FWB stören, die bereits im Neuen Markt für eine rechtliche Auseinandersetzung gesorgt hatte.[501] Gleiches gilt für Listingentgelte und sonstige Gebühren. Ferner mag es sein, dass der Börsenträger insbesondere den Teilbereich Entry Standard – wie dies aus der Praxis häufiger gefordert wird[502] – weiterentwickeln möchte und zu diesem Zweck die Anforderungen an die Einbeziehung oder die Einbeziehungsfolgepflichten erhöht, was aus der Sicht einzelner Unternehmen zu Problemen in der praktischen Umsetzung führen könnte.

Wegen dieser nach wie vor bestehenden Aktualität der Problematik soll deshalb im Folgenden der Versuch unternommen werden, die maßgeblichen Kriterien für eine Lösung der noch offenen Fragen herauszuarbeiten.

c) Untauglichkeit von Änderungsverträgen

Das Operieren mit Änderungsverträgen, wie dies nach allgemeinen zivilrechtlichen Maßstäben für nachträgliche Vertragsänderungen vorgesehen ist, kann wie bereits oben angeklungen in der börsenrechtlichen Praxis nicht handhabbar umgesetzt werden und wird auch von keinem der beteiligten Kreise tatsächlich eingefordert. Ausgangspunkt der nachfolgenden Überlegungen ist die unumstrittene Maxime, dass im Rahmen der Organisation eines Wertpapiermarktes die Wirk-

---

Regelwerksänderung lösen können. Dann wäre die Änderung des Regelwerks in den Zuständigkeitsbereich des Börsenrats gefallen. Eine einseitige Änderung ohne direkte Mitwirkung jedes einzelnen Teilnehmers wäre damit möglich geworden. Allerdings hätte dies freilich auch dazu geführt, dass nicht mehr der Börsenträger, sondern der Börsenrat als Organ der Börse für den Erlass des Regelwerks zuständig geworden wäre.

499 Die Deutsche Börse AG beispielsweise änderte ihre FV-AGB zum 29.5.2006, 15.11.2007, 1.10.2008, 6.7.2009, 12.10.2009, 14.02.2011, 23.05.2011 und 01.07.2012

500 Freilich besteht im allgemeinen Freiverkehr seltener Änderungsbedarf als in den Vorzeigesegmenten Entry Standard oder M:access, allein schon deshalb, weil dort deutlich detailliertere Regelungen vorhanden sind, die den Emittenten aufgeben, segmentspezifische Folgepflichten zu erfüllen.

501 Schiedsspruch des Primary Markets Arbitration Panel vom 10.09.2001, BKR 2001, 153.

502 Vgl. beispielsweise Börsen-Zeitung vom 1.11.2005 (Nr. 210), S. 29.

samkeit nachträglicher Regelwerksänderungen nicht von der Zustimmung des einzelnen Teilnehmers abhängig sein kann.[503] Um fortwährend die Voraussetzungen für die Zulassung eines Freiverkehrshandels nach § 48 I 1 BörsG erfüllen zu können, muss der Marktorganisator auf veränderte Rahmenbedingungen reagieren können und das gegenüber allen Teilnehmern in gleicher Weise.[504]

Mit Änderungsverträgen zwischen dem Freiverkehrsträger und jedem einzelnen Teilnehmer können diese Vorgaben nicht erfüllt werden. Zunächst ist dabei auf den erheblichen zeitlichen und finanziellen Aufwand einer solchen Maßnahme zu verweisen. Müsste man von jedem Handelsteilnehmer eine Zustimmung einholen, wären kurzfristig erforderlich werdende Regeländerungen von vornherein ausgeschlossen (zeitliche Komponente). Gleichzeitig entstünde ein enormer Bürokratieaufwand, mit dem zugleich nicht unerhebliche Kosten einhergehen würden (finanzielle Komponente).[505] Auf volatile Märkte und unvorhersehbare dynamische Entwicklungen könnte damit nicht in angemessener Weise reagiert werden. Um aber die Funktions- und Wettbewerbsfähigkeit eines Finanzplatzes dauerhaft zu gewährleisten, kann die zügige Anpassung der Regelwerke an unvorhersehbare Entwicklungen des Kapitalmarktes zwingend notwendig sein, insbesondere wenn fragile Marktverhältnisse aufgrund unzureichender Reglementierung die Anleger zu verschrecken drohen.[506] Ferner sind auch Fälle denkbar, in denen aufgrund neuer gesetzlicher Regelungen oder gerichtlicher Entscheidungen eine schnelle Änderung des Regelwerks notwendig wird. Auch hier kann es nicht auf die Zustimmung einzelner Teilnehmer ankommen.

Lässt man diese Argumente als allzu rechtsfolgenorientiert nicht ausreichen, muss man sich mit der Frage auseinandersetzen, welche Konsequenzen es hätte, sollten einzelne Teilnehmer ihre Zustimmung zur Regelwerksänderungen verweigern. Der daraus resultierende Zustand – das Freiverkehrsregelwerk gilt in der Neufassung nur gegenüber den zustimmenden Handelsteilnehmern – wäre untragbar. Der Wertpapierhandel würde damit immens an Effektivität und damit Attraktivität verlieren, weil nach außen hin nicht erkennbar wäre, welcher Teilnehmer die jeweiligen Anforderungen des Handelssegments erfüllt. Das läuft

---

503 Ganz h. M: LG Frankfurt a. M., WM 2001, 1607, 1610 sowie BKR 2001, 106, 108; Primary Markets Arbitration Panel, BKR 2001, 153, 155; Bauer/Pleyer/Hirche, BKR 2002, 102, 113; Dehlinger, Vertragliche Marktsegmentregulierung, S. 101.

504 Müller, Der Konzern 2008, 263, 265.

505 Hammen, WM 2003, 997, 998; Dehlinger, Vertragliche Marktsegmentregulierung, S. 101.

506 Handelsplattformen stehen mittlerweile in einem globalen Wettbewerb. Defizite in der nationalen Rechtsordnung können daher erheblichen Nachteile für einzelne Betreiber nach sich ziehen (Richter, ZHR 172, 419, 421).

gerade dem ureigenen Sinn einer Unterteilung des gesamten Wertpapierhandels in Handelssegmente und Teilbereiche diametral entgegen, der darin zu sehen ist, die Emittenten nach den von ihnen zu erfüllenden Listingvoraussetzungen und Folgepflichten zu separieren.[507] Diese einheitliche Festlegung bestimmter mit der Notierung verbundener qualitativer Anforderungen ist für die Öffentlichkeitswirksamkeit einer Notierung von besonderer Bedeutung, weil sie gewisse Rückschlüsse auf die Qualität des Unternehmens erlaubt. Die Handelsteilnehmer erhalten damit allein anhand der Eingliederung der Emittenten in ein bestimmtes Segment und der dadurch bedingten Pflichten, gewisse Transparenz- und Publizitätsstandards zu erfüllen, wesentliche Informationen über das Unternehmen. Das ist für ihre Anlageentscheidung ein zentrales Kriterium. Ist diese Uniformität der in ein und demselben Segment/Teilbereich gelisteten Unternehmen nicht gewährleistet, hätte dies letztlich eine bedeutende Verlangsamung des Handels zur Folge, weil die Händler und Investoren mehr Zeit in die Beschaffung von Informationen investieren müssten. Weil solche Verhältnisse international nicht wettbewerbsfähig sind, wäre der Freiverkehrsveranstalter unter Umständen gar gezwungen, diejenigen Handelsteilnehmer, die ihre Zustimmung zu den Regelwerksänderungen verweigern, aus dem Listingvertragsverhältnis herauszukündigen. In Bezug auf den Freiverkehr gilt dies auch deshalb, weil er ansonsten seiner ihm durch § 48 I S. 1 BörsG auferlegten Verpflichtung, eine ordnungsgemäße Durchführung des Handels und der Geschäftsabwicklung zu gewährleisten, nicht entsprechend Folge leisten könnte.

Regelwerke eines Wertpapiermarktes müssen daher in den einzelnen Segmenten gegenüber jedem Handelsteilnehmer einheitlich gelten. Dies gilt bedingungslos für solche Bestimmungen, die die Statuierung von Einbeziehungs- bzw. Zulassungsvoraussetzungen und -folgepflichten zum Gegenstand haben, und solche, die für die Bewertung des Unternehmens als Investitionsobjekt relevant sind. Im Folgenden soll daher erläutert werden, mit welchem rechtlichen Instrument eine nachträgliche einseitige Änderung der Geschäftsbedingungen des Freiverkehrs bewerkstelligt werden kann.

d) Varianten einer einseitigen Vertragsänderung

aa) Überblick

Änderungsklauseln sind in vielen Varianten denkbar. Im Kern lassen sich drei Formen ganz grundsätzlich voneinander unterscheiden:

507 Pölert, Aktionärsorientierte Unternehmensführung, S. 51.

aaa) Änderungsvorbehalt

Bestimmt der Freiverkehrsveranstalter: „Das Regelwerk gilt in seiner jeweils aktuellen Fassung unter Einschluss der nach Abschluss des Einbeziehungsvertrages erfolgten Änderungen“, oder noch deutlicher: „Dem Freiverkehrsveranstalter steht das Recht einer einseitigen nachträglichen Änderung des Regelwerkes zu“, statuiert er damit einen einseitigen Änderungsvorbehalt zu seinen Gunsten.[508] Vergleichbar sind Bestimmungen, die eine antizipierte Einigung annehmen, etwa wie: „Die Allgemeinen Geschäftsbedingungen gelten in ihrer jeweils aktuellsten Fassung als vereinbart“ oder: „Der Unterzeichner stimmt bereits im Voraus künftigen Änderungen des Regelwerks durch den Verwender zu“.[509] Im Ergebnis können beide Varianten keine unterschiedliche rechtliche Bewertung erfahren. Unabhängig davon, ob der Verwender sich ein Änderungsrecht vorbehält oder ob er den Kontrahenten dazu drängt, bereits im Voraus potenziellen und noch nicht überschaubaren zukünftigen Änderungen zuzustimmen, wird dem Verwender gleichermaßen die Möglichkeit eröffnet, durch einseitige nachträgliche rechtsgeschäftliche Erklärung den Inhalt des Vertrages ohne bzw. gegen den Willen der Gegenpartei abzuändern.[510]

bbb) Genehmigungsfiktion

Ein anderes Mittel, um Änderungen in bestehenden Verträgen ohne die ausdrückliche Zustimmung des Kontrahenten vorzunehmen, sind Klauseln, die eine Genehmigung von Änderungen fingieren. Bei solchen Klauseln geht der Verwender grundsätzlich von der Erforderlichkeit einer Zustimmung des anderen Vertragsteils aus. Diesem werden dann die geplanten Änderungen formal bekanntgegeben, versehen mit dem Hinweis, dass er, sofern er mit den Änderungen nicht einverstanden sein sollte, das Recht habe, den Änderungen innerhalb einer bestimmten Frist zu widersprechen. Ferner wird ausdrücklich klargestellt, dass nach Fristablauf ein nicht erfolgter Widerspruch als Genehmigung der Ver-

---

508 Auch Vertragsanpassungsklauseln oder Wirtschaftsklauseln genannt, vgl. Baur, Vertragliche Anpassungsregelungen, S. 48.

509 Die Zulässigkeit solcher Klauseln wird überwiegend abgelehnt: Prölss, in: Prölss/Martin, Versicherungsvertragsgesetz, Vorbemerkungen zur Anwendung des Versicherungsrechts, Rdnr. 27 weist darauf hin, dass eine antizipierte Zustimmung nur möglich sei, sofern zu diesem Zeitpunkt bereits feststehe, mit welchen Änderungen der Vertragspartner zu rechnen habe. Vgl. ferner Bunte, in Schimansky/Bunte/Lwowski, Bankrechts-Handbuch, § 6 Rdnr. 10; Römermann/Schröder, BKR 2002, 83, 85; Elbe, BB 1980, 477, 479; Horn, WM 1984, 449, 453; im Ansatz auch BGH, WM 1983, 926, 927.

510 Baur, Vertragliche Anpassungsregelungen, S. 47.

tragsänderungen aufgefasst werde.[511] Das Verstreichenlassen der Frist wird damit als konkludente Zustimmungserklärung gewertet.[512]

Die Konzeption einer Genehmigungsfiktion unterscheidet sich nicht nur in formaler Hinsicht von der eines Änderungsvorbehalts. Beim Änderungsvorbehalt werden die neuen Allgemeinen Geschäftsbedingungen regelmäßig mit ihrer Bekanntmachung sofort oder nach Ablauf einer Übergangsfrist wirksam, wohingegen im Falle einer Genehmigungsfiktion die neuen Regelungen frühestens mit Ablauf der Widerspruchsfrist Geltung entfalten können. Erfolgt tatsächlich ein Widerspruch, sind uneinheitliche Marktverhältnisse die Folge, die nur mit einer Kündigung des Einbeziehungsvertrages vonseiten des Freiverkehrsveranstalters wieder beseitigt werden können. Dies nimmt jedoch, sofern man die Zulässigkeit solcher Kündigungen überhaupt bejaht (dazu unten Kapitel 3, IV., d), cc), bbb)), aufgrund der einschlägigen Kündigungsfristen weitere Zeit in Anspruch. Im Gegensatz hierzu obliegt es beim Änderungsvorbehalt allein dem Kontrahenten, die für ihn nachteilige Vertragsänderung entweder mit rechtlichen Mitteln anzugreifen oder den Vertrag von seiner Seite aus zu kündigen.

Somit zeigt sich bereits anhand dieser ersten Ansätze, dass sich die Verwendung eines Änderungsvorbehalts für den Freiverkehrsveranstalter deutlich günstiger darstellt.

ccc) Änderungsvorbehalt unter Vorbehalt der Billigung durch die Börsenaufsichtsbehörde

Ein bislang kaum in Erscheinung getretener, aber auf den ersten Blick bestens geeigneter Lösungsansatz, ein für alle Beteiligten interessengerechtes Resultat herbeizuführen, ist die grundsätzliche Statuierung eines Änderungsvorbehalts versehen mit der Einschränkung, dass die hierauf erfolgten Änderungen der Genehmigung der Börsenaufsichtsbehörde bedürfen.[513]

Allein diese Konzeption ist geeignet, ohne großen Zeitaufwand ein Gleichgewicht der Interessen von Freiverkehrsveranstalter und Handelsteilnehmern bzw. Emittenten herzustellen. Einerseits verbleibt dem Freiverkehrsveranstalter ein weiter Gestaltungsspielraum, der es ihm ermöglicht, das Regelwerk den veränderten Marktverhältnissen anzupassen. Andererseits werden die von zahlrei-

---

511 So bei den AGB der Banken, vgl. Nr. 1 AGB-Banken, abgedruckt bei Schimansky/Bunte/Lwowski, Bankrechts-Handbuch, § 6; Ebenso die Regelung im Freiverkehr an der Frankfurter Wertpapierbörse, vgl. § 4 FV-AGB der Deutschen Börse AG.

512 Habersack, in: MüKo, AktG, § 221 Rdnr. 268.

513 In anderen Bereichen gibt es solche gesetzlichen Änderungskompetenzen kombiniert mit einem Zustimmungsvorbehalt der Aufsichtsbehörde, z. B.: § 9 I Bausparkassengesetz.

chen Stimmen in Literatur und Rechtsprechung geäußerten Bedenken, die Handelsteilnehmer bzw. Emittenten seien im Falle eines dem Freiverkehrsveranstalter zustehenden einseitigen Änderungsrechts dessen Willkür schutzlos ausgeliefert, durch die Kontrolle der Börsenaufsichtsbehörde beseitigt.

Freilich hat diese Lösung gegenwärtig noch keinen Niederschlag im deutschen Recht gefunden, wenngleich es infolge der mit dem FRUG und dem Gesetz zur Modernisierung des Pfandbriefrechts einhergegangenen börsenrechtlichen Änderungen hierzu keines größeren Schrittes mehr bedarf. Die Börsenaufsichtsbehörde hat gemäß § 16 III S. 1 BörsG die vom Börsenrat verfasste Börsenordnung zu genehmigen. Die Handelsordnung für den Freiverkehr an der FWB verweist ganz überwiegend auf die Handelsregelungen in der Börsenordnung, was dazu führt, dass die Handelsregeln im Freiverkehr mittelbar ebenfalls durch die Aufsichtsbehörde kontrolliert werden. Insoweit bestehen keine tragfähigen Gründe, die einer Erweiterung dieser Befugnis auf die Kontrolle der Freiverkehrsgeschäftsbedingungen entgegenstünden. Schließlich – und das dürfte das gewichtigste Argument sein – bedarf ohnehin schon die grundsätzliche Entscheidung über den Betrieb eines Freiverkehrs an der jeweiligen Börse gemäß § 48 III S. 1 BörsG der Erlaubnis der Börsenaufsichtsbehörde.

bb) Vereinbarkeit eines Änderungsvorbehalts mit den Grundsätzen des AGB-Rechts (Vorbehaltskontrolle)

Im Folgenden soll geprüft werden, unter welchen Voraussetzungen ein börsenrechtlich geprägter Änderungsvorbehalt rechtswirksam in das Freiverkehrsregelwerk eingefügt werden könnte.

aaa) Inhaltskontrolle nach § 307 BGB

Der Inhaltskontrolle unterfallen gemäß § 307 III BGB nur solche Bestimmungen in Allgemeinen Geschäftsbedingungen, die von Rechtsvorschriften abweichende oder diese ergänzende Regelungenaufstellen. Hinter dieser wenig konkreten Vorschrift steht die Intention des Gesetzgebers, solche Vertragsbestandteile von der Inhaltskontrolle auszunehmen, die ihre Grundlage im Gesetz oder in allgemeinen Prinzipien der Rechtsordnung finden.[514] Der Grundsatz der Privatautonomie, der ein solches allgemeines Prinzip im Bürgerlichen Recht darstellt, erlaubt es den Vertragsparteien etwa die essentialia negotii frei nach ihrem Gut-

514 Bunte, AGB-Banken und Sonderbedingungen, Rdnr. 52; Palandt/Heinrichs, § 307 Rdnr. 54; Basedow, in: Müko, BGB, § 307 Rdnr. 3; Staudinger/Coester, BGB, § 307 Rdnr. 283.

dünken zu bestimmen.[515] Dieser freie Wille der Vertragsschließenden soll deshalb keiner Inhaltskontrolle unterliegen.[516] Bezieht sich ein Änderungsvorbehalt allein auf die Hauptleistungspflichten, ließe sich die Frage stellen, ob eine solche Klausel der Inhaltskontrolle unterworfen werden muss. Denn in diesem Fall wären ausschließlich die dem freien Willen der Vertragsparteien unterfallenden Hauptleistungspflichten betroffen. Ein Änderungsvorbehalt stellt jedoch nur eine Nebenabrede dar, selbst wenn er im Ergebnis mittelbar die Hauptleistung betrifft. Mit ihm wird nicht automatisch die Hauptleistung als solche bestimmt, sondern es wird dem Verwender das zusätzliche Recht gewährt, die (Haupt-) Leistung erstmalig oder nachträglich neu zu bestimmen.[517] Die Hauptleistung selbst ist jedoch, auch wenn sie durch eine solche Klausel in nicht unerheblichem Maße modifiziert werden kann, nicht unmittelbar Gegenstand der Klausel.[518] Änderungsvorbehalte unterfallen somit der Inhaltskontrolle nach § 307 BGB.[519]

Grundsätzlich ist eine AGB-Klausel dann rechtswidrig und nach § 307 I S. 1 BGB unwirksam, wenn sie den Vertragspartner entgegen den Geboten von Treu und Glauben unangemessen benachteiligt. Wie § 242 BGB enthält diese Generalklausel keine greifbaren Kriterien, die für eine Subsumtion verwendet werden könnten. Die Ausfüllung des unbestimmten Rechtsbegriffs der „unangemessenen Benachteiligung" ist somit dem Wirken von Rechtsprechung und Literatur überlassen.[520]

Einigkeit besteht darüber, dass eine unangemessene Benachteiligung letztlich mittels einer umfassenden Interessenabwägung festzustellen ist.[521] Konkret

---

515 Staudinger/Coester, BGB, § 307 Rdnr. 321.

516 BGHZ 89, 206, 211; 137, 27, 29; Dietlein, NJW 1974, 969, 969; Blumentritt, Die privatrechtlich organisierte Börse, S. 198.

517 Diese Folgerung kann man auch aus § 308 Nr. 4 BGB herauslesen. Diese Norm enthält das Verbot eines Änderungsvorbehalts mit Wertungsmöglichkeit. Danach ist eine solche Klausel ausnahmsweise wirksam, wenn die Änderungen unter Berücksichtigung der Interessen des Verwenders für den Vertragspartner zumutbar sind. Aus der Normierung in § 308 Nr. 4 BGB kann man schließen, dass solche Klauseln der Inhaltskontrolle unterliegen.

518 BGHZ 124, 351, 362; BGH NJW 2005, 3420, 3421; Staudinger/Coester-Waltjen, BGB, § 308 Nr. 4 Rdnr. 5 m. w. N.; für Preisanpassungsklauseln allgemein anerkannt, vgl. BGH WM 2007, 2202, 2204 m. w. N.; Hau, Vertragsanpassung und Anpassungsvertrag, S. 337 m. w. N.; Beckmann, Die Zulässigkeit von Preis- und Prämienanpassungsklauseln nach dem AGB-Gesetz, S. 30.

519 Staudinger/Rieble, BGB, § 315 Rdnr. 227; Stoffels, AGB-Recht, Rdnr. 792; Bachmann, BKR 2001, 1793, 1796.

520 Staudinger/Coester, BGB, § 307 Rdnr. 107.

521 Palandt/Heinrichs, § 307 Rdnr. 8.

ist zu ermitteln, ob der Verwender durch einseitige Vertragsgestaltung eigene Interessen in missbräuchlicher Art und Weise auf Kosten seines Vertragspartners durchzusetzen versucht, ohne dessen Belange hinreichend zu berücksichtigen.[522]

Für die Beurteilung dieser Frage gibt der Gesetzgeber mit § 307 I S. 2 und II BGB gesetzlich fixierte Orientierungshilfen vor.[523] Auch wenn sich diese auf grundsätzliche Wertungen beschränken, bilden sie konkrete Ausformungen der Generalklausel des Abs. 1, bei deren Vorliegen typischerweise eine Unangemessenheit anzunehmen ist.[524] Die Bestimmungen in § 307 II BGB kommen vorliegend nicht in Betracht. Darüber hinaus gilt nach dem durch das Schuldrechtsmodernisierungsgesetz kodifizierten Transparenzgebot gemäß § 307 I S. 2 BGB auch eine solche Klausel als unangemessen, welcher der andere Vertragsteil aufgrund ihrer Intransparenz nicht entnehmen kann, welchen konkreten Inhalt sie hat und welche Folgen sich aus ihr ergeben können. Weitere Konkretisierungen enthalten die §§ 308, 309 BGB. Weil jedoch zur Teilnahme am Börsenhandel und insbesondere am Handel im Freiverkehr ausnahmslos Unternehmer (bzw. Kaufleute) zugelassen werden (vgl. § 19 II BörsG), sind gemäß § 310 I S. 1 BGB die Bestimmungen der §§ 308, 309 BGB vorliegend nicht anwendbar. Die Handelsteilnehmer erfüllen durchweg, ebenso wie die Emittenten (Ist-Kaufmann nach § 3 I AktG), die Eigenschaften eines Unternehmens im Sinne von §§ 310 I S. 1, 14 BGB.[525]

Obwohl die Klauselverbote der §§ 308, 309 BGB damit im unternehmerischen Geschäftsverkehr weder direkt noch analog angewendet werden können, lässt die herrschende Meinung diesen Verboten eine Indizwirkung zukommen.[526] Verstoße zum Beispiel eine Klausel, die ein Unternehmer gegenüber einem Verbraucher verwendet, gegen den hier in Erwägung zu ziehenden §§ 308 Nr. 4 BGB, so stelle deren Verwendung auch unter Kaufleuten regelmäßig eine unangemessene Benachteiligung dar, es sei denn, es begründeten ausnahmswei-

---

522 BGHZ 90, 280, 284; 120, 108, 118; Medicus, Bürgerliches Recht, § 4 Rdnr. 67; Palandt/Heinrichs, § 307 Rdnr. 8.

523 Staudinger/Coester, BGB, § 307 Rdnr. 222.

524 So Palandt/Heinrichs § 307 Rdnr. 25; Einzelheiten Streitig, vgl. Staudinger/Coester, BGB, § 307 Rdnr 222 ff.

525 Staudinger/Schlosser, BGB, § 310 Rdnr. 4.

526 Erstmalig in BGHZ, 90, 273, 278; BGH NJW 1985, 2693, 2695; Basedow, in: Müko, BGB, § 310 Rdnr. 10; Staudinger/Coester, BGB, § 307 Rdnr. 14 m. w. N.; Palandt/Heinrichs, § 307 Rdnr. 41; a. A.: Rabe, NJW 1987, 1978, 1982 f. m. w. N.; Karatzenis, Zur Anwendung der Generalklausel des § 9 AGB-Gesetz im Handelsverkehr, S. 45 und 49 m. w. N.; Dehlinger, Vertragliche Marktsegmentierung an Wertpapierbörsen, S. 194.

se besondere Interessen und Bedürfnisse des kaufmännischen Verkehrs ihre Angemessenheit.[527] Zur Begründung wird angeführt, dass der in den gesetzlichen Klauselverboten enthaltene prinzipielle Gerechtigkeitsgehalt den Unternehmern nicht vorenthalten werden dürfe.[528] Das mag auf den ersten Blick schlüssig erscheinen, ist doch allgemein anerkannt, dass es sich bei den Klauselverboten nur um besondere Ausprägungen der Generalklausel in § 307 I BGB handelt. Dass die grundsätzlichen Wertungen der §§ 308, 309 BGB auch im Rahmen des unternehmerischen Geschäftsverkehrs, nämlich bei der Prüfung des § 307 I BGB, nicht ausgegrenzt werden, ergibt sich freilich schon aus § 310 I S. 2 BGB. Diese Bestimmung stellt ausdrücklich klar, dass aus der Nichtanwendbarkeit der Klauselverbote im unternehmerischen Geschäftsverkehr nicht der Schluss gezogen werden darf, dass die in ihnen enthaltenen grundsätzlichen Wertungen bei der Angemessenheitsprüfung nach § 307 I BGB keine Berücksichtigung finden dürfen.[529] Der Gesetzgeber hat mit § 310 I S. 1 BGB lediglich den Besonderheiten des Handelsverkehrs einen gewissen Freiraum belassen wollen.[530]

Warum den §§ 308, 309 BGB darüber hinaus eine Indizwirkung zukommen soll, die die Vermutung einer unangemessenen Benachteiligung fixiert, vermag diese Rechtsauffassung nicht zu erklären. Aus dem Gesetz und den Gesetzesmaterialen lässt sich dergleichen jedenfalls nicht ableiten.[531] Wie bereits *Rabe*[532] überzeugend dargelegt hat, bestehen gegenüber einem solchen Rechtsverständnis erhebliche Bedenken, weil die Anwendung einer solchen „Indizformel“ häufig dazu führen wird, die gesetzgeberische Grundentscheidung – die Klauselverbote finden im Handelsverkehr keine Anwendung – zu verwischen.[533] Die Konkretisierungen sind ausschließlich für den nichtkaufmännischen Bereich entwickelt worden, und zwar zu einer Phase des Gesetzgebungsverfahrens, in der die Kaufleute noch gar nicht in den Anwendungsbereich des AGB-Gesetzes eingeplant waren.[534] Deshalb sollte die fragwürdige Indizwirkung bei der im Rahmen von § 307 I BGB vorzunehmenden Interessenabwägung vollständig ausgeblendet bleiben. Der Verweis auf die Indizwirkung vermag ohnehin keine präzise

527 BGHZ 90, 273, 278; Stoffels, AGB-Recht, Rdnr. 802.

528 Palandt/Heinrichs, § 307 Rdnr. 41.

529 Staudinger/Schlosser, BGB, § 310 Rdnr. 12.

530 Palandt/Heinrichs, § 307 Rdnr. 41; Staudinger/Coester, § 307 Rdnr. 14; Basedow, in: Müko, BGB, § 307 Rdnr. 10.

531 Rabe, NJW 1987, 1978, 1982 m. w. N., ferner Karatzenis, Zur Anwendung der Generalklausel des § 9 AGB-Gesetz im Handelsverkehr, S. 49 m. w. N.; Bunte, NJW 1987, 921, 925.

532 Rabe, NJW 1987, 1978, 1982.

533 Lenkaitis/Löwisch, ZIP 2009, 441,442.

534 BT-Drucksache 7/3919, S. 43.

„Ermittlung, Bewertung und Gewichtung der Interessen, bezogen auf die Bedürfnisse des kaufmännischen Geschäftsverkehrs, zu ersetzen."[535] Im Ergebnis kann daher § 308 Nr. 4 BGB (und auch § 308 Nr. 5 BGB bei der Genehmigungsfiktion) bei der Inhaltskontrolle der Freiverkehrsgeschäftsbedingungen keine Anwendung finden.

Bevor man nun mit der Interessenabwägung beginnt, gilt es zu beachten, dass bei der Abwägung der sich gegenüberstehenden Interessen eine überindividuell-generalisierende Betrachtung anzustellen ist, die ex ante feststellt, ob die Grenze der zulässigen Vertragsgestaltung überschritten wurde.[536] Die Inhaltskontrolle ist somit keine Ausübungskontrolle, sondern eine vom Einzelfall losgelöste Prüfung, die unberücksichtigt lassen muss, ob die Klausel im Einzelfall tatsächlich eine angemessene Anwendung erfahren hat.[537] Deshalb verbietet sich eine Vermischung der Inhaltskontrolle mit der Bewertung der Ausübung des Leistungsbestimmungsrechts.[538] Ergibt die Inhaltskontrolle, dass die AGB-Klausel unwirksam ist, ist es dem Verwender somit verwehrt, auf eine Billigkeitskontrolle nach § 315 BGB zu verweisen, um damit einer unwirksamen AGB-Klausel schlussendlich doch noch zur Wirksamkeit zu verhelfen.[539] Erst nach der Feststellung, dass eine Klausel bei allgemeiner und generalisierender Betrachtungsweise mit den Grundsätzen des AGB-Rechts in Einklang steht (Vorbehaltskontrolle), schließt sich auf einer zweiten Stufe die Prüfung an, ob die Ausübung des Leistungsbestimmungsrechts im konkreten Einzelfall rechtmäßig war (Ausübungskontrolle).[540] Die Ausübungskontrolle befasst sich mit der Prüfung, ob die in der Klausel selbst enthaltenen Voraussetzungen für die Vornahme einer Änderung des Vertrages vorlagen und ob dabei billiges Ermessen im Sinne von § 315 I BGB angewandt wurde.[541]

(1) Unangemessene Benachteiligung des Vertragspartners bei Verletzung des Transparenzgebots

Die Rechtsprechung bewertet die Zulässigkeit von Änderungsvorbehalten sehr restriktiv, wenngleich an der grundsätzlichen Zulässigkeit von Änderungsvorbe-

535 So richtigerweise Bunte, NJW 1987, 921, 925.

536 Palandt/Heinrichs, § 307 Rdnr. 40; Stoffels, AGB-Recht, Rdnr. 797 m. w. N..

537 Bunte, NJW 1984, 1145, 1148.

538 BGHZ, 82, 21, 26; 89, 206, 213.

539 BGHZ 124, 351, 362; OLG Bremen, ZIP 2008, 28, 32; Hau, Vertragsanpassung und Anpassungsvertrag, S. 338 f. m. w. N.; Staudinger/Coester-Waltjen, BGB, § 308 Nr. 4 Rdnr. 1; Büdenbender, NJW 2007, 2945, 2946.

540 Habersack, in: Müko, AktG, § 221 Rdnr. 267.

541 Graf von Westphalen, ZIP 2008, 669, 673.

halten keine prinzipiellen Bedenken bestehen.[542] Ganz wesentliche Bedeutung wird vor allem dem bereits angeklungenen Transparenzgebot zugeschrieben. Mit diesem ist nach Auffassung des BGH – und auch des ganz überwiegenden Teils der Literatur – eine schrankenlose AGB-Klausel, in der sich der Verwender ohne nähere Konkretisierung das umfassende Recht vorbehält, Allgemeine Geschäftsbedingungen in bereits bestehenden Verträgen jederzeit zu ändern, nicht zu vereinbaren.[543]

Das Transparenzgebot, das in § 307 I S. 2 BGB seine gesetzliche Grundlage gefunden hat, verlangt ein Mindestmaß an inhaltlicher Bestimmtheit, um Irreführung des Vertragspartners zu verhindern.[544] Diesem soll die reale Möglichkeit eingeräumt werden, ohne nennenswerte gedankliche Interpretationsleistung das Ausmaß der Klausel zu erfassen, insbesondere auch wirtschaftliche Nachteile und Belastungen zu antizipieren.[545] Dieses ausreichende Maß an Kalkulierbarkeit der möglichen Leistungsänderung schließt undifferenzierte Änderungsvorbehalte aus, die es dem Verwender gestatten, die Notwendigkeit einer Änderung von seiner subjektiven Einschätzung hinsichtlich der gegenwärtigen und künftigen Entwicklung bestimmter vertragswesentlicher Umstände abhängig zu machen.[546]

Nach dem BGH genügt es auch nicht, den Wortlaut von § 308 Nr. 4 BGB, der einen Änderungsvorbehalt unter bestimmten Voraussetzungen zulässt, nach-

---

542 BGH WM 2004, 825, 828; BGH NJW, 1999, 1865, 1865; vgl. auch Prölss, in: Prölss/Martin, Versicherungsvertragsgesetz, Vorbemerkung zur Anwendung des Versicherungsrechts, Rdnr. 28.

543 BGHZ 82, 21, 25; BGH NJW 1984, 1180, 1181; OLG Frankfurt a.M. WM 2002, 924, 926; LG Frankfurt a.M. WM 2001, 1607, 1610; Staudinger/Schlosser, BGB, 2006, § 305 Rdnr 173 m. w. N.; Staudinger/Rieble, BGB, § 315 Rdnr. 228; Basedow, in: Müko, BGB, § 305 Rdnr. 79 m. w. N.; Habersack, in: Müko, AktG, § 221 Rdnr. 266; Römermann/Schröder, BKR 2001, 83, 85; Wolf, WM 2001, 1785, 1786; Graf von Westphalen, NJW 2006, 2228, 2230; Feißel/Gorn, BB 2009, 1138, 1142; Hoeren, EWiR § 307 BGB 1/08, 72; Stoffels, AGB-Recht, Rdnr. 798; Baur, Vertragliche Anpassungsregelungen S. 74.

544 BGHZ 136, 394; 401; Palandt/Heinrichs, § 305 Rdnr. 48; von der Linden, WM 2008, 195, 196; Flume, Allgemeiner Teil, S. 632, der zumindest für die Änderung von essentialia negotii (z. B.: Preisanpassung) verlangt, dass die Klausel derart bestimmt verfasst ist, dass sich die Neuregelung aus der Vereinbarung herauslesen oder zumindest weiterdenken lasse.

545 BGHZ 141, 137, 143; BGH NJW 2001, 2014, 2016; BGH WM 2007, 2202, 2203; Rosenow/Schaffelhuber, ZIP 2001, 2211, 2215; Palandt/Heinrichs, § 307 Rdnr. 17; Staudinger/Coester, BGB, § 307 Rdnr. 317; Heyder, BKR 2002, 806, 809.

546 BGH Urteil vom 30.6.2009, XI ZR 364/08; LG Frankfurt am Main, BKR 2001, 109, 111; Staudinger/Schlosser, BGB, § 305 Rdnr. 173.

zubilden. Damit allein sei noch keine ausreichende Konkretisierung bewirkt.[547] Ein wirksames formularmäßiges Vertragsänderungsrecht erfordere vielmehr, dass „die Klausel selbst schwerwiegende Änderungsgründe nennt und in ihren Voraussetzungen und Folgen erkennbar die Interessen des Vertragspartners angemessen berücksichtigt“,[548] weil nur so der einzelne Vertragspartner vor der Gefahr einer willkürlichen Vertragsänderung, die im Einzelfall gar nur zur Gewinnmaximierung vorgenommen werden könnte, geschützt werde.[549] Preisanpassungsklauseln müssten beispielsweise neben den genannten Kriterien auch klar und verständlich bestimmen, in welcher Weise Änderungen bei Vorliegen der Klauselvoraussetzungen zu erfolgen haben,[550] insbesondere dass Preisanpassungen auch zugunsten des Kunden möglich sind.[551] Generell unzulässig seien Klauseln, die Änderungen nur in eine Richtung vorsehen, etwa ausschließlich die Erhöhung von Preisen ermöglichen.[552]

Die ständige Rechtsprechung in versicherungsrechtlichen Angelegenheiten geht noch über das Erfordernis einer hinreichenden Konkretisierung des Änderungsvorbehalts hinaus und formuliert hohe Ansprüche an die Erforderlichkeit von Änderungsvorbehalten. In Versicherungsverträgen mit langer Laufzeit seien nur solche Klauseln wirksam, die sich auf Änderungen beschränken, die nicht unbedeutende Störungen des Äquivalenzinteresses oder nachträglich zutage getretene Regelungslücken betreffen, und zwar auch dann nur, wenn der Grund für die Änderung nicht in der Person des Verwenders wurzelt.[553] Änderungsvorbehalte, die eine darüber hinausgehende weitergehende Schlechterstellung des Vertragspartners ermöglichen, seien nicht erforderlich und letztlich nur existent, um den Vertragspartner entgegen den Geboten von Treu und Glauben unangemessen zu benachteiligen.[554] Solche Klauseln führten letztlich zu einer einseitigen Risikoverlagerung allein auf den Vertragspartner, womit sich der Verwender in rechtsmissbräuchlicher Weise seines Unternehmerrisikos entledige.[555]

---

547 BGH WM 2007, 2202, 2203.

548 BGHZ 124, 351, 362.

549 BGH NJW 2005, 3567, 3569, sowie 1990, 115, 116 m. w. N.

550 BGH WM 2009, 321,323; Habersack WM 2001, 753, 758.

551 BGH WM 2009, 1077, 1080; 2004, 825, 828.

552 Vgl. ausführliche Darstellung bei Baur, Vertragliche Anpassungsregelungen, S. 85 ff.

553 BGH VersR 1999, 697; BGHZ 136, 394; 401; BGH WM 1999, 1367, 1368; Entzian, NVersZ 1998, 65, 66.

554 So BGH WM 1999, 1367, 1368 für Anpassungsklauseln in langläufigen Versicherungsverträgen.

555 Matusche-Beckmann, NJW 1998, 112, 114.

Fasst man die nicht ganz einheitliche Rechtsprechung[556] zusammen, besteht weitgehende Übereinstimmung, eine strenge Interpretation des Bestimmtheitsgrundsatzes vorzunehmen und von Änderungsvorbehaltsklauseln einzufordern, dass sie selbst detailliert festlegen, welche Bestimmungen unter welchen Voraussetzungen in welchem Umfang geändert werden können.[557] Eine hinreichende Konkretisierung muss so gestaltet sein, dass sie für den Verwender eine Handlungsanweisung enthält, die für den Vertragspartner durchschaubar und für die Gerichte kontrollierbar ist.[558] Allgemeine Floskeln wie zum Beispiel: „Anpassung an wirtschaftliche Verhältnisse" sind nach Auffassung der Rechtsprechung grundsätzlich unzureichend.[559]

Festzustellen ist aber auch, dass die höchstrichterliche Rechtsprechung in den unterschiedlichen Rechtsgebieten unterschiedliche starke, auf die jeweilige Rechtsmaterie abgestimmte Anforderungen an Änderungsvorbehalte stellt. Demzufolge gilt es im Folgenden zu hinterfragen, wie diese Grundsätze ins Börsenrecht transformiert werden können und inwieweit eine Abweichung von den aufgezeigten Kriterien zulässig ist. Höchstrichterlich wurde jedenfalls bislang nicht entschieden, ob börsenrechtliche Änderungsvorbehalte den gleichen strengen AGB-rechtlichen Voraussetzungen unterliegen.

(2) Maximal denkbare Konkretisierung eines börsenrechtlichen Änderungsvorbehalts

Bevor man jedoch zu der Frage gelangt, inwiefern eine Modifizierung der vorstehend aufgezeigten AGB-rechtlichen Grundsätze im Bereich des Börsenrechts zulässig ist, ist zu prüfen, in welchen Regelungskomplexen es den Parteien im Zeitpunkt des Vertragsschlusses tatsächlich möglich ist, eine geeignete Konkretisierung vorzunehmen.[560] Soweit eine Konkretisierung möglich ist, muss sie entsprechend der soeben dargestellten Auffassung des BGH auch durchgeführt werden („gangbare Mindestkonkretisierung").

---

556 Vgl. nur Beckmann, Die Zulässigkeit von Preis- und Prämienanpassungsklauseln nach dem AGB-Gesetz, S. 62 ff.

557 BGH WM 2007, 2202, 2203 mit weiteren Rechtsprechungsnachweisen; Basedow, in: Müko, BGB, § 305 Rdnr. 80; Staudinger/Schlosser, BGB, § 305 Rdnr. 174.

558 Baur, Vertragliche Anpassungsregelungen, S. 74, der dabei betont, dass an Preisanpassungsklauseln weniger intensive Anforderungen zu stellen sind, weil für deren Festsetzung genügend Referenzpreise existieren, an denen sich die Neuausrichtung der Preise orientieren kann (S. 73).

559 Dahin tendierend schon BGH WM 1973, 102, 103; auch Habersack, in: Müko, AktG, § 221 Rdnr. 268.

560 Staudinger/Coester, BGB, § 307 Rdnr. 317 verweist darauf, dass eine Konkretisierung soweit voranzutreiben ist, wie dies nach den Umständen des Einzelfalls machbar ist.

Die Geschäftsbedingungen für den Freiverkehr an der FWB erfassen im Wesentlichen die Bereiche: Allgemeine Bestimmungen, Einbeziehungsvoraussetzungen für den Open Market, Bestimmungen zum First und Second Quotation Board, Einbeziehungsvoraussetzungen und Einbeziehungsfolgepflichten für den Entry Standard, Vertragsstrafenregelungen und Listingentgelte.

Änderungsoptionen in den beiden zuletzt genannten Regelungsbereichen Vertragsstrafenregelungen (§§ 15, 20-22 FV-AGB FWB) und Listingentgelte (§ 31 FV-AGB FWB) sind ohne weiteres so darstellbar, dass die allgemeinen Transparenzanforderungen erfüllt werden. Eine Änderung aufgrund eines lediglich allgemein abgefassten Änderungsvorbehalts wäre an dieser Stelle auch mit dem Argument einer effektiven Fortentwicklung des Marktes nicht zu rechtfertigen. Zwar kann man der nominellen Erhöhung einer im Raum stehenden Vertragsstrafe ein gewisses Druckmoment nicht absprechen, das den Emittenten oder Handelsteilnehmer anhält, seine in den Allgemeinen Geschäftsbedingungen niedergelegten Pflichten zu erfüllen. Das kann aber nur ein untergeordneter Aspekt sein. Hier sind keine zwingenden Gründe ersichtlich, die ein Recht zur nachträglichen einseitigen Änderung der AGB rechtfertigen könnten. Eine Einschränkung der vom BGH herausgearbeiteten Grundsätze zur Konkretisierung von Änderungsvorbehalten ist in diesen Fällen nicht angezeigt.[561] Die Aufnahme diesbezüglicher Neuregelungen in Altverträge ist aus börsenorganisationsrechtlicher Sicht auch kein notwendiges Markterfordernis. Dies gilt im Übrigen für sämtliche Nebenabreden, die für die einheitliche Marktsegmentierung und den einheitlich ausgestalteten Wertpapierhandel keine Rolle spielen. Nach der hier vertretenen Auffassung sind dies insbesondere die allgemeinen Bestimmungen der Geschäftsbedingungen der FWB z. B. über die Zulassung der Handelsteilnehmer (§ 6 FV-AGB FWB), über Kündigungsrechte (§§ 7, 14 und 23 FV-AGB FWB) und über die Haftung der Deutsche Börse AG (§ 29 FV-AGB FWB).

Ganz anders liegen die Dinge dagegen bei den allgemeinen Bestimmungen, den Einbeziehungsvoraussetzungen und den Einbeziehungsfolgepflichten. Obwohl diese Regelungen ganz fundamentale Fragen des Rechtsverhältnisses zwischen Freiverkehrsveranstalter und Teilnehmer regeln, sind sie einer näheren Konkretisierung nicht zugänglich. Gerade die Markteintrittsbedingungen und die aus der Einbeziehung heraus resultierenden Pflichten werden häufig – oftmals aus Wettbewerbsgründen – den Anforderungen eines neuen Marktumfeldes angepasst. Würde man die vorstehend genannten Rechtsprechungsgrundsätze hierauf vollständig übertragen wollen, müsste festgestellt werden, dass es rechtstat-

561 Bzgl. der Listingentgelte finden die zu den Preisanpassungsklauseln entwickelten Grundsätze des BGH uneingeschränkt Anwendung (dazu umfassend Beckmann, Die Zulässigkeit von Preis- und Prämienanpassungsklauseln nach dem AGB-Gesetz).

sächlich unmöglich ist, einen wirksamen Änderungsvorbehalt im Freiverkehr vorzusehen, der den Bedürfnissen notwendiger börsenrechtlicher Flexibilität gerecht wird. Grund hierfür ist die besondere Dynamik des Kapitalmarktes.[562] Ein konkreter Änderungsbedarf offenbart sich mit fortschreitender Entwicklung des Marktes oft erst im täglichen Handelsgeschäft. Die Entwicklung des Kapitalmarktes ist wie kaum ein anderer Bereich von ungewissen Determinanten bestimmt, die sich erst im Laufe der Zeit entwickeln und sich deshalb bei Vertragsabschluss nicht prognostizieren lassen. Der Freiverkehrsveranstalter ist folglich gezwungen, auf allgemeine Floskeln wie „allgemeine Marktentwicklung", „zur Fortentwicklung des Börsenstandorts Deutschland" oder „zur Gewährleistung eines ordnungsgemäßen Handels" zurückzugreifen, die nach den vorstehend gemachten Ausführungen aufgrund ihrer mangelnden Transparenz das Kriterium der unangemessenen Benachteiligung erfüllen würden.

Neben einer Differenzierung in Bezug auf den Regelungsgegenstand ist ferner eine Bestimmung erforderlich, die zumindest allgemein formuliert festlegt, zu welchem Zweck eine nachträgliche Änderung erfolgen darf, sodass zumindest insoweit der einzelne Handelsteilnehmer Änderungen abschätzen kann. Allerdings ist darauf zu achten, dass diese Zweckbestimmung nicht zu eng ausgestaltet wird. Bestimmungen wie „soweit ein ordnungsgemäßer Wertpapierhandel diese Regelung erfordert" oder „zum Schutze des Anlegerpublikums notwendig" würden den Freiverkehrsveranstalter hindern, den Markt innovativ zu gestalten bzw. weiterzuentwickeln und sich damit im Wettbewerb mit anderen Börsenplätzen hervorzuheben.[563] Insofern käme dann nur eine Klausel wie „zur Gewährleistung einer angemessenen bzw. wettbewerbsfähigen Entwicklung des Handelssegments notwendig", also eine Nachbildung von § 6 II S.1 Nr. 2 BörsG, freilich mit umgekehrtem Vorzeichen, in Betracht, der es wiederum an der notwendigen Transparenz fehlen dürfte. Der Vorschlag des Primary Markets Arbitration Panel in seinem Schiedsspruch vom 10.9.2001[564], eine Konkretisierung sei anhand der Formel „Änderungen sind zulässig, sofern die damit einhergehenden Neuregelungen internationalen Standards entsprechen" vorzunehmen, ist in der Literatur zu Recht nicht weiter verfolgt worden. Eine solche Klausel würde nämlich bedeuten, dass der jeweilige deutsche Marktbetreiber genötigt wäre, den internationalen Märkten sozusagen nachzulaufen, selbst aber daran

562 Primary Markets Arbitration Panel, BKR 2001, 153, 158; Krämer, BKR, 2001, 131, 134; Bachmann, WM 2001, 1793, 1797; Primary Markets Arbitration Panel, BKR 2002, 410, 414.

563 Die besondere Bedeutung von Innovationen im internationalen Wettbewerb unter den Handelsplattformen hat bereits das Primary Markets Arbitration Panel anschaulich herausgearbeitet, vgl. BKR 2001, 153, 159.

564 Primary Markets Arbitration Panel, BKR 2001, 153, 159.

gehindert wäre, bislang unbeschrittene Wege zu gehen, seien sie noch so innovativ und Erfolg versprechend, da man nach dieser Klauselvariante zunächst prüfen müsste, wie die entsprechende Angelegenheit international gehandhabt wird. Außerdem ist unklar, wann einer Regelung die Eigenschaft eines „internationalen Standards" zugeschrieben werden kann.

(3) Niedrigere Transparenzstufe aufgrund der besonderen Gegebenheiten des Handelsverkehrs

Das Transparenzgebot in seiner gegenwärtigen Form ist vor allem – auch wenn es auf den Handelsverkehr Anwendung findet – auf die Situation zweier Kontrahenten zugeschnitten, zwischen denen ein erhebliches Gefälle an Wissen und wirtschaftlicher Erfahrung besteht, also die typische Unternehmer-Verbraucher-Rechtsgeschäftssituation. Der Verwender soll in solchen Konstellationen ein transparentes Klauselwerk verfassen, das den anderen Teil in die Lage versetzt, den Inhalt der Klauseln zu verstehen und die Folgen des Vertragsabschlusses zu antizipieren. Das Maß der Klauseltransparenz darf jedoch dann geringer sein, wenn der Kontrahent mit den Gepflogenheiten des Geschäftskreises bestens vertraut ist.[565] Denn in § 307 I S. 2 BGB wird lediglich herausgestellt, dass sich eine unangemessene Benachteiligung aus einer unklaren oder unverständlichen Formulierung heraus ergeben könne.[566] Die Norm stellt also kein Dogma auf, sondern eröffnet einen Spielraum, der es ermöglicht, die gegebene Intransparenz und die daraus resultierende Missbrauchsgefahr bei der Interessenabwägung unter besonderer Berücksichtigung der typischen Geschäftssituation zu bewerten. Eine für einen Verbraucher oder Kleingewerbetreibenden intransparente Klausel muss für einen Börsenhändler bzw. einen Wertpapieremittenten keineswegs intransparent sein. Insofern ist zwingend auf das in der typischen Kontrahentengruppe vorhandene Wissen und den spezifischen Verständnis- und Erwartungshorizont abzustellen.[567] Vergegenwärtigt man sich nochmals, dass am Börsengeschehen im Freiverkehr nur hochspezialisierte Händler, die gemäß § 19 BörsG besondere Qualifikationen vorweisen müssen, und juristisch bestens beratene Emittenten/Unternehmen beteiligt sind, die wissen, warum es nötig ist, das Regelwerk eines Handelssegmentes regelmäßig an geänderte Marktverhältnisse anpassen zu können, kann nicht von der Hand gewiesen werden, dass die Schwelle zur Unangemessenheit wegen vermeintlicher Intransparenz einer Klausel bei diesen „Profis" deutlich höher anzusiedeln ist als bei fachlichen oder

565 Berger/Kleine, NJW 2007, 3526, 3527; Hoeren, BGH EWiR § 307 BGB 1/08, 72 m. w. N..

566 Roller, BKR 2008, 221, 225.

567 Berger/Kleine, NJW 2007, 3526, 3527.

juristischen Laien. Dieses Ergebnis verfestigt sich, nimmt man hinzu, dass nach § 310 I S. 2 a. E. BGB die im Handelsverkehr geltenden Gewohnheiten und Gebräuche angemessen zu berücksichtigen sind. In der internationalen Börsenpraxis ist bereits seit vielen Jahren gebräuchlich, die Regelwerke privater Systembetreiber in regelmäßigen Abständen einseitig, gegebenenfalls verbunden mit einer Genehmigungsfiktion oder mit dem Vorbehalt der Erlaubnis durch die Aufsichtsbehörde, zu ändern oder anzupassen.

Im Ergebnis kann daher festgehalten werden, dass die üblicherweise vorgetragenen Vorbehalte gegen konkretisierungsarme Änderungsklauseln zwar im Grundsatz ihre Berechtigung haben mögen, die jedoch im unternehmerischen Geschäftsverkehr entfällt, wenn sich geschäftlich und juristisch erfahrene bzw. beratene Unternehmen sozusagen auf Augenhöhe gegenüberstehen. Wissen die Parteien bei Vertragsschluss, welchen Zweck eine Klausel verfolgt und dass sich dieser Zweck nur mittels einer generalklauselartigen Abfassung dieser Klausel verwirklichen lässt, kann im Rahmen der Interessenabwägung nicht begründet dargestellt werden, sie seien durch die Klausel wegen ihres unklaren oder unverständlichen Wortlauts abstrakt unangemessen benachteiligt. Diese Auffassung ist grundsätzlich auch mit der Rechtsprechung zu vereinbaren, die es im Einzelfall zugelassen hat, die Messlatte für eine unangemessene Benachteiligung im unternehmerischen Verkehr höher zu legen als bei der Verwendung von Allgemeinen Geschäftsbedingungen gegenüber Verbrauchern.[568]

(4) Ausnahmen von der Klauseltransparenz

In einigen Fällen wurden vom BGH Ausnahmen von dem Konkretisierungserfordernis zugelassen. So könne eine tatbestandliche Konkretisierung des Änderungsvorbehalts zumindest im kaufmännischen Verkehr entbehrlich sein, wenn die Interessen des anderen Vertragsteils unter Berücksichtigung der Art des konkreten Vertrages hinreichend gewahrt seien.[569]

Einschränkungen hat der BGH auch in solchen Fällen zugelassen, in denen die Parteien „im Wesentlichen gleichgerichtete Interessen" verfolgten oder soweit die lange Vertragsdauer das Bedürfnis des Verwenders nach der Möglichkeit einer einseitigen Vertragsanpassung zwingend erfordere und die konkrete Formulierung einer Anpassungsregel auf unüberwindbare

568 BGHZ 92, 96, 99; 92, 200, 206; 93, 252, 260; 112, 115, 118; 124, 351, 361; Primary Markets Arbitration Panel, BKR 2001, 153, 156; In der Literatur vgl.: Staudinger/Coester, BGB, § 307 Rdnr. 206; Dietlein, NJW 1974, 969, 973.

569 BGHZ 93, 252, 260; BGHZ 124, 351, 363 in den Fällen der Preisanpassung; BGHZ 97, 212, 218 für Zinsanpassungsklauseln von Banken.

Schwierigkeiten stoße.[570] Beide Kriterien der genannten BGH-Entscheidung – gleichgerichtete Interessen und Unmöglichkeit einer konkreten Anpassungsregelung – können wie vorstehend bereits angedeutet und sogleich noch im Detail zu zeigen sein wird vorliegend bejaht werden.

Schließlich darf der Klauselverwender nach Auffassung des BGH im Einzelfall auch die unbestimmten Rechtsbegriffe aus dem Gesetzestext übernehmen, soweit eine anderweitige Konkretisierung nicht möglich sei, da Unmögliches nicht gefordert werden könne.[571] Es würde auch befremdlich anmuten, wollte die Rechtsprechung[572] vom Freiverkehrsveranstalter eine detaillierte Konkretisierung verlangen, zu der selbst der Gesetzgeber nicht imstande ist.[573] So ist gerade die Norm des § 48 I BörsG von einer generalklauselartigen Unbestimmtheit geprägt, als sie bestimmt, dass die Geschäftsbedingungen (stets) einen ordnungsgemäßen Handel und eine ordnungsgemäße Geschäftsabwicklung gewährleisten müssen. Wenn sich das Kriterium des ordnungsgemäßen Handels nicht konkreter fassen lässt, darf es dem Freiverkehrsveranstalter im Grunde nicht zum Nachteil gereichen, wenn er einen Änderungsvorbehalt installiert, der die Vorgabe des § 48 I BörsG erfüllen will und zu diesem Zweck bestimmt, dass „Änderungen der Geschäftsbedingungen zum Zwecke der Gewährleistung eines ordnungsgemäßen Handels und der Geschäftsabwicklung" einseitig durch den Freiverkehrsveranstalter vorgenommen werden dürfen.

(5) Überwiegendes Interesse des Verwenders börsenrechtlicher Allgemeinen Geschäftsbedingungen trotz mangelnder Klauseltransparenz

Nach der Erarbeitung einer maximal möglichen Konkretisierung und der Feststellung, dass Änderungsvorbehalte in Allgemeinen Geschäftsbedingungen im Geschäftsverkehr einer abweichenden rechtlichen Behandlung zugänglich sind, gilt es, als dritten Aspekt die Wertungen des Börsenrechts in die Erwägungen mit einzubeziehen.

Bislang kam es nicht dazu, dass sich der BGH zu der Frage äußern musste, ob ein weitgehend allgemein gefasster Änderungsvorbehalt im Bereich des Börsenrechts rechtswirksam mittels Allgemeiner Geschäftsbedingungen in die Einbeziehungsverträge zwischen Freiverkehrsbetreibern und Handelsteilnehmern integriert werden kann. Das OLG Frankfurt am Main hatte in seinem Urteil vom 23.4.2002 in Ansätzen zu Änderungsvorbehalten Stellung bezogen. Der Senat

570 BGHZ 93, 252, 260.

571 BGH NJW 1998, 454, 456; Berger/Kleine, NJW 2007, 3526, 3528; Ebenso Staudinger/Coester, BGB, § 307 Rdnr. 317.

572 So ohne nähere Erörterung OLG Frankfurt am Main, NZG 2002, 573, 575.

573 Roller, Bankentgeltklauseln – Einbeziehung und Zulässigkeit, BKR 2008, 221, 225.

vertrat die Auffassung, dass auch im Börsenrecht ein schrankenlos gewährter Änderungsvorbehalt wegen Verletzung des Transparenzgebots mit dem AGB-Recht nicht zu vereinbaren und daher rechtswidrig sei.[574] Eine tragfähige Begründung blieb das Gericht indes schuldig. Weder die Interessen der Beteiligten noch die börsenrechtlichen Besonderheiten erfuhren eine hinreichende Gewichtung bei der Frage der Angemessenheit einer solchen Klausel. Auch die Ausnahmen vom Konkretisierungserfordernis, wie sie der BGH vereinzelt zugelassen hat (siehe vorstehende Ziffer (4.)), wurden nicht in die Überlegungen mit einbezogen. Stattdessen beschränkte sich der Senat auf Ausführungen zur generellen Herleitung einseitiger Änderungsrechte und der anderweitigen Durchsetzung neuer Regelungen im Freiverkehr.[575]

Bevor eine abschließende Interessenabwägung unter besonderer Gewichtung der Eigenheiten des Börsenrechts vorgenommen werden kann, muss man sich noch einmal vergegenwärtigen, dass – wie schon *Dehlinger*[576] zutreffend herausgearbeitet hat – hier in gewisser Weise ein Normenkonflikt zwischen börsengesetzlichen und allgemeinen zivilrechtlichen Normen besteht. Weil gemäß § 48 I BörsG das Freiverkehrsregelwerk primär die Funktionsfähigkeit des Freiverkehrs als solchen sicherstellen soll, läuft diese Regelung dem Zweck des AGB-Rechts, jeden einzelnen Vertragspartner vor unangemessen nachteiligen Klauseln zu schützen, diametral entgegen. Normenhierarchisch steht das Börsenrecht mit dem AGB-Recht auf einer Stufe, sodass keiner Materie per se der Vorrang eingeräumt werden könnte. Somit verbietet sich auch vor diesem Hintergrund eine pauschale Übertragung der Grundsätze der Rechtsprechung bezüglich der grundsätzlichen Transparenz von AGB-Klauseln, weil damit die Wertungen des Börsenrechts vollständig außer Acht gelassen würden.

Der Zweck der Inhaltskontrolle nach § 307 BGB besteht vor allem darin, eine Situation zu verhindern, in der der Verwender das ihm zustehende Vertragsgestaltungsrecht unter Verwendung von Allgemeinen Geschäftsbedingungen, das ihm – im meist beiderseitigen Rationalisierungsinteresse – durch Gesetz zugestanden wird,[577] aus purem Eigennutz zulasten des Kontrahenten miss-

574 OLG Frankfurt am Main, NZG 2002, 573, 575; ebenso Römermann/Schröder, BKR 2001, 83, 85.

575 Freilich passen die dort aufgezeigten Erwägungen auch nur begrenzt auf die grundsätzliche Zulässigkeit von Änderungsvorbehalten, weil es nicht um einzelne Pflichten ging, sondern faktisch um ein außerordentliches Kündigungsrecht, also den denkbar intensivsten Eingriff und das vor dem Hintergrund, dass im Neuen Markt erhebliche Vorleistungen vonseiten der Emittenten zu erbringen waren.

576 Dehlinger, Vertragliche Marktsegmentregulierung, S. 183.

577 Basedow, in: Müko, BGB, Vor § 305 Rdnr. 2 und § 307 Rdnr. 2; Dietlein, NJW 1974, 969, 973.

braucht,[578] keineswegs aber darin, den vermeintlich Unwissenden oder Schwächeren vor sich selbst zu schützen.[579] Diese allein in die Erwägungen einzubeziehende Gefahr des Missbrauchs ist jedoch im Börsenrecht auch bei Verwendung konkretisierungsarmer Änderungsvorbehalte nahezu nicht vorhanden, wie in den folgenden Ausführungen zu zeigen sein wird.[580] Die Feststellung, dass eine Missbrauchsgefahr fehlt, führt im Ergebnis dazu, dass die Interessen des Kontrahenten nicht in erheblicher Weise tangiert sein können. Folgerichtig muss sodann auch eine unangemessene Benachteiligung verneint werden.

(a) Allgemeine Interessen der an einem Wertpapierhandelssystem partizipierenden Personenkreise

Die Interessen der Teilnehmer an einer börsenmäßigen Marktveranstaltung sind in besonderer Weise von den faktischen Gegebenheiten des Kapitalmarktes geprägt.[581] Wie bereits das *Primary Markets Arbitration Panel*[582] mit Schiedsspruch vom 12.2.2002 überzeugend ausgeführt hat, haben die Handelsteilnehmer und Emittenten ein ebenso großes Interesse am Erfolg eines Marktsegmentes wie dessen Veranstalter selbst.[583] Keinem der Unternehmen, die im Open Market der FWB mit einer „Primärnotierung" im First Quotation Board oder dem Entry Standard vertreten sind, ist an einem nachhaltig negativen Standing des Marktsegments Freiverkehr gelegen. Die überwiegend gleichgerichteten In-

578 Rabe, NJW 1987, 1978, 1981; Bachmann, WM 2001, 1793, 1796; im Ansatz BGH ZIP 2007, 2202, 2204.

579 Der Verbraucherschutz, der mit dem Gesetz zur Änderung des AGBG und der Insolvenzordnung vom 19.7.1996 (BGBl. 1996 I 1013; zur Umsetzung der Richtlinie EG-RL 93/13) zum „zweiten tragenden Schutzprinzip des AGB-Rechts" erhoben wurde (so Palandt/Heinrichs, Überblick vor § 305 Rdnr. 9), kann hier im ausschließlich unternehmerisch geprägten Wertpapierhandelsverkehr außer Betracht bleiben.

580 Das verkennen Römermann/Schröder, BKR 2001, 83, 85.

581 „Bei der Inhaltskontrolle nach § 307 BGB sind die Anschauungen der beteiligten Verkehrskreise hinreichend zu berücksichtigen" (Palandt//Heinrichs, § 307 Rdnr. 8).

582 BKR 2002, 410, 414: „Der Emittent/Handelsteilnehmer habe ebenfalls ein Interesse an der Veränderung des Regelwerks, wenn negative Erfahrungen dem Standing des Marktes schaden. Beide Seiten – Börsenträger und Teilnehmer – hätten gleichsam ein Interesse am Erfolg des Marktes, dass er liquide ist, sich etabliert und floriert. Die Interessen beider Seiten seien auf eine positive Entwicklung des Marktes gerichtet, was man schon daran erkennen könne, dass Regelwerksänderungen üblicherweise beanstandungslos hingenommen werden. Diese gleichgerichteten Interessen erforderten ein einseitiges Änderungsrecht des Freiverkehrsträgers. Wenn sie die Interessen beider Seiten hinreichend berücksichtigt und auch im Übrigen billigem Ermessen entspricht, könne diese einseitige Änderung nicht beanstandet werden."

583 Ebenso etwa Bachmann, WM 2001, 1793, 1797; Krämer, BKR 2001, 131, 134.

teressen an einem funktionssicheren und wettbewerbsfähigen Markt resultieren daraus, dass die Investoren, Handelsteilnehmer und Emittenten gleichermaßen attraktive kapitalmarktrechtliche Bedingungen vorfinden wollen.[584]

Mag der dem Verwender von Allgemeinen Geschäftsbedingungen gegenüberstehende Vertragsteil üblicherweise ein wesentliches Interesse daran haben, sein persönliches Vertragsrisiko zu überschauen[585], tritt dieses Element im vorliegenden Kontext weit hinter andere Aspekte zurück.[586] Man muss sich hier vergegenwärtigen, dass eine Börse dann am besten funktioniert, wenn eine sog. „Win-win-Situation" für die Handelsteilnehmer einerseits und den Freiverkehrsveranstalter andererseits besteht. Den Handelsteilnehmern ist an einem sicheren, zügigen und kostengünstigen Handel zu marktgerechten Preisen gelegen; das Interesse des Veranstalters liegt in der Ermöglichung eines florierenden Handels, da er vor allem mit großen Handelsumsätzen den größten Teil seines Gewinns erwirtschaftet. Erreicht eine Partei ihr Ziel nur unzureichend, hat dies in jedem Fall auch Auswirkungen auf die andere Partei. Weist beispielsweise das Regelwerk regulatorische Schwächen auf, werden sich die Handelsteilnehmer einem ihren Interessen entsprechend besser regulierten Handelsplatz zuwenden. Dies wiederum führt zu Umsatzverlusten beim Veranstalter. Sind in der Folge zu wenig Teilnehmer und damit zu wenig Angebot und Nachfrage vor Ort, leidet der Handel unter anderem unter Order-Ausführungsschwierigkeiten und unter nicht marktgerechten Preisen. Dieser Umstand führt wiederum dazu, dass sich noch mehr Teilnehmer von einem Handelssystem abwenden. Im Ergebnis lässt sich leicht ersehen, dass eine Börse und jedes andere Handelssystem nur dann effektiv und erfolgreich funktionieren können, wenn das Regelwerk den Interessen beider Seiten dauerhaft gerecht wird. Eine Anpassung der wesentlichen Regelwerke an veränderte Marktbedingungen ist daher eine Notwendigkeit im allseitigen Interesse.[587]

Die Markteilnehmer würden sich deutlich mehr daran stören, sollte es der Betreiber unterlassen, das Handelssystem an geänderte Rahmenbedingungen anzupassen. Ganz überwiegend befürworten sie daher sogar einen Änderungsvorbehalt. Letztlich hängt auch die Wertentwicklung des Börsenkurses von Emittenten in einem nicht zu unterschätzenden Maße am nationalen und internationalen Standing eines Marktsegmentes.

---

584 Bachmann, WM 2001,1793, 1796, der zu Recht bei der Interessenabwägung die Systemfunktionalität des Handelsplatzes als maßgebliches Kriterium darstellt.

585 BGH WM 2007, 2202, 2204; zustimmend Hoeren, BGH EWiR § 307 BGB 1/08, 72.

586 Bachmann, WM 2001, 1793, 1797; BGH NJW 1991, 2559, 2563 in Bezug auf die Änderung von allgemeinen Sparkassenbedingungen.

587 Hammen, WM 2003, 997, 998.

Aus den vorstehend dargestellten Umständen resultiert ferner auch die Tatsache, dass die Gefahr des Missbrauchs durch einen dem Freiverkehrsveranstalter eingeräumten Änderungsvorbehalt gering ist. Der Freiverkehrsveranstalter hat keinerlei Interesse daran, Marktteilnehmer durch unangemessene AGB-Klauseln an andere Marktveranstalter zu verlieren, sei es, weil ihm damit Listingentgelte verlorengingen oder sei es, weil dem Handelssystem damit Liquidität entzogen würde.[588] Ein Marktbetreiber kann es sich daher nicht erlauben, die Leistung und Gegenleistung in ein Missverhältnis zu rücken. Für solche Handelsplattformen besteht am Markt keine Akzeptanz. Aufgrund der mittlerweile globalen Vernetzung des Wertpapierhandels ist es jedem Markteilnehmer ohne unverhältnismäßigen Aufwand möglich, seine Geschäftstätigkeit an einen anderen Handelsplatz zu verlagern, sofern er am Platze keine adäquate Marktorganisation vorfindet.

Zentraler Aspekt bei der Organisation eines Wertpapiermarktes ist der Anleger- und Investorenschutz. Um diesen Schutz, der in besonderem Maße im Interesse der Handelsteilnehmer und Emittenten liegt, dauerhaft zu gewährleisten, muss es dem Betreiber möglich sein, das Regelwerk jederzeit auch anlegerschutzorientiert zu ändern. Alle Beteiligten haben ein nachhaltiges Interesse an einer Verbesserung der Transparenz- und Publizitätspflichten von Emittenten. Auch insofern sollte man sich die Folgen der Verwerfung eines Änderungsvorbehalts vor Augen führen. Verweigern Emittenten ihre Zustimmung zu notwendigen Änderungen, bleiben dem Betreiber dann nur zwei Möglichkeiten: Zum einen die ordentliche Kündigung der Vertragsverhältnisse mit den widersprechenden Teilnehmern und zum anderen die Einstellung des Marktsegments – wie dies beim Neuen Markt geschehen ist – bei eventueller Eröffnung eines neuen Marktes mit geänderten Regeln. Beide Lösungen sind ersichtlich nicht im Interesse der Beteiligten.[589]

Des Weiteren ist zu berücksichtigen, dass den Interessen der Handelsteilnehmer in jedem Falle auch dadurch genüge getan wird, dass die Änderungen nur ex nunc eintreten können, gegebenenfalls mit einer Übergangsfrist, und dass

588 Auf Wettbewerbsaspekte abstellend auch BGHZ 92, 200, 204.

589 Das Primary Markets Arbitration Panel, BKR 2001, 153, 155 führt dazu aus: „Sollte nämlich die den Freiverkehr genehmigende Börse nachträglich Änderungen der Handelsrichtlinien für notwendig erachten, um im Sinne des § 78 I BörsG die ‚ordnungsmäßige Durchführung des Handels und der Geschäftsabwicklung' zu gewährleisten, und könnte der Freiverkehrsträger diese Änderungen nicht seinerseits gegenüber den Freiverkehrsteilnehmern einseitig durchsetzen, bliebe der Börse als Sanktion allein der Widerruf der Genehmigung und die erneute Genehmigung eines Freiverkehrs mit entsprechend abgeänderten Handelsrichtlinien."

den Teilnehmern ihr gesetzliches Kündigungsrecht nicht entzogen werden kann. Die Lösung vom Vertrag ist für beide Seiten jederzeit möglich. Weder der Freiverkehrsveranstalter noch die Handelsteilnehmer haben gegeneinander einen Anspruch auf unbefristete Fortsetzung des Teilnahme- bzw. Einbeziehungsvertrages. Der als Dienstleistungsvertrag zu klassifizierende Einbeziehungsvertrag kann gemäß § 621 Nr. 4 BGB mit einer Frist von 6 Wochen zum Schluss des Kalendervierteljahres gekündigt werden, aus wichtigem Grund sogar früher. Deshalb kann sich der Marktbetreiber ohnehin durchsetzen, wenn auch mit zeitlicher Verzögerung und erheblichen Mehrkosten. Diese Nebenwirkungen sind aber kaum im Interesse der Marktteilnehmer, würden sie doch einzig dem jeweiligen Handelssegment schaden.

Auch hieraus wird deutlich, dass ein Schuldverhältnis, das die Teilnahme an einem Wertpapiermarkt zum Gegenstand hat, nicht mit herkömmlichen Schuldverträgen des 2. Buches des BGB und erst recht nicht mit Verbraucherverträgen vergleichbar ist. Im Verhältnis von Freiverkehrsveranstalter zum einzelnen Teilnehmer besteht in besonderem Maße das Erfordernis, nicht nur dieses zweiseitige Schuldverhältnis zu gestalten, sondern die Struktur und Entwicklung des Marktes im Ganzen zu sichern und zu verbessern, um damit einen effektiven und wettbewerbsfähigen Markt zu etablieren.

(b) Gefahr des Missbrauchs eines einseitigen Änderungsrechts unter besonderer Berücksichtigung börsenrechtlicher Strukturen

Die Geschäftsbedingungen des Freiverkehrs unterliegen nicht nur der Anforderung, dass sie materiellrechtlich einen ordnungsgemäßen Handel gewährleisten. Ihre Rechtswirksamkeit ist vielmehr darüber hinaus von der formellen Billigung durch die Börsengeschäftsführung abhängig. Auch die durch einen Änderungsvorbehalt autorisierten nachträglichen Änderungen der Allgemeinen Geschäftsbedingungen stehen unter dem Vorbehalt der Billigung durch dieses Börsenorgan (s. o.). Die Geschäftsführung muss im Rahmen dieses Billigungsverfahrens die neuen Allgemeinen Geschäftsbedingungen auf ihre Rechtmäßigkeit hin untersuchen, also eine Angemessenheitsprüfung nach § 307 BGB vornehmen. Dies wird sie mit größter Sorgfalt tun, weil sie es vermeiden will, dass der Freiverkehrsträger mit gerichtlichen Auseinandersetzungen für negative Schlagzeilen sorgt und damit das öffentliche Erscheinungsbild der Börse gefährdet. Außerdem, und das ist hier das ganz entscheidende Moment, wird die Börsengeschäftsführung keine AGB-Klausel für angemessen erachten, die die Interessen der Handelsteilnehmer und Emittenten unverhältnismäßig tangiert. Wollte der Freiverkehrsveranstalter missbräuchliche Klauseln im Regelwerk etablieren und würde dem die Börsengeschäftsführung nicht entschieden entgegentreten, wäre es Aufgabe des Börsenrates, dem alle Börsenbeteiligten, insbesondere die Handelsteilnehmer und Emittenten, mit Sitz und Stimme angehören (§ 12 I BörsG), hiergegen zu intervenieren. Weil die Mitglieder der Börsengeschäftsführung durch den Börsenrat bestimmt (§ 12 II Nr. 2 BörsG) und von diesem überwacht (§ 12 II Nr. 3 BörsG) werden, bestehen für den Börsenrat vielfältige Möglichkeiten, auf die Beseitigung solcher Missstände hinzuwirken. Ihm stehen dabei im Wesentlichen dieselben Rechte zu wie dem Aufsichtsrat bei der Überwachung des Vorstandes einer Aktiengesellschaft gemäß § 111 AktG.[590] Als *Ultima Ratio* wären die Handelsteilnehmer mittelbar über den Börsenrat auch in der Lage, die Mitglieder der Börsengeschäftsführung auszutauschen, also einen Widerruf der Bestellung der Mitglieder der Börsengeschäftsführung entsprechend § 84 III AktG zu beschließen.[591] Der hierbei erforderliche wichtige Grund[592] kann in einer börsenrechtswidrigen Neugestaltung der Allgemeinen Geschäftsbedingungen liegen. Mit einer anschließenden Neubestellung der Börsengeschäftsführung könnten die Interessen der Handelsteilnehmer an einer rechtmäßigen Gestaltung der Geschäftsbedingungen durchgesetzt werden.[593] Denn auch die neue Geschäftsführung ist stets verpflichtet zu prüfen, ob der Freiverkehr ordnungsgemäß organisiert ist und der einzelne Teilnehmer nicht in unangemessener Weise im Sinne von § 307 I BGB benachteiligt wird.

Ferner stehen auch der Börsenaufsichtsbehörde Möglichkeiten zur Verfügung, gegen die Implementierung börsenrechtswidriger oder rechtsmissbräuchlicher Klauseln vorzugehen.[594] Ihrer Aufsicht unterliegen nämlich nach § 3 I S. 1 BörsG auch der Börsenträger und der Freiverkehr.

Damit lässt sich im Ergebnis festhalten, dass willkürliche und von einseitigem Gewinnstreben motivierte Änderungen der Geschäftsbedingungen des Freiverkehrs, die durch einen einseitigen Änderungsvorbehalt ermöglicht werden, aufgrund der börsengesetzlichen Gegebenheiten praktisch ausgeschlossen

---

590 Ledermann, in: Schäfer/Hamann, KMG, 2. Aufl., 1. Lfg., 01/2006, § 9 BörsG Rdnr. 24; Schwark, in: Schwark/Zimmer, KMRK, § 12 BörsG Rdnr. 16.

591 Schwark, in: Schwark/Zimmer, KMRK, § 12 BörsG Rdnr.17.

592 Schwark, in: Schwark/Zimmer, KMRK, § 12 BörsG Rdnr. 17; Seibt, in: Schmidt/Lutter (Hrsg.) AktG, § 84 Rdnr. 48.

593 Freilich wird sich ein solches Szenario nicht abspielen, sollten – wie dies häufig der Fall sein wird – nur vereinzelte Teilnehmer die neuen AGB ablehnen. Die neuen AGB müssten für einen solchen Vorgang unter den Handelsteilnehmern schon auf breite Ablehnung stoßen.

594 Hellwig, ZGR 1999, 781, 792.

sind.[595] Hiernach ist der Raum für eine Freiverkehrsklausel, die einen Vertragspartner unangemessen benachteiligen soll, sehr klein.

(6) Zusammenfassung und Ergebnis

Eine Übertragung der allgemeinen Rechtsprechung zur Inhaltskontrolle von Allgemeinen Geschäftsbedingungen auf börsenrechtliche Sachverhalte wie die hier behandelten Freiverkehrsgeschäftsbedingungen wäre in mehrfacher Hinsicht bedenklich.

Eine solche Übertragung würde im internationalen Wettbewerb zu einem Standortnachteil für die einheimischen Wertpapiermärkte führen. Das gilt gleichermaßen für den Freiverkehr wie für MTFs. Dies könnte ein Grund dafür darstellen, dass die international bedeutenden MTFs sich überwiegend nicht in Deutschland angesiedelt haben. Dass es hierzulande dennoch privatrechtlich organisierte Handelsplattformen und den Freiverkehr gibt, die ein gegenüber allen Teilnehmern geltendes einheitliches Regelwerk aufweisen, liegt vor allem daran, dass nachträgliche Änderungen häufig nur unbedeutende oder gar marktverbessernde Modifizierungen beinhalten, die auf breite Akzeptanz unter den Marktteilnehmern stoßen. Jedenfalls besteht in aller Regel vonseiten der Teilnehmer kein Interesse an einer juristischen Auseinandersetzung mit dem Marktveranstalter. Deshalb können in der Praxis solche Handelsplattformen funktionieren, auch wenn sie bezüglich ihrer Regulierung auf rechtlich unsicherem Fundament stehen.

Die Gerichte sollten gehalten sein, das AGB-Recht so zu interpretieren, dass die besonderen Interessen des Geschäftsverkehrs und die besonderen Gegebenheiten des Börsenrechts ausreichend berücksichtigt werden. Dem folgend lässt sich die Frage nach der Zulässigkeit von Änderungsvorbehalten in börsenrechtlichen Geschäftsbedingungen wie folgt zusammenfassen:

Ein in die Geschäftsbedingungen des Freiverkehrs integrierter börsenrechtlicher Änderungsvorbehalt stellt grundsätzlich keine abstrakt unangemessene Benachteiligung gegenüber den Freiverkehrsteilnehmern dar, weil diese ihrerseits ein erhebliches Interesse an einer flexiblen Marktorganisation haben. Ein solcher Änderungsvorbehalt muss geeignet sein, schnelle und unbürokratische Anpassungen des Regelwerks zu ermöglichen, damit die Handelsplattform den internationalen Standards entsprechend wettbewerbsfähig ausgerichtet werden kann. Nimmt man hinzu, dass auch im Freiverkehr nur solche Personen direkt am Handelteilnehmen, die als Unternehmer

595 So der BGH in NJW 1991, 2559, 2564 hinsichtlich Änderungsvorbehalten in Bausparverträgen: Diese seien wirksam, sofern die Änderung vom Bundesaufsichtsamt für das Kreditwesen (heute BaFin) genehmigt worden ist.

qualifiziert werden können und über entsprechende Erfahrung verfügen und somit in der Lage sind, die Tragweite einer solchen Klausel zu erfassen, und gewichtet man ferner, dass die Gefahr eines Missbrauchs solcher Änderungsvorbehalte aus börsenorganisationsrechtlichen Gründen nicht zu besorgen ist,[596] bleibt im Ergebnis festzuhalten, dass dem Freiverkehrsveranstalter aufgrund des Änderungsvorbehalts weder faktisch noch rechtlich die Möglichkeit an die Hand gegeben wird, die Geschäftsbedingungen in missbräuchlicher Weise zulasten einzelner Teilnehmer zu ändern. Demzufolge kann ein überwiegendes Interesse der Freiverkehrsteilnehmer am dauerhaften Fortbestand bestimmter Marktorganisationsbedingungen nicht festgestellt werden. Eine Interessenabwägung muss deshalb zu dem Schluss kommen, dass ein Änderungsvorbehalt, der die vorstehend herausgearbeitete Mindestkonkretisierung vornimmt, die Teilnehmer des Freiverkehrs nicht abstrakt unangemessen benachteiligt.[597]

Auch im Börsenhandel des regulierten Marktes werden die marktorganisierenden Regelwerke stetig durch den Börsenrat für die Gesamtheit der am Handel partizipierenden Personen angepasst, was im Einzelfall dazu führen kann, dass subjektive Rechte einzelner Teilnehmer in einer für sie nachteiligen Weise tangiert werden. Wenn dies im Börsenhandel möglich ist, muss es auch im Freiverkehr in gleicher Weise möglich sein, sofern dem keine rechtlich zwingenden Gründe entgegenstehen. Dass letzteres nicht der Fall ist, ist vorstehend gezeigt worden. Wenn, wie im Falle des Neuen Marktes, ganz vereinzelt Maßnahmen gerichtlich angegriffen werden, die einzelne Teilnehmer benachteiligen, kann die Intensität dieser Regelung nach Maßgabe der Ausübungskontrolle des § 315 BGB gerichtlich kontrolliert werden. Das betrifft aber einzig und allein den Einzelfall, der nach § 307 I BGB nicht zu berücksichtigen ist.[598]

Somit ist ein Recht zur einseitigen Änderung der Geschäftsbedingungen für den Freiverkehr, auf das der Betreiber bei Vertragschluss eindeutig hinweist und das inhaltlich soweit tunlich konkretisiert ist, aufgrund der besonderen Interes-

596 Vergleichbar etwa BGHZ 93, 252, 259 für Preisanpassungsklauseln; ähnlich Heyder, BKR 2002, 806, 810; auch Staudinger/Coester, § 307 Rdnr. 317 „sofern durch die Klausel Kundeninteressen nicht gefährdet werden".

597 Dies verkennen Römermann/Schröder, BKR 2001, 83, 86.

598 Bachmann, WM 2001, 1793, 1797; Damrau, Selbstregulierung im Kapitalmarktrecht, S. 358.

senlage an Wertpapiermärkten und der Belange der beteiligten Verkehrskreise nicht zu beanstanden.[599]

bbb) Billigkeitskontrolle nach § 315 BGB (Ausübungskontrolle)

Kann nach Abschluss der Inhaltskontrolle die Wirksamkeit eines Änderungsvorbehalts festgestellt werden, ist bei der Ausübung des Vorbehalts anschließend nach verbreiteter Auffassung eine Billigkeitsprüfung nach § 315 I, III BGB vorzunehmen,[600] da die Vereinbarung eines Änderungsvorbehalts ein Leistungsbestimmungsrecht im Sinne dieser Norm darstelle.[601] Das Tatbestandsmerkmal der Leistung erfasse dabei nicht nur die Hauptleistungen als solche, sondern das gesamte Schuldverhältnis, mithin sämtliche Vertragsabreden.[602] Weil aber die Vertragsbedingungen bei Abschluss des Listingvertrages nicht unbestimmt bleiben, wie dies § 315 I voraussetzt, sondern diese lediglich nachträglich eine partielle *Neu*ausrichtung erfahren, kann insoweit nur eine analoge Anwendung von § 315 BGB erfolgen.[603]

Nach anderer Auffassung wird ein Bedürfnis für eine direkte oder analoge Anwendung von § 315 BGB abgelehnt. *Hau*[604] argumentiert, Aufgabe der Ausübungskontrolle sei es lediglich zu prüfen, ob erstens das Ergebnis der Änderungen mit den §§ 134, 138, 307 ff. BGB in Einklang stehe, ob zweitens die Voraussetzungen der Änderungsklausel vorlägen, insbesondere wenn diese durch unbestimmte Rechtsbegriffe eine Konkretisierung erfahren habe, und ob drittens der Verwender die ihm durch die Klausel gegebenen Ermessenspielräume ein-

---

599 Im Ergebnis ebenso Bachmann, WM 2001, 1793, 1797; Hellwig, ZGR 1999, 781, 792; Primary Markets Arbitration Panel, BKR 2001, 153, 154; Primary Markets Arbitration Panel, BKR 2002, 410, 415; Krämer, BKR 2001, 131, 134; Dehlinger, Vertragliche Marktsegmentregulierung, S. 200; Heyder, BKR 2002, 806, 809, wenn es um Notierungsfolgepflichten geht; Baur, Vertragliche Anpassungsregelungen, S. 70.

600 Vgl. etwa BGH WM 2009, 1077, 1082; BGH NJW 2004, 1588, 1588; Baur, Vertragliche Anpassungsregelungen, S. 69; Bachmann, WM 2001, 1793, 1797; Habersack, WM 2001, 753, 754; Kornblum, AcP 168 (1968), 450, 466 f. Schimansky, WM 2001, 1169, 1175; Burkiczak, BKR 2007, 190, 193.

601 LG Frankfurt am Main, NJOZ 2001, 2310, 2314; Hoeren, BGH EWiR § 307 BGB 1/08, 72; Römermann/Schröder, BKR 2001, 83, 85 f.

602 Palandt/Heinrichs, § 315 Rdnr. 2; Baur, Vertragliche Anpassungsregelungen, S. 72; Flume, Allgemeiner Teil, S. 630; a. A: Römermann/Schröder, BKR 2001, 83, 85 f.

603 Hau, Vertragsanpassung und Anpassungsvertrag, S. 360.

604 Hau, Vertragsanpassung und Anpassungsvertrag, S. 361 m. w. N.

gehalten habe.[605] Weil eine Klausel nach der Rechtsprechung des BGH nur bei hinreichender Konkretisierung die Vorbehaltskontrolle überstehen könne und diese Konkretisierungen in der Ausübungskontrolle einer juristischen Subsumtion unterzogen würden, bestehe kein Bedürfnis für Billigkeitserwägungen.[606]

Das setzt freilich voraus, dass man der Rechtsprechung zur Konkretisierung der Vorbehaltsklausel folgt. Wie aber vorstehend festgestellt kann ausnahmsweise teilweise auf eine Klauselkonkretisierung verzichtet werden. In diesen Fällen greift die Argumentation von *Hau* zu kurz. Außerdem erscheint es müßig, zwischen einem „durch die Klausel vorgegebenen Ermessensspielraum" und dem „billigen Ermessen im Sinne von § 315 BGB" zu unterscheiden; dies mag allenfalls von dogmatischer Bedeutung sein, vermag aber am Prüfungsergebnis regelmäßig nichts zu ändern. Der Auffassung von *Hau* ist allerdings zuzugestehen, dass sich die Ausübung des Ermessens in dem rechtlichen Rahmen bewegen muss, der von dem Änderungsvorbehalt vorgegebenen wird. Schon aus dem Wortlaut von § 315 I BGB ergibt sich, dass die Billigkeitskontrolle nur als Auslegungshilfe normiert ist („im Zweifel"). Die Ausübung des Bestimmungsrechts kann daher nur dann nach billigem Ermessen erfolgen, sofern die Vertragsparteien keine anderen Vorgaben vereinbart haben. Die Grenzen des Bestimmungsrechts ergeben sich also zunächst einzig und allein aus der Klausel selbst. Somit kann nur insofern, als die Klausel keine Vorgaben zur Ermessensausübung enthält, eine Ausübung billigen Ermessens im Sinne von § 315 BGB erfolgen. Soweit die jeweilige Klausel Raum für billiges Ermessen im Sinne von § 315 BGB lässt, bedeutet dies in der Folge eine „Prüfung und Abwägung der objektiven wirtschaftlichen Interessenlage beider Vertragsparteien im konkreten Einzelfall",[607] wobei der Anpassende unter Begründungs- und Rechtfertigungszwang steht.[608] Die Entscheidung des Verwenders muss gegenüber dem jeweiligen Vertragspartner angemessen und persönlich zumutbar erscheinen.[609] Je intensiver Änderungen die Rechte eines einzelnen Handelsteilnehmers berühren und je eher die Änderungen in einem Missverhältnis zu dem damit angestrebten Zweck stehen, desto eher wird man die Billigkeit einer Ermessensausübung verneinen können. Zu berücksichtigen bleibt jedoch, dass mit der Einräumung des Bestimmungsrechts ein bestimmter Entscheidungsspielraum einhergeht, der nur bei

605 Hau, Vertragsanpassung und Anpassungsvertrag, S. 340; ähnlich Prölss, in Prölss/Martin, Versicherungsvertragsgesetz, Vorbem. zur Anwendung des Versicherungsrechts, Rdnr. 30b.

606 Hau, Vertragsanpassung und Anpassungsvertrag, S. 361.

607 BGHZ 41, 271, 279.

608 Baur, Vertragliche Anpassungsregelungen, S. 75.

609 Gottwald, in: MüKo, BGB, § 315 Rdnr. 30; Staudinger/Rieble, § 315 Rdnr. 232; Primary Markets Arbitration Panel, BKR 2002, 468, 474.

Überschreitung der Billigkeitsgrenze durch die ordentlichen Gerichte beanstandet werden kann.[610]

cc) Änderung der Geschäftsbedingungen auf Grundlage einer formularmäßigen Genehmigungsfiktion

Mit der Verwendung einer Genehmigungsfiktion wird die nachträgliche Vertragsänderung auf einem völlig anderen Wege erreicht als durch einen Änderungsvorbehalt. Im Gegensatz zu diesem visiert die Genehmigungsfiktion einen zweiseitigen Änderungsvertrag an und regelt dabei lediglich die Modalitäten seines Zustandekommens.[611] Dabei gibt der Verwender dem Vertragspartner dic Vertragsänderungen einseitig vor. Äußert der Vertragspartner innerhalb einer vom Verwender festgelegten angemessenen Frist keinen Widerspruch, gelten gemäß der Fiktionsklausel die neuen Bedingungen als von ihm genehmigt. Solche Klauseln sind unter Einhaltung der in § 308 Nr. 5 BGB normierten Bedingungen (ausdrücklicher Hinweis und angemessene Frist zum Widerspruch) grundsätzlich zulässig,[612] weil man in der widerspruchslosen Fortsetzung des Vertrages regelmäßig eine konkludente Zustimmung vonseiten des Vertragspartners erblicken kann.[613] Will der Vertragspartner hingegen das Vertragsverhältnis zu den alten Bedingungen fortführen, obliegt es ihm, dies dem Verwender mitzuteilen und den Änderungen zu widersprechen.[614]

aaa) Anforderungen an die Inhaltskontrolle

Was die AGB-rechtliche Inhaltskontrolle als solche anbelangt, sollen sich nach verbreiteter Auffassung bei einer als Genehmigungsfiktion konzipierten AGB-Klausel keine gravierenden Unterschiede zum vorstehend dargestellten Änderungsvorbehalt ergeben.[615] Insbesondere soll es für die Wirksamkeit einer sol-

610 BGHZ 41, 271, 280; Staudinger/Rieble, § 315 Rdnr. 119.

611 Schimansky/Bunte/Lwowski, Bankrechts-Handbuch, § 6 Rdnr. 11f.; Horn, WM 1984, 449, 452 f.

612 BGHZ 52, 61, 62 f.; OLG Stuttgart, WM 1994, 626, 630; Basedow, in: Müko, BGB, § 305 Rdnr. 78 m. w. N.; Schimansky/Bunte/Lwowski, Bankrechts-Handbuch, § 6 Rdnr. 11; Horn, WM 1984, 449, 453.

613 BGHZ 52, 61, 62 f.; OLG Koblenz, BB 1983, 1635, 1635; Kümpel, Bank- und Kapitalmarktrecht, 2.Auflage, Rdnr. 2.118 m. w. N.; Staudinger/Schlosser, BGB, § 305 Rdnr. 173 m. w. N.; Palandt/Heinrichs, § 305 Rdnr. 48.

614 BGHZ 52, 61, 62; Graf von Westphalen, NJW 2007, 2228, 2232.

615 Prölss, in Prölss/Martin, Versicherungsvertragsgesetz, Vorbemerkung zur Anwendung des Versicherungsrechts, Rdnr. 28; Staudinger/Coester-Waltjen, § 308 Nr 5, Rdnr. 2 m. w. N.

chen Klausel nicht ausreichen, dass der Verwender ein berechtigtes Interesse an der Verwendung einer Genehmigungsfiktion hat.[616] Vielmehr müssten die Wirkungen der fingierten Erklärung den Kriterien der §§ 307 ff. BGB standhalten. Befürchtet wird, dass sich der Verwender andernfalls mit einer solchen Klausel die Chance eröffnen könne, aus der Trägheit seiner Vertragspartner einen Vorteil zu ziehen.[617] *Basedow*[618] vertritt dementsprechend konsequenterweise die Auffassung, dass Nr. 1 Abs. 2 der AGB-Banken mit den §§ 305 ff. BGB unvereinbar sei, weil diese Bestimmung die Voraussetzungen für eine Anpassung der Vertragsbedingungen in keiner Weise entsprechend den Anforderungen der BGH-Rechtsprechung zu Änderungsvorbehalten konkretisiere.

In der Tat muss die Frage gestellt werden, ob es AGB-rechtlich zulässig ist, die vorstehend erörterten Voraussetzungen an die Konkretisierung eines Änderungsvorbehalts über die Konstruktion einer Genehmigungsfiktion zu umgehen. Das Transparenzgebot findet ohne Zweifel auch auf solche Klauseln Anwendung, die eine Genehmigungsfiktion im Sinne von § 308 Nr. 5 BGB enthalten. Daher wird man vom Grundsatz her keine anderen Maßstäbe heranziehen können. Allerdings wird es der Rechtsanwender beim Vorliegen einer Genehmigungsfiktion ungleich schwerer haben, eine unangemessene Benachteiligung im Sinne von § 307 I BGB zu bejahen, weil bei der Interessenabwägung in besonderem Maße zu berücksichtigen ist, dass dem Vertragspartner hier ein Widerspruchsrecht innerhalb einer angemessenen Frist eingeräumt wird.[619] Wenn dieser auf sein Recht ausdrücklich hingewiesen wird – im Übrigen eine Tatsache, die vom Verwender im Streit zu beweisen ist[620] – dann kann in der Regel nicht damit argumentiert werden, der Vertragspartner sei dem einseitigen Wirken des Verwenders schutzlos ausgesetzt. Auch wenn die Klausel selbst keine Konkretisierungen enthält, wird der Vertragspartner durch den Hinweis auf die konkret anvisierten Änderungen hinreichend geschützt. Das Argument, der Vertragspartner nehme meist aus Trägheit keine positive Kenntnis vom Inhalt der Änderungen, greift nicht durch, sofern der Verwender, wie es die überwiegende Auffassung verlangt, ein berechtigtes Interesse an deren Verwendung vorweisen kann.[621] Ein solches Interesse wird dann angenommen, wenn die Verwendung

---

616 OLG Düsseldorf NJW-RR 1988, 884, 886; Kieninger, in Müko, BGB, § 308 Nr. 5 Rdnr. 12; Staudinger/Coester-Waltjen, § 308 Nr 5, Rdnr. 4.

617 Kieninger, in: Müko, BGB, § 308 Nr. 5 Rdnr. 12.

618 Basedow, in: Müko, BGB, § 305 Rdnr. 82.

619 Graf von Westphalen, NJW 2007, 2228, 2232.

620 BGH NJW 1985, 617, 619; Palandt/Heinrichs, § 308 Rdnr. 26.

621 Palandt/Heinrichs, § 308 Rdnr. 26 m. w. N.

zur Bewältigung des Massenverkehrs eingesetzt wird.[622] Trägheit aufseiten des Vertragspartners wird vom Gesetz hingegen nicht geschützt. Außerdem steht dem Vertragspartner auch das Recht zu, sämtlichen nachträglichen Änderungen zu widersprechen, ohne überhaupt vom Inhalt der neuen Bedingungen Kenntnis nehmen zu müssen.

Eine unangemessene Benachteiligung wird sich daher bei einer formularmäßigen Genehmigungsfiktion, die gemäß § 308 Nr. 5 BGB den Verwender auf das Widerspruchsrecht unter Einhaltung einer angemessenen Frist hinweist, nur in Ausnahmefällen mit dem Argument einer mangelnden Klauselkonkretisierung begründen lassen.

bbb) Kündigungsrecht als Folge eines Widerspruchs

Eine Genehmigungsfiktion begegnet dann rechtlichen Bedenken, wenn das dem Vertragspartner eingeräumte Widerspruchsrecht mit einem Kündigungsrecht zugunsten des Verwenders verbunden wird. Mit einer solchen Konstruktion arbeitet auch die Deutsche Börse AG als Träger des Freiverkehrs an der FWB. In § 3 der FV-AGB FWB vom 01.07.2012 wird bestimmt:

> (1) Änderungen dieser Geschäftsbedingungen werden den Teilnehmern [...] spätestens drei Wochen vor dem Zeitpunkt ihres Wirksamwerdens schriftlich oder elektronisch angeboten. Sie gelten als genehmigt, wenn der Teilnehmer [...] eine Ablehnung nicht vor dem Zeitpunkt des Wirksamwerdens schriftlich oder elektronisch anzeigt. Auf diese Genehmigungswirkung wird die DBAG in ihrem Angebot besonders hinweisen.
>
> (2) Im Fall einer Ablehnung gemäß Absatz 1 kann die DBAG die Geschäftsbeziehung mit dem Teilnehmer [...] mit einer Frist von sechs Wochen kündigen. Kündigungen aus wichtigem Grund bleiben unberührt.

Diese Klauselgestaltung kommt der Schaffung eines Änderungsvorbehalts sehr nahe, weil sie in gleicher Weise den Vertragspartner vor die Wahl stellt, die Änderungen zu akzeptieren oder das Listing im Freiverkehr aufzugeben. Der einzige Unterschied liegt darin, dass beim Änderungsvorbehalt der Vertragspartner und bei der Genehmigungsfiktion der Verwender den Listingvertrag kündigen muss, will der Vertragspartner die Änderungen nicht akzeptieren. Wird die Genehmigungsfiktion mit einem Kündigungsrecht zugunsten des Verwenders verbunden, baut dieser ein erhebliches Druckpotenzial auf, das dem Vertragspartner

---

622 BGH NJW 1990, 761, 763; OLG Düsseldorf, NJW-RR 1988, 884, 886 m. w. N.; Becker, in: Bamberger/Roth (Hrsg.), Stand 1.2.2007, § 308 Nr. 5 BGB Rdnr. 14; BT-Drucksache 7/5433, S. 7; Palandt/Heinrichs, § 308 Rdnr.27; Graf von Westphalen, NJW 2007, 2228, 2232.

in der Tat nur die Wahl zwischen Genehmigung oder Ausschluss aus dem Marktsegment bietet. Er wird sich deshalb regelmäßig genötigt sehen, den beabsichtigten Änderungen nicht zu widersprechen, wenn er weiterhin am Handel in diesem Segment teilnehmen will.

In gewisser Weise enthält die Kombination einer Genehmigungsfiktion mit einem besonderen vertraglichen Kündigungsrecht Züge einer Änderungskündigung.[623] Eine Besonderheit liegt hier freilich darin, dass sich der Verwender durch das absichtliche Stellen unverhältnismäßiger Vertragsänderungen zumindest theoretisch ein Kündigungsrecht selbst kreieren kann, das ihn zur Kündigung innerhalb von sechs Wochen berechtigt, ohne dass dabei die Interessen des Vertragspartners und dessen Vertrauen auf die bestehenden Verträge geschützt würden. Die Kombination von Genehmigungsfiktion und einem in den Geschäftsbedingungen vertraglich verankerten Kündigungsrecht wird deshalb zu Recht von der Rechtsprechung und Teilen der Literatur als unangemessen abgelehnt.[624]

Ein Kündigungsrecht besteht im Rahmen eines Dauerschuldverhältnisses gemäß § 314 I S. 1 und S. 2 BGB nur dann, wenn Tatsachen vorliegen, die unter Berücksichtigung aller Umstände des Einzelfalles und unter Abwägung der beiderseitigen Interessen die Fortsetzung des Vertragsverhältnisses für die kündigende Partei als unzumutbar erscheinen lassen.[625] Ein einzelner Widerspruch eines Handelsteilnehmers oder Emittenten gegen eine Vertragsänderung vermag diese Anforderungen nicht zu erfüllen. Hinzukommen muss vielmehr, dass die Aufrechterhaltung des Rechtsverhältnisses die Marktveranstaltung in nicht unerheblicher Weise tangiert und die Änderungen für die Fortentwicklung des Marktes notwendig oder zumindest angezeigt erscheinen. Unter die vorstehend dargestellte Bestimmung in § 3 der FV-AGB FWB kann demgegenüber jegliche Änderung gefasst werden, auch eine solche, die nur eigene, insbesondere finanzielle Interessen des Freiverkehrsveranstalters betrifft.

Auch nach den Geschäftsbedingungen des Freiverkehrs an der FWB darf eine ordentliche Kündigung nur erfolgen, wenn eine angemessene Frist eingehalten wird, deren Bestimmung im Einzelfall unter Berücksichtigung der berechtigten Belange des Teilnehmers, des Skontroführers und des Publikums zu erfolgen hat (§ 15 I FV-AGB FWB[626]). Dass § 314 BGB im vorliegenden Kontext allein

623 Baur, Vertragliche Anpassungsregelungen, S. 111.

624 OLG Köln NJW 1996, 1065; Palandt/Heinrichs, § 305 Rdnr. 48; Köndgen, NJW 1996, 558, 560.

625 So schon die allgemeine Meinung vor dem Schuldrechtsmodernisierungsgesetz, vgl. OLG Frankfurt a. M. WM 2002, 924, 927.

626 Zum 01.07.2012 hat die DBAG diese Regelung abgeschafft. Kündigungen von Seiten des Freiverkehrsveranstalters sind nunmehr jederzeit mit einer Frist von 6 Wochen

deshalb zurücktreten soll, weil der Vertragspartner von seinem in den Geschäftsbedingungen eingeräumten Recht zur Ablehnung eines neuen Vertragsangebotes Gebrauch gemacht hat, ist nicht zu rechtfertigen.

Wegen der gleichen Wirkung von Änderungsvorbehalt einerseits und Genehmigungsfiktion in Verbindung mit einem Kündigungsrecht andererseits können bezüglich beider Konstruktionen keine unterschiedlichen Anforderungen an ihre AGB-rechtliche Rechtmäßigkeit gestellt werden. Hiernach steht eine solche Rechtskonstruktion nur dann mit dem AGB-Recht in Einklang, wenn die dem Verwender mögliche Mindestkonkretisierung und wenn eine Eingrenzung auf den Zweck erfolgt ist, zu dessen Erreichung Änderungen vorgenommen werden dürfen. Da die Bestimmung des § 3 FV-AGB FWB, die dem Freiverkehrsveranstalter ein Kündigungsrecht gegenüber einem widersprechenden Handelsteilnehmer bzw. Emittenten einräumt, keine Konkretisierungen enthält und auch keine Eingrenzung nach dem Zweck der möglichen Änderungen vorsieht, sind hierauf beruhende Änderungen der Geschäftsbedingungen angreifbar. Diese Bestimmung stellt eine unangemessene Benachteiligung zulasten der Vertragspartner dar, weil mit ihr grundsätzlich sämtliche Vertragsbestandteile geändert werden könnten, ohne dass in irgendeiner Weise die Interessen der Kontrahenten, die mit dem Vertragsschluss einen Anspruch auf vertragsgemäße Leistung erworben haben, berücksichtigt werden. Nach der hier vertretenen Rechtsauffassung dürften damit insbesondere einzelne Anpassungen im Entgeltverzeichnis (§ 31 FV-AGB FWB) angreifbar sein. Hierzu gehört beispielsweise die zum 1.1.2009 erfolgte Einführung eines quartalsweise zu entrichtenden Notierungsentgelts im First Quotation Board. Vor Einführung dieses Notierungsentgeltes war ein Listing solcher Unternehmen, die nach dem 1.1.2009 nur noch im First Quotation Board gelistet werden konnten, noch ohne ein solches Entgelt möglich. Die DBAG hat dieses auf Basis des § 3 FV-AGB FWB ohne eine ausdrückliche Zustimmung der einbeziehenden Handelsteilnehmer bzw. Unternehmen eingeführt.

dd) Vorschlag für eine Klausel für nachträgliche Änderungen der Geschäftsbedingungen für den Freiverkehr

Nach der hier vertretenen Auffassung ist in den Geschäftsbedingungen eines Freiverkehrs die folgende Klausel auch unter AGB-rechtlichen Gesichtspunkten wirksam:

---

möglich (§§ 14, 23 FV-AGB FWB; zu den umfassenden Neuerungen in der Organisation des Open Marktes siehe nachstehende Ausführungen in Kapitel 4, I. 6.).

„Nachträgliche Änderungen der Geschäftsbedingungen

(1) Der Freiverkehrsträger hat das Recht, Einbeziehungsvoraussetzungen und Einbeziehungsfolgepflichten in den Geschäftsbedingungen mit Wirkung für bereits bestehende Verträge und unter Einhaltung einer angemessenen Übergangsfrist nachträglich anzupassen, soweit dies im Interesse einer angemessenen Fortentwicklung des Freiverkehrs oder aufgrund geänderter Marktverhältnisse angezeigt erscheint.

(2) Einbeziehungs- und Notierungsentgelte dürfen für bestehende Notierungen zulasten des Vertragspartners nur angepasst werden, wenn der Freiverkehrsträger nachweist, dass seine Kosten erheblich gestiegen sind und sich hierdurch das Äquivalenzverhältnis von Leistung und Gegenleistung erheblich verschoben hat. Eine jährliche Erhöhung von 1 % oder eine Anpassung in Höhe der jährlichen Inflationsrate wird grundsätzlich als angemessen eingestuft.

(3) Die Regelung X darf geändert werden, wenn … (konkrete Voraussetzungen, soweit Konkretisierung möglich).

(4) Andere Regelungen in den Geschäftsbedingungen können nur dann durch den Freiverkehrsträger verbindlich und einheitlich gegenüber allen Teilnehmern geändert werden, wenn dies zum Erhalt der Funktionsfähigkeit des Freiverkehrs zwingend erforderlich ist. Sofern diese Voraussetzung nicht vorliegt, werden Änderungen nur gegenüber denjenigen Handelsteilnehmer wirksam, die den Änderungen zugestimmt haben. Die Zustimmung gilt als erteilt, wenn der Handelsteilnehmer der Änderung nicht innerhalb einer Frist von 6 Wochen widerspricht und er durch den Freiverkehrsveranstalter auf diese Rechtsfolge schriftlich hingewiesen wurde. Die Frist beginnt erst mit Zugang einer Mitteilung, die sämtliche Änderungen des Regelwerks aufzeigt und eine schriftliche Rechtsfolgenbelehrung enthält."

Die Kombination von Änderungsvorbehalt und Genehmigungsfiktion bietet verschiedene Vorteile. Mit dieser Kombination wird das Hauptproblem der Genehmigungsfiktion überwunden, das darin liegt, dass Neuregelungen nicht einheitlich für und gegenüber allen Handelsteilnehmern wirksam werden, soweit gegen Änderungen Widerspruch erhoben wird. Den widersprechenden Personen gegenüber entfalten die neuen Bestimmungen keine Wirksamkeit. In den wesentlichen Rechtsfragen müssen die Marktbedingungen jedoch zwingen einheitlich gegenüber jedem Teilnehmer gleichermaßen gelten. Dies gilt wie vorstehend ausgeführt in besonderem Maße für die Einbeziehungsvoraussetzungen und Einbeziehungsfolgepflichten. Hier ist ein Änderungsvorbehalt zwingend notwendig und wie oben dargestellt auch börsenrechtlich nicht zu beanstanden.

Hinsichtlich der Regelungsbereiche, die nicht zwingend einheitlich geregelt sein müssen, empfiehlt sich die Verwendung einer Genehmigungsfiktion, wie dies auch in den AGB-Banken gehandhabt wird. Damit wird eine weitgehend einheitliche Geltung dieser Bestimmungen gewährleistet. Einzelne Widersprüche fallen dabei nicht ins Gewicht, weil sie für die Funktionsfähigkeit des Marktes nicht von Bedeutung sind.

Sofern eine Konkretisierung möglich ist, wie beispielsweise bei den Listingentgelten, ist diese aufgrund des geschilderten Transparenzgebotes zwingend vorzunehmen.

V. Rechtsbeziehungen im Freiverkehr

Die rechtlichen Verbindungen des Freiverkehrs bzw. des Freiverkehrsträgers mit der Börse sind ausführlich erörtert worden. An dieser Stelle sollen nun die Rechtsbeziehungen des Freiverkehrsträgers zu den Handelsteilnehmern und Emittenten dargestellt werden. Ob und in welcher Form hier rechtliche Verbindungen bestehen, kann für eine Vielzahl von Folgefragen von Bedeutung sein. Insbesondere können die in den Geschäftsbedingungen des Freiverkehrs niedergelegten Vertragsbedingungen nur dort zur Anwendung gelangen, wo eine schuldrechtliche Grundlage vorhanden ist, an die ihre Einbeziehung geknüpft werden kann.[627] Weil die Geschäftsbedingungen vertraglich vereinbarte Regelwerke sind, gelten sie nur zwischen den Beteiligten.

Die Rechtsverhältnisse im Freiverkehr unterscheiden sich von denen an der Börse in bedeutsamer Weise. Im Freiverkehr bestehen zwischen dem Freiverkehrsträger und den Teilnehmern nur rechtsgeschäftlich begründete privatrechtliche Verbindungen. An der Börse hingegen werden die Nutzungs- und Leistungsrechtsverhältnisse von der Börsenanstalt vorwiegend unter Verwendung öffentlich-rechtlicher Handlungsformen hoheitlich gestaltet.[628]

1. Vertragsverhältnis zwischen Freiverkehrsträger und Handelsteilnehmer betreffend die Handelszulassung im Freiverkehr

Grundsätzlich wird im Freiverkehr vorab kein schriftlich fixierter oder zumindest mündlich verhandelter Teilnahme- oder Handelszulassungsvertrag abgeschlossen, der die Teilnehmer befugt, am Handel zu partizipieren.[629] Auch infolge der Börsenzulassung, die die Handelsteilnehmer gemäß § 19 BörsG bei der Börsengeschäftsführung beantragen und erhalten, entsteht kein irgendwie gearteter Teilnahmevertrag in Bezug auf den Freiverkehr. Die öffentlich-rechtlich

627 An dieser Stelle ist erneut die Frage nach der Rechtsform des Freiverkehrsregelwerks relevant. AGB benötigen eine schuldrechtlich begründete Basis, an die der Verwender die Einbeziehung knüpfen kann. Würde dem Freiverkehrsregelwerk dagegen ein staatlicher Geltungsbefehl zukommen (private Rechtsnormen), der es zu einem allgemeingültigen Normengefüge macht, bedürfte es keiner vertraglichen Grundlage.

628 Lorenz, Die Wertpapierbörse und ihr Träger, S. 85, der dort zugleich die Ausnahmen dieses Grundsatzes aufzeigt.

629 Eine Ausnahme findet sich auf der Handelsplattform Scoach. Hier wird vorab ein schriftlicher Teilnahmevertrag abgeschlossen Vgl. Vordruck auf der Indernetseite der Scoach Europa AG: http://www.scoach.de/; http://www.scoach.de/DE/MediaLibrary/Document/Scoach_Nutzungsvertrag.pdf.

geprägte Börsenzulassung begründet nur Rechte und Pflichten zwischen dem jeweiligen Begünstigten und der Börse. Deshalb ist die Börsenzulassung auch nicht geeignet, als Basis für die Einbeziehung der Geschäftsbedingungen im Verhältnis von Freiverkehrsträger und Freiverkehrsteilnehmer zu dienen.

Üblicherweise wird In den Geschäftsbedingungen des Freiverkehrs bestimmt, dass zur Teilnahme am Freiverkehrshandel alle Unternehmen und Börsenhändler berechtigt sind, die zur Teilnahme am Börsenhandel zugelassen sind (§ 2 II FV-AGB FWB; vgl. auch § 1 III FV-AGB BW-WB). Auch hierdurch kommt jedoch noch kein Vertragsverhältnis zwischen dem Handelsteilnehmer, der von dieser abstrakt eingeräumten Befugnis Gebrauch machen will, und dem Freiverkehrsveranstalter zustande. Konkrete Rechtsbeziehungen zwischen Freiverkehrsträger und Handelsteilnehmer entstehen grundsätzlich nur anlassbezogen – zum einen, wenn ein Wertpapier einbezogen wird (unten 3.), und zum anderen, wenn tatsächlich aktiv am Handel teilgenommen wird (unten 2.).

2. Vertragsverhältnis zwischen Freiverkehrsträger und Handelsteilnehmer betreffend Teilnahme am Handel im Freiverkehr

Wenn ein Handelsteilnehmer im Freiverkehr Handel zu treiben beginnt, schließen er und der Freiverkehrsträger konkludent einen Teilnahmevertrag ab. Mit der Organisation des Freiverkehrs und der Öffnung dieses Segments für sämtliche Handelsteilnehmer (§ 6 FV-AGB FWB) offeriert der Freiverkehrsveranstalter diesen seine Dienstleistungen im Handelssegment Freiverkehr. Hierbei handelt es sich bereits um eine Willenserklärung, nämlich um ein verbindliches Angebot auf Abschluss eines Teilnahmevertrages. Denn in § 6 FV-AGB FWB kommt der Wille des Freiverkehrsträgers zum Ausdruck, allen börsenzugelassenen Handelsteilnehmern Dienstleistungen anzubieten, ohne sich hierbei ein Auswahlermessen vorzubehalten. Für die Annahme einer Invitatio ad offerendum, also einer bloß vorgeschalteten unverbindlichen Aufforderung zur Angebotsabgabe, bestehen somit keinerlei Anhaltspunkte. Durch die aktive Aufnahme des Handels und der Aufgabe einer Wertpapierorder erklärt der jeweilige Teilnehmer konkludent die Annahme der offerierten Freiverkehrsdienstleistung und akzeptiert damit gleichzeitig die Geltung der Geschäftsbedingungen für den Freiverkehr. Eines ausdrücklichen Hinweises auf die Geschäftsbedingungen vonseiten des Freiverkehrsveranstalters sowie der ausdrücklichen Erklärung des Teilnehmers, er sei mit deren Geltung einverstanden, bedarf es nicht. § 305 II BGB, der dem Verwender grundsätzlich auferlegt, den Vertragspartner ausdrücklich auf seine Allgemeinen Geschäftsbedingungen hinzuweisen, findet gemäß § 310 I S. 1 BGB im Handelsverkehr keine Anwendung. Die Geschäftsbedingungen werden mit der Aufgabe der ersten Wertpapierorder durch den Handelsteilnehmer in den Teilnahmevertrag einbezogen.

In der Praxis hat dieser Teilnahmevertrag keine herausgehobene Bedeutung. Er bildet das privatrechtliche Gegenstück zur öffentlichrechtlichen Börsenzulassung. Rechtliche Probleme wirft dieser Vertrag nicht auf. Bedeutsam ist er für die Einbeziehung der Geschäftsbedingungen. Aber auch diese Geschäftsbedingungen enthalten für das reine Teilnahmerechtsverhältnis keine erörterungsbedürftigen Vorschriften. Erwähnenswert sind die Regelung über die Haftung des Freiverkehrsveranstalters in § 29 FV-AGB FWB sowie die Bestimmungen über die allgemeinen Mitwirkungspflichten in § 5 FV-AGB FWB.

3. Vertragsverhältnis zwischen Freiverkehrsträger und Handelsteilnehmer betreffend die Einbeziehung eines Wertpapiers

Ein Rechtsverhältnis mit synallagmatischen Pflichten entsteht im Freiverkehr dann, wenn der Freiverkehrsträger gemäß § 9 III S. 1 FV-AGB FWB den Antrag eines Handelsteilnehmers auf Einbeziehung eines Wertpapiers annimmt (Einbeziehungsvertrag). Für den Antrag hält der Freiverkehrsträger der FWB auf seiner Internetseite ein elektronisches Formular bereit, das kaum mehr Angaben verlangt, als zur Identifizierung des Emittenten erforderlich sind.[630] Nähere Informationen über die wirtschaftliche Lage des Unternehmens, insbesondere über Geschäftsfelder und Geschäftsaussichten werden nicht verlangt. Diesen Antrag nimmt der Freiverkehrsträger in aller Regel an, wenn die diesbezüglich in den Geschäftsbedingungen bestimmten Voraussetzungen erfüllt sind. Ein Anspruch auf Einbeziehung wird hingegen gemäß § 9 III S. 2 FV-AGB FWB ausdrücklich ausgeschlossen. Der Vertragsinhalt ergibt sich aus den jeweiligen Geschäftsbedingungen des Freiverkehrsveranstalters. Darin werden nicht nur die Teilnahme- und Einbeziehungsvoraussetzungen bestimmt, sondern auch die durch die Einbeziehung begründeten Pflichten des Teilnehmers, wozu insbesondere die Vorlage von Dokumenten, einzelne Informations- und Transparenzpflichten sowie die zu entrichtenden Entgelte für die Dienstleistungen des Freiverkehrsveranstalters gehören (dazu ausführlich unten Kapitel 4, I.). Die Leistungspflichten des Freiverkehrsveranstalters hingegen beziehen sich u. a. auf die Bereitstellung einer funktionsfähigen Handelsplattform, die insbesondere durch ein funktionsfä-

630 Sog. elektronische Antrags-Tool E-Listing Open Market („E-Listing OM"). Das elektronische Antragsformular wurde am 17.11.2008 eingeführt. Seitdem können Einbeziehungsanträge nur noch elektronisch gestellt werden.

higes Regelwerk, die Bereitstellung entsprechender Handelssysteme und eine effektive Handelsaufsicht geprägt ist.

Bei der Lektüre der Freiverkehrsregelwerke der deutschen Börsen offenbart sich dem Leser rasch der bedeutsamste Unterschied zu den zentralen Regelungen des regulierten Marktes. Bei der Einbeziehung von Wertpapieren entstehen im allgemeinen Freiverkehr (Bereich Aktienhandel) rechtliche Verbindungen nur zwischen dem Träger und dem einbeziehenden Handelsteilnehmer.[631] Beantragt der Handelsteilnehmer beim Freiverkehrsträger die Einbeziehung eines Wertpapiers, muss er nach den Geschäftsbedingungen grundsätzlich im eigenen Namen und auf eigene Rechnung handeln, selbst wenn er vom Emittenten mit der Einbeziehung der von ihm emittierten Wertpapiere beauftragt worden ist.[632]

Die Marktordnung im allgemeinen Freiverkehr ist damit weitgehend emittentenunabhängig ausgestaltet.[633] Es gibt gegenwärtig im allgemeinen Freiverkehr an deutschen Börsen bezüglich der Einbeziehung von Aktien und gewisser anderer Wertpapiere[634] kein irgendwie geartetes Rechtsverhältnis zwischen dem Freiverkehrsveranstalter und den Emittenten. Der Emittent partizipiert am Freiverkehr ausschließlich mittelbar durch Zwischenschaltung eines Handelsteilnehmers. Im Freiverkehr übernimmt damit der antragstellende Handelsteilnehmer Aufgaben, die im regulierten Markt direkt in den Verantwortungsbereich der Emittenten fallen (vgl. etwa §§ 40 ff. BörsG). So obliegt es ihm beispielsweise, den Freiverkehrsträger von Umständen in Kenntnis zu setzen, die für die Beurteilung des Wertpapiers oder des Emittenten wesentlich sind (§ 13 FV-AGB FWB).

Der Zweck dieser Form einer Einbeziehung, die zwischen Emittent und Freiverkehrsträger den einbeziehenden Handelsteilnehmer schaltet, liegt darin, die Einhaltung von Transparenz- und Publizitätspflichten in einem erhöhten Maße sicherzustellen. Ein Handelsteilnehmer wird die Einbeziehung eines

631 In den Freiverkehrsteilbereichen gibt es hiervon einige Ausnahmen. Im zum 1.1.2010 neu eingeführten Teilbereichssegment Freiverkehr Plus an der Baden-Württembergischen Wertpapierbörse bestehen auch für die Emittenten Einbeziehungsfolgepflichten (§ 46 FV-AGB BW-WB). Im Entry Standard der FWB ist der Antrag auf Einbeziehung seit dem 01.07.2012 durch den Emittenten zu stellen (§ 16 FV-AGB FWB), der in der Folge auch für die Erfüllung der Einbeziehungsfolgepflichten primär Verantwortung trägt (§ 19 FV-AGB FWB).

632 In den Teilbereichen ist auch das Handeln auf Rechnung des Emittenten zulässig.

633 Maas, Zwangsdelisting und Anlegerschutz, S. 41.

634 Anders ist dies im Bereich des Handels mit strukturierten Produkten (Optionsscheine, Zertifikate, Reverse Convertibles). Der Emittent solcher Produkte wird z. B. unmittelbar verpflichtet, während der Handelszeit auf Anfrage eines zugelassenen Skontroführers verbindliche Quotes zu stellen (siehe dazu unten Kapitel 4, II.).

Wertpapiers nicht vornehmen, wenn zu besorgen ist, dass dessen Emittent die an ihn gestellten Anforderungen nicht erfüllen wird. Zudem wird er eine erfolgte Einbeziehung umgehend kündigen, wenn der Emittent seinen Verpflichtungen nicht weiter nachkommen will. Somit wird der Emittent laufend durch den einbeziehenden Handelsteilnehmer überwacht, was einen höheren Grad an pflichtgemäßer Transparenz und Publizität gewährleisten soll. In der Praxis wird der Zweck dieser Konstruktion allerdings wiederum durch die bereits erwähnten Freistellungsklauseln relativiert.

Im Übrigen sind die Haftungsrisiken für die Handelsteilnehmer im Bereich des allgemeinen Freiverkehrs überschaubar, da außer den allgemeinen Mitwirkungs- und Mitteilungspflichten nach §§ 5 und 13 FV-AGB FWB keine Einbeziehungsfolgepflichten existieren. Die Verletzung von Pflichten nach § 13 FV-AGB FWB wird ferner nur in Ausnahmefällen nachgewiesen werden können. Diese Regelung enthält eine Verpflichtung zur Mitteilung solcher Umstände, die für die Beurteilung eines Wertpapiers wesentlich sind (z. B.: Kapitalmaßnahmen, Ausgabe von Bezugsrechten, Dividendenzahlungen, Wechsel von Personen im Vorstand und Aufsichtsrat). Nach Absatz 2 S. 1 dieser Vorschrift sind jedoch lediglich solche Umstände mitzuteilen, von denen der Handelsteilnehmer tatsächlich Kenntnis erlangt hat oder von denen er sich aus frei zugänglichen Quellen in zumutbarer Weise Kenntnis verschaffen kann. Dies zeigt, dass die Konstruktion der Einschaltung der Handelsteilnehmer in die Einbeziehung der Wertpapiere in den allgemeinen Freiverkehr für die Anleger lediglich von geringer Tragweite ist.

4. Vertragsverhältnisse zwischen Freiverkehrsträger und Emittent

Von dem Grundsatz, dass es im Freiverkehr keine unmittelbaren rechtlichen Verbindungen zwischen Freiverkehrsträger und Emittent gibt, wird an manchen Börsenplätzen für Teilbereichssegmente eine Ausnahme gemacht. Das Teilsegment Freiverkehr Plus an der Baden-Württembergischen Wertpapierbörse verzichtet vollständig auf die Zwischenschaltung eines Handelsteilnehmers. Hier stellt der Emittent den Einbeziehungsantrag. Er ist auch für die Erfüllung sämtlicher Verpflichtungen, die in den §§ 44 ff. FV-AGB BW-WB festgelegt sind, unmittelbar verantwortlich. Ähnlich ist dies seit dem 01.07.2012 nun auch im Entry Standard der FWB geregelt. Im M:access hat man es bislang bei einer vollständig mittelbaren Inpflichtnahme des Emittenten unter Zwischenschaltung eines Handelsteilnehmers belassen. Dort wird der Einbeziehungsantrag durch einen Handelsteilnehmer gestellt (sog. Emissionsexperte), allerdings ausdrücklich im Einvernehmen mit dem Emittenten (§ 5 I Regelwerk M:access). Der Emissionsexperte übernimmt gemäß § 7 III Regelwerk M:access die Gewähr dafür, dass der Emittent die in § 6 II Regelwerk M:access aufgelisteten Einbeziehungsfolgepflichten erfüllt. Im Unterschied zum Entry Standard ist diese Verpflichtung jedoch auf 12 Monate begrenzt (§ 7 III Regelwerk M:access), was zu der Schlussfolgerung führen muss, dass der Emittent durch die Erklärung seines Einvernehmens die Verpflichtungen in § 6 II Regelwerk M:access unmittelbar selbst übernimmt. Andernfalls würden nach Ablauf der 12 Monate weder der Emittent noch der Emissionsexperte dafür Sorge zu tragen haben, dass die Erfüllung der vorgenannten Bedingungen ordnungsgemäß erfolgt. Eine solche Rechtsfolge kann nicht im Sinne des Betreibers von M:access sein. Der Emissionsexperte tritt daher hier – anders als der den Antrag stellende Handelsteilnehmer im Entry Standard – dem Freiverkehrsveranstalter gegenüber als zusätzlicher Garant für die Erfüllung dieser Verpflichtungen auf.

Ferner werden Emittenten gegenüber dem Freiverkehrsveranstalter auch in denjenigen Handelssegmenten unmittelbar verpflichtet, in denen es aus Liquiditätsgründen für erforderlich angesehen wird, dass der Emittent in den von ihm emittierten Papieren im eigenen Namen Liquidität zur Verfügung stellt. Dies betrifft insbesondere den Bereich der strukturierten Produkte (dazu näher unten Kapitel 4, II).

5. Besondere Vertragsverhältnisse zwischen Freiverkehrsträger und bestimmten einzelnen Handelsteilnehmern[635]

a) Skontroführer

Sollen die einzubeziehenden Wertpapiere nicht nur im elektronischen Handel, sondern auch im Präsenzhandel gehandelt werden, bedarf es der Tätigkeit eines Skontroführers.[636] Skontroführer sind an der Börse zugelassene Handelsteilnehmer, die im Präsenzhandel mit der Feststellung von Börsenpreisen betraut werden (§ 27 I S. 1 BörsG). Die Benennung zum Skontroführer in einem Wertpapier erfolgt im Freiverkehr nicht wie im regulierten Markt durch Verwaltungsakt

635 Soweit in diesem Abschnitt auf Regelungen an der FWB Bezug genommen wird, beziehen sich diese auf die im Jahr 2010 geltende Rechtslage. Zu der umfassenden Neuordnung des Open Markets im Zusammenhang mit den Änderungen der Geschäftsbedingungen in 2011 und 2012 vgl. unten Kapitel 4, I. 6.

636 An einigen Börsen ist ein Freiverkehrshandel nur noch im elektronischen Handelssystem vorgesehen, vgl. z. B. § 4 I S. 1 FV-AGB BW-WB, § 4 I FV-AGB FWB.

vonseiten der Börsengeschäftsführung,[637] sondern durch Vertrag.[638] Bis zur Abschaffung des Skontroführerhandels an der FWB hatte der einbeziehende Antragsteller gemäß § 16 IV FV-AGB FWB 2010[639] in seinem Antrag auf Einbeziehung eines Wertpapiers in den Entry Standard einen Skontroführer zu benennen, wobei er sich auch selbst benennen konnte. Im Open Market stand es ihm dagegen frei, ob er einen Antrag auf Skontrozuteilung stellt. Die Verteilung der Skontren erfolgte sodann nach § 23 FV-AGB FWB 2010 durch den Freiverkehrsträger im Einvernehmen mit der Börsengeschäftsführung.

Vorgaben, auf welche Art und Weise der Skontroführer seine Preisermittlungsaufgabe auszuführen hat, sind in der Bestimmung in § 3 FV-HO FWB enthalten, die insoweit auf die Börsenordnung verweist. Der Ausschluss der §§ 27-29 BörsG durch § 48 III S. 2 BörsG ist darauf zurückzuführen, dass der privatrechtlich organisierte Freiverkehr keinen öffentlich-rechtlichen Bindungen unterworfen ist und dementsprechend auch nicht den diesbezüglichen Beschränkungen des Börsengesetzes unterliegt.[640] Der Ausschluss von § 28 BörsG, eine Norm, die die allgemeinen Pflichten der Skontroführer konkretisiert und vor dem Inkrafttreten des FRUG nach überwiegender Auffassung auch im Freiverkehr anzuwenden war,[641] ist zu Recht kritisiert worden.[642] Warum die in dieser Regelung normierten Maßstäbe für die Skontroführertätigkeit im Freiverkehr nicht zur Anwendung gelangen sollen, ist insbesondere im Hinblick auf die Einführung der Handelsordnung für den Freiverkehr, in der die Handelsabläufe durch die Börse bestimmt werden, nicht nachvollziehbar.

Das Rechtsverhältnis zwischen dem Freiverkehrsträger und dem Skontroführer hat überwiegend dienstvertragliche Elemente. Außer der Kündigungsregelung in § 24 FV-AGB-FWB sieht das Freiverkehrsregelwerk an der FWB für dieses Rechtsverhältnis keine besonderen Regelungen vor. Es gelten daher grundsätzlich die allgemeinen zivilrechtlichen Bestimmungen für Dienstverträge.

b) Designated Sponsor

Wird ein Designated Sponsor im Freiverkehr der FWB tätig, erfolgt dies auf der Grundlage eines schriftlichen Vertrages mit dem Freiverkehrsveranstalter (§ 19 I

637 Hofmann, Der Skontroführer an den deutschen Wertpapierbörsen, S. 254.

638 Lenenbach, Kapitalmarkt- und Börsenrecht, Rdnr. 3.59.

639 Seit dem 23.05.2011 werden die in den Open Market einbezogenen Wertpapiere nur noch im elektronischen Handelssystem gehandelt, vgl. § 4 I FV-AGB FWB.

640 Bericht des Finanzausschusses zum FRUG, BT-Drucksache 16/4899, S. 15.

641 Hofmann, Der Skontroführer an den deutschen Wertpapierbörsen, S. 613.

642 Hofmann, Der Skontroführer an den deutschen Wertpapierbörsen, S. 617.

S. 2 FV-AGB FWB). Für welche Wertpapiere ein Designated Sponsoring, bei dem der Sponsor den Händlern gemäß § 146 BörsO FWB verbindliche Quotes und damit zusätzliche Liquidität zur Verfügung stellt, betrieben wird, legt der Freiverkehrsveranstalter fest (§ 19 I S. 1 FV-AGB FWB).[643] Designated Sponsors sind Market Maker im Sinne von § 23 IV WpHG, mithin Personen, die Handelsteilnehmern an einem Markt dauerhaft anbieten, Finanzinstrumente im Wege des Eigenhandels zu selbst gestellten Preisen zu kaufen und zu verkaufen. Die Hinzuziehung eines Designated Sponsors erfolgt regelmäßig dann, wenn die Aktien im fortlaufenden Handel auf Xetra gehandelt werden sollen.[644] Die Rechtslage im Freiverkehr hinsichtlich des Designated Sponsoring entspricht gemäß § 19 I S. 4 FV-AGB FWB und § 4 I FV-HO, die beide auf die Börsenordnung verweisen, weitgehend derjenigen im regulierten Markt.

c) Spezialist

Der Spezialist wird im Freiverkehr tätig, wenn der Handelsteilnehmer für das von ihm einbezogene Wertpapier das Handelsmodell „fortlaufende Auktion mit Spezialist"[645] gewählt hat (§ 20 I FV-AGB FWB). Aufgabe des Spezialisten ist es, im elektronischen Handelssystem Xetra zusätzliche Liquidität zur Verfügung zu stellen. Dafür verpflichtet er sich gegenüber dem Freiverkehrsveranstalter, gemäß den Bestimmungen der Handelsordnung indikative Quotes in das elektronische Handelssystem einzugeben, um hierdurch eine jederzeitige Handelbarkeit des Wertpapiers zu ermöglichen.[646] Mit der Wahl des Handelsmodells „fort-

643 Gemäß § 16 IV S. 3 FV-AGB FWB ist es dem Handelsteilnehmer im Falle einer Einbeziehung in den Entry Standard freigestellt, einen Designated Sponsor nach seiner Wahl zu benennen.

644 Die Alternative hierzu ist das „One-Auction-Only"-Modell, bei dem pro Tag lediglich ein Preis festgestellt wird.

645 Eingeführt an der FWB am 12.10.2009.

646 Im Unterschied zum fortlaufenden Handel mit Designated Sponsor sammelt der Spezialist Kauf- und Verkaufsaufträge und stellt dann jeweils nur einen (Auktions-)Preis fest. Nur der Spezialist stellt Liquidität und Informationen zur aktuellen Orderbuchlage zur Verfügung. Beim Designated Sponsoring ist die Spitze des Orderbuchs (die zehn besten Geld- und Briefseiten) hingegen für alle offen einsehbar. Der Designated Sponsor stellt nach Belieben verbindliche Angebote ein. Geschäftsabschlüsse können damit jederzeit erfolgen, sobald sich das Angebot mit der Nachfrage deckt. Die Aktionen des Designated Sponsors können damit vom gesamten Markt eingesehen werden. Dieses Mehr an Transparenz ermöglicht es den Investoren genau zu verfolgen, wie sich die Marktlage in dem jeweiligen Papier gestaltet. Will man ein Handelssystem wählen, dass am ehesten den Interessen der Investoren entspricht, so steht an erster Stelle das Designated Spon-

laufende Auktion mit Spezialist" erhält das jeweilige Freiverkehrs-Wertpapier ein gewisses Gütesiegel, weil ein Spezialist diese Aufgabe regelmäßig nur dann übernehmen wird, wenn er von der nachhaltigen Performance dieses Wertpapiers überzeugt ist. Im Übrigen überwacht der Freiverkehrsträger den Spread und das Quotierungsvolumen bei der Tätigkeit der Spezialisten.[647]

Gemäß § 20 II S.1 FV-AGB FWB bestimmt der Vertrag zwischen dem Spezialisten und dem Freiverkehrsveranstalter, für welche Wertpapiere der Spezialist die Spezialistentätigkeit ausführt. Nach S. 2 dieser Vorschrift soll der Spezialist diese Aufgabe auch für solche Wertpapiere ausführen müssen, die der Freiverkehrsträger einseitig bestimmt, sofern dies für die Aufrechterhaltung eines ordnungsgemäßen Handels erforderlich ist. Da es sich bei dieser Klausel um eine allgemeine Geschäftsbedingung handelt, dürfte ihre Rechtswirksamkeit erheblichen Bedenken unterliegen. Auch hierbei handelt es sich um ein einseitiges Leistungsbestimmungsrecht zugunsten des Freiverkehrsveranstalters, das im Einzelfall geeignet ist, einem Handelsteilnehmer unter Umständen erheblichen finanziellen Schaden zuzufügen. Denn wenn sich kein Handelsteilnehmer findet, der die Spezialistenaufgabe in einem Wertpapier freiwillig übernimmt, ist das ein Indiz dafür, wie es um die Entwicklungschancen dieses Wertpapiers bestellt ist. Der Handelsteilnehmer, dem die Spezialistenaufgabe aufgedrängt wird, wird entgegen seinem Willen dazu bestimmt, Quotes für ein Wertpapier zu stellen, das vom Markt nicht mehr akzeptiert wird. Damit sind finanzielle Verluste zu seinen Lasten vorbestimmt. Dies stellt ohne Zweifel eine unangemessene Benachteiligung zulasten des jeweiligen Handelsteilnehmers dar, die nicht damit gerechtfertigt werden kann, dass die zwangsweise Übertragung der Spezialistentätigkeit zur Aufrechterhaltung eines ordnungsgemäßen Börsenhandels erforderlich ist (§ 20 II S. 2 FV-AGB FWB). Wenn Handelsunregelmäßigkeiten zu besorgen sind, müssen der Freiverkehrsveranstalter oder die Börsenaufsichtsbehörde stattdessen den Handel in den betroffenen Wertpapieren einstellen.

Neben diesen Verpflichtungen des Spezialisten gegenüber dem Freiverkehrsveranstalter der FWB übernimmt der Spezialist auch die Beratung des Emittenten bei der Erfüllung von gesellschaftsrechtlichen, börsenrechtlichen und sonstigen kapitalmarktrechtlichen Pflichten. Der Freiverkehrsveranstalter der FWB hält hierfür auf seiner Internetseite einen Mustervertrag bereit, der die wesentlichen Pflichten in diesem Rechtsverhältnis abbildet.

---

soring, an zweiter Stelle das Spezialistenmodell und an dritter Stelle das „One-Auction-Only" Modell.

647 Wie beim Designated Sponsoring wird daraus auch ein Rating der Spezialisten erstellt.

d) Deutsche-Börse-Listing-Partner

Deutsche-Börse-Listing-Partner sind Handelsteilnehmer, die Emittenten bei einem Listing im Entry Standard beraten. In § 16 III lit. g) FV-AGB FWB ist als Bedingung für die Einbeziehung eines Wertpapiers in den Entry Standard festgelegt, dass der Emittent einen Vertrag mit einem Deutsche-Börse-Listing-Partner abschließt, dessen Mindestinhalt sich aus Anlage 3 der Geschäftsbedingungen ergibt. Gemäß dieser Anlage ist es unter anderem Aufgabe des Listing-Partners, jährliche Beratungsgespräche z. B. über Transparenzpflichten, übliche Investor-Relations-Aktivitäten, fortlaufende Pflege des Unternehmenskurzportraits und des Unternehmenskalenders sowie bezüglich der Weitergabe bzw. Veröffentlichung wesentlicher Unternehmensnachrichten zu führen. Um die Eigenschaft als Deutsche-Börse-Listing-Partner zu erhalten, ist der Abschluss eines Rahmenvertrages mit der Deutsche Börse AG, dem Träger des Freiverkehrs an der FWB, erforderlich. Darin werden die einzelnen Pflichten des Listing-Partners festgelegt, die sich vorwiegend in Beratungsleistungen gegenüber dem jeweiligen Emittenten erschöpfen.

e) Zusammenfassung

Die vorstehend beschriebenen Vertragsbeziehungen zwischen dem Freiverkehrsträger und bestimmten Handelsteilnehmern besonderer Art dienen allesamt der Erreichung des Ziels, auch im weitgehend unregulierten Freiverkehr die Qualität des Wertpapierhandels zu erhöhen. Diese Handelsteilnehmer werden dabei u. a. verpflichtet, eine marktgerechte Preisbildung voranzutreiben, Liquidität in den einzelnen Wertpapieren zur Verfügung zu stellen oder die Transparenz der Emittenten zu erhöhen.

6. Vertragsverhältnis zwischen Handelsteilnehmer und Emittent

Üblicherweise wählen Emittenten, die ein Listing im Freiverkehr in der Form einer Primärnotierung anstreben, einen bestimmten Handelsteilnehmer, der für sie den Einbeziehungsantrag stellt und darüber hinaus im Präsenzhandel die Skontroführung und im elektronischen Handelssystem, soweit die fortlaufende Auktion gewählt wird, die Aufgabe des Spezialisten oder des Designated Sponsors übernimmt. Sofern eine Einbeziehung in den Entry Standard beabsichtigt ist und der Handelsteilnehmer zugleich Deutsche-Börse-Listing-Partner ist, können auch die diesbezüglichen Aufgaben durch den Handelsteilnehmer erfüllt werden.

Emittent und Handelsteilnehmer stehen in einem Dauerschuldverhältnis, das zum einen Teil Geschäftsbesorgungs- und zum anderen Dienstvertragselemente aufweist, wobei sich ein nicht unerheblicher Teil davon auf die allgemeine Beratung des Emittenten konzentriert. Die Antragstellung und die Gewährleistung der Einhaltung von Publizitätspflichten weist Elemente einer Geschäftsbesorgung auf, während die Unterstützung des Handels als Designated Sponsor oder als Spezialist dienstvertragliche Elemente enthält. Die Tätigkeit des Deutsche-Börse-Listing-Partners hat ausschließlich Beratungsleistungen zum Inhalt. Börsenrechtlich weisen diese Verträge keine nennenswerten Besonderheiten auf.

4. Kapitel
Einbeziehung von Wertpapieren in den Freiverkehr[648]

I. Einbeziehung von Aktien

Die Voraussetzungen für die Einbeziehung eines Wertpapiers in den Freiverkehr sind je nach Börsenstandort, Handelssegment und Wertpapiergattung unterschiedlich ausgestaltet.

Hat sich ein Unternehmen gegen den regulierten Markt und für ein Listing im Freiverkehr entschieden, gilt es zu bestimmen, welcher Börsenstandort und welches Handelssegment seinen Ansprüchen am ehesten gerecht wird. An mehreren deutschen Börsen findet man mittlerweile im Freiverkehr unterschiedlich ausgestaltete Teilbereiche und Subsegmente[649] sowie spezielle Segmente für besondere Handelsobjekte (Fonds[650], Derivate[651], u. a.) vor, die jeweils unterschiedliche Einbeziehungsvoraussetzungen und Einbeziehungsfolgepflichten vorsehen. Die Börse München hat beispielsweise den M:access etabliert, ein Segment im Freiverkehr, dass auch den zum regulierten Markt zugelassenen Emittenten offensteht[652] und dessen Zugangsbedingungen und Folgepflichten ganz auf die Bedürfnisse von Unternehmen aus dem mittelständischen Bereich (Small- und Mid-Caps) abgestimmt sind. M:access konkurriert mit dem Entry Standard an der Frankfurter Wertpapierbörse. Als neuester Teilbereich ist in die-

648 Soweit in diesem Abschnitt auf Regelungen an der FWB Bezug genommen wird, beziehen sich diese auf die vor dem 01.07.2012 geltende Rechtslage. Zu der umfassenden Neuordnung des Open Markets vgl. unten I. 6 in diesem Kapitel.

649 Mai, AG 2008, R 450: „Deutsche Börse führt Subsegment für den Open Market ein" (1.10.2008).

650 Z.B.: Baden-Württembergische Wertpapierbörse in Stuttgart: Spezieller Handel für Fondsanteile im Handelssegment IF-X, vgl. § 17 ff. FV-AGB BW-WB; Börsen Hamburg/Hannover: Fondssegment für geschlossene Fonds „Fondbörse Deutschland" und Policenbörse für Versicherungen.

651 Für Zertifikate hat die Baden-Württembergische Wertpapierbörse bereits 1999 die EUWAX installiert, um den speziellen Anforderungen des Handels mit Strukturierten Produkten zu entsprechen. Das Frankfurter Pendant hierzu heißt „Scoach".

652 Unter den am 15.1.2009 im M:access notierten 23 Unternehmen befanden sich immerhin 4, die eine Zulassung zum regulierten Markt besaßen. Mittlerweile sind im M:access 45 Unternehmen notiert (Stand: 22.08.2012), wobei keines dieser Unternehmen im regulierten Markt notiert ist.

sem Zusammenhang der „Freiverkehr Plus“ an der Baden-Württembergischen Wertpapierbörse zu nennen (zu den Teilbereichen siehe unten Kapitel 4, II.).

1. Freiverkehr an der Frankfurter Wertpapierbörse

Der Freiverkehr an der Frankfurter Wertpapierbörse (sog. Open Market) enthält zunächst eine Untergliederung nach Aktien/aktienvertretenden Zertifikaten (§ 12 f. FV-AGB FWB) und sonstigen Wertpapieren (sog. Nichtaktien; § 11 FV-AGB FWB). Aktien und aktienvertretende Zertifikate, die nicht an einer in- oder ausländischen Börse zum Handel zugelassen sind und daher ausschließlich im Freiverkehr gehandelt werden (sog. Primärnotierung) werden im First Quotation Board („FirstQB“) gelistet. Diesem Subsegment werden auch die Wertpapiere zugeordnet, die an anderen Börsen im Freiverkehr oder anderen vergleichbaren „Unregulated Markets“ im In- und Ausland gelistet sind.[653] Emittenten, deren Wertpapiere an einer anderen Börse zum Handel zugelassen sind und im Freiverkehr der FWB lediglich eine Zweitnotiz innehaben, werden im Second Quotation Board („SecondQB“) geführt. Die Emittenten haben somit kein Wahlrecht zwischen FirstQB und SecondQB. Die Einordnung in das FirstQB ist obligatorisch, wenn die Wertpapiere nur im Freiverkehr und an keinem vom Freiverkehrsveranstalter der FWB anerkannten börsenmäßigen Handelsplatz (geregelter Markt) gehandelt werden. Im Einbeziehungsantrag hat der Handelsteilnehmer zu versichern, dass für die jeweiligen Wertpapiere an keinem in- oder ausländischen geregelten Markt Preise festgestellt werden.[654]

Man kann somit also bereits im allgemeinen Freiverkehr an der FWB von einer dreifachen Untergliederung des Handels sprechen: Andere Wertpapiere als Aktien, Aktien/aktienvertretende Zertifikate im FirstQB und Aktien/aktienvertretende Zertifikate im SecondQB. Mit dieser zum 1.10.2008 eingeführten Neustrukturierung des Open Markets wurden insbesondere Primärnotierungen im Freiverkehr durch ihre Abgrenzung vom übrigen Freiverkehrshandel mit einer erhöhten Visibilität ausgestattet. Neben einem Listing im allgemeinen Freiverkehr steht den Emittenten zudem die Möglichkeit offen, die Einbeziehung der Wertpapiere in einen speziellen Teilbereich zu beantragen, in dem erhöhte Einbeziehungsvoraussetzungen und Einbeziehungsfolgepflichten zu erfüllen sind.

653 Ist ein Wertpapier etwa an der London Stock Exchange im Alternative Investment Market (AIM) gelistet, einem dem Entry Standard an der FWB vergleichbaren Segment, das nicht unter die Definition eines geregelten Marktes gemäß § 4 I Nr. 14 MiFID subsumiert werden kann, so wird dieses Wertpapier auf Antrag eines Handelsteilnehmers im FirstQB des Freiverkehrs der FWB gelistet.

654 Deutsche Börse AG, FAQ für das First Quotation Board im Open Market, S. 7.

a) Allgemeine Einbeziehungsvoraussetzungen im Open Market

Die Einbeziehung in den Open Market erfordert zunächst einen schriftlichen Antrag durch einen an der FWB zum Handel zugelassenen Handelsteilnehmer[655], der Angaben zum Emittenten und den einzubeziehenden Wertpapieren enthält (§ 10 I FV-AGB FWB). Dazu gehören Name und Sitz des Emittenten, die für den Emittenten maßgebliche Rechtsordnung, der Gegenstand des Unternehmens und sonstige für die Handelbarkeit der Wertpapiere unerlässliche Angaben (§ 10 II FV-AGB FWB). Bei Wertpapieren, die an keinem „börsenmäßigen Handelsplatz" (womit wohl die organisierten Märkte im Sinne von § 2 V WpHG gemeint sind) notiert sind und für die kein maximal 12 Monate alter Prospekt vorgelegt werden kann, der von einer vom Freiverkehrsveranstalter der FWB anerkannten Stelle gebilligt worden ist,[656] muss der Antragsteller nähere Informationen zum Emittenten in einem sog. „Formblatt Emittentendaten" zusammenstellen.[657]

Für andere Wertpapiere als Aktien ergibt sich die Pflicht zur Erstellung des "Formblatts Emittentendaten" aus § 11 I S. 2 FV-AGB FWB. Für Aktien und aktienvertretende Zertifikate im FirstQB folgt die Pflicht aus § 13 I S. 2 FV-AGB FWB. Für die bereits an einem börsenmäßigen Handelsplatz zugelassenen oder einbezogenen Aktien oder aktienvertretende Zertifikate wird im SecondQB auf die Vorlage des Formblatts verzichtet (§ 12 I FV-AGB FWB). Stattdessen legt der Freiverkehrsveranstalter der FWB auf seiner Internetseite fest, welche Handelsplätze von ihr anerkannt werden und damit für ein Listing im SecondQB in Betracht kommen (§ 12 I FV-AGB FWB). In diesen Fällen wird auf ein Formblatt verzichtet, da der Emittent in der Regel bereits einen Prospekt veröffentlicht hat. Anforderungen an das Alter des Prospekts werden in dieser Bestimmung allerdings nicht gestellt, ganz im Gegensatz zu der Regelung bei Nichtaktien, bei denen gemäß § 11 I e) FV-AGB FWB der Prospekt nicht älter als 12 Monate sein darf – also ein Zeitraum, der der gesetzlichen Gültigkeitsdauer eines Prospekts nach § 9 I WpPG entspricht.

Das "Formblatt Emittentendaten" enthält Angaben zur Unternehmensstruktur und dem Geschäftsfeld des Emittenten sowie Finanzdaten, die eine wirtschaftliche Beurteilung des Emittenten ermöglichen. Dieses Dokument ist weit weniger detailliert als ein Prospekt und ist nur dafür bestimmt, dem Freiverkehrsveranstalter Informationen über das Unternehmen und dessen wirtschaftli-

655 Legaldefiniert in § 3 IV S. 1 BörsG.

656 Vgl. § 10 II i. V. m. § 11 I S. 1 lit. e) FV-AGB FWB.

657 Formblatt Emittentendaten abrufbar unter: http://www10.deutsche-boerse.com/INTERNET/EXCHANGE/zpd.nsf/Web+Publikationen/CPOL-7TP965/$FILE/Formblatt_Emittentendaten.pdf?OpenElement.

che Situation zur Verfügung zu stellen. Eine Veröffentlichung durch den Freiverkehrsveranstalter oder eine Prüfung durch die BaFin, die für die Billigung von Prospekten nach § 13 WpPG zuständig ist, schließen die Geschäftsbedingungen ausdrücklich aus.[658]

Im Übrigen müssen im normalen Freiverkehr nur die Handelbarkeit der Wertpapiere und die ordnungsgemäße Erfüllung der Geschäfte gesichert sein. Für die Einbeziehung von Aktien in den Freiverkehr wird kein Mindestalter des Unternehmens, kein Mindestemissionsvolumen, keine Mindeststückzahl und keine Mindeststreuung vorausgesetzt, wie dies etwa nach der Börsenzulassungsverordnung im regulierten Markt vorgesehen ist (Vgl. §§ 2 ff. BörsZulV).[659] Die Zustimmung des Emittenten gehört nicht zu den Einbeziehungsvoraussetzungen.[660] Selbst ein ausdrücklich geäußerter Widerspruch des Emittenten vermag die Einbeziehung nach den Regelungen der Geschäftsbedingungen nicht zu verhindern (dazu unten Kapitel 5, II.).

Anders als im Rahmen einer Zulassung zum regulierten Markt behält sich der Freiverkehrsveranstalter der FWB vor, einzelfallabhängig weitere Bedingungen an eine Einbeziehung zu stellen[661] oder unabhängig vom Vorliegen der Einbeziehungsvoraussetzungen eine Geschäftsbeziehung mit dem Teilnehmer aus anderen Gründen abzulehnen (vgl. § 9 II FV-AGB FWB). Dies ist grundsätzlich zulässig, weil unter Privatrechtssubjekten der Grundsatz der Vertragsfreiheit herrscht, der nur in engen Grenzen Einschränkungen unterliegt (dazu unten Kapitel 5, I.)

b) Einbeziehungsvoraussetzungen im First Quotation Board der FWB

Für Wertpapiere, die keine Aktien sind sowie für Wertpapiere, die für das SecondQB qualifiziert sind, bestehen hinsichtlich der Einbeziehungsvoraussetzungen nur die im vorstehenden Abschnitt beschriebenen Mindestanforderungen (allgemeine Einbeziehungsvoraussetzungen). Im Gegensatz hierzu müssen die-

658 Vgl. §§ 11 I S. 4, 13 I S. 4 FV-AGB FWB; Müller-Michaels/Wecker, Finanzbetrieb 2005, 736, 740.

659 Beyer, AG 1996, 48, 48.

660 Ursprünglich bestand hier an der FWB zumindest eine Pflicht auf Seiten des einbeziehenden Handelsteilnehmers, den Emittenten der Wertpapiere hinsichtlich der erfolgten Einbeziehung in Kenntnis zu setzen (§ 7 FV-Ri FWB 2005). Mit der Neufassung des Regelwerks vom 29.5.2006 wurde dies abgeschafft. An einigen anderen Börsen besteht eine Unterrichtungspflicht weiterhin als „Soll"-Vorschrift: § 5 IV FV-Richtlinien Börse München; § 7 VI S. 3 FV-AGB BW-WB).

661 Vgl. §§ 11 IV, 13 II FV-AGB FWB.

jenigen Emittenten, die der Kategorie der Primärnotierungen zuzuordnen sind und damit im FirstQB gelistet werden, weitere Einbeziehungsvoraussetzungen erfüllen. Im Zuge der Einführung der Subsegmente in den Freiverkehr der FWB sind diese Anforderungen durch den Freiverkehrsveranstalter qualitativ erhöht worden. Der eine Primärnotierung beabsichtigende Emittent muss seitdem neben den allgemeinen Einbeziehungsvoraussetzungen nunmehr ein Grundkapital von mindestens 250 000 € vorweisen, das durch Bareinlage eingezahlt worden ist.[662] Sacheinlagen sind nicht ausreichend (§ 13 I S. 1 lit. b) FV-AGB FWB). Kann ein Unternehmen ein solches durch Bareinlage eingezahltes Grundkapital nicht vorweisen, ist eine Einbeziehung in das FirstQB nicht möglich.[663] Auch eine Einbeziehung in das SecondQB ist ausgeschlossenen. Mit dieser Neuregelung wird folglich solchen Emittenten, die diese Voraussetzung nicht erfüllen, der Weg an die FWB verwehrt. Dahinter steht der Gedanke, dass Unternehmen mit einer fehlenden Mindestkapitalisierung in dem vorgeschriebenen Umfang regelmäßig nicht die Gewähr für einen ordnungsgemäßen Handel bieten können.[664] Warum allerdings der Freiverkehrsveranstalter auf Bareinlagen besteht, bleibt unklar. Dahinter dürfte sich die Intention verbergen, nur solche Unternehmen in das FirstQB aufzunehmen, denen tatsächlich liquide Mittel zugeflossen sind, nicht hingegen solche, denen nur Werte zugeführt worden sind, deren finanzielle Bewertung sich als schwierig erweisen könnte. Wohl aus Vereinfachungsgründen soll es nach dem Willen des Freiverkehrsveranstalters auf solche Bewertungsfragen nicht ankommen. Ob der Ausschluss von Emittenten, die im Wesentlichen mit Sacheinlagen ausgestattet sind, sinnvoll ist, mag jedoch bezweifelt werden, insbesondere weil die Emittenten, die Bareinlagen vorweisen können, keineswegs gehindert werden, diese Mittel in andere Vermögenswerte zu investieren, deren Werthaltigkeit ebenfalls nicht sicher beurteilt werden kann. In der Praxis dürfte diese Problematik jedoch kaum eine Rolle spielen, da auch die Emittenten im Freiverkehr die vorgegebene Mindestkapitalisierung regelmäßig überschreiten dürften.

Für Primärnotierungen im Freiverkehr fallen nunmehr auch laufende Kosten an. Seit dem 1.1.2009 ist neben dem einmaligen Einbeziehungsentgelt i. H. v.

---

662 Der Nachweis ist durch einen zugelassenen Rechtsanwalt oder Wirtschaftsprüfer zu bestätigen.

663 Unternehmen, die bereits vor dem 1.10.2008 in den Freiverkehr der FWB einbezogen waren, werden auch dann im FirstQB geführt, wenn sie das erforderliche Grundkapital nicht erreichen. Vgl.: Deutsche Börse AG, FAQ-Katalog für das First Quotation Board im Open Market, S. 8.

664 Deutsche Börse AG, FAQ-Katalog für das First Quotation Board im Open Market, S. 11. Diese Mindestgröße sei in engem Austausch mit Marktteilnehmern festgelegt worden.

750 € ein Notierungsentgelt i. H. v. 625 € pro Quartal zu entrichten.[665] Die Einführung dieser Entgeltregelung stellt ein praktisches Beispiel für eine die Emittenten (bzw. Handelsteilnehmer) belastende und durch den Freiverkehrsträger einseitig und nachträglich vorgenommene Änderung der Freiverkehrs-Geschäftsbedingungen dar (siehe dazu oben Kapitel 3, IV., 5.). Eine Mindeststückzahl handelbarer Aktien oder eine Mindeststreuung der Aktien („free float") ist hingegen für ein Listing im FirstQB der FWB nicht erforderlich.

c) Prospektpflicht im Freiverkehr[666]

Die Einbeziehung eines Wertpapiers in den Freiverkehr ist grundsätzlich ohne die Erstellung und Veröffentlichung eines Prospekts möglich, weil die in § 3 III WpPG[667] normierte Prospektpflicht nur für Wertpapieremittenten gilt, die eine Zulassung zu einem organisierten Markt i. S. v. § 2 V WpHG beabsichtigen.[668] Den Freiverkehrsveranstaltern steht es frei, zumindest in Teilbereichen eine hiervon abweichende Regelung vorzusehen und die Vorlage eines Prospekts als Einbeziehungsvoraussetzung zu verlangen, um damit ein erhöhtes Transparenzniveau zu erreichen. Derzeit sieht jedoch kein Teilbereich eine derartige Regelung vor.

Etwas anderes ergibt sich dann, wenn Wertpapiere im Inland öffentlich angeboten werden sollen. Dann besteht – vor allem zum Schutze der privaten Anleger – gemäß § 3 I S.1 und § 2 Nr. 4 WpPG auch für in den Freiverkehr einzu-

---

665 Vgl. II. 2.) Entgeltverzeichnis zu § 28 FV-AGB FWB vom 3.5.2010. Wie in den anderen Primärmarktsegmenten (Entry Standard 5 000,- €, General Standard 7 500,- € und Prime Standard 10 000,- €) wurde auch im FirstQB eine Notierungsgebühr eingeführt, die jährlich 2 500 € beträgt.

666 Ein Verkaufsprospekt verfolgt grundsätzlich den Zweck, Anlegerschutz auf der einen und Funktionsfähigkeit des Kapital- bzw. Wertpapiermarktes auf der anderen Seite sicherzustellen (vgl. Erwägungsgründe der EG-Emissionsprospektrichtlinie 89/298/EWG des Rates vom 17.4.1989). Zutreffende und vollständige Informationen sollen den Anlegern einen fairen Handel garantieren und den Aufsichtsbehörden ermöglichen, einen solchen zu gewährleisten.

667 Die nach alter Rechtslage gängige gesetzlich geregelte Unterscheidung zwischen Wertpapier-Verkaufsprospekt (nach VerkProspG) und Börsenzulassungsprospekt ist mit der Umsetzung der europäischen Prospektrichtlinie 2003/71/EG weggefallen. Das Wertpapierprospektgesetz (WpPG) regelt nunmehr die jetzt einheitlichen Voraussetzungen beider Prospekttypen. Das Verkaufsprospektgesetz enthält nur noch Regelungen bezüglich Prospektangelegenheiten bei öffentlich angebotenen Vermögensanlagen, die nicht Wertpapiere sind, vgl. § 8 f. VerkProspG.

668 Schwark, in: Schwark, KMRK, § 57 BörsG Rdnr. 7; Groß, Kapitalmarktrecht, § 48 BörsG Rdnr. 10; Baumbach/Hopt, HGB, § 48 BörsG Rdnr. 5.

beziehende Wertpapiere (abgesehen von einzelnen Ausnahmen in § 3 I S. 2, II und § 4 I WpPG[669]) eine Prospektpflicht.[670] Die Privatanleger sollen mittels eines Prospektes in die Lage versetzt werden, alle für die Kaufentscheidung notwendigen Informationen hinreichend würdigen zu können.

Wann ein Wertpapier im Rahmen eines „öffentlichen Angebots" emittiert wird, ist im Einzelfall umstritten. Der Begriff des öffentlichen Angebots wird nunmehr legaldefiniert in § 2 Nr. 4 WpPG. Der Begriff des *Angebot*s ist in diesem Zusammenhang nicht im Sinne eines Angebots gemäß §§ 145 ff. BGB zu verstehen. Vielmehr genügt bereits ein allgemeines unverbindliches „zum Verkauf stellen", um das Tatbestandsmerkmal zu erfüllen.[671] Ausreichend sind insbesondere werbliche Maßnahmen, die darauf abzielen, den Verkauf der Wertpapiere zu fördern.[672] Aus § 2 Nr. 4 WpPG ergibt sich jedoch eine Einschränkung dahingehend, dass in der bloßen Mitteilung über zum Verkauf stehende Wertpapiere nur dann ein Angebot liegen kann, wenn diese Mitteilung bereits so viele Informationen enthält, dass sie geeignet ist, die potenziellen Käufer in die Lage zu versetzen, über den Kauf oder die Zeichnung der Wertpapiere zu entscheiden. Daher kann eine allgemeine Mitteilung, die den Markt auf eine Emission bloß vorbereitet, nicht aber Kaufbedingungen aufzeigt, nicht als öffentliches Angebot i. S. d. WpPG eingestuft werden.[673]

Nach Auffassung der BaFin ist ein öffentliches Angebot dann zu bejahen, wenn der einzelne Anleger aufgrund der zur Verfügung gestellten Informationen eine verbindliche Kaufofferte zum Erwerb des Wertpapiers abgeben kann.[674] Ohne konkrete Zeichnungsmöglichkeit liege hingegen nur eine „allgemeine

669 Der Ausnahmenkatalog ist ein Ergebnis der gesetzgeberischen Abwägung zwischen Gesichtspunkten des Anlegerschutzes und der Deregulierung der Finanzmärkte.

670 Dies ergibt sich eindeutig aus der Gesetzessystematik, insbesondere § 3 III WpPG. Danach gilt in den geregelten/organisierten Märkten eine generelle Prospektpflicht. Spiegelbildlich gilt dies für unregulierte Märkte wie den Freiverkehr im Grundsatz nicht, soweit nicht ein öffentliches Angebot im Sinne von Absatz 1 dieser Vorschrift vorliegt. Absatz 1 wiederum unterscheidet nicht nach geregelten und ungeregelten Märkten.

671 Groß, ZHR 1998, 318, 323.

672 Groß, § 2 WpPG Rdnr. 10.

673 Schäfer/Hamann, § 1 VerkProspG Rdnr. 6; Grimme/Ritz, WM 1998, 2091, 2095; Groß, Kapitalmarktrecht, § 2 WpPG Rdnr. 11; ders. ZHR 1998, 318, 324.

674 Vgl. Bundesanzeiger Nr. 177, 21.9.1999, S. 16180: Neben werblichen Maßnahmen müsse das Angebot so konkret sein, dass der Anleger ein inhaltlich so bestimmtes Angebot abgeben könne, dass der Veräußerer in der Lage sei, allein durch ein bloßes „Ja" den Vertragsabschluss zu vollenden.

Werbemaßnahme“ vor, für die kein Verkaufsprospekt zu erstellen sei.[675] Auch in der Literatur wird überwiegend anerkannt, dass die „konkrete Erwerbsmöglichkeit“ das für den Eintritt der Prospektpflicht ausschlaggebende Kriterium darstellt.[676] Wann eine Mitteilung jedoch hierfür ausreichend konkret ist, kann nur im Einzelfall individuell bestimmt werden.[677] Unerlässlich ist jedenfalls die namentliche Benennung der Stellen, bei denen das jeweilige Wertpapier erworben werden kann, sowie die nähere Beschreibung des Erwerbsgegenstandes.[678]

Fraglich ist nun, unter welchen Umständen im Bereich des Freiverkehrshandels eine Prospektpflicht entstehen kann. Die Stellung des Antrags auf Einbeziehung eines Wertpapiers in den Freiverkehr stellt mangels konkreter Kaufmöglichkeit für Anleger unstreitig noch kein öffentliches Kaufangebot dar.[679] Auch die positive Entscheidung des Freiverkehrsträgers über den Einbeziehungsantrag und dessen Mitteilung an Dritte stellt kein öffentliches Angebot dar, weil hierin nur klargestellt wird, dass ein Handel in diesem Wertpapier im Freiverkehr künftig ermöglicht wird. Werden dagegen der aktuelle Kurs, der Ausübungspreis und die Ausübungsmodalitäten angegeben, sind die Informationen so fundiert, dass hierin eine konkrete Erwerbsmöglichkeit gesehen werden könnte.[680] Grundsätzlich unterliegen auch nach einer Einbeziehung getätigte Werbemaßnahmen einer (nachträglichen) Prospektpflicht.[681] Jedoch dürfte mittlerweile aufgrund der Bestimmung in § 2 Nr. 4 a. E. WpPG, nach der bloße „Mitteilungen aufgrund des Handels“ von Wertpapieren im regulierten Markt wie auch von solchen im Freiverkehr kein öffentliches Angebot darstellen, diese zuvor in der Literatur höchstumstrittene Frage geklärt sein.

Sofern der Emittent jedoch wirbt und eine unbestimmte Anzahl potenzieller Anleger anspricht, um den Handel mit den Wertpapieren des Unternehmens zu forcieren, löst er die Prospektpflicht aus (§ 3 I S. 1 WpPG). Ist die Mitteilung so verfasst, dass „ausreichend“ Informationen über die Wertpapiere herauszulesen

675 Stellungnahme der BAWe im Bundesanzeiger vom 21.9.1999, Nr. 177, S. 16180; ferner Heidelbach, in: Schwark, KMRK, § 1 VerkProspG Rdnr. 11; Leuering, Der Konzern 2006, 5, 7.

676 Waldeck/Süßmann, WM 1993, 361, 362; Lenz/Ritz, WM 2000, 904, 905; von Kopp-Colomb/Lenz, BKR 2002, 5, 6; Groß, ZHR 162 (1998), 318, 324; vgl. auch schon BAWe im Bundesanzeiger Nr. 82 vom 30.4.1996, S. 5069 ff.

677 Leuering, NJW-Spezial 2006, S. 27, 28; Groß, Kapitalmarktrecht, § 2 WpPG Rdnr. 12, Grimme/Ritz, WM 1998, 2091, 2095.

678 Groß, ZHR 162 (1998), 318, 325.

679 BT-Drucksache 15/4999, S. 25, 28; Schwark, Festschrift Schimansky, 739, 742; Waldeck/Süßmann, WM 1993, 361, 363; Groß, Kapitalmarktrecht, § 2 WpPG Rdnr. 15; Lenz/Ritz, WM 2000, 904, 905.

680 Lenz/Ritz, WM 2000, 904, 905, Leuering, Der Konzern 2006, 4, 8.

681 Schwark, Festschrift Schimansky, 739, 749; Leuering, Der Konzern 2006, 4, 8.

sind, und wird der Anleger dadurch in die Lage versetzt, eine Kaufentscheidung zu treffen, liegt regelmäßig ein öffentliches Angebot i. S. d. § 2 Nr. 4 WpPG vor. Die Bereichsausnahme des § 2 Nr. 4 a. E. WpPG bezieht sich nur auf tatsächliche Handelsgeschehnisse, die nicht redaktionell geschönt und hervorgehoben wurden, mithin reine Kursnotizen, wie sie auch von den Nachrichtenmedien geliefert werden. Diese enge, aber gesetzeskonforme Auslegung könnte im Einzelfall dazu führen, dass Emittenten unbeabsichtigt ein öffentliches Angebot abgeben, wenn sie auf der unternehmenseigenen Website neben der eigenen Unternehmensdarstellung einen Link zu Kursübersichten, Berichten und Mitteilungen über ihre Notierung im Freiverkehr zur Verfügung stellen. Fraglich ist, ob dies in der praktischen Konsequenz nun dazu führt, dass der Emittent gezwungen ist, die Wertpapiernotierung seines Unternehmens zu verbergen.[682]

Dabei ist zu prüfen, ob § 2 Nr. 4 WpPG einer restriktiven Auslegung zugänglich ist.[683] Nach der hier vertretenen Auffassung sollte ein öffentliches Angebot i. S. d. § 2 Nr. 4 WpPG zumindest ansatzweise einen werbenden Charakter in der Gestalt haben, dass der Emittent Erwerbsinformationen bündelt und damit für jeden objektiven Betrachter ersichtlich darauf abzielt, Anleger zur Abgabe eines Kaufangebotes zu bewegen. Demgegenüber sind nicht-werbliche Mitteilungen über Marktgeschehnisse, Kursfeststellungen und andere Unternehmensfakten[684] sowie eine Verlinkung zu Börsenkursen eigener Wertpapiere kein öffentliches Angebot.[685] Der Wortlaut von § 2 Nr. 4 WpPG verlangt, soweit die Vorschrift den Begriff des „Angebots" verwendet, mindestens diese Bündelung von Informationen mit werbendem Charakter. Bei der bloßen Verlinkung der eigenen Unternehmenswebsite mit der Internetseite eines Börsenbetreibers fehlt es an dieser erforderlichen Bündelung. So kann etwa auch der allgemeine Hinweis „unser Unternehmen ist an der Börse gelistet" die Prospektpflicht nicht

---

682 Besonders problematisch sind in diesem Zusammenhang die Transparenzpflichten in den Teilbereichen des Freiverkehrs. Die Teilbereiche sehen in ihren Regelwerken regelmäßig die Verpflichtung vor, auf der unternehmenseigenen Website bestimmte Unternehmensnachrichten zu veröffentlichen. Für den M:access der Börse München wird auf der Internetseite der Börse München sogar eine Verlinkung zur Website der Unternehmen geschaltet, damit die Investoren die aktuellen Nachrichten unmittelbar miteinander vergleichen können (§ 9 II Regelwerk M:access). Hier wird man aber im Ergebnis zu der Auffassung gelangen können, dass nicht das Unternehmen, sondern die Börse Werbung für die im M:access gelisteten Wertpapiere betreibt, zumindest dann, wenn das Unternehmen keine entsprechende Verlinkung zur Börse unterhält.

683 Sudmeyer/Rückert/Kuthe, BB 2005, 2703, 2705; Schlitt/Schäfer, AG 2006, 147, 151 f.

684 Zu diesen Unternehmensfakten gehören insbesondere Mitteilungen im Rahmen von Transparenzpflichten, die in den Freiverkehrs-Geschäftsbedingungen begründet sind.

685 So im Allgemeinen auch Schlitt/Schäfer, AG 2006, 147, 151; Sudmeyer/Rückert/Kuthe, BB 2005, 2703, 2705 f.

auslösen. Für die Bejahung eines öffentlichen Angebotes ist es nicht ausreichend, wenn sich der potenzielle Anleger die notwendigen Informationen aus unterschiedlichen Informationsquellen selbst zusammensuchen muss, um ein Angebot abgeben zu können. Die in § 2 Nr. 4 WpPG normierte weitgehende Formfreiheit der Mitteilung – „in jedweder Form und auf jedwede Art und Weise" – darf nicht darüber hinwegtäuschen, dass nach dem Wortlaut der Vorschrift als Mindestvoraussetzung ein aktives Tun des Anbietenden vorausgesetzt wird, Dritte mit finaler Absicht zum Kauf zu veranlassen. Ferner sind auch an das Merkmal der „ausreichenden Informationen" erhöhte Anforderungen zu stellen. Bis ein vernünftiger, nicht spekulativ ausgerichteter Anleger ausreichend informiert und damit vom Kauf eines Wertpapiers überzeugt ist, bedarf es mehr als einer pauschalen Mitteilung, dass Wertpapiere dieses Unternehmens auf einer bestimmten Handelsplattform gehandelt werden. Wenn sich der Anleger aufgrund einer solchen allgemeinen Mitteilung die notwendigen Informationen im Internet selbstständig zusammensucht, wird aus dieser Mitteilung keineswegs ein „öffentliches Angebot".

d) Rechtsfolgen der Einbeziehung

Anders als im Teilbereich Entry Standard gibt es im allgemeinen Freiverkehr der FWB außer den Mitteilungspflichten, die den Handelsteilnehmern – und nicht den Emittenten – obliegen, keine Einbeziehungsfolgepflichten.

Die Mitteilungspflichten, die im Freiverkehr der FWB den einbeziehenden Handelsteilnehmer treffen, wurden zuletzt zum 1.10.2008 konkretisiert. Gemäß § 14 FV-AGB FWB sind die Handelsteilnehmer dem Freiverkehrsveranstalter gegenüber verpflichtet, diesem unverzüglich alle Umstände mitzuteilen, die auf die wirtschaftliche Beurteilung des Emittenten bzw. die Wertentwicklung des jeweiligen Wertpapiers einen wesentlichen Einfluss haben können, insbesondere bei Kapitalmaßnahmen, einem Personalwechsel im Vorstand oder Aufsichtsrat, bei Änderungen der Aktionärsstruktur, der Beteiligungsverhältnisse an anderen Unternehmen oder bei Insolvenz des Emittenten.

Wie sich jedoch aus § 14 II S. 2 FV-AGB FWB ergibt, ist die Reichweite dieser Veröffentlichungspflicht überschaubar. Denn nach dieser Regelung beschränkt sich die Pflicht auf solche Unternehmensumstände, von denen der Handelsteilnehmer selbst positive Kenntnis erlangt hat oder von denen er sich wenigstens häufig durch frei zugängliche Informationskanäle in zumutbarer Weise Kenntnis verschaffen konnte. Diese Einschränkung resultiert aus der in der Praxis bestehenden Problematik, dass die Handelsteilnehmer selbst unter Umständen Schwierigkeiten damit haben dürften, an sensible Unternehmensdaten der Emittenten zu gelangen.

Neben diesen Mitteilungspflichten bestehen gemäß § 5 FV-AGB-FWB noch weitere allgemeine Mitwirkungs- und Auskunftspflichten der Handelsteilnehmer, insbesondere die Pflicht zur unverzüglichen Weitergabe aller ihnen zur Kenntnis gelangten Informationen an die DBAG, die für einen ordnungsgemäßen Ablauf der Geschäftsbeziehung und/oder den ordnungsgemäßen Handel und/oder die ordnungsgemäße Geschäftsabwicklung erforderlich sind.

Verstößt der Handelsteilnehmer gegen seine Pflichten, drohen ihm die Veröffentlichung des Pflichtverstoßes durch den Freiverkehrsveranstalter (§ 25 FV-AGB FWB) sowie gegebenenfalls eine Sanktionierung durch den Sanktionsausschuss der Börse (dazu oben Kapitel 3, II., 2. c)).

2. Der Freiverkehr an der Börse München

Die Organisation des Freiverkehrs an der Börse München unterscheidet sich in ganz erheblicher Weise von derjenigen des Freiverkehrs an der FWB. In § 2 II der Geschäftsbedingungen des Freiverkehrs an der Börse München, die nach wie vor als Freiverkehrsrichtlinien tituliert werden,[686] hat der Freiverkehrsträger, die Bayerische Börse AG, festgelegt, dass die Einbeziehung der Wertpapiere, die Verabschiedung der Freiverkehrsrichtlinien und die Festlegung der Handelsusancen durch den Freiverkehrsausschuss erfolgen. Dieser Ausschuss wird gemäß § 3 I FV-Ri Börse München aus dem Kreise der zum Wertpapierhandel zugelassenen Handelsteilnehmer und aus einem Vertreter der Anleger gebildet. Insoweit verfolgt man an der Börse in München noch den Gedanken der Selbstverwaltung des Freiverkehrshandels durch die Handelsteilnehmer, wie er früher an jeder deutschen Börse vorgeherrscht hat.

Der Freiverkehrs- bzw. Börsenträger wird entgegen dem klaren Wortlaut von § 48 I BörsG aus der Freiverkehrsorganisation vollständig ausgeklammert. Denn auch die übrigen nicht dem Freiverkehrsausschuss nach § 2 II FV-Ri Börse München zugewiesenen Aufgaben werden nicht vom Freiverkehrsträger erfüllt, sondern sind auf die Geschäftsführung der Börse München übertragen. Die Börsenordnung[687] ihrerseits erklärt in § 3a IV BörsO Börse München, die Börsenordnung, die Börsenusancen und auch die Gebührenordnung der Börse München auf den Freiverkehr für anwendbar. Eine Handelsordnung sieht der Freiverkehr an der Börse München hingegen nicht vor, was angesichts der vorstehend beschriebenen Bestimmung in § 3a IV BörsO Börse München auch inkonsequent wäre. Hiernach lässt sich aber festhalten, dass der Freiverkehr an der

686 Die aktuellste Fassung des Freiverkehrsregelwerks an der Börse München datiert vom 29. Oktober 2010.

687 Börsenordnung vom 5.12.2009.

Börse München eigene organisatorische Wege beschreitet, die nicht mit den gegenwärtigen gesetzlichen Organisationsbestimmungen des Börsengesetzes zu vereinbaren sind.

Eine regulatorische Besonderheit weist der Freiverkehr an der Börse München im Bereich der ausländischen Wertpapiere auf. Diese Wertpapiere sollen gemäß § 5 Abs. 2 FV-Ri Börse München in der Regel nur in den Handel einbezogen werden dürfen, wenn sie bereits an einer führenden Börse des betreffenden Landes in einem Regulated Market notiert sind. Hinter dieser Regelung dürfte die Absicht stehen, die Anzahl der einbezogenen Wertpapiere zu begrenzen und nur solche ausländischen Wertpapiere in den Handel einzubeziehen, die einen gewissen Mindestqualitätsstandard aufweisen können. Eine Untergliederung nach Primär- und Sekundärnotierungen, wie sie für den Freiverkehr an der FWB vorgesehen ist, wird im Freiverkehr der Börse München hingegen nicht vorgenommen.

3. Der Freiverkehr an der Baden-Württembergischen Wertpapierbörse

Der Freiverkehr an der Baden-Württembergischen Wertpapierbörse ist ähnlich organisiert wie an der FWB. Die Organisation erfolgt hier vollständig durch den Freiverkehrsträger, die Baden-Württembergische Wertpapierbörse GmbH. Eine Untergliederung in Subsegmente sehen die Allgemeinen Geschäftsbedingungen nicht vor, wenngleich sich der Freiverkehrsveranstalter in § 3 FV-AGB BW-WB eine weitergehende Untergliederung vorbehält. Für Primärnotierungen werden hier wie im Freiverkehr der FWB ebenfalls erhöhte Anforderungen an die Emittenten bzw. die zu emittierenden Wertpapiere gestellt, um damit nur solchen Wertpapieren einen Zugang zum Freiverkehr zu eröffnen, die grundsätzlich geeignet sind, einen börsenmäßigen Handel zu gewährleisten.[688] Ferner sind mit dem Einbeziehungsantrag umfassende Unterlagen und Informationen bezüglich des Emittenten vorzulegen.[689]

688 Vgl. § 9 I Nr. 5 FV-AGB BW-WB.

689 Vgl. § 10 IV FV-AGB BW-WB.

4. Einbeziehung in Teilbereiche des Freiverkehrs

a) Differenzierte Anforderungen an Emittenten durch Schaffung von Teilbereichen

In den sogenannten „Teilbereichen" kann der Marktorganisator in den börsengesetzlich normierten Segmenten, in denen die lediglich die im Börsengesetz bestimmten Mindestanforderungen an eine Notierung gelten, durch Verschärfung der Zulassungsbedingungen und/oder der Zulassungsfolgepflichten Premiumsegmente unterschiedlichster Ausprägung kreieren. Sofern die Emittenten die darin geregelten Voraussetzungen erfüllen, können sie eine Notierung in diesem Premiumsegment wählen. Die in den Teilbereichen enthaltenen zusätzlichen Anforderungen verfolgen unter anderem den Zweck, durch zusätzliche Transparenz- und Publizitätspflichten der Emittenten einen erhöhten Anlegerschutz zu gewährleisten.[690] An der Frankfurter Wertpapierbörse untergliedert sich der regulierte Markt in den „Prime Standard" und den „General Standard", während in ihrem Freiverkehr seit Oktober 2005 der „Entry Standard" als besonderer Teilbereich existiert.

Den Organen der Börsenanstalt war es lange Zeit verwehrt, in speziellen Teilbereichen vom Börsengesetz abweichende Zulassungsvoraussetzungen und Zulassungsfolgepflichten zu installieren. Erst mit der Novellierung des Börsengesetzes durch das 4. FMFG[691] änderte sich dies (vgl. §§ 42, 50 III, 54 BörsG 2002). Im „amtlichen Markt" konnten für einen Teilbereich des Marktes zusätzliche Zulassungsfolgepflichten und im „geregelten Markt" darüber hinaus auch zusätzliche Zulassungsvoraussetzungen eingerichtet werden.[692] Seit dem Inkrafttreten des FRUG können nunmehr auch im regulierten Markt, der die Segmente des amtlichen und des geregelten Markts ersetzt hat, besondere Teilbereiche eröffnet werden, deren Zugang für Emittenten an zusätzliche Zulassungsvoraussetzungen geknüpft ist.[693]

Die Zulässigkeit von Teilbereichen im Freiverkehr ergibt sich zwar nicht ausdrücklich aus dem Börsengesetz, da hier eine dem § 42 BörsG entsprechende Norm fehlt. Die Kompetenz zur Einrichtung von Teilbereichen folgt indes aus dem privatrechtlichen Charakter des Freiverkehrs und der Organisationshoheit des privatrechtlich organisierten Freiverkehrsveranstalters. Im Freiverkehrsseg-

---

690 Kümpel/Hammen, Börsenrecht, S. 229.

691 Gesetz zur weiteren Fortentwicklung des Finanzplatzes Deutschland vom 21.6.2002, BGBl. I 2002, 2010.

692 Schwark, in: Schwark, KMRK, Einleitung zum BörsG, Rdnr. 14; Kümpel/Hammen, Börsenrecht, S. 228–230.

693 Regierungsbegründung zum FRUG, BT-Drucksache 16/4028, S. 88.

ment bedarf es daher keiner gesetzlichen Ermächtigung nach dem für die Einrichtung von Teilbereichen, die bei öffentlich-rechtlich organisierten Märkten nach dem Prinzip des Vorbehalts des Gesetzes vonnöten ist.[694] Dem Freiverkehrsträger steht in Bezug auf die Art und Weise der Freiverkehrsorganisation ein weiterer Gestaltungsspielraum zur Verfügung, der im Wesentlichen lediglich dadurch beschränkt wird, dass eine ordnungsgemäße Durchführung des Handels und der Geschäftsabwicklung dauerhaft gewährleistet sein muss.

Teilbereiche im Freiverkehr verfolgen – und das hebt sie aus dem allgemeinen Freiverkehr heraus – vorwiegend das Ziel, kleine und mittlere Unternehmen (Small-/Mid-Caps) zu motivieren, sich an der Börse zu präsentieren und dort Kapital aufzunehmen. Hierfür werden spezielle Transparenz- und Publizitätspflichten aufgestellt, die auf die angesprochene Zielgruppe zugeschnitten sind. Die Vorteile einer Teilbereichsnotierung liegen in der erhöhten Transparenz, den erweiterten Publizitätspflichten und der gesteigerten Visibilität der Unternehmen. Anleger werden dadurch in die Lage versetzt, ihre Investitionsentscheidung auf Grundlage hinreichend detaillierter Informationen zu treffen. Dies kann dazu führen, das manche Teilbereiche im Freiverkehr eine ähnlich hohe oder gar höhere Regulierungsstufe erreichen als der regulierte Markt.[695]

Teilbereiche werden somit im Freiverkehr eingesetzt, um das Handelssegment für Unternehmen und Investoren gleichermaßen attraktiver zu gestalten. Es lässt sich plausibel erklären, dass im normalen Freiverkehrssegment hauptsächlich Zweitnotierungen ausländischer Unternehmen vorzufinden sind, während solche mit einem Primärlisting dort eher selten anzutreffen sind. Dies liegt vorwiegend an der praktisch unüberschaubaren Fülle der im Freiverkehr gelisteten Wertpapiere. Kleine Unternehmen gehen in dieser Masse unter, weshalb es ihnen schwer fällt, die Aufmerksamkeit zahlungskräftiger Investoren auf sich zu ziehen. Investoren haben naturgemäß ein besonderes Interesse daran, ihre Anteile nach einem gewissen Investitionszeitraum wieder zu veräußern. Deshalb sind sie zur Unterstützung einer Emission bzw. zur Übernahme von Wertpapieren regelmäßig nur bereit, wenn die konkrete Aussicht besteht, die erworbenen Wertpapiere nach einem gewissen Zeitraum wieder – möglichst gewinnbringend – veräußern zu können. Dies gestaltet sich freilich schwierig, wenn das Unternehmen an der Börse nicht wahrgenommen wird. Die öffentliche Wahrnehmung ist auch für die Kursentwicklung ein ganz entscheidender Faktor. Medienberichte über Freiverkehrswerte stellen jedoch die Ausnahme dar. Nimmt man schließlich noch die fehlenden Transparenz- und Publizitätsverpflichtungen im allge-

694 Kersting, AG 1997, 222, 223, Beck, BKR 2002, 699, 707.

695 Ein Beispiel hierfür war der „Neue Markt“ der Deutsche Börse AG, vgl. Plückelmann, Der Neue Markt der Deutschen Börse AG, 2000 sowie Kersting, AG 1997, 222.

meinen Freiverkehr hinzu, wird deutlich, warum hier eine Primärnotierung mit Schwierigkeiten verbunden ist. Viele Unternehmen scheuen deshalb den Weg einer Einbeziehung ihrer Aktien in den Freiverkehrshandel und sehen vom Börsengang ab. Denn für einen erfolgreichen Börsengang braucht es mehr als nur die Möglichkeit des Zugangs zu einem Handelssegment mit geringem Anforderungsprofil und geringen Kosten.

Anleger investieren regelmäßig erst dann in Wertpapiere eines Emittenten, wenn sie ein gewisses Vertrauen in das Unternehmen gewonnen haben, das durch Visibilität, d. h. kontinuierlich gute Unternehmensnachrichten in der Fachpresse, und durch Erfüllung von Transparenz- und Publizitätspflichten erst erarbeitet werden muss. Mehr Visibilität führt zu mehr Akzeptanz bei den Investoren und dadurch zu mehr Liquidität im Handel. Das kann im allgemeinen Freiverkehr nicht erreicht werden. In Teilbereichen hingegen können höhere Anforderungen an die Einbeziehung gestellt und Emittenten (unmittelbar oder mittelbar über den antragstellenden Handelsteilnehmer) verpflichtet werden, erhöhte Transparenz- und Publizitätsstandards zu erfüllen, ohne dabei freilich den Zeit- und Kostenaufwand unangemessen auszudehnen. Teilbereiche sind damit aus dem normalen Freiverkehr herausgehobene Plattformen, die den Unternehmen gegenüber den Investoren zu mehr Visibilität verhelfen. Ungeachtet dieser erhöhten Transparenz, Publizität und damit Visibilität bleibt freilich stets zu bedenken, dass der Handel in Wertpapieren, die in einen Freiverkehrs-Teilbereich einbezogen sind, bloß Handel in einem „unregulated Market“ ist, in dem zentrale Anlegerschutzbestimmungen keine Anwendung finden.[696]

b) Ausgewählte Teilbereiche an deutschen Börsen

aa) Entry Standard an der Frankfurter Wertpapierbörse

Der als Teilbereich des Freiverkehrs an der Frankfurter Wertpapierbörse mittlerweile fest etablierte „Entry Standard“ ist ein Handelssegment, das als deutsches Pendant zum *Alternative Investment Market* (AIM) der London Stock Exchange und der Handelsplattform *Alternext* der Nyse-Euronext-Paris darauf ausgerichtet ist, jungen wachstumsorientierten sowie etablierten mittelständischen Unternehmen einen Zugang zur Eigenkapitalfinanzierung zu bieten.[697] Dies wird durch eine – im Vergleich zu einer Börsennotierung im regulierten Markt –

696 Eyring/Wiedenfels, Börsen-Zeitung vom 27.4.2006 (Nr. 81), Sonderbeilage B7, B9; Harrer/Müller, WM 2006, 653, 653; Schlitt/Schäfer, AG 2006, 147, 148.

697 Vgl. Riess/Steinbach, Börsen-Zeitung vom 19.11.2005 (Nr. 224), Sonderbeilage, B3; Weber, NJW 2005, 3682, 3683; Foelsch, BKR 2007, 94, 95.

günstige Kosten-Nutzen-Struktur erreicht.[698] Geboten wird den Emittenten eine effiziente Handelsplattform und Preisfindungsinstanz bei für Unternehmen dieser Größe leistbaren Pflichten und geringen Kapitalkosten.[699] Darüber hinaus kann der Entry Standard auch Private-Equity- und Venture-Capital-Investoren als „Exit-Kanal" dienen.[700]

Der Handel im Entry Standard erfolgt auf dem Parket[701] und auf Xetra. Im August 2007 wurde mit dem Börsengang der „m4e AG" das 100. Unternehmen in den Entry Standard aufgenommen. Im August 2009 waren 113 und im Juli 2012 waren 178 Unternehmen im Entry Standard gelistet.[702] Dazu gehören Unternehmen aus den unterschiedlichsten Branchen: Industrie, Pharma & Gesundheit, Telekommunikation, Informationstechnologie, Erneuerbare Energien, Nanotechnologie, Software und Finanzdienstleistungen.[703] Nur ganz vereinzelt haben Unternehmen den Aufstieg in den regulierten Markt bewältigen können.[704]

---

698 Riess, Börsen-Zeitung vom 21.5.2007 (Nr. 95), S. 17; Blättchen, Finanzplatz Jan. 2007, S. 20, 21, bezeichnet den Entry Standard als „Mittelstandsbörse", was an den Unternehmenszahlen festzumachen sei: 2006 betrug das Umsatzvolumen der Emittenten im Jahr vor der Börseneinführung durchschnittlich 18 Mio. € und das Emissionsvolumen 12 Mio. €.

699 Im Entry Standard werden bei Einbeziehung der Wertpapiere einmalig 750 € und zusätzlich jährlich 5 000,- € als Notierungsentgelt fällig.

700 Venture-Capital sowie Private-Equity-Investoren benötigen nach erfolgter Restrukturierung des Unternehmens einen Weg, die Beteiligung gewinnbringend wieder abzugeben. In Betracht kommt hierfür ein Buy-Out (privater Unternehmensverkauf) oder ein IPO (Initial Public Offering – erstmaliger Börsengang). Gewinnmaximierung ist für diese Investoren ein wesentlicher Aspekt. Deshalb ist der Entry Standard hierfür attraktiv, weil er einen einfachen, schnellen und kostengünstigen Börsengang ermöglicht, gleichzeitig aber auch im Vergleich zum allgemeinen Freiverkehr wegen der erhöhten Publizitäts- und Transparenzpflichten ein größeres Vertrauen bei Anlegern genießt und deshalb häufig einen höheren Emissionserlös erwarten lässt. Der Entry Standard soll insofern die Lücke schließen, die der Neue Markt hinterlassen hat (Eyring/Wiedenfels, Börsen-Zeitung vom 27.4.2006 (Nr. 81), Sonderbeilage B7).

701 Der Parketthandel an der FWB wurde zum 23.05.2011 eingestellt.

702 Quelle: Deutsche Börse Group, Market Data Analytics, Juli 2012.

703 Zu den im Entry Standard gelisteten Unternehmen vgl. den ausführlichen Entry Standard-Researchguide anlässlich der Entry und General Standard Konferenz vom 4. bis 6. Mai 2009, abrufbar unter: http://deutsche-boerse.com/dbag/dispatch/de/binary/gdb_content_ pool/imported_files/ public_files/10_downloads/33_going_being_public/30_studies/entry_standard_research_guide.pdf.

704 Vom Open Market in den Prime Standard sind beispielsweise gewechselt: DIC Asset AG im Mai 2006 (Segmentwechsel verbunden mit Platzierung neuer Aktien aus einer Kapitalerhöhung) und Deutsche Wohnen AG im Juli 2006. Vom Entry Standard in den General Standard wechselte die IQ Power AG im Oktober 2006 (Segmentwechsel ver-

Um den Entry Standard in der öffentlichen Wahrnehmung noch besser herauszustellen, hat der Freiverkehrsveranstalter einen ungewichteten All-Share-Index (sog. „Entry All Share") und einen Auswahlindex für die nach Handelsvolumen und Marktkapitalisierung dreißig wichtigsten Werte eingeführt (sog. „Entry Standard Index").[705]

bb) Der M:access an der Börse München

Die Börse München hat mit dem Teilbereich M:access, der zum 1.7.2005 den wenig erfolgreichen „Prädikatsmarkt" ersetzt hat, ein Handelssegment etabliert, das nach Aussage des Börsenbetreibers besonders auf die Bedürfnisse mittelständischer Unternehmen zugeschnitten ist.[706] Vom Entry Standard unterscheidet sich der M:access in zwei wesentlichen Punkten. Zum einen können sich hier nicht nur im Freiverkehr gelistete Emittenten notieren lassen, sondern auch solche, die im regulierten Markt gelistet sind. Zum anderen wird das Regelwerk des M:access, das die Einbeziehungsvoraussetzungen und die Einbeziehungsfolgepflichten ausweist, nicht vom Freiverkehrsträger, sondern von der Geschäftsführung der Börse München aufgestellt.[707] In § 2 Regelwerk M:access wird zudem auf die Börsenordnung verwiesen, die wiederum in § 3a III BörsO Börse München für den M:access auch die Börsenusancen und die Gebührenordnung der Börse für anwendbar erklärt. Damit ist der M:access faktisch ein börslich organisiertes Handelssegment, wenngleich er – wie oben (Kap. 3, II 2. a) cc)) erläutert – privatrechtlich organisiertes Handelssegment bleibt.

Der Antrag auf Einbeziehung ist im M:access durch einen Emissionsexperten im Sinne von § 3 Regelwerk M:access zu stellen, der den Emittenten bei seinem Weg an die Börse beratend begleitet und für die ersten 12 Monate des Listings verpflichtet wird, dafür Sorge zu tragen, dass der Emittent die Einbeziehungsfolgepflichten erfüllt. Der Emissionsexperte nimmt damit hier die Aufgabe wahr, die im Entry Standard durch den Deutsche-Börse-Listing-Partner übernommen wird, mit dem Unterschied, dass der Deutsche-Börse-Listing-Partner

---

bunden mit Kapitalerhöhung). Vom Entry Standard in den Prime Standard wechselten C-Quadrat Investment AG im November 2006, die Centrosolar AG im Oktober 2006 und die Francono Rhein Main AG im November 2006.

705 Quelle: Xetra - Deutsche Börse Group, abrufbar unter: http://xetra.com, market structure.

706 Im Unterschied zum Entry Standard wird dieser Teilbereich nicht durch den Träger des Freiverkehrs, die Bayerische Börse AG, organisiert (§ 1 Regelwerk M:access), sondern durch die Geschäftsführung der Börse. Ihr obliegt auch die Entscheidung über die Einbeziehung der Wertpapiere (5 IV Regelwerk M:access).

707 § 2 Regelwerk M:access.

nicht selbst Antragsteller sein muss und dass im Entry Standard die Verantwortlichkeit des Antragstellers, für die Erfüllung der Einbeziehungsfolgepflichten Sorge zu tragen, nicht nach 12 Monaten endet.[708] Während im M:access der Emittent nach Ablauf der zwölfmonatigen Frist für die Erfüllung der Einbeziehungsfolgepflichten alleine verantwortlich ist, steht dem antragstellenden Handelsteilnehmer nach den FV-AGB FWB nicht einmal ein isoliertes Kündigungsrecht zu. Gemäß § 18 III FV-AGB FWB kann er lediglich die Einbeziehung in den Entry Standard insgesamt kündigen.

Eine Besonderheit stellt die Regelung in § 7 II Regelwerk M:access dar, nach der der Emissionsexperte bei einer Primärnotierung innerhalb der ersten 6 Monate der Notierungsaufnahme eine Liquiditätsgarantie in Höhe von 5 000,- € sowie einen garantierten Spread nachweisen muss. Damit wird zumindest in der Anfangsphase der Notierung durch erhöhte Liquidität ein zusätzlicher Kauf- bzw. Handelsanreiz geschaffen.

Der Handel im M:access erfolgt im Skontroführerhandel und im elektronischen Handel.[709] Die Zahl der im M:access gelisteten Unternehmen ist überschaubar. Während im Februar 2009 23 Unternehmen im M:access notiert waren, von denen vier auch eine Zulassung zum regulierten Markt innehatten, waren im August 2012 dort 45 Unternehmen notiert, wovon keines auch zum regulierten Markt zugelassen war.

cc) Freiverkehr Plus an der Baden-Württembergischen Wertpapierbörse

Der Freiverkehr Plus an der Baden-Württembergischen Wertpapierbörse reiht sich in diese Riege der Handelssegmente für mittelständische Unternehmen nahtlos ein. Die Betreiber des zum 1.1.2010 ins Leben gerufenen Teilbereichs werben damit, dass die Börse im Unterschied zu den vorstehend dargestellten Handelssegmenten Informationen aller in diesem Segment gelisteten Unternehmen auf einer einheitlichen elektronischen Plattform zusammenstellt, damit interessierte Kapitalanleger die wichtigsten Daten schnell und einfach einsehen und die Unternehmen so besser miteinander vergleichen können.[710]

Wie bereits in Kap. 3, V. 4. angedeutet unterscheidet sich der Freiverkehr Plus von den Teilbereichen im Freiverkehr anderer Börsen in einem ganz wesentlichen Aspekt. Der Freiverkehr Plus verzichtet auf die Zwischenschaltung eines Handelsteilnehmers.[711] Antragsteller und unmittelbar dem Freiverkehrs-

708 § 17 I FV-AGB FWB.

709 § 7 I lit. c) Regelwerk M:access.

710 Vgl. die Präambel vor § 44 FV-AGB BW-WB.

711 Seit dem 1. Juli 2012 wird auch im Entry Standard auf die Zwischenschaltung eines Handelsteilnehmers verzichtet.

veranstalter gegenüber zur Erfüllung der Einbeziehungsfolgepflichten Verpflichteter ist hier nur der Emittent selbst. Die Einbeziehung ohne Mitwirkung eines Handelsteilnehmers setzt allerdings voraus, dass der Emittent bereits im allgemeinen Freiverkehr gelistet ist (§ 44 I FV-AGB BW-WB). Ist die Einbeziehung in den allgemeinen Freiverkehr bereits erfolgt, bedarf es für eine Einbeziehung in den Freiverkehr Plus weder einer Mitwirkung noch einer Zustimmung vonseiten des Handelsteilnehmers, weil in diesem Segment zusätzliche Transparenz- und Publizitätspflichten nur für den einbeziehenden Emittenten aufgestellt werden. Wie sich aus § 44 FV-AGB BW-WB ergibt, baut der Teilbereich auf der Einbeziehung in den allgemeinen Freiverkehr auf und setzt diese zwingend voraus, wobei allerdings auch eine gleichzeitige Beantragung der Einbeziehung in den Freiverkehr Plus für zulässig erklärt wird.

Im Gegensatz zum M:access ist im Freiverkehr Plus der Freiverkehrsträger, die Baden-Württembergische Wertpapierbörse GmbH, für die Einbeziehung der Wertpapiere und für sämtliche anderen in diesem Teilbereich zu treffenden Entscheidungen zuständig.[712] Der Erfolg des Teilbereichssegment Freiverkehr Plus ist bislang sehr überschaubar. Im Juli 2010 war lediglich ein einziges Unternehmen in diesem Segment notiert, im Juli 2012 waren es fünf Unternehmen.[713]

c) Einbeziehungsvoraussetzungen

aa) Entry Standard

Für die Einbeziehung in den Entry Standard sind neben den allgemeinen Einbeziehungsvoraussetzungen des Open Market folgende zusätzliche Voraussetzungen zu erfüllen:[714]

- Antrag eines zugelassenen Handelsteilnehmers,[715]
- Verpflichtungserklärung des Handelsteilnehmers für jede in den Entry Standard einzubeziehende Aktiengattung oder Gattung aktienvertretender Zertifikate,[716]
- aktueller Handelsregisterauszug des Emittenten,[717]
- gültige Satzung des Emittenten,[718]

---

712 Vgl. § 44 I FV-AGB BW-WB.

713 Quelle: Börse Stuttgart, abrufbar unter: https://www.boerse-stuttgart.de, Handeslssegmente und Handelsinitiativen.

714 § 16 II FV-AGB FWB.

715 § 16 I FV-AGB FWB.

716 § 16 III a) FV-AGB FWB.

717 § 16 III b) FV-AGB FWB.

- schriftliche Zustimmung des Emittenten zur Einbeziehung,[719]
- geprüfter Konzernabschluss samt Konzernlagebericht für das vorhergehende Geschäftsjahr,[720]
- Unternehmenskurzportrait gemäß Anlage 2, veröffentlicht auf der Internetseite des Emittenten,[721]
- Beratungsvertrag mit einem Deutsche-Börse-Listing-Partner für die Dauer der Einbeziehung.[722]

Der antragstellende Handelsteilnehmer hat mit dem Antrag auf Einbeziehung eine schriftliche Verpflichtungserklärung abzugeben, in der er verbindlich erklärt, die sich aus den FV-AGB ergebenden Pflichten zu erfüllen und den Börsenträger sowie die Börse in eventuellen Haftungsfällen freizustellen.

Während der Einbeziehung in den Entry Standard ist vierteljährlich ein Notierungsentgelt in Höhe von 1250 € zu zahlen.[723]

Der Emittent muss sich während der Dauer der Einbeziehung durch einen Deutsche-Börse-Listing-Partner beraten lassen. Dahinter steht der Gedanke, dass insbesondere den kapitalmarktunerfahrenen Unternehmen während der gesamten Einbeziehungsdauer ein kompetenter und erfahrener Börsenexperte zur Seite stehen sollte. Betrachtet man indes den in der Anlage 3 zu den FV-AGB FWB niedergelegten Mindestinhalt eines solchen Beratungsvertrages, relativiert sich dessen Bedeutung. Darin sind lediglich die Durchführung eines jährlichen Informationsgesprächs, die Beratung und Pflege des Unternehmenskurzportraits sowie des Unternehmenskalenders und die Beratung bei der Weitergabe wesentlicher Unternehmensnachrichten vorgesehen. Beschränkt sich die Beratung auf diesen Mindestinhalt, wie es in der Praxis häufig der Fall sein wird, kann damit kein echter Mehrwert für Emittenten und Investoren erzielt werden.

Grundsätzlich wird zu Recht kritisiert, dass die vorstehend beschriebenen zusätzlichen Einbeziehungsvoraussetzungen für die meisten Aktiengesellschaften keine echte Herausforderung darstellen. Insbesondere werden damit keine Unternehmen vom Wertpapierhandel ausgeschlossen, die noch nicht über einen

---

718 § 16 III c) FV-AGB FWB.

719 § 16 III d) FV-AGB FWB. Einer Zustimmung des Emittenten bedarf es anders als im allgemeinen Freiverkehr deshalb, weil der antragstellende Handelsteilnehmer seine Verpflichtungen ohne Mitwirkung des Emittenten gar nicht erfüllen könnte.

720 § 16 III e) FV-AGB FWB. Der Bericht muss den Bestätigungsvermerk eines Wirtschaftsprüfers enthalten. Nicht erforderlich ist hingegen die Anwendung internationaler Rechnungslegungsvorschriften und die Abfassung des Berichts in englischer Sprache.

721 § 16 III f) FV-AGB FWB.

722 § 16 III g) FV-AGB FWB.

723 Vgl. Abschnitt II. Nr. 2 Entgeltverzeichnis FV-AGB FWB.

längeren Zeitraum eine solide Wirtschaftsleistung nachhaltig bewiesen haben. Auch die Informationen über den Emittenten durch das Unternehmenskurzportrait und den Konzernjahresabschluss sind nicht geeignet, den Investoren ein vollständiges Bild über die gegenwärtige finanzielle Lage, die allgemeine Auftragslage und die damit verbundenen Wachstumschancen zu geben. Deshalb ist eine Investition in Freiverkehrswerte des Entry Standards keineswegs risikofrei.

bb) M:access

Auch die Einbeziehungsvoraussetzungen im Bereich des M:access weisen keinen nachhaltig erhöhten Qualitätsstandard auf. Folgende Voraussetzungen sind bei einer Notierung im M:access ergänzend zu denen im allgemeinen Freiverkehr der Börse München zu erfüllen:

- Einbeziehungsantrag durch einen Emissionsexperten im schriftlichen Einvernehmen mit dem Emittenten,[724]
- Grundkapital von mindestens 1 Mio. €,[725]
- mindestens ein geprüfter Jahresabschluss als Aktiengesellschaft,
- aktuelle Satzung des Emittenten, Handelsregisterauszug neuesten Datums, Geschäftsberichte der letzten drei Jahre, sofern das Unternehmen schon so lange existiert,[726]
- Vorlage eines Prospekts oder, soweit ein Prospekt gesetzlich nicht erforderlich ist, einer Unternehmensdarstellung und dessen bzw. deren Veröffentlichung auf der Website des Emittenten.[727]

Im Unterschied zum Entry Standard verzichtet der M:access auf die Vorlage eines geprüften Jahresabschlusses für das dem Jahr der Antragstellung vorausgehende Geschäftsjahr. Somit können auch solche Unternehmen Zugang zum M:access erhalten, die erst kurz vorher gegründet worden sind. Ferner sieht der M:access im Unterschied zum Entry Standard eine Mindestkapitalisierung des Emittenten in Höhe von 1 000 000,- € vor.

cc) Freiverkehr Plus

Im Freiverkehr Plus werden zusätzlich lediglich die Vorlage der folgenden Unterlagen gefordert: Aktueller, nach den gesetzlichen Vorschriften zwingend zu

724 § 5 I Regelwerk M:access.
725 § 6 I Regelwerk M:access.
726 § 5 II Regelwerk M:access.
727 § 5 III Regelwerk M:access.

erstellender Jahresabschlusses bzw. Konzernabschlusses nebst Prüftestat, ein „Factsheet" mit bestimmten Angaben zum Unternehmen und ein aktueller Finanzkalender, der wichtige ausdrücklich in § 46 I Nr. 5 FV-AGB BW-WB aufgeführte Unternehmenstermine wie z.B. die Veröffentlichung des Jahresabschlusses oder die Termine für die Hauptversammlungs- und Bilanzpressekonferenzen enthält.[728]

d) Einbeziehungsfolgepflichten

aa) Entry Standard

Im Entry Standard obliegen dem Emittenten ab dem Zeitpunkt der Einbeziehung der Wertpapiere Einbeziehungsfolgepflichten, für deren ordnungsgemäße Erfüllung der antragstellende Handelsteilnehmer gemäß § 17 II FV-AGB FWB „Sorge zu tragen" hat. Der Emittent hat folgende Informationen auf seinen Internetseiten zu veröffentlichen:

- unverzügliche Mitteilung von im Tätigkeitsbereich des Emittenten eingetretenen Tatsachen, die Einfluss auf den Börsenpreis der Wertpapiere haben können,[729]
- Abgabe eines geprüften und testierten Konzernjahresabschlusses samt Konzernlageberichts innerhalb von sechs Monaten nach Beendigung des Berichtszeitraumes,[730]
- Zwischenbericht innerhalb von drei Monaten nach dem Ende des ersten Halbjahres,[731]
- jährlich aktualisiertes Unternehmenskurzportrait,[732]
- aktueller Unternehmenskalender mit allen wesentlichen Terminen.[733]

Der antragstellende Handelsteilnehmer hat Mängel bei der Erfüllung dieser Pflichten durch den Emittenten unverzüglich dem Freiverkehrsveranstalter anzuzeigen. Werden Einbeziehungsfolgepflichten verletzt, greift § 18 I FV-AGB

---

728 § 45 II FV-AGB BW-WB.

729 § 17 II lit. a) FV-AGB FWB. Diese Verpflichtung ist eine Nachbildung der Ad-hoc-Publizitätspflicht. Die Vorschrift zählt in Satz 2 mögliche mitzuteilende Tatsachen beispielhaft auf.

730 § 17 II lit. b) FV-AGB FWB.

731 § 17 II lit. c) FV-AGB FWB.

732 § 17 II lit. d) FV-AGB FWB beinhaltet insbesondere die Zusammenfassung der Handelsdaten, öffentlich zugänglicher Unternehmensinformationen sowie eine Kurzbeschreibung des Geschäftsinhalts.

733 § 17 II lit. e) FV-AGB FWB.

FWB ein, der den Freiverkehrsveranstalter berechtigt, Vertragsstrafen gegen den antragstellenden Handelsteilnehmer zu verhängen, sofern er den Pflichtverstoß zu vertreten hat.

Gravierender als eine Vertragsstrafe könnte sich für den betroffenen Handelsteilnehmer die Mitteilung des Vorkommnisses an das Anlegerpublikum auswirken (§ 25 FV-AGB FWB), weil hiermit nicht unerhebliche Reputationsverluste einhergehen könnten. Auf der Internetseite der Deutsche Börse AG wird auch veröffentlicht, welcher Handelsteilnehmer den Einbeziehungsantrag eines in den Entry Standard einbezogenen Wertpapiers gestellt, dessen Überwachung übernommen und die Verpflichtungserklärung[734] abgegeben hat.[735] Wird ein Emittent auffällig, können Investoren dort unmittelbar einsehen, welcher Handelsteilnehmer hierfür verantwortlich zeichnet. Hierdurch werden die Handelsteilnehmer zusätzlich in die Pflicht genommen, ihre Überwachungsaufgabe mit der notwendigen Sorgfalt wahrzunehmen.

Weil der Freiverkehrsveranstalter mit den Emittenten im Entry Standard nicht in direkten vertraglichen Beziehungen steht, sondern diese lediglich ihre Zustimmung zur Einbeziehung erteilen müssen, existieren zwangsläufig auch keine Vertragsstrafenregelungen gegenüber den Emittenten. Als Interventionsmöglichkeiten gegenüber „pflichtwidrig" handelnden Emittenten besteht nur die Kündigung der Einbeziehung gemäß § 18 II FV-AGB FWB.

bb) M:access

Die Einbeziehung in den M:access begründet für die Emittenten die folgenden zusätzlichen Pflichten, insbesondere die Veröffentlichung von Unternehmensinformationen, die auf seiner Website zugänglich gemacht werden müssen:[736]

- unterjähriger Emittentenbericht mit den für die Bewertung des Emittenten relevanten Daten, insbesondere mit einer Darstellung der Kernaussagen des Jahresabschlusses,
- Veröffentlichung sämtlicher kursrelevanter Informationen,
- aktueller Unternehmenskalender,
- öffentliche Bekanntgabe (etwa in Form einer Pressemitteilung) der Kernaussagen des geprüften Jahresabschlusses,
- einmal jährlich eine öffentliche Unternehmenspräsentation (Investorenkonferenz),

734 Anlage 1 zu den FV-AGB FWB.

735 Vgl. http://deutsche-boerse.com.

736 Vgl. § 6 II Regelwerk M:access.

- jährlich Teilnahme an mindestens einer von der Börse München durchgeführten Analystenkonferenz.

Die Einhaltung der vorstehend aufgelisteten Pflichten wird durch die Börse öffentlich zugänglich auf ihrer Website dokumentiert. Damit können Investoren von Pflichtverletzungen der Emittenten umgehend Kenntnis nehmen. Ferner ist auf der Website der Börse München eine Verlinkung zu den Websites der Unternehmen installiert.

cc) Freiverkehr Plus

Inhaltlich unterscheiden sich die Einbeziehungsfolgepflichten des Teilbereichs Freiverkehr Plus nur unwesentlich von denen im M:access. Wie dort müssen auch im Freiverkehr Plus auf der unternehmenseigenen Website ein aktueller Unternehmenskalender, aktuelle Zwischenabschlüsse, die wesentlichen Aussagen des geprüften Jahresabschlusses sowie kursbeeinflussende Tatsachen veröffentlicht werden.

5. Zusammenfassung

Die zusätzlichen Transparenz- und Publizitätspflichten sind in allen drei geschilderten besonderen Handelssegmenten des Freiverkehrs gleichartig strukturiert. Die Basis bildet jeweils die eigene Internetseite des Emittenten, auf der er zusätzliche Informationen über sein Unternehmen bereitzustellen bzw. kursbeeinflussende Umstände mitzuteilen hat. In welcher Weise dies im Einzelnen zu geschehen hat, d. h. in welcher Ausführlichkeit oder an welcher Stelle der Website diese Informationen angeboten werden müssen, bleibt dem Emittenten jedoch weitgehend selbst überlassen. Damit besteht hier ein erheblicher Gestaltungsspielraum, den die Emittenten bewusst dazu nutzen können, negative Tatsachen etwas verdeckter zu veröffentlichen.

Sämtliche vorstehend dargestellten Handelssegmente enthalten eine Bestimmung, die die Ad-hoc-Publizitätspflicht an den geregelten Märkten nachbildet. Dies ist grundsätzlich zu begrüßen, wenngleich die hierdurch geschaffene Rechtslage inhaltlich etwas hinter der Regelung des § 15 WpHG zurückbleibt. Anleger können hier beispielsweise in Fällen unterbliebener oder unrichtiger Meldungen regelmäßig keine Schadenersatzansprüche gegen den Emittenten geltend machen.[737] Denn in diesen Fällen werden die Emittenten in der Regel lediglich ihre vertraglichen Obliegenheiten gegenüber dem antragstellenden

737 Schlitt/Schäfer, WM 2006, 147, 149.

Handelsteilnehmer oder dem Freiverkehrsveranstalter verletzt, keineswegs aber eine zum Schadenersatz verpflichtende unerlaubte Handlung gegenüber dem Anleger begangen haben.

Im M:access ist die Veröffentlichung kursrelevanter Tatsachen nicht nur durch Veröffentlichung auf der eigenen Website durchzuführen, sondern auch durch eine zur Verbreitung von Unternehmensnachrichten anerkannte Agentur zu veranlassen. Diese Regelungen sind im Hinblick auf die in Kapitel 4, I., 1. c) dargestellte Problematik eines öffentlichen Angebots von Wertpapieren kritisch zu hinterfragen. Dass der Entry Standard und neuerdings auch der Freiverkehr Plus eine solche Regelung nicht vorsehen, dürfte nicht grundlos sein. Denn wie dargestellt stellen werbende Maßnahmen jeglicher Art ein öffentliches Angebot dar, das grundsätzlich die Pflicht zur Veröffentlichung eines Prospektes nach sich zieht. Wenn nun ein Unternehmen öffentlich durch einen Dritten darstellen muss, dass es Wertpapiere an einer Börse bzw. im Freiverkehr gelistet hat, und es bezüglich dieser Wertpapiere eine kursbeeinflussende Tatsache mitzuteilen hat, wird man schwer umhinkommen, dies nicht als werbende Maßnahme zu betrachten, insbesondere wenn die Tatsache einen positiven Einfluss auf die Wertentwicklung des Wertpapiers hat. Denn eine diskrete Darstellung auf der eigenen Website hat einen ganz anderen Charakter als die öffentliche Darstellung an das allgemeine Anlegerpublikum. Da im M:access überwiegend Emittenten einbezogen sind, die keinen Prospekt veröffentlicht, sondern das Listing mittels Privatplatzierung vollzogen haben, werden diese Emittenten durch die Verpflichtung zur Veröffentlichung dieser Tatsachen geradezu dazu gedrängt, das von ihnen emittierte Wertpapier und darauf bezogene Informationen dem breiten Anlegerpublikum zu präsentieren. Damit dürfte die Grenze zum öffentlichen Angebot im Sinne des WpPG überschritten werden mit der Folge, dass die Emittenten gemäß § 30 I Nr. 1 WpPG eine Ordnungswidrigkeit begehen. Sämtliche Wertpapiere, die in diesem Handelssegment ohne einen Prospekt gelistet sind, erfüllen diesen Tatbestand, da sie mit der Veröffentlichung der kursbeeinflussenden Tatsachen (wenn auch ungewollt) gemäß der oben dargestellten Auffassung der überwiegenden Literatur werbend agieren und damit Wertpapiere ohne Prospekt öffentlich anbieten. Der M:access muss daher seine Regelwerke anpassen. Soll die Prospektpflicht vermieden werden, muss das Regelwerk auf eine Pflicht zur Veröffentlichung der kursbeeinflussenden Tatsachen außerhalb der unternehmenseigenen Website verzichten.

Um die Prospektpflicht auszuschließen, enthält das Regelwerk des Entry Standard, das nur eine Veröffentlichung auf der unternehmenseigenen Website vorschreibt, in § 17 II lit. a) FV-AGB FWB sogar den ausdrücklichen Hinweis, dass sich die Darstellung auf der Internetseite jedweder werbenden Maßnahme zu enthalten habe.

Die Tatsache, dass die besagten Daten nur auf der Internetseite des Emittenten veröffentlicht werden, ist vielfach kritisiert worden.[738] Wie sich zeigt, ist diese Kritik unbegründet, will man den Emittenten eine Handelsplattform zugänglich machen, die keine Prospektpflicht vorsieht.

Insgesamt lässt sich feststellen, dass die zusätzlichen Pflichten in den Teilbereichen diese Handelssegmente gegenüber dem allgemeinen Freiverkehr lediglich in begrenztem Umfang aufwerten können. Von einigem Gewicht sind die Pflicht zur Veröffentlichung kursbeeinflussender Tatsachen, die Veröffentlichung der Zwischenberichte und die Zusammenfassung des Jahresabschlusses. Die Erstellung eines Konzernjahresabschlusses innerhalb von 6 Monaten nach dem Ende des jeweiligen Berichtszeitraums sollte hingegen eine Selbstverständlichkeit sein. Und auch das Unternehmenskurzportrait sowie der Unternehmenskalender vermögen die Unternehmenstransparenz nicht merklich zu erhöhen. Ohnehin werden diese Anforderung bereits von den meisten Emittenten freiwillig erfüllt. Es zeigt sich somit, dass die Einbeziehungsfolgepflichten in den Teilbereichen nur bedingt geeignet sind, die dort gelisteten Wertpapiere aufzuwerten.

738 In der Presse war zu lesen, dass dies wenig hilfreich sei für die sehr große Zahl der Investoren, die nicht die Möglichkeit haben, permanent verschiedene Websites von Unternehmen zu beobachten. Ein Fondsmanager, der mehr als hundert Firmen bewerten muss, könne dies nicht bewerkstelligen.

6. Anhang: Neugliederung des Open Market an der FWB zum 01.07.2012

In Bezug auf den Freiverkehr an der FWB schildern die vorstehenden Ausführungen in diesem Kapitel die Rechtslage, die vor dem 01.07.2012 bestand. Zum 01.07.2012 hat die DBAG die Allgemeinen Geschäftsbedingungen für den Freiverkehr an der FWB geändert und den Open Market umfassend restrukturiert. Das First Quotation Board gibt es nun nicht mehr.[739] In dieses Segment konnten Wertpapiere einbezogen werden, die nicht bereits zum Handel an einem anderen, von der DBAG anerkannten Handelsplatz zugelassen worden waren. Gemäß § 8 I FV-AGB FWB können im Freiverkehr der FWB Wertpapiere nunmehr nur noch in das Quotation Board (§§ 10 ff. FV-AGB FWB) oder in den Entry Standard (§§ 16 ff FV-AGB FWB) einbezogen werden.

a) Quotation Board

Das Quotation Board ist der Nachfolger des Second Quotation Board. In Bezug auf die zu erfüllenden Einbeziehungsvoraussetzungen und -folgepflichten sind hier nur ganz vereinzelt Änderungen vorgenommen worden. Wichtigste Einbeziehungsvoraussetzung ist nach wie vor, dass nur Wertpapiere durch einen Handelsteilnehmer (oder auf Initiative der DBAG selbst) einbezogen werden können, die bereits zum Handel an einem von der DBAG anerkannten in- oder ausländischen börsenmäßigen Handelsplatz zugelassen worden sind. Primärnotierungen sind damit im Freiverkehr der FWB nur noch im Entry Standard möglich. Um auch dauerhaft sicherzustellen, dass es im Quotation Board keine Primärnotierungen gibt, hat die DBAG in § 14 II FV-AGB FWB bestimmt, dass die DBAG insbesondere dann zu einer fristlosen Kündigung des Einbeziehungsvertrages berechtigt ist, wenn das Wertpapier nicht mehr zum Handel an einem von der DBAG anerkannten Handelsplatz zugelassen ist. Führt ein an einem solchen Handelsplatz zugelassenes Unternehmen ein Delisting durch, hat dies somit zur Folge, dass die DBAG berechtigt ist, auch die Einbeziehung dieser Wertpapiere im Quotation Board zu kündigen und den Handel in diesen Wert-

739 Gemäß Open Market-Rundschreiben Nr. 02/12 vom 05. April 2012 wird das First Quotation Board zum 15.12.2012 geschlossen. Den Anlegern soll damit noch ausreichend Zeit zur Verfügung gestellt werden, ihre Wertpapiere über „die Börse“ zu veräußern. Um die Einhaltung der neuen Anforderungen sicherzustellen, wird die DBAG am 01.10.2012 alle Einbeziehungsverträge in Bezug auf Open Market-Werte (mit Ausnahme der Werte des Entry Standard und der Fonds) zum 15.12.2012 kündigen.

papieren einzustellen. Damit die DBAG von solchen Umständen rechtzeitig Kenntnis erlangt, sind die Handelsteilnehmer gemäß § 13 FV-AGB FWB verpflichtet, entsprechende Umstände unverzüglich mitzuteilen.

Damit ist der herkömmliche Freiverkehr an der FWB in Form des Quotation Board nunmehr praktisch ausschließlich ein Markt für Zweitnotierungen. Die Möglichkeit, Wertpapiere eines Unternehmens im Wege einer Privatplatzierung ohne die kostenintensive Erstellung eines Prospekts in den Freiverkehrshandel der FWB einzubeziehen, ist somit nicht mehr gegeben.

b) Entry Standard

Die Abschaffung des First Quotation Board hat damit zur Folge, dass eine kostengünstige Einbeziehung von Wertpapieren, was in der Vergangenheit insbesondere durch die marginalen Einbeziehungsvoraussetzungen und -folgepflichten bedingt war, nicht mehr existiert. Denn gleichzeitig mit der Abschaffung des First Quotation Board hat die DBAG die Einbeziehungsvoraussetzungen und -folgepflichten im Entry Standard deutlich erhöht.

Die mit Abstand bedeutendste Neuerung ist jedoch die, dass nunmehr der Emittent den Antrag auf Einbeziehung der Wertpapiere selbst stellen muss und damit in direkte vertragliche Beziehungen zum Freiverkehrsträger eintritt. Der Antrag auf Einbeziehung ist gemäß § 16 FV-AGB FWB zusammen mit einem Kreditinstitut, einem Finanzdienstleistungsinstitut oder einem nach §§ 53 I S.1, 53b I S.1 KWG tätigen Unternehmen zu stellen. Dieser Mitantragssteller haftet der DBAG neben dem primär hierfür verantwortlichen Emittenten für die ordnungsgemäße Erfüllung der Einbeziehungsvoraussetzungen und -folgepflichten.

In Bezug auf die neu gestalteten Einbeziehungsvoraussetzungen ist die Pflicht des Emittenten zur Abgabe eines öffentlichen Angebotes in Verbindung mit der Vorlage eines Prospektes hervorzuheben. Während in den zum 23.05.2011 neu gefassten Geschäftsbedingungen unter § 13 I FV-AGB FWB noch alternativ zur Vorlage eines Prospektes der Nachweis eines Eigenkapitals in Höhe von EUR 500.000,- ausreichte, ist nunmehr die Vorlage eines Prospektes zwingend erforderlich.[740] Darüber hinaus ist gemäß § 16 FV-AGB FWB der Nachweis zu erbringen, dass der Emittent seit mindestens zwei Jahren als Unternehmen besteht, das eingezahlte Grundkapital mindestens 750.000 Euro beträgt, mindestens 10 % der Wertpapiere des Emittenten im Publikum gestreut

740 Gemäß Open Market-Rundschreiben Nr. 02/12 vom 05. April 2012 gilt dies nicht für Unternehmen, die bereits im Entry Standard gelistet sind (sog. „Grandfathering") sowie für Unternehmen, die vom regulierten Markt in den Entry Standard wechseln, vorausgesetzt sie haben ihr Berichtspflichten in der Vergangenheit nachweislich erfüllt.

sind und die sich im Streubesitz befindlichen Papiere von mindestens 30 Aktionären gehalten werden (§ 18 I FV-AGB FWB). Mit dem Antrag auf Einbeziehung sind diverse das Unternehmen betreffende Unterlagen wie etwa Handelsregisterauszug, Satzung bzw. Gesellschaftsvertrag, geprüfter Jahresabschluss, Unternehmenskurzportrait, Unternehmenskalender sowie der Abschluss eines Vertrages mit einem Deutsche Börse Listing Partner einzureichen (§ 18 III FV-AGB FWB). Des Weiteren muss der Mitantragssteller in einem als Anlage zu den Geschäftsbedingungen vorgefertigten Schreiben der DBAG bestätigen, dass der Emittent gewisse Eigenschaften erfüllt und bestimmte Organisationsstrukturen wie zum Beispiel ein internes Risikomanagementsystem zur Identifizierung, Analyse und Kontrolle von Unternehmensrisiken vorhält (§ 18 II FV-AGB FWB).

Entsprechend umfangreich sind auch die Einbeziehungsfolgepflichten ausgestaltet worden (§ 19 I FV-AGB FWB). Neben der Vorlage und Veröffentlichung eines jeden Jahresabschlusses spätestens sechs Monate nach Erstellung ist der Emittent nunmehr auch verpflichtet, einen Halbjahresabschluss und Zwischenlagebericht vorzulegen und auf seinen Internetseiten zu veröffentlichen. Darüber hinaus bleibt er auch künftig dazu verpflichtet, ad-hoc Mitteilungen unverzüglich auf seinen Internetseiten sowie einem elektronisch betriebenen Informationsverarbeitungssystem zu veröffentlichen. Das bei Antragstellung vorzulegende Unternehmenskurzportrait ist bei jeder Änderung der darin enthaltenen Angaben zu aktualisieren und in der neuen Fassung der DBAG zu übermitteln; der Unternehmenskalender ist fortlaufend zu aktualisieren. Für den Fall, dass die Emittenten bzw. die Handelsteilnehmer ihre Folgepflichten nicht vertragsgemäß erfüllen, greifen die in den §§ 20, 21 FV-AGB FWB festgelegten Vertragsstrafenregelungen ein. Darüber hinaus ist die DBAG gemäß § 22 FV-AGB FWB auch berechtigt, etwaige Pflichtverstöße von Emittenten und Handelsteilnehmern zu veröffentlichen.

Ausdrücklich wird in den Geschäftsbedingungen nun auch geregelt, wie und unter Einhaltung welcher Fristen die Einbeziehung der Wertpapiere wieder beendet werden kann. Gemäß § 23 FV-AGB FWB kann der zwischen der DBAG und dem Emittenten abgeschlossene Einbeziehungsvertrag ohne Angabe von besonderen Gründen durch jede Partei unter Einhaltung einer Frist von sechs Wochen gekündigt werden.

Eine Primärnotierung im Freiverkehr der FWB ist somit seit der Reform vom 01.07.2012 für Unternehmen mit einem deutlich höheren und damit kostenintensiveren Aufwand verbunden. Damit hat der Freiverkehr zumindest an der FWB eines seiner kennzeichnenden Merkmale verloren, nämlich Unternehmen einen einfachen und kostengünstigen Zugang zum Kapitalmarkt zu ermöglichen.

II. Einbeziehung von Strukturierten Produkten

Die große Masse der in den Freiverkehr einbezogenen Wertpapiere unterfällt der Kategorie der Strukturierten Produkte. Darunter versteht man nicht-standardisierte verbriefte Derivate, die von Banken emittiert werden und vorwiegend auf den Privatanleger zugeschnitten sind (insbesondere Zertifikate, Aktienanleihen, Schuldverschreibungen und die meisten Optionsscheine).[741] Die verbrieften Derivate sind von den an den Terminbörsen gehandelten Derivaten zu unterscheiden.[742] Solche Kontrakte sind standardisiert und unverbrieft, womit es ihnen bereits an der Eigenschaft als Wertpapier fehlt.[743] Deshalb können sie – anders als verbriefte Derivate – auch nur zur Börsenzeit und nicht außerbörslich gehandelt werden.[744]

Handel in Strukturierten Produkten wird in erheblichem Umfang auch außerhalb des regulierten Marktes und des Freiverkehrs betrieben, nämlich bilateral zwischen Anlegern und Emittenten.[745] Diesen außerbörslichen Markt hatten die Börsen – zumindest bis zur Finanzmarktkrise und dem Zusammenbruch des Wertpapierhauses Lehmann Brothers – im Visier, weil sich hier ein enormes Wachstumspotenzial verborgen hielt. Seit den genannten Ereignissen hat die Nachfrage für solche Finanzprodukte jedoch deutlich nachgelassen.

Handelsplattformen für Strukturierte Produkte

Strukturierte Produkte können sowohl im regulierten Markt als auch im Freiverkehr gelistet werden.[746] Die weit überwiegende Zahl dieser Finanzinstrumente ist in den Freiverkehr einbezogen, weil die Notierung in diesem Handelssegment als ausreichend für einen Kontakt mit den Anlegern erachtet wird.

---

741 Vgl. § 1 II Scoach FV-AGB.

742 Reiner, Derivative Finanzinstrumente im Recht, S. 3 und 13.

743 Rudolph/Schäfer, Derivative Finanzmarktinstrumente, S. 112.

744 Wilkens, Optionsbewertung und Risikomanagement, S. 11; Deutsche Bank X–plain 03: Optionen oder Optionsscheine, abrufbar unter http://www.de.x–markets.db.com/DE/binaer_view.asp?binaernr=3531.

745 Vgl. Statistiken des Deutschen Derivate-Verbandes, abrufbar unter: http://www.deutscher–derivate–verband.de/DE/MediaLibrary/Document/Statistics/MV_Dezember2007.pdf.

746 Hinsichtlich Scoach vgl. die §§ 99 ff. BörsO FWB bezüglich der im regulierten Markt notierten Produkte und Scoach FV-AGB für die in den Freiverkehr einbezogenen Produkte. Hinsichtlich EUWAX vgl. die §§ 43 ff. BörsO BW-WB für den regulierten Markt und § 30 FV-AGB BW-WB.

Die Börsen ziehen es überwiegend vor, den Handel in Strukturierten Produkten auf äußerlich eigenständigen Handelsplattformen zu organisieren, die rechtlich als Teilbereich des regulierten Marktes oder des Freiverkehrs einzustufen sind. Der gesamte deutsche Markt für Strukturierte Produkte verteilt sich praktisch auf zwei Handelsplätze, nämlich auf die bereits seit 1999 bestehende EUWAX (European Warrants Exchange) an der Baden-Württembergischen Wertpapierbörse in Stuttgart (im Folgenden Börse Stuttgart) und zum anderen auf die 2006 gestartete Handelsplattform Scoach an der Frankfurter Wertpapierbörse.[747]

Die Abspaltung des Handels in Strukturierten Produkten vom übrigen Börsenhandel hat vordergründig organisatorische Gründe, die aus der nicht vorhandenen Standardisierung der Wertpapiere herrühren.[748] Die Börsen versuchen auf diese Weise, die Vielfalt der am Markt angebotenen Produkte[749] für die Anleger in anschaulicher Weise zu ordnen und ihnen damit das Auffinden eines für sie geeigneten Produktes zu erleichtern.[750] Der Gefahr, dass Anleger sich in der Masse der angebotenen Produkte verlieren, kann man mit einer eigenständigen Handelsplattform besser begegnen, weil hier in optimaler Weise eine überschaubare Marktstruktur installiert werden kann.[751] Ferner bietet eine eigene Handelsplattform bessere und flexiblere Möglichkeiten für die Vermarktung. Mit ambitionierten Marketingauftritten versuchen die Anbieter, vor allem Klein-

---

747 Marktanteile 2011: Auf EUWAX entfiel mit einem Handelsvolumen von 61,8 Mrd. Euro ein Marktanteil von 66,8 Prozent. Scoach vereinte mit einem Umsatz von 19,6 Mrd. Euro einen Marktanteil von rund 23,2 Prozent auf sich (Auszug aus dem Jahresbericht des Deutschen Derivate-Verbandes, abrufbar unter:
http://www.derivateverband.de/DEU/Publikationen/Jahresberichte
Wie die Branche unter den Auswirkungen der Finanzmarktkrise nach wie vor leidet zeigt ein Blick auf die Marktanteile im Jahr 2007: Auf EUWAX entfiel mit einem Handelsvolumen von 136,9 Mrd. Euro ein Marktanteil von 71,7 Prozent, was fast dem Wert von 2006 (72 Prozent) entsprach. Scoach vereinte mit einem Umsatz von 53,77 Mrd. Euro einen Marktanteil von rund 28,2 Prozent auf sich, abrufbar unter:
http://www.derivateverband.de/DEU/Publikationen/Jahresberichte

748 Standardisiert heißt in diesem Zusammenhang, dass Basiswert, Laufzeit, Art der Ausübung, Sicherheitsleistung und Art des Verkaufs/Kaufs nicht frei gestaltetet werden können.

749 Am Börsenplatz Scoach Frankfurt sind derzeit 921415 Produkte gelistet (Stand Juli 2012; Quelle: Internetseite con Scoach: www.scoach.com).

750 Götte, Der Weg zum erfolgreichen Investment mit Optionsscheinen, S. 67.

751 Vgl. die Internetplattform www.scoach.de, die sehr übersichtlich die Produkte nach Basiswerten, Produkten und Emittenten gliedert.

anlegern die Scheu vor der Börse zu nehmen und ihnen die Vorteile[752] eines Erwerbs über die Börse aufzuzeigen, die gegenüber einem Direkterwerb vom Emittenten bestehen.

Handelsplattformen für Strukturierte Produkte sehen spezielle Regelwerke vor, die vor allem darauf ausgerichtet sind, jedem Wertpapier ein Mindestmaß an Liquidität zur Verfügung zu stellen und damit marktgerechte Preise zu gewährleisten. Wegen der großen Menge unterschiedlicher Wertpapiere besteht besonders hier die Gefahr, dass zu geringe Handelsumsätze in einzelnen Wertpapieren zu hohen Preisvolatilitäten führen.[753] Sind Wertpapiere illiquide, lässt sich ein marktgerechter Preis nur schwer bestimmen. Treten solche Probleme häufiger auf, werden Anleger zukünftig von Investitionen absehen, da sie sich nicht sicher sein können, ob die von ihnen erworbenen Produkte überhaupt und wenn ja, ob sie noch zu einem angemessenen Preis wieder veräußert werden können. Die Sicherstellung von Liquidität hat daher für die Marktbetreiber oberste Priorität.

Die Gefahr des Liquiditätsmangels in solchen Produkten mag schließlich auch ein Grund für die Abspaltung des Handels mit Strukturierten Produkten vom übrigen Börsenhandel sein. Denn aufgrund dieser Trennung fallen Missstände im Handel mit Strukturierten Produkten nicht sofort auf den Börsenhandel zurück.

---

752 Der Direkterwerb unterscheidet sich in einigen Punkten ganz erheblich vom Erwerb über die Börse: Die Handelszeiten sind beim Direkterwerb länger, meist von 8.00 bis 22.00 Uhr und die Ausführungszeiten schneller. Die Konditionen sind hier günstiger, weil keine Courtage anfällt. Demgegenüber steht aber nur der Kurs des Emittenten zur Verfügung, eine Orderausführung im Spread ist nicht möglich. Auch Limits können beim Direkterwerb nicht aufgestellt werden. Der Börsenhandel zeichnet sich dagegen durch die Bildung marktgerechter Preise aus, die im bilateralen Verhältnis zwischen Anleger und Emittent nicht immer gewährleistet sind, weil der Emittent primär darauf bedacht ist, maximalen Gewinn aus dem Wertpapierverkauf zu erzielen.

753 Schlüter, Börsenhandelsrecht, Abschnitt G, Rdnr. 883.

1. Organisationsstruktur der EUWAX[754]

EUWAX ist ein spezielles Handelssegment, in dem verbriefte Derivate nach besonderen und transparenten Regeln im elektronischen Handelssystem der Börse Stuttgart gehandelt werden. EUWAX ist segmentübergreifend organisiert. Sowohl Wertpapiere, die im regulierten Markt zugelassen oder in diesen einbezogen sind, als auch Wertpapiere, die in den Freiverkehr einbezogen sind, können auf Antrag des Emittenten gelistet werden.[755]

Im Freiverkehr ist das Handelssegment EUWAX als Teilbereich organisiert.[756] Gemäß § 30 FV-AGB BW-WB finden auf das Handelssegment „EUWAX im Freiverkehr" die Regelungen der §§ 43 ff. BörsO BW-WB und etwaige dazu erlassene Ausführungsbestimmungen entsprechende Anwendung. Damit ist EUWAX in seiner Gesamtheit ein im Wesentlichen börsenreguliertes Handelssegment. Weil die Vorschriften der Börsenordnung gemäß § 30 FV-AGB BW-WB allerdings nur entsprechend gelten, bleibt der Handel auf EUWAX im Freiverkehr privatrechtlich reguliert. Die Trennlinie zwischen öffentlich-rechtlichem Börsenhandel und privatrechtlichem Freiverkehrshandel ist hier jedoch kaum noch sichtbar. Das zeigt sich zum Beispiel daran, dass aus den Regelwerken nicht eindeutig hervorgeht, wer eigentlich für die Einbeziehung der Wertpapiere auf EUWAX im Bereich des Freiverkehrs zuständig ist. Folgt man der Verweisung in § 30 FV-AGB BW-WB könnte man annehmen, dass für die Einbeziehungsentscheidung die Börsengeschäftsführung zuständig ist, da in dieser Bestimmung für die Aufnahme von Wertpapieren auf die Börsenordnung verwiesen wird, die die Zulassungsentscheidung der Geschäftsführung zuweist.

Für eine Zuständigkeit der Börsengeschäftsführung ließe sich neben dem Wortlaut dieser Bestimmung anführen, dass nur so die Einheitlichkeit des Handelssegments EUWAX gewährleistet werden kann. EUWAX steht für qualitativ hochwertigen Derivatehandel nach speziellen und transparenten Regeln. Die

---

754 An der BW-WB wird im Handelssegment EUWAX bei Weitem das größte Volumen Strukturierter Produkte umgesetzt. Von den insgesamt rund 185 Mrd. Euro im Jahr 2007 (44 % Zuwachs im Vergleich zum Vorjahr) an dieser Börse entfielen 137 Mrd. Euro auf EUWAX (aufgrund der Finanzmarktkrise hat sich der Umsatz auf EUWAX inzwischen auf 42,2 Mrd. Euro reduziert (entspricht jedoch einem Marktanteil von ca. 66,8 % am Handel in Strukturierten Produkten, vgl. Jahresberichte der Börse Stuttgart, abrufbar unter: www.börse-stuttgart.de). Der Aktienhandel spielt dagegen an diesem Börsenplatz eine eher untergeordnete Rolle.

755 Vgl. Präambel vor § 30 FV-AGB BW-WB.

756 Auch außerhalb dieses Teilbereichs findet ein – wenn auch unbedeutender – Handel in Strukturierten Produkten statt (vgl. Ziffer 4. Ausf.best. verbriefte Derivate BW-WB). Erwähnenswert ist, dass bei diesem Handel keine Verpflichtung zur Stellung von Market Maker-Quotes besteht und nur eine Auktion pro Handelstag stattfindet.

Geschäftsführung erlässt detaillierte Ausführungsbestimmungen, die auch im Freiverkehr gelten (§ 30 FV-AGB BW-WB), wohingegen der Freiverkehrsveranstalter keine eigenen Handelsvorschriften im Bereich des Segments EUWAX aufstellt. Was die Aufnahme von Wertpapieren anbelangt, deutet auch der Wortlaut von § 7 II FV-AGB BW-WB darauf hin, dass bei Wertpapieren, für die eine Einbeziehung auf EUWAX beantragt ist, nicht der Freiverkehrsveranstalter, sondern die Geschäftsführung der Börse entscheidet. Denn nach dieser Norm ist der Träger in Einbeziehungsfragen nur im Allgemeinen zuständig, nicht aber in den Fällen, für die in einem Handelssegment abweichende Regelungen getroffen worden ist.

Wie bereits in Kapitel 3, II., 2. a) cc) erläutert ändert die Kompetenzzuweisung an ein Organ der Börsenanstalt nichts an der rechtlichen Feststellung, dass die Aufgabe der Einbeziehung von Wertpapieren in den Freiverkehr in die Zuständigkeit des Freiverkehrsveranstalters fällt, der jedoch diese Aufgabe an ein Organ der Börsenanstalt delegieren kann. Diese Übertragung von Kompetenzen führt freilich nicht dazu, dass aus dem privatrechtlich organisierten Freiverkehr im Bereich der Strukturierten Produkte ein öffentlich-rechtlich organisiertes Segment wird. Der Geschäftsführung der BW-WB stehen somit im Bereich EUWAX im Freiverkehr keine öffentlichrechtlichen Regelungsbefugnisse zu. Sie kann hier nur in privatrechtlicher Form handeln, da ihr das Börsengesetz in diesem Zusammenhang keine öffentlich-rechtlichen Kompetenzen verleiht.

Die hierbei durch die Börsengeschäftsführung vereinbarten Einbeziehungsverträge werden wohl nicht im Namen der Börse, sondern in Vertretung des Börsenträgers abgeschlossen. Denn die Börsengeschäftsführung als Organ der lediglich teilrechtsfähigen Börsenanstalt kann keine privatrechtlichen Verträge abschließen, da es der Börse nach herrschender Meinung an der hierfür erforderlichen Privatrechtsfähigkeit mangelt.[757]

a) Listingvoraussetzungen

Die Aufnahme eines Wertpapiers in das Handelssegment EUWAX erfordert neben einem schriftlichen Antrag des Emittenten (§ 46 I BörsO BW-WB) den Abschluss eines Emittentenvertrages mit der Börse Stuttgart AG (§ 45 III Nr. 1 BörsO BW-WB).

Des Weiteren hat der Emittent bei Beantragung der Einbeziehung auf EUWAX die in § 46 II BörsO BW-WB aufgeführten Stammdaten zu benennen, insbesondere die Wahl eines Handelsmodells.[758]

757 Beck, in: Schwark, KMRK, § 1 BörsG Rdnr. 10.

758 Zu den Handelsmodellen vgl. Ziffer 3.1.2. Ausf.best. verbriefte Derivate BW-WB.

b) Handelsablauf und Liquiditätsmaßnahmen

Im Wesentlichen geht der Handel auf EUWAX – vereinfacht dargestellt – wie folgt vonstatten: Jedes Wertpapier wird zunächst einem Market Maker zugeteilt.[759] Dieser Market Maker, der meist zugleich Emittent und auch einbeziehender Handelsteilnehmer des jeweiligen Wertpapiers ist, stellt für dieses Wertpapier laufend limitierte Geld- und Briefkurse in das elektronische Handelssystem ein (sog. Quotes).[760] Um dabei ein „Mispricing" zu verhindern, erfährt er weder den Umfang der vorliegenden Aufträge (Orders) noch deren Art (Kauf- oder Verkauforder).

Gleichzeitig wird auf EUWAX jedem Wertpapier ein sog. Quality Liquidity Provider (QLP) zugeordnet, der im Wesentlichen dafür Sorge trägt, dass marktgerechte Preise ermittelt werden.[761] Einziger zugelassener QLP auf EUWAX ist die EUWAX AG.[762] Ihr Aufgabenfeld umfasst die Bereitstellung unverbindli-

---

759 Der die Einbeziehung beantragende Handelsteilnehmer übernimmt grundsätzlich die Funktion des Market Makers. Diese Aufgabe kann er auch auf einen Dritten übertragen. In dem Fall ist er jedoch weiterhin verpflichtet, die Einhaltung der sich aus der Börsenordnung sowie den dazugehörigen Ausführungsbestimmungen ergebenden Pflichten sicherzustellen (§ 44 I BörsO BW-WB; eine vergleichbare Regelung existiert auch auf Scoach Premium, vgl. § 9 AGB-Scoach-Premium).

760 Zum 1.1.2007 ist der Handel in verbrieften Derivaten auf den elektronischen Handel umgestellt worden, was zur Beendigung des Skontroführerhandels in diesem Bereich führte. Die Preisfeststellung erfolgt somit nur noch im elektronischen Handelssystem unter Mitwirkung eines Quality Liquidity Provider (QLP).

761 Eine Besonderheit des Handels an der BW-WB liegt darin, dass Börse und Makler sozusagen aus einer Hand angeboten werden. Die Wertpapierhandelsgesellschaft EUWAX AG agiert an der BW-WB als einziger Quality Liquidity Provider (QLP) für verbriefte Derivate sowie für Fonds, ETFs, Anleihen und inländische Aktien (vgl. Börsen-Zeitung vom 20.7.2007 (Nr. 137), S. 5). Nur für ausländische Aktien im Freiverkehr sowie für sämtliche Genussscheine ist an der BW-WB mit der Baader Wertpapierhandelsbank AG ein zweiter QLP zugelassen. Entstanden ist die EUWAX AG aus der Bruker Wertpapierhandelsgesellschaft mbH, die 1996 die Geschäfte des Kursmaklers Hans-Peter Bruker übernommen hat. Die Börse Stuttgart Holding GmbH hält derzeit 84 % an der EUWAX-AG und 100 % an der Börse Stuttgart AG (Quelle: Internetseite der Börse Stuttgart: boerse-stuttgart.de).

762 Das mit der Einstellung des Skontroführerhandels zum 1.1.2007 gleichzeitig neu eingeführte Marktmodell sieht nur noch einen einzigen QLP vor (vgl. Börsen-Zeitung vom 3.1.2007 (Nr. 1), S. 19 sowie vom 10.3.2007 (Nr. 49), S. 2). Weil nach Auffassung der Stuttgarter Börse ein weiterer QLP keine höhere Qualität für Emittenten und Anleger mit sich bringe und gleichzeitig zu befürchten sei, dass es zu unerwünschten Innovationstransfers zu anderen Börsenplätzen kommen könnte (insbesondere mit Blick auf Scoach), wenn ein solcher QLP an mehreren Börsen aktiv ist, entschied man sich gegen

cher Preisinformationen (sog. Taxen; § 37 II BörsO BW-WB), das Spenden zusätzlicher Liquidität (§ 32 IV BörsO BW-WB) – etwa auch durch das Tätigen von Aufgabegeschäften[763] –, die Mitwirkung bei der Preisermittlung (§§ 34 ff. BörsO BW-WB). In welchem Umfang sich der QLP liquiditätssteigernd einbringen darf, hängt maßgeblich davon ab, welches Handelsmodell der Emittent gewählt hat (§ 32 V BörsO BW-WB i.V.m. Ziffer 3.1.2. Ausf.best. verbriefte Derivate BW-WB).

Stellt der Market Maker keinen Quote, der nach Auffassung des QLP die Marktlage nachvollziehbar berücksichtigt (fehlende Plausibilität[764]), darf der QLP keine Taxe veröffentlichen und keinen eigenen Quote an das Handelssystem übermitteln.[765] In diesem Fall werden Geschäftsführung und Handelsüberwachungsstelle umgehend informiert.[766] Diese Stellen können dann die Ergreifung weiterer Maßnahmen veranlassen, sollte der Market Maker an seinem Quote festhalten und eine weitere Prüfung ergeben, dass dieser Quote nicht marktgerecht ist (§ 41 BörsO BW-WB).

Auf Basis ordnungsgemäßer Market Maker-Quotes erstellt der QLP laufend Taxen, von denen immer die aktuellste veröffentlicht wird.[767] Ohne einen Quote des QLP beginnt kein Preisermittlungsprozess im elektronischen Handelssystem.[768] Der QLP, dem anders als dem Market Maker das aktuelle Orderbuch offenliegt, stellt entweder auf Anfrage, aus eigenem Antrieb oder aufgrund einer potenziell ausführbaren Orderbuchsituation[769] einen eigenen Quote in das elektronische Handelssystem ein, der sich innerhalb des vom Market Maker abgegeben Quotes bewegt.[770] Im Rahmen dieses Quotes wird dann der Preis in der fortlaufenden Auktion im Meistausführungsprinzip ermittelt.[771]

Das elektronische Handelssystem versucht dabei zunächst, einen Ausgleich zwischen Angebot und Nachfrage unter den Handelsteilnehmern herzustellen. Die Ausführung der Wertpapieraufträge darf nur im Rahmen des vom QLP abgegebenen Quotes erfolgen, weil sich nur in diesem Bereich marktgerechte Prei-

---

die Zulassung weiterer QLPs, insbesondere der Baader Wertpapierhandelsgesellschaft mbH, die zuvor ebenfalls als Skontroführer in verbrieften Derivaten tätig gewesen war.

763 Vgl. Ziffer 2.14 Ausf.best. verbriefte Derivate BW-WB sowie § 32 II BörsO BW-WB.

764 Vgl. Ziffer 5.2 Ausf.best. verbriefte Derivate BW-WB.

765 Vgl. Ziffer 5.2 a. E. Ausf.best. verbriefte Derivate BW-WB.

766 Vgl. Ziffer 5.2 Ausf.best. verbriefte Derivate BW-WB.

767 § 37 III BörsO BW-WB.

768 Vgl. Ziffer 2.9 Ausf.best. verbriefte Derivate BW-WB.

769 Ein elektronisches Limit-Kontroll-System überwacht kontinuierlich die Aufträge der Kunden auf ihre Ausführbarkeit (§ 35 I BörsO BW-WB).

770 Vgl. § 50 I BörsO BW-WB.

771 Vgl. Ziffer 3.5 Ausf.best. verbriefte Derivate BW-WB.

se finden lassen.[772] Ist ein Ausgleich innerhalb des Quotes möglich, haben sowohl Verkäufer als auch Käufer ein – im Vergleich zum Direkterwerb beim Emittenten – günstiges Geschäft abgeschlossen. Denn der Verkäufer erhält einen höheren Preis als den Geldkurs des Market Makers und der Käufer einen niedrigeren als den Briefkurs. Kann eine Order dagegen nicht über die Börse abgewickelt werden, weil sich keine zur Ausführung geeigneten Aufträge gegenüberstehen, muss der Market Maker diese Aufträge bis zu dem im Regelwerk festgelegten Mindestquotierungsvolumen (§ 49 II BörsO BW-WB) zu dem von ihm gestellten Quote gegen sich ausführen.

c) Folgepflichten

Die Einbeziehung verbriefter Derivate begründet keine Einbeziehungsfolgepflichten. Das liegt vor allem daran, dass Derivate künstliche Finanzprodukte sind, für deren Wertentwicklung diejenige des Basiswerts (Underlying) von zentraler Bedeutung ist. Bei diesen Papieren ist für die Anleger vor allem entscheidend, dass Liquidität bereitgestellt wird, also die Möglichkeit, das Papier jederzeit zu marktgerechten Preisen wieder veräußern zu können. Mitteilungen bezüglich des Unternehmens, das die Wertpapiere emittiert hat, treten hier in den Hintergrund, sind aber gleichwohl entsprechend den allgemeinen gesetzlichen Bestimmungen zu erfüllen.

2. Organisationsstruktur von Scoach[773]

Träger des Freiverkehrs für Strukturierte Produkte an der FWB ist nicht die Deutsche Börse AG, sondern die Scoach Europa AG.[774] Diese Gesellschaft ist

---

772 Das an der EUWAX geltende Best-Price-Prinzip garantiert bei der Preisfeststellung, dass mindestens der vom QLP angegebene Preis erzielt wird (§ 44 III BörsO BW-WB). Zum Zwecke der Herbeiführung marktgerechter Preise wird eine Orderausführung (Matching) mit einer niedrigeren Order ausgeschlossen.

773 Diese Handelsplattform, die die Deutsche Börse als Joint Venture mit der Schweizer SFMS (ehemals SWX-Group) seit Januar 2007 betreibt, firmierte zunächst in der Schweiz unter dem Namen SWX Quotematch AG und in Deutschland unter Alex Exchange AG. Die deutsche Bezeichnung musste man aber schon vor Handelsstart im Dezember 2006 wegen Streitigkeiten um die Namensrechte aufgeben (vgl. Börsen-Zeitung vom 29.12.2006 (Nr. 250), S. 1). Die Zeit der Suche nach einem neuen Namen überbrückte man mit der Bezeichnung Smart Trading AG (vgl. Börsenordnung FWB vom 15.8.2007). Seit dem 1.9.2007 firmiert das Unternehmen unter dem Namen Scoach Europa bzw. Scoach Schweiz AG (vgl. Börsen-Zeitung vom 15.8.2007 (Nr. 155) S. 19).

wie ihr Schweizer Pendant Scoach Schweiz AG eine hundertprozentige Tochter der in Luxemburg niedergelassenen Scoach Holding S. A., deren Anteilseigner die Deutsche Börse AG mit 50 % plus eine Aktie und die Schweizer SFMS AG (Swiss Financial Markets Services)[775] mit 50 % minus eine Aktie sind.[776] Träger der FWB hinsichtlich des Handels mit Strukturierten Produkten im regulierten Markt ist ebenfalls die Scoach Europa AG (Teilung der Trägerschaft,[777] vgl. § 3 I BörsO FWB).[778]

Im Regelwerk heißt es: „Die Frankfurter Wertpapierbörse hat für Strukturierte Produkte, die weder zum Handel im regulierten Markt zugelassen noch zum Handel in den regulierten Markt einbezogen sind, einen *„weiteren"* Freiverkehr zugelassen."[779] Bei Scoach handelt es sich indes nicht um einen *weiteren* Freiverkehr im Sinne des § 48 I BörsG, wie man aufgrund des Wortlauts von § 1 I Scoach FV-AGB annehmen könnte. An jeder deutschen Börse gibt es nur einen Freiverkehr, ebenso wie es an jeder deutschen Börse auch nur einen regulierten Markt gibt. Es besteht allein die Möglichkeit – und so ist dies an der FWB sowohl im regulierten Markt wie auch im Freiverkehr vollzogen worden –, die Trägerschaft nach Sachgebieten zu separieren. Gemäß § 3 I S. 2 BörsO FWB ist die Trägerschaft und Betriebspflicht der Scoach Europa AG auf den Handel mit Strukturierten Produkten beschränkt, so wie er im Anhang zu § 3 Abs. 1 BörsO definiert ist. Im Hinblick auf den Handel mit anderen Wertpapieren ist ausschließlich die Deutsche Börse AG als Träger der FWB berechtigt und verpflichtet.

---

774 Der Handel auf Scoach erfolgt mittlerweile ausschließlich im elektronisch Handelssystem Xetra. Am 28.4.2008 wurden alle auf Scoach gelisteten Papiere von XONTRO (Parketthandel) auf Xetra-Frankfurt 2 (elektronischer Handel) überführt. Mit der Umstellung wurden einige Regelwerksänderungen vorgenommen. Insbesondere wurde das Qualitätssegment Smart Trading durch das Qualitätssegment Scoach Premium ersetzt, was auch inhaltliche Änderungen zur Folge hatte (siehe dazu § 5 II des Kooperationsvertrags für das Qualitätssegment Scoach Premium).

775 Das Unternehmen ist Anfang 2008 aus der Fusion zwischen der SWX Group (Swiss Exchange), der SIS Group (SegaInter Settle AG) und der Telekurs Group hervorgegangen.

776 Schaubild abrufbar unter http://www.scoach.de/DE/Showpage.aspx?pageID=73.

777 Grund für die Doppelträgerschaft an der FWB ist allein der Umstand, dass Scoach ein Joint Venture zwischen der DBAG und der SFMS ist. Um die SFMS partiell in die Trägerschaft der FWB zu integrieren, bedurfte es der Gründung einer neuen Gesellschaft und der Übertragung der Trägerschaft bezüglich Strukturierter Produkte auf diese Gesellschaft.

778 Müller, Der Konzern 2008, 263, 268.

779 Vgl. Wortlaut des § 1 I Scoach FV-AGB.

Organisationsstruktur von Scoach:

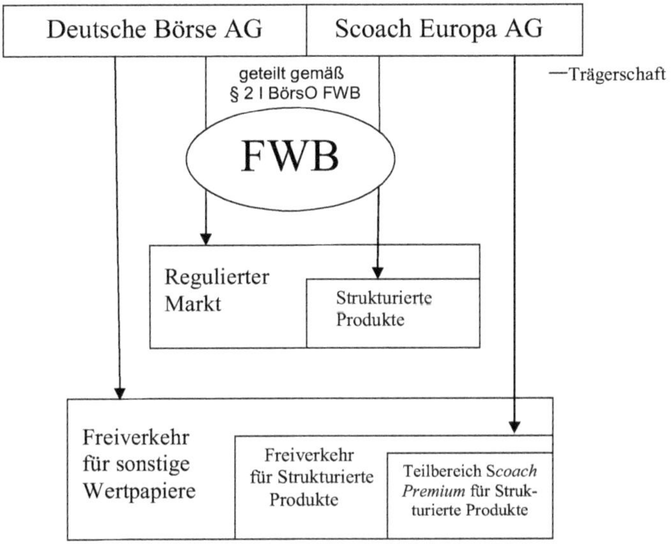

Die Scoach Europa AG organisiert darüber hinaus mit dem Qualitätssegment *Scoach Premium* einen Teilbereich, der erhöhte Anforderungen an die Emittenten in Bezug auf die Liquidität der Wertpapiere stellt. Der Zugang zu diesem Teilbereich steht sowohl den zum regulierten Markt zugelassenen bzw. einbezogenen sowie den in den Freiverkehr einbezogenen Wertpapieren offen.[780] Rechtliche Grundlage ist ein zwischen den Emittenten und der Scoach Europa AG geschlossener Kooperationsvertrag, dem gesonderte Teilnahmebedingungen zugrunde liegen (AGB-Scoach-Premium).[781]

Obwohl Scoach Premium von der Scoach Europa AG rein privatrechtlich organisiert wird, können auch Wertpapiere aus dem öffentlich-rechtlich organisierten regulierten Markt dort einbezogen werden.[782] Gleichwohl ist diese Han-

780 Präambel des Kooperationsvertrages für das Qualitätssegment Scoach Premium.

781 Teilnahmebedingungen für das Qualitätssegment Scoach Premium vom 28.4.2008, abrufbar unter: http://www.scoach.de/DE/MediaLibrary/Document/Teilnahmebedingungen_April2008_dt.pdf.

782 Vgl. Präambel des Kooperationsvertrags für das Handelssegment Scoach Premium. Seit der Überführung sämtlicher Strukturierter Produkte auf das elektronische Handelssystem Xetra (28.4.2008) ersetzt dieses Qualitätssegment das alte Qualitätssegment „Smart Trading“.

delsplattform kein Teilbereich im Sinne von 42 BörsG. Dafür hätte es einer Normierung in der Börsenordnung bedurft. Grundlage einer Einbeziehung auf Scoach Premium ist nicht die Börsenordnung, sondern eben der Kooperationsvertrag, der zwischen der Scoach Europa AG und dem jeweiligen Emittenten abgeschlossen wird. Auch die Emittenten, die ihre Wertpapiere im regulierten Markt zugelassen haben, müssen diesen Vertrag unterzeichnen (§ 1 I KoopV), wollen sie von Scoach Premium profitieren. Darin manifestiert sich der ausschließlich privatrechtliche Charakter einer solchen Einbeziehung auf Scoach Premium. Die Organisation von Scoach und Scoach Premium basiert damit im Unterschied zur EUWAX nur auf dem Freiverkehr.[783]

a) Listingvoraussetzungen

Für die Einbeziehung Strukturierter Produkte auf Scoach gelten die gleichen Bedingungen wie für die Einbeziehung sonstiger Wertpapiere in den Open Market der FWB. Das gilt grundsätzlich auch im Qualitätssegment Scoach Premium mit der Ausnahme, dass der Einbeziehungsantrag hier zwingend vom Emittenten zu stellen ist.[784] Des Weiteren erfordert die Teilnahme an diesem Qualitätssegment – wie bei EUWAX – die Unterzeichnung eines von der Scoach Europa AG einheitlich vorgegebenen Kooperationsvertrages (im Folgenden als „KoopV“ bezeichnet). Diesem wiederum liegen Teilnahmebedingungen in Form von Allgemeinen Geschäftsbedingungen zugrunde.

Fast alle Emittenten verfassen einen ausführlichen (mittlerweile weitgehend standardisierten) Börsenprospekt, weil die Strukturierten Produkte vielfach vorwiegend für Privatanleger konzipiert sind und daher öffentlich vertrieben werden sollen. Zwingende Voraussetzung für eine Einbeziehung ist dies jedoch nicht (§ 11 I FV-AGB Scoach).

b) Handelsablauf

Der Handelsablauf auf Scoach vollzieht sich entsprechend den Regelungen in der Handelsordnung für den allgemeinen Freiverkehr, der weitgehend auf die Regelungen der Börsenordnung verweist (vgl. § 1 Scoach FV-AGB). Der das Produkt einbeziehende Handelsteilnehmer muss bei Stellung des Einbeziehungsantrages ein Handelsmodell wählen. Zur Auswahl stehen das Market Ma-

783 Dass Emittenten trotz einer Zulassung zum regulierten Markt eine Einbeziehung in ein Qualitätssegment des Freiverkehrs vorziehen, erinnert an den Neuen Markt, der freilich (unbedingt) eine Zulassung zum geregelten Markt voraussetzte.

784 Vgl. § 1 I KoopV, § 1 I AGB-Scoach-Premium und § 9 III Scoach FV-AGB.

ker-Modell, das man als Grundmodell verstehen kann,[785] und das Spezialistenmodell, das durch das Mitwirken eines sog. Spezialisten höhere Liquidität bietet (§§ 99 ff. BörsO FWB). In beiden Modellen benennt der einbeziehende Handelsteilnehmer zugleich einen Quote-Verpflichteten, der mit der Verpflichtung zur permanenten Bereitstellung von Quotes die gleiche Aufgabe hat wie der Market Maker auf EUWAX.

Jede an der FWB aufgegebene Order für Strukturierte Produkte landet automatisch bei Scoach und gegebenenfalls im Qualitätssegment Scoach Premium. Dort ereicht sie sofort den Quote-Verpflichteten (so im Market Maker-Modell) oder den Spezialisten[786] (im Spezialistenmodell). Diese Akteure bekommen sofort von einem Limitkontrollsystem angezeigt, ob dic Order im gewünschten Volumen gegen einen anderen Marktteilnehmer ausgeführt werden kann. Dies ist der Fall, wenn Orders vorhanden sind, die sich in dem von Market Maker oder vom Spezialisten gestellten Quote bewegen. Der Spezialist stellt – wie der QLP auf EUWAX – fortlaufend indikative Quotes, die sich im Rahmen der Quotes des Quote-Verpflichteten bewegen. Besteht eine ausführbare Orderbuchsituation, muss der Spezialist die Transaktion an das vollelektronischen Handelssystem Xetra weitergeben, das den Börsenpreis feststellt und die Order ausführt.

Auf Scoach Premium gelten zusätzlich Regelungen, die zu einer Erhöhung der Liquidität beitragen. Sie entsprechen im Wesentlichen denen, die auch auf EUWAX gelten. Hier ist der Emittent selbst verpflichtet, den Part des Quote-Verpflichteten zu übernehmen.

Leerverkäufe in Strukturierten Produkten werden durch das Regelwerk ausgeschlossen (§ 104 BörsO FWB[787]). Bei einem Leerverkauf veräußert ein Handelsteilnehmer Wertpapiere, die er nicht in seinem Bestand hat. Um seine Verpflichtung aus dem Geschäft erfüllen zu können, leiht[788] er sich die Wertpapiere bei einer Bank und übereignet sie an den Erwerber. Im Folgenden hofft der Handelsteilnehmer auf fallende Kurse in diesen Papieren. Tritt dieser Fall ein, kann er sie zu günstigeren Konditionen an der Börse erwerben und dann an die

785 Im Market Maker-Modell besteht eine erhöhte Gefahr geringer Liquidität und nicht marktgerechter Preise, weil nur der Spread des Market Makers, der in der Regel auch Emittent des Wertpapiers ist, zur Verfügung steht und kein Dritter (QLP, Spezialist, Designated Sponsor o. ä.) bei der Preisfindung mitwirkt.

786 Spezialisten sind Handelsteilnehmer mit besonderen Aufgaben im Sinne von § 19 BörsG.

787 Ebenso an der BW-WB (§ 52 I BörsO BW-WB).

788 Das überwiegend als Wertpapierleihe bezeichnete Geschäft ist ein Wertpapierdarlehen, weil nicht dieselben Papiere, sondern nur solche gleicher Art, Güte und Menge zurückzugeben sind.

Bank zurückgeben. Die Differenz zwischen Erwerbspreis und Veräußerungspreis ist sein Gewinn. Die Gefahr für den Markt in Strukturierten Produkten besteht darin, dass durch Leerverkäufe Wertpapiere unter starken Kursdruck geraten können. Das gilt besonders bei weniger liquiden Titeln, wozu der größte Teil der Strukturierten Produkte zu zählen ist. Handelsteilnehmer können mit Leerverkäufen in illiquiden Titeln bereits mit geringen Volumina nicht marktgerechte Preise erzeugen, was die Betreiber solcher Handelsplattformen verhindern wollen, weil sonst dem Markt ein Makel der Unseriosität anhaften könnte, der insbesondere kleinere Privatanleger verschrecken könnte.

5. Kapitel
Ausgewählte rechtliche Probleme im Bereich der Einbeziehung von Wertpapieren in den Freiverkehr

I. Anspruch auf Einbeziehung

Wird die Einbeziehung eines Wertpapiers in den Freiverkehrshandel abgelehnt,[789] stellt sich für den Adressaten dieser Entscheidung die Frage, ob hiergegen der Rechtsweg zu den ordentlichen Gerichten eröffnet ist.[790] Weil die Einbeziehung nach wie vor ein privatrechtliches Verfahren und die abschließende Entscheidung des Freiverkehrsveranstalters bzw. des hierfür zuständigen Gremiums[791] eine privatrechtliche Willenserklärung darstellt, kann die Ablehnung des Einbeziehungsantrags ebenso wie der Widerruf einer bereits erfolgten Einbeziehung nur dann erfolgreich angegriffen werden, wenn der Emittent oder der einbeziehende Handelsteilnehmer einen Anspruch auf Abschluss des Einbeziehungsvertrags haben.[792] Um Emittenten und Antragstellern diesen Weg von vorneherein zu versperren, wird in den Freiverkehrs-AGB regelmäßig festgelegt, dass ein Anspruch auf Einbeziehung generell nicht bestehe, selbst wenn die Einbeziehungsvoraussetzungen vorliegen.[793] Eine Ablehnung des Einbeziehungsantrags soll unter anderem dann möglich sein, wenn ein ordnungsgemäßer Handel oder die Geschäftsabwicklung in diesen Wertpapieren nach Einschätzung des

---

789 Beispielhaft aufgezählte Gründe etwa in § 9 III S. 2 FV-AGB FWB.

790 Bejahend Claussen, in: Festschrift Stimpel S.1049, 1053; Müller-Stahl, Der geregelte Freiverkehr, S. 102 u. 126.

791 Diese Zuständigkeit liegt meist beim Freiverkehrsträger (so an den Börsen Frankfurt und Stuttgart). An den Börsenplätzen Hamburg und Hannover ist dagegen der Freiverkehrsausschuss zuständig (§ 2 FV-O Börse Hamburg/Hannover), dem vom Freiverkehrsträger die gesamte Organisation des Freiverkehrs überlassen wird. Auch an der Börse München ist der Freiverkehrsausschuss hierzu berufen (§ 2 II FV-Ri Börse München), während die Organisation des Freiverkehrs im Übrigen von der Geschäftsführung der Börse vorgenommen wird. An der Börse Düsseldorf hat die Geschäftsführung über die Einbeziehung zu befinden (§ 2 I FV-AGB Börse Düsseldorf).

792 Breitkreuz, Die Ordnung der Börse, S. 314; Claussen, Festschrift Stimpel, S. 1049, 1053; v. Rosen, in: Assmann/Schütze, § 2 Rdnr. 184; Baumbach/Hopt, HGB, § 48 BörsG Rdnr. 4.

793 Vgl. § 9 III S. 2 FV-AGB-FWB; § 7 IV FV-AGB BW-WB.

Entscheidungsträgers nicht zu erwarten bzw. die Verletzung von Anlegerschutzinteressen oder anderer allgemeiner Interessen zu besorgen sind.[794]

Diese in den Geschäftsbedingungen des Freiverkehrs verorteten Vorbehaltsklauseln haben freilich nur deklaratorischen Charakter. Das Fehlen eines Einbeziehungsanspruchs folgt nämlich im Grundsatz bereits aus dem Prinzip der Vertragsfreiheit, das bestimmt, dass es Privatrechtspersonen – von vereinzelten Ausnahmen abgesehen – grundsätzlich freisteht, sich ihre Vertragspartner aus rein autonomen Motiven frei auszuwählen.[795] Geht man mit der h.M. davon aus, die Geschäftsbedingungen des Freiverkehrs seien Allgemeinen Geschäftsbedingungen im Sinne von §§ 305 ff. BGB, gilt zudem, dass solche Bedingungen erst mit Einbeziehung in den Vertrag zwischen Handelsteilnehmer und Freiverkehrsveranstalter Rechtswirkung entfalten. Bei den Vorbehaltsklauseln handelt es sich indes im Grunde nicht um Allgemeine Geschäftsbedingungen, da sie sich nicht auf die Vertragsbeziehung zwischen Verwender und Vertragspartner beziehen, sondern bereits im Vorfeld anzeigen, dass ein Vertragsschluss (Einbeziehung) unter dem Vorbehalt einer autonomen Willenserklärung des für die Einbeziehung zuständigen Gremiums steht.

Vom Grundsatz der Vertragsfreiheit gibt es allerdings auch Ausnahmen. Das aus der allgemeinen Handlungsfreiheit in Art. 2 I GG abgeleitete Freiheitsrecht unterliegt seinerseits den Schranken der Verfassung.[796] Allerdings gelten die Grundrechte nicht unmittelbar zwischen Privatrechtssubjekten, sondern wirken primär als Abwehrrechte gegen den Staat.[797] Dem Individuum ist es damit verwehrt, gegenüber einem potenziellen Vertragspartner darauf zu bestehen, er müsse auch mit ihm – etwa aufgrund des Gleichheitsgrundsatzes aus Art. 3 GG oder der Berufsfreiheit aus Art. 12 GG – einen vergleichbaren Vertrag eingehen.[798]

---

794 Vgl. v. Rosen, in: Assmann/Schütze, Handbuch des Kapitalanlagerechts, § 2 Rdnr. 220.

795 Oechsler, in: Staudinger, § 826 BGB Rdnr. 440.

796 Kramer, in: MüKo, BGB, Vor § 145 Rdnr. 6; Reul, DNotZ, 2007, 184, 185.

797 BVerfGE, 7, 198, 204f.; 50, 290, 367; Reul, DNotZ, 2007, 184, 188.

798 Das BVerfG vertritt die Auffassung, dass die Grundrechte eine objektive Werteordnung bilden und bei der Auslegung – insbesondere von Generalklauseln – zu berücksichtigen seien. Das Gericht tendiert zuletzt häufiger dazu, diesen Maßstab zu überdehnen und mit der Anwendung der Grundrechte in Bereichen des Zivilrechts ein soziales Schutzrecht zu erstellen; kritisch dazu Reul, DNotZ, 2007, 184, 195.

1. Kontrahierungszwang bei Verstoß gegen das AGG

Mit dem Inkrafttreten des allgemeinen Gleichbehandlungsgesetzes[799] ist die Vertragsfreiheit weiter eingeschränkt worden. Im deutschen Zivilrecht sind nunmehr Diskriminierungen nach Rasse, ethnischer Herkunft, Geschlecht, Religion, Behinderung, Alter oder der sexuellen Identität bei der Begründung, Durchführung und Beendigung zivilrechtlicher Schuldverhältnisse verboten (§ 19 AGG). Sofern ein Vertragswilliger in dieser Hinsicht diskriminiert wird, kann er, sofern die üblicherweise an andere Vertragspartner gestellten Voraussetzungen vorliegen, den Vertragsschluss erzwingen.[800] Das AGG schützt jedoch gemäß § 6 nur natürliche Personen. Emittenten unterfallen somit auf Grund ihrer Organisation als Aktiengesellschaft nicht dem Schutzbereich des AGG.

2. Kontrahierungszwang bei Monopolmissbrauch (§ 826 BGB)

Kann ein Kontrahierungszwang nicht aus einer gesetzlichen Vorschrift abgeleitet werden,[801] wird im Schrifttum ferner die Möglichkeit erörtert, einen solchen Zwang aus allgemeinen Rechtsprinzipien abzuleiten.[802] Habe ein Vertragsteil eine Monopolstellung inne, könne im Falle einer willkürlichen Ablehnung eines Vertragsschlusses aus dem Verbot des Monopolmissbrauchs ein Anspruch auf Schadenersatz aus § 826 BGB hergeleitet werden, der in der Form der Naturalherstellung (§ 249 Abs. 1 BGB) zu einem Kontrahierungszwang führe.[803] Nach

799 Verkündet als Art. 1 Gesetz zur Umsetzung europäischer Richtlinien (2000/43/EG; 2000/78/EG; 2002/73/EG; 2004/113/EG) zur Verwirklichung des Grundsatzes der Gleichbehandlung v. 14.8.2006 (BGBl. I S. 1897); Inkraftgetreten gem. Art. 4 Satz 1 dieses Gesetzes am 18.8.2006.

800 Ebenso Schwab, DNotZ 2006, 649, 667; der aber auf den unklaren Wortlaut des § 21 AGG hinweist; ebenso bejahend, aber kritisierend Thüsing/von Hoff, NJW 2007, 21, 25 m.w.N. zum Stand der Diskussion.

801 Vgl. z. B. § 24 PatG.

802 Kramer, in: Müko, BGB, Vor § 145 Rdnr. 13.

803 So BGHZ 37, 160, 163; Müller-Stahl, Der geregelte Freiverkehr, S. 103; Schwark, in: Schwark/Zimmer, § 48 BörsG Rdnr. 7; Claussen, Festschrift Stimpel, S.1049, 1053; Baumbach/Hopt, HGB, § 48 BörsG Rdnr. 4; ohne Nennung einer Anspruchsgrundlage: Müller-Michaels/Wecker, Finanzbetrieb 2005, 736, 740.
§ 826 BGB als Anspruchsgrundlage dagegen ablehnend: Schmidt, AcP 206 (2006), 169, 189; Oechsler, in: Staudinger, § 826 BGB Rdnr. 272 u. 426ff. m. w. N. und der Begründung, „es fehle schon der für diese Norm erforderliche messbare Vermögensschaden. Mit einer erzwungenen Kontrahierung würde kein Schaden liquidiert, sondern das Vermögen des Aspiranten um ein Recht erweitert."

Auffassung des BGH darf die Ablehnung eines Vertragsschlusses in derartigen Monopol-Konstellationen nicht zu einer sachlich nicht zu rechtfertigenden Ungleichbehandlung führen.[804]

Die vor allem auf *Müller-Stahl*[805] zurückgehende Auffassung, ein Einbeziehungsanspruch bestehe bei Vorliegen einer Monopolstellung eines Freiverkehrsveranstalters, weil dem Emittenten andernfalls der Zugang zum Kapitalmarkt versperrt sei, da amtlicher Markt und Telefonverkehr keine adäquate Alternative darstellten, kann heute als überholt betrachtet werden. Im Zeitalter der Globalisierung und des enormen technischen Fortschritts, insbesondere der Entwicklung des Internets, stehen den Emittenten diverse Möglichkeiten offen, den Kapitalmarkt für sich nutzbar zu machen. Freiverkehrssegmente an allen deutschen Börsen und dazu die ausländischen Börsen mit vergleichbaren Segmenten bieten zahlreiche Alternativen für eine erfolgreiche Wertpapieremission. Es fehlt somit bereits an einem Monopol der deutschen Freiverkehrsveranstalter. Mit der Ablehnung einer Einbeziehung wird einem Unternehmen der Zugang zum Kapitalmarkt keineswegs verwehrt, weil es auf die Einbeziehung an einer bestimmten Börse nicht angewiesen ist. Zwar mag ein Listing an der regional nächstgelegenen Börse gewisse Vorteile bergen; ein Anspruch hierauf lässt sich aber aus § 826 BGB und dem Verbot des Missbrauchs einer Monopolstellung nicht begründen.

3. Kontrahierungszwang bei Diskriminierung nach § 20 I GWB

Neuere Stimmen im Schrifttum orientieren sich am spezielleren Maßstab des kartellrechtlichen Grundsatzes der Gleichbehandlung (§ 20 GWB[806]), der eine besondere Ausprägung des verfassungsrechtlichen Gleichheitssatzes darstellt.[807] Ein Rückgriff auf § 826 BGB sei nur für Fälle des Individualschutzes ange-

804 BGHZ 63, 283, 285.

805 Müller-Stahl, Der geregelte Freiverkehr, S. 102 ff.; ebenso Claussen, Festschrift Stimpel, 1049, 1053.

806 § 20 Absatz 1 GWB lautet: „Marktbeherrschende Unternehmen, Vereinigungen von miteinander im Wettbewerb stehenden Unternehmen im Sinne der §§ 2, 3 und 28 Abs. 1 und Unternehmen, die Preise nach § 28 Abs. 2 oder § 30 Abs. 1 Satz 1 binden, dürfen ein anderes Unternehmen in einem Geschäftsverkehr, der gleichartigen Unternehmen üblicherweise zugänglich ist, weder unmittelbar noch mittelbar unbillig behindern oder gegenüber gleichartigen Unternehmen ohne sachlich gerechtfertigten Grund unmittelbar oder mittelbar unterschiedlich behandeln."

807 Kilian, AcP 180 (1980), 47, 60; Schmidt, AcP 206 (2006), 169, 189; Schlüter, Börsenhandelsrecht, Abschnitt G Rdnr. 857; Kramer, in: Müko, BGB, Vor § 145 Rdnr. 13.

zeigt.[808] Das GWB schütze hingegen um der Vertragsfreiheit aller Marktbeteiligten willen den freien Wettbewerb und zwar insofern, als es marktbeherrschenden und marktlenkenden Unternehmen[809] die Diskriminierung, die Behinderung oder den Boykott anderer Unternehmen verbiete.[810] Insofern wird der aus der Privatautonomie abgeleitete Grundsatz der Vertragsfreiheit durchbrochen. Nach § 20 I GWB genügt anstatt einer Monopolstellung bereits eine marktbeherrschende Stellung, die in § 19 II GWB legaldefiniert wird.[811] In § 20 II GWB verzichtet der Gesetzgeber mit Blick darauf, dass auch kleinere Unternehmen den freien Wettbewerb in nicht zu vernachlässigender Weise beeinträchtigen können, auf den Begriff der marktbeherrschenden Stellung und stellt allein darauf ab, ob die vertragswilligen Unternehmen in der Weise abhängig sind, dass ausreichende und zumutbare Möglichkeiten, auf andere Unternehmen auszuweichen, nicht bestehen (sog. relative Marktstärke[812]).[813] Entsprechend dem Schutzzweck des GWB, die Märkte offen zu halten und den freien Wettbewerb zu sichern, darf sich die Prüfung dabei jedoch nicht darauf beschränken, danach zu fragen, ob das Unternehmen auch ohne den anvisierten Vertragsschluss weiterhin unternehmerisch tätig sein kann.[814] Wie insbesondere *Schmidt*[815] überzeugend dargelegt hat, ist die von dem sich verweigernden Unternehmer bewirkte Beschränkung des Wettbewerbs im nachgelagerten Markt Gegenstand der kar-

808 Kilian, AcP 180 (1980), 47, 60.

809 Im GWB gilt der sog. funktionale Unternehmensbegriff, worunter „jedwede Tätigkeit im geschäftlichen Verkehr unabhängig von der Rechtsform und jedweder Gewinnerzielungsabsicht" subsumiert wird; Möschel, in: Immenga/Mestmäcker, GWB, § 19 Rdnr. 3.

810 BGHZ, 160, 67, 76; Schmidt, AcP 206 (2006), 169, 189.

811 Schlüter, Börsenhandelsrecht, Abschnitt G Rdnr. 857; Kramer, in: Müko, BGB, Vor § 145 Rdnr. 13.

812 Markert, in: Immenga/Mestmäcker, GWB, § 20 Rdnr. 40.

813 § 20 Absatz 2 GWB lautet: „Das gilt auch für Unternehmen und Vereinigungen von Unternehmen, soweit von ihnen kleine oder mittlere Unternehmen als Anbieter oder Nachfrager einer bestimmten Art von Waren oder gewerblichen Leistungen in der Weise abhängig sind, dass ausreichende und zumutbare Möglichkeiten, auf andere Unternehmen auszuweichen, nicht bestehen. Es wird vermutet, dass ein Anbieter einer bestimmten Art von Waren oder gewerblichen Leistungen von einem Nachfrager abhängig im Sinne des Satzes 1 ist, wenn dieser Nachfrager bei ihm zusätzlich zu den verkehrsüblichen Preisnachlässen oder sonstigen Leistungsentgelten regelmäßig besondere Vergünstigungen erlangt, die gleichartigen Nachfragern nicht gewährt werden."

814 Markert, in: Immenga/Mestmäcker, GWB, § 20 Rdnr. 42.

815 Schmidt, AcP 206 (2006), 169, 191.

tellrechtlichen Kontrolle.[816] Die Zulässigkeit von Beschränkungen dieses nachgelagerten Marktes ist – was dem Wortlaut des § 20 II GWB nicht auf den ersten Blick zu entnehmen ist – anhand einer Abwägung zwischen den Interessen der Allgemeinheit an einer Offenhaltung des Marktes gegenüber den Interessen des „marktstarken“[817] Anbieters bezüglich seiner Produktpflege zu bewerten.[818]

Hieraus ergibt sich folgendes Bild: Ein Handelsteilnehmer, der die Einbeziehung im Auftrag und mit Zustimmung eines Emittenten beantragt,[819] hat einen Anspruch auf Abschluss eines Einbeziehungsvertrags etwa gegen die Deutsche Börse AG als Veranstalter des Freiverkehrs an der FWB aus §§ 33 I, 20 I GWB, sofern diese als Unternehmen eine marktbeherrschende Position bzw. eine relative Marktstärke innehat und diese Stellung dadurch missbraucht, dass sie dem Kontrahierungswilligen im Unterschied zu anderen gleichartigen Unternehmen ohne sachlichen Grund den Vertragsschluss verweigert und dabei den freien Wettbewerb zwischen diesen Unternehmen beschränkt.

a) Anspruchsberechtigte

Da an allen deutschen Börsen eine Einbeziehung nur durch einen börsenzugelassenen Handelsteilnehmer erfolgen kann, stellt sich die Frage, ob neben diesem auch die Emittenten Anspruchsberechtigte sein können. Denn der Grund für eine ablehnende Einbeziehungsentscheidung liegt stets in der Person des Emittenten begründet. Sofern der jeweilige Emittent durch die wettbewerbsrechtliche Diskriminierung unmittelbar oder mittelbar betroffen ist und allein deren Beseitigung verfolgt, ist eine Aktivlegitimation zu bejahen. § 33 I S. 1 GWB bestimmt nämlich als aktivlegitimierte Personen ganz allgemein den „Betroffenen“, unter den gemäß S. 3 dieser Norm jeder durch den Verstoß beeinträchtigte Mitbewerber oder Marktteilnehmer subsumiert werden kann. Es kommt demnach nur darauf an, dass der Betreffende in einer irgendwie gearteten Art und Weise durch

816 BGH NJW 1976, 801, 802 stellt klar, Zweck des wettbewerbsrechtlichen Diskriminierungsverbots sei es zu verhindern, dass diejenigen Unternehmen, die einen beherrschenden Einfluss auf den Markt auszuüben vermögen, ihre Marktmacht missbrauchen.

817 Dieser in § 20 II GWB nicht enthaltene Begriff wird überwiegend aus dem Wort „Abhängigkeit“ abgeleitet. Nach Kilian, AcP 180 (1980), 49, 63 liegt Marktstärke dann vor, wenn die Handlungsfreiheit des einen im Verhältnis zum Freiheitsbereich des anderen ungebührlich hoch ist.

818 BGH NJW 1976, 801; BGHZ 170, 67, 77; Schmidt, AcP 206 (2006), 169, 190; Kramer, in: Müko, BGB, Vor § 145 Rdnr. 13; Kilian, AcP 180 (1980), 47, 63.

819 Die Fälle der händlerveranlassten Einbeziehung sollen hier zunächst außer Betracht bleiben.

kartellrechtswidriges Verhalten beschwert ist, ohne dass es eines unmittelbaren und gezielten Verhaltens gegenüber dem Anspruchsteller bedarf.[820]

b) Der Freiverkehrsveranstalter als marktbeherrschendes Unternehmen (§ 19 II GWB)

Unter den Unternehmensbegriff des GWB, der jedwede Tätigkeit im geschäftlichen Verkehr unabhängig von Rechtsform und Gewinnerzielungsabsicht erfasst,[821] konnten schon vor dem FRUG sämtliche Freiverkehrsveranstalter subsumiert werden. An jeder deutschen Börse wird diese Aufgabe seit einiger Zeit durch die Börsenträger wahrgenommen, die allesamt als gewinnorientierte Kapitalgesellschaften organisiert sind. Seit dem Erlass des FRUG wird der Freiverkehr gemäß § 48 I S. 1 BörsG zwingend von dem Börsenträger veranstaltet.

Schwieriger ist die Herleitung einer marktbeherrschenden Stellung (§§ 20 I GWB). Eine solche Stellung liegt gemäß § 19 II GWB vor, wenn das Unternehmen keinem oder zumindest keinem wesentlichen Wettbewerb ausgesetzt ist (Nr. 1) oder eine im Verhältnis zu seinen Wettbewerbern überragende Marktstellung innehat (Nr. 2). Eine solche Marktbeherrschung soll vorliegen, wenn ein Unternehmen gegenüber seinen Wettbewerbern einen hinreichend großen Vorsprung hat, wobei es insofern gerade nicht darauf ankommen soll, ob es dabei einem wesentlichen Wettbewerb ausgesetzt ist.[822] Um eine solche Marktmacht feststellen zu können, muss zunächst der relevante Markt in sachlicher, räumlicher und zeitlicher Hinsicht konkretisiert werden. Dies soll hier am Beispiel des Open Market der FWB geschehen:

Als Trägerin der Frankfurter Wertpapierbörse offeriert die Deutsche Börse AG neben ihrer Trägerschaft hinsichtlich des Freiverkehrs den am Börsengeschehen partizipierenden Personen (mittelbar und unmittelbar) umfangreiche Börsendienstleistungen (Marktdaten, Beratung etc.). In sachlich-gegenständlicher Hinsicht ist der relevante Markt jedoch allein auf den Zugang zum Freiverkehr zu beziehen, also zu einem Markt, der kein organisierter Markt im Sinne von § 2 V WpHG ist und europarechtlich einem MTF entspricht. Der Freiverkehr eröffnet den Emittenten unter dem Dach der Börse einen Zugang zum Kapitalmarkt in Form eines Primärlistings, wodurch die Unternehmen eine Verbesserung der Eigenkapitalbasis erreichen, sich neue Investitionsmöglichkeiten eröffnen und dadurch im Idealfall Wachstum generieren können. Dieser durch den Freiver-

820 Lettl, WM 2005, 1585, 1591.

821 BGHZ 110, 371, 380.

822 Götting, in: Loewenheim/Meessen/Riesenkampff, Kartellrecht, § 19 GWB Rdnr. 26

kehrsbetrieb ermöglichte Zugang zum Kapitalmarkt stellt im vorliegenden Zusammenhang den sachlich-gegenständlich relevanten Markt dar.

Größere Probleme bereitet naturgemäß die räumliche Eingrenzung des relevanten Marktes. Grundsätzlich ist dabei nicht entscheidend, inwieweit (regional oder gar weltweit) das betreffende Unternehmen, der Freiverkehrsveranstalter, seine Dienstleistungen anbietet, sondern wer diese Dienstleistungen in Anspruch nimmt.[823] Der räumliche Markt wird entsprechend dem Bedarfsmarktkonzept danach bestimmt, ob bei dem vorliegenden Angebotsmarkt aus der Sicht der Handelsteilnehmer und Emittenten andere Anbieter zur Deckung ihres Bedarfs in Betracht kommen, ihnen also eine reale Ausweichmöglichkeit zur Verfügung steht.[824] Dabei haben solche Anbieter außer Betracht zu bleiben, die zwar ein vergleichbares Produkt anbieten, mit dessen Inanspruchnahme jedoch das von den Unternehmen verfolgte unternehmerische Ziel nicht erreicht werden kann.

Wie sich aus § 19 II S. 3 ergibt, ist die Bestimmung des relevanten Marktes nicht auf den Geltungsbereich des GWB beschränkt.[825] Somit kommen neben den derzeit sieben deutschen Börsenstandorten[826], die allesamt einen Freiverkehr veranstalten, auch vergleichbare Handelsplattformen ausländischer Börsenbetreiber (z. B. Alternativ Investment Market in London, Euronext in Paris) sowie sämtliche in- und ausländischen MTFs (z. B. Chi-X, Turquoise) in Betracht. Diese Anbieter bzw. der Raum, in dem sie tätig sind, bilden jedoch keineswegs den räumlich relevanten Markt. Vielmehr sind Einschränkungen geboten.

Für einen deutschen Emittenten, der Zugang zum Kapitalmarkt auf der Ebene des Freiverkehrs sucht, kommt regelmäßig nur eine Notierung an einer inländischen Börse infrage. Das hängt damit zusammen, dass der Erfolg einer Emission vor allem davon abhängt, ob und wie diese von der Öffentlichkeit wahrgenommen wird. Ein hoher Emissionserlös kann nur erzielt werden, wenn die Wertpapiere einem breiten Anlegerpublikum angeboten werden, bei dem ein grundsätzliches Interesse an solchen Werten besteht. Ein Primärlisting an einer ausländischen Handelsplattform ist für inländische Emittenten regelmäßig weniger erfolgversprechend, weil es sowohl von den in- als auch den ausländischen Privatanlegern und institutionellen Investoren – von wenigen Ausnahmen abgesehen- gar nicht oder allenfalls am Rande wahrgenommen wird. Die dort ansässigen Investoren, insbesondere die Privatanleger werden im Zweifel eher in nationale Unternehmen investieren. Diese Handelsplattformen, mögen sie organi-

---

823 Ott, MMR 2006, 195, 199.

824 BGH AG 2004, 674, 674; Möschel, in: Immenga/Mestmäcker, GWB, § 19 Rdnr. 35; Ott, MMR 2006, 195, 199.

825 Erstmalig in BGH, WuW/E DE-R 1355 „Staubsaugerbeutelmarkt".

826 Frankfurt, Stuttgart, München, Düsseldorf, Berlin, Hamburg in Kooperation mit Hannover.

satorisch auch vergleichbar aufgebaut sein und gleichwertige Dienstleistungen offerieren, stellen daher aus Emittentensicht regelmäßig keine bedarfsangemessene Ausweichmöglichkeit dar. Bezüglich einer emittenteninitiierten Einbeziehung muss somit der räumlich relevante Markt auf das Inland begrenzt werden.

Anders liegen die Dinge hingegen bei der händlerinitiierten Einbeziehung eines Wertpapiers, bei der kein Emittent im Hintergrund agiert (Second Quotation). Den Wertpapierdienstleistungsunternehmen (§ 2 IV WpHG) stehen in der Regel mehrere Handelsplattformen zur Verfügung, die sie für die Ausführung ihrer Kundenorders oder ihres eigenen Handelsbedarfs nutzen können. Seit dem Erlass des FRUG sind sie gemäß § 33a WpHG sogar grundsätzlich dazu verpflichtet, eine Kundenorder an demjenigen Handelsplatz auszuführen, wo die bestmöglichen Ergebnisse für den Kunden erzielt werden können.[827] Ihnen ist es somit verwehrt, damit zu argumentieren, sie besäßen aus Kostengründen nur an einem einzigen Börsenplatz eine Händlerzulassung. Sie müssen deshalb, um die Anforderungen dieser Norm zu erfüllen, einen Zugang zu mehreren Handelsplätzen unterhalten. Berücksichtigt man ferner, dass der Handel heutzutage nahezu vollständig elektronisch betrieben wird und sämtliche Händler über entsprechende Computersysteme einen direkten Zugang zu einer Vielzahl von Handelsplattformen haben, kann hier von mangelnden Ausweichmöglichkeiten keine Rede sein. Insofern umfasst der räumlich relevante Markt mindestens den gesamten europäischen Wertpapiermarkt. Nimmt man diesen Markt als Maßstab, kommt keinem Freiverkehr an einer deutschen Börse eine marktbeherrschende Stellung im Sinne von § 19 II GWB zu. Bei der rein händlerinitiierten Einbeziehung besteht somit kein Anspruch auf Abschluss eines Einbeziehungsvertrages nach § 33 I, 20 GWB.

Bei der emittenteninitiierten Einbeziehung stellt sich nun, da der relevante Markt eingegrenzt worden ist, die Frage, ob der Deutsche Börse AG in Bezug auf den Betrieb des Open Market eine marktbeherrschende Stellung zukommt. Gemäß § 19 II S. 1 Nr. 2 GWB reicht es bereits aus, wenn das Unternehmen im Verhältnis zu seinen Wettbewerbern eine überragende Marktstellung hat, wobei insbesondere die Marktanteile (Umsatz), die Finanzkraft und der Zugang zu Absatzmärkten zu berücksichtigen sind. Auch hier gilt: Soweit hinreichende Ausweichmöglichkeiten bestehen, ist die Grenze zur Marktbeherrschung nicht überschritten und eine Schutzbedürftigkeit der Marktteilnehmer nicht gegeben.[828]

Da noch weitere sechs deutsche Regionalbörsen existieren, die partiell – insbesondere im Bereich der strukturierten Produkte (Börse Stuttgart) – in einem durchaus nicht unwesentlichen Wettbewerb mit der Deutsche Börse AG stehen,

827 Vgl. Bericht in der FAZ vom 30.1.2009, S. 25.
828 Möschel, in: Immenga/Mestmäcker, GWB, § 19 Rdnr. 22.

kann zumindest eine absolut marktbeherrschende Position im Sinne von § 19 II S. 1 Nr. 1 GWB verneint werden. Im Übrigen wird man nach den in den Freiverkehr einbezogenen Produkten differenzieren müssen. Was die Einbeziehung von Strukturierten Produkten anbelangt, die an der Frankfurter Wertpapierbörse auf der Handelsplattform Scoach gehandelt werden, kann eine marktbeherrschende Stellung der Scoach Europa AG nicht angenommen werden. Die an der Börse Stuttgart bestehende Handelsplattform EUWAX besitzt hier einen höheren Marktanteil als Scoach. In diesem Bereich herrscht ein wesentlicher Wettbewerb. Eine marktbeherrschende Stellung der Scoach Europa AG, die Träger des Freiverkehrs für den Handel mit dieser Art von Wertpapieren ist, kann daher verneint werden.

Was dagegen den Aktienhandel anbelangt, rückt der Börsenplatz Frankfurt eher in den Vordergrund. Zwar bilden die genannten Regionalbörsen mögliche Ausweichplätze, die insbesondere von kleineren Unternehmen angenommen werden, die einen engen Bezug zum Bundesland der jeweiligen Börse haben.[829] Gleichwohl kommt dem Freiverkehr an der Frankfurter Wertpapierbörse als Handelsplattform für kleinere und mittlere Unternehmen eine herausragende Bedeutung zu. Dies betrifft nicht nur die Zahl der dort gelisteten Unternehmen,[830] sondern vor allem das Handelsvolumen, das an keinem anderen Standort auch nur annähernd erreicht wird.[831] Die FWB bietet eine wesentlich größere Bühne und ein wesentlich größeres Investorenpublikum, dem sich der Emittent mit seinem Unternehmen und den eigenen geschäftlichen Perspektiven präsentieren kann. Auch ausländische Investoren legen ihren Schwerpunkt im Bereich des Aktienhandels in Deutschland auf den Handel in Frankfurt. Zudem ist zu gewichten, dass die Visibilität der Primärlistings im Freiverkehr an der FWB

829 Im M:access der Börse München sind z.B. ganz überwiegend Unternehmen aus dem Bundesland Bayern gelistet.

830 Vgl. dazu die Veröffentlichungen in der Kassamarktstatistik der Deutsche Börse AG. Im Dezember 2008 waren an der FWB insgesamt 1054 Notierungen inländischer Unternehmen (davon 416 im Freiverkehr) zu verzeichnen. An den übrigen deutschen Börsen waren es hingegen nur 124 Unternehmen (in allen Segmenten!). Im Teilbereich Entry Standard waren 115 Unternehmen gelistet, im M:access nur 23. Andere Freiverkehrsveranstalter betreiben solche Premiumsegmente mittlerweile nicht mehr, zumindest werden sie auf deren Homepages nicht mehr aktiv beworben (Stand: 30.1.2009).
Bezüglich ausländischer Unternehmen ist die Diskrepanz nicht ganz so groß. Am Frankfurter Börsenplatz werden 9203 Wertpapiere ausländischer Emittenten gehandelt (9113 davon im Freiverkehr), 6251 an den übrigen deutschen Börsenplätzen. Die ganz überwiegende Zahl dieser Notierungen sind jedoch händlerinitiierte Sekundärlistings.

831 Vgl. Kassamarktstatistik der Deutsche Börse AG, S. 4: Auf den Börsenplatz Frankfurt entfällt ein Handelsumsatz in Aktien von ca. 94,5 %, während sich die anderen sechs deutschen Börsenplätze einen Umsatz von knapp 5,5 % teilen.

durch die Schaffung des First Quotation Board im allgemeinen Freiverkehr und des Entry Standards noch um einiges erhöht worden ist. Eine solche übersichtliche Marktstruktur fehlt andernorts. Insgesamt ist durch diese faktischen und rechtlichen Faktoren die Wahrscheinlichkeit eines Emissionserfolges im Freiverkehr der FWB wesentlich größer als an anderen Börsenstandorten. Wenn Emittenten ohne sachliche Rechtfertigung dazu gezwungen werden, an eine kleine Regionalbörse mit deutlich geringerer öffentlicher Wahrnehmung und geringerem Handelsvolumen auszuweichen, kann die Wettbewerbsfähigkeit dieser Emittenten gegenüber ihren Konkurrenten (gleichartigen Unternehmen) insofern nachteilig betroffen sein, als dass aufgrund eines geringeren Emissionserlöses weniger Investitionskapital zur Verfügung steht, was in der Folge die Schaffung von Wachstum gegenüber den konkurrierenden Unternehmen deutlich erschwert.

Unter Umständen hat eine Verweigerung der Einbeziehung noch weitreichendere wettbewerbsrechtliche Nachteile zur Folge. So werden im Zweifel nunmehr auch andere Freiverkehrsveranstalter das Unternehmen wegen dieser Verweigerung besonders gründlich überprüfen, weil einer solchen Maßnahme, selbst wenn sie ungerechtfertigt gewesen ist, der Verdacht anhängt, die Ablehnung könnte berechtigte Gründe haben. Zudem könnten aus dem gleichen Grund auch potenzielle Investoren abgeschreckt werden. Im Ergebnis würde die Deutsche Börse AG bei einer solchen Vorgehensweise aufgrund ihrer Marktmacht in den Wettbewerb der Unternehmen eingreifen und das einzelne Unternehmen wettbewerbsrechtlich diskriminieren.

Mithin ist bei der Ablehnung eines Einbeziehungsantrages – wie einleitend unter lit. b) dargestellt – gemäß § 20 II GWB das Vorliegen eines sachlichen Grundes ausschlaggebend für die Feststellung, ob die Ablehnung rechtmäßig ist oder nicht. Liegt kein sachlicher Grund vor, muss ein Anspruch auf Einbeziehung – freilich unter der Bedingung, dass der Handelsplatz eine marktbeherrschende Stellung innehat – bejaht werden. Die Börsen haben in ihren Geschäftsbedingungen beispielhaft Fälle aufgelistet, die ihrer Auffassung nach ihrer Produktpflege für den Freiverkehrsmarkt zuwiderlaufen und deshalb eine Ablehnung eines Einbeziehungsantrages rechtfertigen. Die Frage, ob die Interessen des Marktbetreibers diejenigen des Emittenten an einem Marktzugang überwiegen, ist eine Einzelfallentscheidung, die vor den ordentlichen Gerichten angegriffen werden kann.[832]

---

832 Wird die Einbeziehung in den Freiverkehr dagegen von einer der kleinen Regionalbörsen verweigert, wird die Begründung eines Anspruchs auf Beseitigung der Diskriminierung gemäß § 20 GWB daran scheitern, dass diese Börsenstandorte keine marktbeherrschende Stellung innehaben. Zwar kann nach § 20 II S.1 GWB auch eine relative

c) Folgenbeseitigung und zu Kontrahierungszwang

Auch wenn die Einbeziehung von Wertpapieren in den Freiverkehr auf rein schuldrechtlicher Grundlage beruht, können wettbewerbsrechtlich begründete Gleichheits- und Diskriminierungsaspekte eine die Vertragsfreiheit einschränkende Rolle spielen.[833] Sofern ein marktmächtiger Freiverkehrsveranstalter keine sachlichen Gründe für die Verweigerung des Abschlusses eines Einbeziehungsvertrages im Rahmen eines Primärlistings vortragen kann, etwa dahingehend dass ein Handel mit unseriösen Effekten ein negatives Licht auf das Handelssegment werfen würde, was in der Folge der Handelsplattform und den darin bereits gelisteten Unternehmen insgesamt Schaden zufügen würde, muss er einen Einbeziehungsantrag annehmen. Er ist verpflichtet, jede Maßnahme zu unterlassen, die geeignet ist, Antragsteller und Emittenten Wettbewerbern gegenüber in diskriminierender Weise zu benachteiligen.[834] Dies führt im Ergebnis zu einem faktischen Kontrahierungszwang.

Marktmacht genügen. Dies würde jedoch voraussetzen, dass weder ausreichende noch zumutbare Ausweichmöglichkeiten zur Verfügung stehen.

833 A.A.: Ledermann, in Schäfer/Hamann (Hrsg.), KMG, 2. Aufl., 1. Lfg., 01/2006, § 57 BörsG Rdnr. 19.

834 Kilian, AcP 180 (1980), 47, 82 nennt diesen Anspruch inhaltlich „Folgenbeseitigungsanspruch".

II. Widerspruch gegen die Einbeziehung – Anspruch des Emittenten auf Unterlassung der Einbeziehung seiner Wertpapiere durch einen Handelsteilnehmer

1. Ausgangslage

Die Einbeziehung eines Wertpapiers in den Freiverkehrshandel bedarf nach den derzeit geltenden Freiverkehrs-Geschäftsbedingungen an deutschen Börsen keiner Zustimmung vonseiten des Emittenten.[835] Überwiegend wird in den Regelwerken bestimmt, dass der Emittent von der Einbeziehung „seiner" Wertpapiere durch den antragstellenden Handelsteilnehmer unterrichtet werden soll.[836] Zwingende börsenrechtliche Vorgaben gibt es hingegen nicht.

Hat der Emittent der Einbeziehung nicht zugestimmt, dürfen ihm in den Geschäftsbedingungen keine Einbeziehungsfolgepflichten auferlegt werden (§ 48 I S. 4 BörsG). Das ist nur konsequent, weil andernfalls der Einbeziehungsvertrag Elemente eines dem deutschen Recht fremden Vertrages zulasten Dritter aufweisen würde. Dem Freiverkehrsveranstalter und dem antragstellenden Handelsteilnehmer ist es somit verwehrt, den Emittenten zu einer Leistung zu verpflichten, soweit er nicht aktiv an der Einbeziehung mitwirkt.

Problematisch ist hingegen, dass selbst ein Widerspruch des Emittenten die Einbeziehung nicht verhindern können soll.[837] Auf den ersten Blick erschließt es sich zwar nicht recht, warum ein Emittent ein Interesse daran haben sollte, gegen die Einbeziehung der Wertpapiere vorzugehen. Schließlich – so sollte man meinen – entstehen ihm hierdurch keine Nachteile. So hat wie bereits erörtert der Gesetzgeber mit Rücksicht auf den Erhalt des Freiverkehrs und seiner Wettbewerbsfähigkeit von der Einrichtung einer Ad-hoc-Berichterstattungsverpflich-

---

835 Vgl. etwa § 10 II FV-AGB Börse Düsseldorf, § 6 S. 2 FV-O Hamburg/Hannover, § 5 IV S. 1 FV-Ri Börse München, § 7 VI S. 1 FV-AGB BW-WB.

836 § 7 VI S. 2 FV-AGB BW-WB; § 5 IV S. 2 FV-Ri Börse München; § 6 S. 1 FV-O Hamburg/Hannover; § 2 IV S. 1 FV-AGB Börse Berlin; Vor der am 29.5.2006 publizierten Neufassung der FV-Handelsrichtlinien der FWB war in den Richtlinien gemäß § 7 bestimmt, dass der Freiverkehrsträger den Emittenten bezüglich der erfolgten Einbeziehung unterrichtet.

837 Baumbach/Hopt, HGB, § 48 BörsG, Rdnr. 4; Schwartz, Anlegerschutz im Freiverkehr, S. 141; Diese Frage wird nur vom Freiverkehrsregelwerk an der Börse Berlin behandelt. Nach § 3 IV S. 2 FV-AGB Börse Berlin ist ein Widerspruch dann erheblich, wenn die Wertpapiere an keinem anderen organisierten Markt oder MTF gehandelt werden (Bekanntmachung vom 9.03.2012).

tung für Emittenten, deren Wertpapiere im Freiverkehr gehandelt werden, abgesehen.

Andererseits beschränkt § 48 I S. 4 BörsG das Verbot der Belastung von Emittenten, die der Einbeziehung nicht zugestimmt haben, ausdrücklich auf vertragliche Bestimmungen in den Geschäftsbedingungen, nicht aber auf anderweitige gesetzliche Vorschriften. So ist es möglich, dass Emittenten einer gesetzlichen Obliegenheit unterworfen werden, die an die faktische Einbeziehung der Wertpapiere anknüpft, obwohl sie an der Einbeziehung nicht mitgewirkt haben und unter Umständen von dieser nicht einmal Kenntnis besitzen. Eine solche Bestimmung findet sich in § 12 S. 1 Nr. 1 WpHG. In den Freiverkehr einbezogene Wertpapiere sind danach im Gegensatz zu den ausschließlich an MTF notierten Wertpapieren Insiderpapiere.[838]

Wie bereits *Schwartz*[839] aufgezeigt hat, können damit neben Inlandsemittenten auch ausländische Emittenten, die an der Einbeziehung nicht beteiligt waren, dem deutschen Insiderrecht unterliegen.[840] Das kann dazu führen, dass sie die straf- und ordnungswidrigkeitenrechtlichen Tatbestände der §§ 38, 39 WpHG erfüllen, wenn etwa Organmitglieder mit Wertpapieren des Emittenten Insidergeschäfte machen. Denn das deutsche Insiderrecht, das nach den Vorgaben der europäischen Marktmissbrauchsrichtlinie (2003/6/EG) neu gefasst wurde, ist gemäß § 1 II WpHG nunmehr auch auf im Ausland vorgenommene Handlungen oder Unterlassungen anzuwenden, soweit diese Finanzinstrumente betreffen, die an einer inländischen Börse gehandelt werden. Anders als in Art. 10 lit. a) der Marktmissbrauchsrichtlinie vorgesehen hat der deutsche Gesetzgeber den Kreis der Insiderpapiere über die für den regulierten Markt zugelassenen oder einbezogenen Wertpapiere hinaus auf die in den Freiverkehr einbezogenen Werte erweitert.[841] Mit dem Begriff „Einbeziehung in den Börsenhandel" wird nicht nur die Einbeziehung von Wertpapieren in den regulierten Markt – den eigentlichen Börsenhandel – erfasst (vgl. § 33 BörsG), sondern, wie sich insbesondere aus der Gesetzesbegründung zum Anlegerschutzverbesserungsgesetz ergibt, auch die Einbeziehung von Wertpapieren in den Freiverkehr, insbesondere die von Wertpapieren ausländischer Emittenten.[842] Durch diese Regelung drohen dem deutschen Freiverkehr Wettbewerbsnachteile gegenüber den europäischen Kon-

---

838 Vgl. Gesetzesbegründung zum Regierungsentwurf 2.FMFG, BT-Drucksache 12/6679, S. 45.

839 Schwartz, Anlegerschutz im Freiverkehr, S. 138.

840 Müller-Michaels/Wecker, Finanzbetrieb 2005, 736, 739.

841 Vgl. Gesetzesbegründung der Bundesregierung zum Anlegerschutzverbesserungsgesetz (AnSVG), BT-Drucksache 15/3174, S. 29.

842 Begründung der Bundesregierung zum Anlegerschutzverbesserungsgesetz, BT-Drucksache 15/3174, S. 33.

kurrenzmärkten, zumal die Marktmissbrauchsrichtlinie keine Verpflichtung vorsieht, „Unregulated Markets“ dem Insiderrecht für „Regulated Markets“ zu unterstellen.[843]

Diese Rechtslage bestand im Wesentlichen bereits vor der Neufassung des Börsengesetzes anlässlich der Umsetzung der MiFID. In der Literatur[844] wurde sie überwiegend begrüßt, weil gerade im Freiverkehr eine verhältnismäßig große Anzahl von Insiderdelikten registriert worden war.[845] Wegen seiner gering ausgeprägten Transparenz- und Publizitätsstruktur sei gerade dieses Handelssegment für Insidergeschäfte anfällig.[846] Zudem bestehe die Gefahr einer Umgehung des Insiderhandelsverbots in den regulierten Märkten unter Verwendung des Freiverkehrs.[847] Handelsteilnehmer könnten im Freiverkehr etwa über Zertifikate, die den Kurs von im regulierten Markt notierten Wertpapieren nachbilden, oder über Optionsscheine, die ein Bezugsrecht auf Wertpapiere im regulierten Markt verbriefen, Insiderhandel betreiben.[848] Schließlich seien Anleger häufig nicht in der Lage zwischen öffentlich-rechtlich und privatrechtlich organisiertem Handel zu unterscheiden und würden den Börsenhandel nur als Ganzes wahrnehmen. Die Börse und ihre Integrität könne man deshalb nur dann wirksam vor Insiderhandel schützen, wenn die Insiderhandelsverbote einheitlich für alle Börsensegmente in Geltung seien.[849]

Diese Argumente haben jedoch mittlerweile deutlich an Gewicht verloren. Mit der Neuordnung der Handelsplattformen durch die MiFID haben MTF eine europarechtliche Grundlage erhalten. Die ausschließlich an einem MTF notierten Wertpapiere sind keine Insiderpapiere.[850] Der europäische und der nationale

843 Die Europäische Kommission denkt jedoch darüber nach, die Insiderhandelsverbote auf Finanzinstrumente zu erstrecken, vgl. den Vorschlag für „Verordnung des europäischen Parlaments und des Rates über Insider-Geschäfte und Marktmanipulation (Marktmissbrauch)“ vom 20.10.2011, 2011/0295 (COD).

844 Zimmer/Kruse, in: Schwark/Zimmer, KMRK, § 12 WpHG, Rdnr. 11; Assmann, ZGR 1994, 494, 516.

845 Begründung der Bundesregierung zum Anlegerschutzverbesserungsgesetz, BT-Drucksache 15/3174, S. 33.

846 Regierungsentwurf zum Anlegerschutzverbesserungsgesetz, BT-Drucksache 15/3174, S. 33.

847 Caspari, ZGR 1994, 530, 534.

848 Zimmer/Kruse, in: Schwark/Zimmer, KMRK, § 12 WpHG, Rdnr. 11.

849 Begründung zum Regierungsentwurf des 2 FMFG, BT-Drucksache 12/6679, S. 76; ferner Sethe, in: Assmann/Schütze, Handbuch des Kapitalanlegerrechts, § 12 Rdnr. 15; Mennicke, in Fuchs, WpHG, § 12 Rdnr. 14; Kümpel, Bank- und Kapitalmarktrecht, Rdnr. 16.80.

850 Art. 10 Richtlinie 2003/6/EG schreibt Insiderhandelsverbote nur in regulierten Märkten vor.

Gesetzgeber haben es nicht als erforderlich angesehen, Wertpapiere, die ausschließlich an einem MTF gehandelt werden, als Insiderpapiere zu deklarieren. Das Argument einer Umgehung von Insiderregelungen über den Freiverkehr ist mithin schwach, bedenkt man, dass Finanzinstrumente wie Zertifikate und Optionspapiere auch an einem MTF gelistet sein können.[851] Ob im Übrigen die Annahme, der Freiverkehr sei aufgrund seiner liberalen Regulierung für Insiderhandel anfälliger als organisierte Märkte und Insiderhandel im Freiverkehr könne der Reputation der Institution Börse schaden, berechtigt ist, soll an dieser Stelle dahingestellt bleiben. Für die Frage, ob dem Emittenten ein Recht zusteht, die Einbeziehung der von ihm emittierten Wertpapiere in den Freiverkehr zu verhindern bzw. zu unterbinden, ist die Beantwortung dieser Frage nicht von belang. Denn stünde dem Emittent ein Recht zu, die Einbeziehung zu verhindern bzw. zu unterbinden und würde er von diesem Recht Gebrauch machen, wäre ein Insiderhandel in diesem Handelssegment gar nicht mehr möglich, da ein Handel gar nicht stattfinden würde.

Aus Emittentensicht stellt sich somit die Frage, ob und wie man sich gegen die Einbeziehung wehren kann. Schließlich unterfallen Emittenten, ihre Organe und ihre Mitarbeiter nur deshalb dem deutschen Insiderrecht, weil sich Dritte, ein börslicher Handelsteilnehmer und der Freiverkehrsveranstalter, einen eigenen Vorteil von dem Handel der betreffenden Wertpapiere im Freiverkehr versprechen. Die Insider eines Wertpapieremittenten werden in ihren Rechten eingeschränkt, weil es ihnen nun nicht mehr möglich ist, Geschäfte im Sinne von § 14 WpHG, die möglicherweise im Sitzland des Emittenten nicht in dieser Weise als Ordnungswidrigkeit oder Straftatbestand ausgestaltet sind, vorzunehmen, ohne in Deutschland der Gefahr einer strafrechtlichen Verfolgung ausgesetzt zu sein. Besonders bedenklich ist, dass die vorstehend beschriebene Gefahr für die Emittenten und ihre Mitarbeiter allein durch die Übereinkunft zweier auf ihren wirtschaftlichen Vorteil bedachter Unternehmen entsteht (Antrag auf Einbeziehung durch einen börslich zugelassenen Handelsteilnehmer und die darauf folgende Einbeziehung in den Handel durch den Freiverkehrsveranstalter). Diese Übereinkunft weist Elemente eines Vertrages zulasten Dritter auf, wenngleich sich die Last für den Dritten lediglich indirekt aus dem Einbeziehungsvertrag, unmittelbar aus gesetztem Recht (§§ 12 ff. WpHG) ergibt. Mittelbar werden insbesondere ausländische Emittenten durch diese Regelung de lege lata genötigt sein, gleichsam als insiderrechtliche Präventivmaßnahme auch in Deutschland

851 Es bestehen keine gesetzlichen Einschränkungen in Bezug auf die an einem MTF handelbaren Wertpapiere. In der Praxis beschränken sich die in der breiten Öffentlichkeit bekannten MTF derzeit allerdings vor allem auf den Handel mit „Blue-Chip“ Werten.

Ad-hoc-Veröffentlichungen vorzunehmen, will man sich nicht einer Strafverfolgung auf deutschem Hoheitsgebiet aussetzen.

In der kapitalmarktrechtlichen Literatur wird ein Anspruch des Emittenten auf Unterlassung der Einbeziehung in den Freiverkehrshandel überwiegend abgelehnt. Während als bislang einziger *Groß*[852] einen Anspruch aus § 1004 BGB bejahen will, verneint insbesondere *Schwartz*[853] jedes Recht des Emittenten, die Einbeziehung zu unterbinden. Stattdessen sieht er den Gesetzgeber in der Pflicht und empfiehlt, die gesetzliche Regelung so zu ändern, dass nur solche Emittenten dem Insiderrecht unterstehen, die der Einbeziehung ihre Zustimmung erteilt haben.[854] *Mülbert* vertritt die Auffassung, ein Anspruch auf eine Entfernung des Wertpapiers vom Kurszettel scheide aus, sofern die Marktordnung dem Emittenten bei der Einbeziehung kein Mitspracherecht einräume.[855]

2. Unterlassungsanspruch aus § 1004 I BGB

Nach § 1004 I BGB kann der Eigentümer vom Störer die Beseitigung einer Eigentumsbeeinträchtigung verlangen. Eine Eigentumsbeeinträchtigung ist jeder dem Inhalt des Eigentums nach § 903 BGB widersprechende Eingriff in die rechtliche oder tatsächliche Herrschaftsmacht des Eigentümers,[856] wobei ein Eingriff in die Sachsubstanz nicht erforderlich ist. Auch der unrechtmäßige Gebrauch einer Sache gehört hierher.[857] Durch die Einbeziehung von Wertpapieren in den deutschen Freiverkehr werden jedoch keine Eigentumsinteressen des Emittenten tangiert, weil die von ihm emittierten Wertpapiere, die als Aktien die Mitgliedschaftsrechte an der Aktiengesellschaft verbriefen,[858] grundsätzlich nicht in seinem, sondern im Eigentum der Aktionäre stehen, die die Aktien bei Gründung der Gesellschaft, am Primär- oder am Sekundärmarkt übernommen bzw. erworben haben.[859] Davon abgesehen werden auch die Eigentumsinteressen der Aktionäre durch die Einbeziehung nicht berührt, sofern sie nicht selbst

852 Groß, Kapitalmarktrecht, § 48 BörsG Rdnr. 6.

853 Schwartz, Anlegerschutz im Freiverkehr, S. 141.

854 Schwartz, Anlegerschutz im Freiverkehr, S. 152 f.

855 Mülbert, ZHR 165 (2001), 104, 106; ähnlich Schäfer/Eckhold, in Marsch-Barner/Schäfer, Handbuch börsennotierte AG, § 62 Rdnr. 19 und 112, die es allein für möglich halten, durch „kalte“ Strukturmaßnahmen der Einbeziehung in den Freiverkehr zu entkommen; ferner Schäfer, in: Schäfer/Hamann (Hrsg.), KMG, 2. Aufl., 2. Lfg., 06/2007, § 12 WpHG Rdnr. 9 mit verfassungsrechtlichen Bedenken.

856 Palandt/Bassenge, § 1004 Rdnr. 4.

857 Staudinger/Gursky, § 1004, Rdnr. 24.

858 Brox, Handels- und Wertpapierrecht, Rdnr. 458.

859 Wilhelm, Kapitalgesellschaftsrecht, 2. Auflage, Rdnr. 670.

zum Kreise der Insider gehören. Vielmehr profitieren sie sogar von den erweiterten Verkaufsmöglichkeiten, sodass sie regelmäßig kein Interesse an einer Einstellung des Handels haben werden.

Auch der Emittent bzw. sein Führungspersonal als potenzielle Insider werden nicht in Ihren Eigentumsrechten beeinträchtigt. Durch den zwischen Handelsteilnehmer und Freiverkehrsträger abgeschlossenen Einbeziehungsvertrag und der darauf folgenden tatsächlichen Einbeziehung „ihrer" Wertpapiere in den Freiverkehrshandel wird lediglich partiell ihre Handlungsfreiheit tangiert. Ob dies für einen Analogieschluss genügt, ist fraglich.

Diese Frage soll indes zunächst dahingestellt bleiben. Die Rechtsprechung wendet § 1004 BGB analog auch auf eine Verletzung der in § 823 I BGB angeführten absoluten Rechte an.[860] Da bei einer Einbeziehung von Wertpapieren in den Freiverkehr keine Verletzung von Leben, Körper, Gesundheit, Freiheit oder Eigentum als von § 823 I BGB geschützte absolute Rechtspositionen in Betracht kommt, bleibt einzig die Frage nach der Verletzung eines „sonstigen Rechts". Insofern ist die Verletzung des Rechts am eingerichteten und ausgeübten Gewerbebetrieb oder die Verletzung des allgemeinen Persönlichkeitsrechts einer näheren Betrachtung zu unterziehen.

a) Verletzung des Rechts am eingerichteten und ausgeübten Gewerbebetrieb

Das aus § 823 I BGB abgeleitete Recht am eingerichteten und ausgeübten Gewerbebetrieb schützt die unternehmerische Gestaltungs- und Handlungsfreiheit.[861] Das „Recht am Gewerbebetrieb" ist freilich nur berührt, wenn unmittelbar betriebsbezogen in den Bereich der betrieblichen Betätigung eingegriffen wird, also Geschäftsaktivitäten unmittelbar beeinträchtigt werden.[862] Das ist jedoch bei der bloßen Einbeziehung von Wertpapieren in den Freiverkehrshandel nicht der Fall. Das Unternehmen als solches wird in seinen Geschäftsaktivitäten durch die Einbeziehung des Wertpapiers nicht betroffen, sondern nur die Unternehmensinsider – vor allem das Führungspersonal.

860 BGHZ 106, 229, 233; Palandt/Bassenge, § 1004, Rdnr. 2; Larenz/Canaris, Schuldrecht II, Halbband 2, § 80 II 4 lit. g, (S. 507); Baur/Stürner, Sachenrecht, § 12 I 4.

861 Larenz/Canaris, Schuldrecht II, Halbband 2, § 81 I 1 lit. a), (S. 539).

862 BGHZ 3, 270, 279; NJW 2003, 1040, 1041.

b) Verletzung des allgemeinen Persönlichkeitsrechts

Eine Verletzung des allgemeinen Persönlichkeitsrechts mag auf den ersten Blick fernliegend erscheinen. Doch rechtfertigt sich eine genauere Betrachtung, weil dem Emittenten gegen seinen gegebenenfalls ausdrücklich geäußerten Willen durch privatrechtliches Verhalten Dritter die vorstehend beschriebenen rechtlichen Folgewirkungen aufgedrängt werden.

Der Schutzbereich des allgemeinen Persönlichkeitsrechts lässt sich nicht in eine kurze Formel fassen. Vereinfacht ausgedrückt soll die Achtung und Entfaltung der individuellen Persönlichkeit gewährleistet werden. Es erfasst Eingriffe in die Individualsphäre des Einzelnen und seine Beziehung zur Umwelt, sein öffentliches und auch berufliches Wirken,[863] die nicht vermögensrechtlicher Art sein müssen. Wegen dieser Tatbestandsunschärfe erfordert nach überwiegender Auffassung bereits die Feststellung einer Rechtsgutsverletzung eine umfassende Güter- und Interessenabwägung.[864] In der Praxis haben sich Fallgruppen gebildet, wie etwa der Schutz der persönlichen Ehre, die Zeichnung eines falschen Bildes in der Öffentlichkeit, informationelle Selbstbestimmung oder etwa das Eindringen in eine fremde Intimsphäre, in die sich die Einbeziehung von Wertpapieren in den Freiverkehr freilich nicht einordnen lässt. Eine Parallele liegt allenfalls darin, dass das allgemeine Persönlichkeitsrecht zumindest partiell ebenso wie die allgemeine Handlungsfreiheit[865] aus Art. 2 GG (freie Entfaltung der Persönlichkeit) abgeleitet wird.[866]

Jedoch fehlt der allgemeinen Handlungsfreiheit die Qualität eines „sonstigen Rechts“ im Sinne von § 823 I BGB.[867] Nach der in Rechtsprechung und Literatur überwiegend vertretenen Auffassung ist das allgemeine Persönlichkeitsrecht ein Abwehrrecht gegen Behinderungen im Kernbereich der persönlichen Entfaltung.[868] Es geht dabei um den Schutz des privaten Lebensbereiches, der Möglichkeiten der Selbstdarstellung und Selbstverwirklichung.[869] Hingegen wird ein umfassender Schutz der Person vor ungerechtfertigten Beeinträchtigungen nicht

---

863 Palandt/Sprau, § 823 BGB Rdnr. 87.

864 BGHZ 13, 334, 338; Jauernig/Teichmann, BGB, § 823 Rdnr. 67; Fikentscher, Schuldrecht, 8. Auflage, Rdnr. 1216; a. A. Larenz/Canaris, Schuldrecht II, Halbband 2, § 80 II (S. 498).

865 BVerfGE 54, 148, 153.

866 BAG NJW 1990, 2272, 2272; Medicus, Schuldrecht II, 13. Auflage, Rdnr. 815.

867 Larenz/Canaris, Schuldrecht II, Halbband 2, § 80 II 6 lit. a, (S. 513); Palandt/Sprau, § 823, Rdnr. 19; Peifer, GRUR 2002, 495, 496.

868 Peifer, GRUR 2002, 495, 495.

869 Jauernig/Teichmann, BGB, § 823 Rdnr. 65.

gewährt.[870] An der Beeinträchtigung dieser „engeren Persönlichkeitssphäre“[871], einer „Entstellung des Persönlichkeitsbildes“[872], mangelt es hier. Ein Eingriff bzw. eine Herabwürdigung der Persönlichkeit des Emittenten bzw. des Insiders findet nicht statt.

Neben den genannten Fallgruppen umfasst das allgemeine Persönlichkeitsrecht aber auch den Schutz vor Belästigungen, insbesondere vor dem unbefugten Eindringen in den privaten oder beruflichen Bereich eines anderen Menschen.[873] Wenn der BGH dem Empfänger individueller Briefwerbung einen Unterlassungsanspruch wegen Verletzung des allgemeinen Persönlichkeitsrechts zubilligt, sofern dieser die Werbefirma zuvor ernstlich um Unterlassung gebeten hat und das Unternehmen die Willensäußerung bewusst missachtet,[874] so darf darüber nachgedacht werden, ob auch einem Emittenten, der den Betreiber einer Handelsplattform um Unterlassung des Handels in den von ihm emittierten Wertpapieren ersucht, ein solcher Anspruch zustehen kann. Dem Briefempfänger wird entgegen seinem bekundeten Willen in gleicher Weise etwas aufgedrängt, wie dem Emittenten die Einbeziehung des von ihm emittierten Wertpapiers. Der BGH argumentiert, bei Missachtung der Willensäußerung sei das Selbstbestimmungsrecht des Ablehnenden betroffen, das sich gegenüber dem Interesse des Unternehmens an der Werbung durchsetze.[875] Die Einbeziehung seiner Wertpapiere in den Handel betrifft den Emittenten bzw. sein Führungspersonal insofern in ähnlicher Weise, als er dazu genötigt wird, sich an die deutschen Insiderregelungen zu halten, obwohl er sich gar nicht auf deutschen Hoheitsgebiet befindet und der Einbeziehung gegebenenfalls sogar widersprochen hat. Es geht also um den Schutz seiner Entscheidungsfreiheit in einem engeren Sinne. Diesem Schutz sollte der Vorrang vor den wirtschaftlichen Interessen des einbeziehenden Handelsteilnehmers und des Freiverkehrsveranstalters eingeräumt werden. Will man diesen das allgemeine Persönlichkeitsrecht ausweitenden Schritt nicht gehen, kann schließlich auch eine analoge Anwendung von § 1004 BGB erwogen werden.[876]

---

870 Vgl. nur Peifer, GRUR 2002, 495, 495.

871 BVerfGE 54, 148, 153.

872 Larenz/Canaris, Schuldrecht II, Halbband 2, § 80 II 3 lit. a, (S. 502).

873 BGHZ 60, 296, 300; 106, 229, 232; Larenz/Canaris, Schuldrecht II, Halbband 2, § 80 II 7 lit. a, (S. 516).

874 BGHZ 60, 296, 300; 106, 229, 235, der dabei jedoch vorrangig auf die Eigentums- und Besitzabwehrrechte abstellt.

875 BGHZ 106, 229, 232.

876 Bisher nur Groß, Kapitalmarktrecht, § 48 BörsG Rdnr. 6.

c) Analoge Anwendung von § 1004 I BGB

Ein Analogieschluss setzt zunächst eine planwidrige Regelungslücke voraus.[877] Das Auffinden einer solchen Lücke gestaltet sich auf den ersten Blick jedoch schwierig, da der Gesetzgeber in § 12 I S. 1 WpHG die Freiverkehrswerte zu Insiderpapieren erklärt hat, ohne dabei zwischen in- und ausländischen Emittenten zu unterscheiden. Aus der Gesetzesbegründung zum Anlegerschutzverbesserungsgesetz[878] lässt sich eindeutig entnehmen, dass die ausländischen Emittenten ganz bewusst der Insiderüberwachung unterstellt werden, weil nur so die internationale Zusammenarbeit bei der Bekämpfung von Insiderhandel funktionieren könne. Dieses Ergebnis wird bestätigt, wenn man die Insidervorschriften mit der Regelung zur Ad-hoc-Berichterstattungspflicht vergleicht. Der Gesetzgeber hat den Freiverkehr bewusst so konzipiert, dass er nicht als organisierter Markt im Sinne von § 2 V WpHG verstanden werden kann. Damit wollte man erreichen, dass ausländische Emittenten, deren Wertpapiere in den Freiverkehr einbezogen werden, nicht der Berichterstattungspflicht nach § 15 WpHG unterliegen. Fürchtete der Gesetzgeber bei einer im Freiverkehr geltenden Ad-hoc-Berichterstattungspflicht die Gefahr eines Austrocknens des Freiverkehrs,[879] sah er diese Gefahr bei der Einbeziehung der Freiverkehrswerte in das Insiderrecht hingegen nicht als gegeben an.[880]

Das gestattet indes keineswegs den Schluss, wegen der Zielvorgabe des Gesetzgebers, eine effektive und umfassende Bekämpfung des Insiderhandels an Börsen zu verfolgen, scheide eine planwidrige Regelungslücke und damit ein Anspruch des Emittenten auf Unterlassung der Einbeziehung in den Freiverkehrshandel aus § 1004 I BGB analog aus. Denn der Gesetzgeber hat gerade nicht geregelt, was passieren soll, wenn ein Emittent verlangt, die Einbeziehung „seiner" Wertpapiere zu stoppen oder zu unterlassen. Könnte der Emittent nämlich der Einbeziehung widersprechen und deren Unterlassung verlangen, wäre jegliche Gefahr eines Insiderhandels an dieser Börse gebannt, weil in der Folge ein Handel in diesen Wertpapieren dort gar nicht stattfinden würde. Somit lässt sich im Ergebnis festhalten, dass der deutsche Gesetzgeber den Sachverhalt, in dem ein Emittent der Einbeziehung der von ihm emittierten Wertpapiere in einen Freiverkehr widerspricht, gerade nicht geregelt hat und auch keine Anhaltspunkte in den Gesetzesbegründungen bestehen, dass er dies hätte regeln wollen. Eine planwidrige Regelungslücke ist daher zu bejahen.

---

877 Bitter, JuS 2009, 289, 297.

878 BT-Drucksache 15/3174, S. 33.

879 BT-Drucksache 12/6679, S. 76.

880 Kümpel, Bank- und Kapitalmarktrecht, Rdnr. 17.630.

Des Weiteren setzt der Analogieschluss eine vergleichbare Interessenlage zwischen dem hier vorliegenden und einem bereits gesetzlich normierten Sachverhalt voraus.[881] Wie bereits oben erörtert, wird nach der hier vertretenen Auffassung die allgemeine Handlungsfreiheit tangiert, wenn Handelsteilnehmer in Deutschland durch die Einbeziehung von Wertpapieren in den Freiverkehr einen ausländischen Wertpapieremittenten praktisch dazu *nötigen*, sich an die Regeln des deutschen Insiderrechts zu halten, und das, obwohl sich dieser Emittent nicht einmal auf deutschem Hoheitsgebiet befindet und er an der Einbeziehung der Wertpapiere – etwa weil solche Insiderregelungen in seinem Herkunftsstaat nicht existieren und er dort auf legale Art und Weise Insiderhandlungen vornehmen könnte – gar kein Interesse hat.

Der in § 1004 I BGB verkörperte verallgemeinerungsfähige Rechtsgedanke, dass ein Beeinträchtigter grundsätzlich die Beseitigung einer Störung vom jeweiligen Störer verlangen kann, muss auch in einer solchen Fallkonstellation, wie sie hier vorliegt, zum Tragen kommen. Die allgemeine Handlungsfreiheit ist zwar nach herrschender Meinung kein absolutes Recht im Sinne des § 823 I BGB. Dessen ungeachtet ist es jedoch nach der hier vertretenen Auffassung im Hinblick auf die bloße Beseitigung von zielgerichteten Störungen kaum einzusehen, warum der „belästigte" Emittent weniger schutzwürdig sein soll als jemand, der sich – wie bereits im oben beschrieben Beispiel erörtert – gegen das unbefugte Eindringen von Briefwerbung in seinen privaten Bereich zur Wehr setzt. Wenn sich ein Emittent dahingehend äußert, dass er durch die Einbeziehung der von ihm emittierten Wertpapiere in den Freiverkehr negativ beeinträchtigt wird und deren Einbeziehung widerspricht bzw. deren Unterlassung fordert, ist dies mit den üblicherweise unter § 1004 BGB subsumierten Sachverhalten vergleichbar. Daher ist auch das Erfordernis der vergleichbaren Interessenlage zu bejahen und dem Emittenten schlussendlich ein Anspruch auf Unterlassung der Einbeziehung der von ihm emittierten Wertpapiere aus § 1004 I BGB analog zuzubilligen.

881 Bitter, JuS 2009, 289, 298.

III. Wechsel des Marktsegments
Delisting/Downgrade

Die laufenden Kosten einer Börsennotiz im regulierten Markt, primär bedingt durch vielfältige Pflichtveröffentlichungen, umfangreiche Rechnungslegungsanforderungen und Listinggebühren,[882] können ein Unternehmen finanziell erheblich belasten. Auch Umstrukturierungs- oder Sanierungsmaßnahmen lassen sich leichter vollziehen, wenn ein Unternehmen nicht börsennotiert ist.[883] Beabsichtigen Wertpapieremittenten deshalb, ihre Börsenzulassung zum regulierten Markt aus diesen oder anderen Gründen aufzugeben und stattdessen nur noch eine Einbeziehung in den Freiverkehr zu verfolgen,[884] stellt sich die Frage, inwiefern die Aktionäre hierdurch in ihren Rechten berührt werden und ob ihnen gegebenenfalls ein Ausgleichsanspruch gegen den Emittenten, der mit dem Delisting vor allem eigene Ziel verfolgt, zusteht.

Grundsätzlich gilt es dabei, zunächst einmal aktienrechtliche Gesichtspunkte auf der einen und börsenrechtliche Aspekte auf der anderen Seite zu unterscheiden. Auf der börsenrechtlichen Ebene ist die Börsengeschäftsführung verpflichtet, einen Antrag auf Delisting abzulehnen, sofern durch diese Maßnahme schutzwürdige Interessen der Anleger tangiert werden (§ 39 II S. 2 BörsG). Das ist der börsengesetzlich gewährte Mindestschutz. Darüber hinaus sehen die meisten Börsenordnungen eine Regelung vor, die normiert, dass der Anlegerschutz in der Regel dann ausreichend gewahrt ist, wenn dem Anleger nach der Bekanntgabe des Widerrufs der Börsenzulassung noch genügend Zeit verbleibt, die Wertpapiere im regulierten Markt zu veräußern.[885]

Auf aktienrechtlicher Ebene sind die Grundsätze der „Macrotron"-Entscheidung des BGH zu beachten.[886] Weil § 39 II BörsG – so wird gesagt –

882 Vgl. Aufzählung bei Schäfer/Eckhold, in Marsch-Barner/Schäfer, Handbuch börsennotierte AG, § 61 Rdnr. 9 f.

883 Schäfer/Eckhold, in Marsch-Barner/Schäfer, Handbuch börsennotierte AG, § 61 Rdnr. 11 f.

884 Beispielsweise MIFA Mitteldeutsche Fahrradwerke AG, Kässbohrer Geländefahrzeug AG.

885 Vgl. § 46 I Nr. 2 BörsO FWB.

886 BGHZ 153, 47, 54. Der „Macrotron"-Entscheidung des BGH war eine Entscheidung des Bundesverfassungsgerichts vorausgegangen. Im Jahre 1999 hatte das Gericht in seiner DAT/Altana–Entscheidung der Verkehrsfähigkeit der Aktie als solcher einen Vermögenswert zuerkannt, der als Bestandteil des Eigentums nach Art. 14 I GG verfassungsrechtlich geschützt sei. Auszugleichen sei danach das, was dem Aktionär an Eigentum im Sinne von Art. 14 I GG verlorengehe, wobei insbesondere die Verkehrsfä-

keinen hinreichenden Anlegerschutz gewährleiste, bedürfe ein vollständiger Börsenrückzug[887] eines mit einfacher Mehrheit gefassten Hauptversammlungsbeschlusses. Darüber hinaus müsse gewährleistet sein, dass die Gesellschaft oder deren Großaktionär den verkaufswilligen Aktionären ein Barabfindungsgebot unterbreite.[888] Den Aktionären stehe sodann das Recht zu, die Angemessenheit des Abfindungsangebots in einem gerichtlichen Spruchverfahren nachprüfen zu lassen.[889] Diese Entschädigung ist nach Auffassung des BGH erforderlich, weil dem Anleger mit dem Börsenrückzug der Markt genommen werde, der es ihm ermögliche, den Wert der Aktien jederzeit durch eine Veräußerung zu realisieren.[890] Durch die Reduktion der Börsenpräsenz werde die wirtschaftliche Verkehrsfähigkeit der Aktie eingeschränkt.[891] Das gelte – so der BGH ausdrücklich – auch dann, wenn die Wertpapiere nach dem Delisting im Freiverkehr gehandelt würden, weil eine solche Notierung gegenüber einer Börsennotiz im regulierten Markt nicht gleichwertig sei.[892]

Insbesondere die zuletzt genannte These soll im Folgenden einer kritischen Würdigung unterzogen werden. Die Macrotron-Entscheidung des BGH lässt nämlich für diese Annahme eine dogmatische und börsenrechtlich fundierte Begründung vermissen.

a) Downgrade in Teilbereich eines Freiverkehrs

Eine erste Einschränkung der vom BGH aufgestellten Grundsätze hat im Mai 2008 das OLG München vorgenommen. Das Gericht stellte fest, dass die „Macrotron"-Grundsätze zumindest dann keine Anwendung finden, wenn ein Unter-

---

higkeit der Aktie bei der Wertbestimmung nicht außer Betracht bleiben dürfe (BVerfGE 100, 289, 305 f. = AG 1999, 566, 567 = NZG 1999, 931, 932).

887 Ein vollständiger Börsenrückzug liegt vor, wenn die Wertpapiere anschließend an keinem regulierten Markt mehr zugelassen sind. Ein davon zu unterscheidender teilweiser Börsenrückzug (sog. partielles Delisting) ist dann gegeben, wenn neben der Beendigung der Wertpapierzulassung an einem oder mehreren Börsenstandorten zumindest eine Börsenzulassung bestehen bleibt.

888 BGHZ 153, 47, 54; BVerfGE 100, 289, 305 f.

889 Die Vorschriften der §§ 3ff. des Gesetzes über das gesellschaftsrechtliche Spruchverfahren (Spruchverfahrensgesetz) finden analoge Anwendung, Vetter, ZHR 168 (2004), 8, 35.

890 BGHZ 153, 47, 54.

891 So bereits Wirth/Arnold, ZIP 2000, 111, 115, die jedoch im Ergebnis das Erfordernis eines Hauptversammlungsbeschlusses ablehnten, weil die Anleger auf börsenrechtlicher Ebene ausreichend geschützt seien.

892 BGHZ 153, 47, 54, ebenso Schäfer/Eckhold, in: Marsch-Barner/Schäfer, Handbuch börsennotierte AG, § 61 Rdnr. 19 m. w. N.

nehmen statt der Notierung im regulierten Markt eine solche im Freiverkehr aufnimmt und sich dort im M:access, dem speziellen Teilbereich des Freiverkehrs an der Börse München für mittelständische Unternehmen, notieren lässt.[893] Zur Begründung führte das Gericht aus, bei einem Wechsel in dieses Premiumsegment der Münchner Börse bleibe die Verkehrsfähigkeit der Aktie weiterhin gewährleistet,[894] weil das Regelwerk M:access zahlreiche Regelungen enthalte, mit denen ein ähnlich hohes Schutzniveau wie im regulierten Markt erreicht werde. Ein verfassungsrechtlich geschütztes Recht auf eine Börsenzulassung und deren Fortbestehen habe der Aktionär dagegen nicht.[895] Ob auch mit einer Notierung im allgemeinen Freiverkehr die Verkehrsfähigkeit und jederzeitige Realisierbarkeit des Aktienwertes gewährleistet sei, also Bedingungen erfüllt würden, die bereits das Bundesverfassungsgericht unter das verfassungsrechtlich geschützte Eigentum subsumiert hatte,[896] ließ der Senat hingegen offen.

In der Tat weist das Regelwerk M:access gegenüber dem normalen Freiverkehr ein erhöhtes Anlegerschutzniveau auf. Unternehmen, die ein Listing im M:access anstreben, müssen sich von einem in der IPO- bzw. Emittentenberatung erfahrenen und an der Börse zugelassenen Handelsteilnehmer federführend begleiten lassen (sog. Emissionsexperte).[897] Nur ein solcher ist zur Stellung des Listingantrags befugt. Er verpflichtet sich darüber hinaus, zwölf Monate lang die Einhaltung der Notierungsfolgepflichten durch den Emittenten zu überwachen und ein Fehlverhalten der Börse zu melden.[898] Der Emittent selbst muss mindestens einen Jahresabschluss als Kapitalgesellschaft aufgestellt haben und über ein Grundkapital von mindestens 1 Mio. Euro verfügen.[899] Zudem hat das Unternehmen auch die in seinem Tätigkeitsbereich eintretenden Tatsachen, die auf den Börsenpreis erheblichen Einfluss haben können, auf der eigenen Website und durch eine anerkannte Agentur zu veröffentlichen.[900] Ferner soll die Liquidität der in diesem Segment notierten Wertpapiere durch Liquiditäts- und Spreadgarantien sichergestellt werden.[901] Werden diese Pflichten nicht erfüllt, kann die Börsengeschäftsführung die Notierung kündigen.[902]

---

893 OLG München, ZIP 2008, 1137; so übrigens auch in § 11 Regelwerk M:access normiert.

894 OLG München, ZIP 2008, 1137, 1138.

895 OLG München, ZIP 2008, 1137, 1140.

896 BVerfGE 100, 289, 305f.; ferner Vetter, ZHR 168 (2004), 8, 39.

897 §§ 3–5 Regelwerk M:access.

898 § 7 III Regelwerk M:access.

899 § 6 I Regelwerk M:access; ursprünglich galten hier 2 Mio. € als Mindestkapitalisierung.

900 § 6 II b Regelwerk M:access.

901 § 7 II Regelwerk M:access.

902 § 8 Regelwerk M:access.

Nimmt man hinzu, dass es im Preisfeststellungsverfahren im M:access keine Unterschiede zum regulierten Markt gibt, was im Übrigen für den gesamten Freiverkehr gilt (§ 48 III S. 2 i. V. m. § 24 BörsG), und gewichtet man ferner, dass nicht der Freiverkehrsträger (Bayerische Börse AG),[903] sondern die Börsengeschäftsführung das Segment M:access organisiert[904] und reguliert[905], erscheint die Begründung des OLG München, eine Notierung im M:access biete dem einzelnen Anleger ein erhöhtes Schutzniveau, was eine Barabfindung entbehrlich mache, zumindest auf den ersten Blick überzeugend.[906]

Bei näherer Betrachtung bleiben jedoch gewichtige Bedenken an dieser Rechtsauffassung. Die Argumentation des OLG München orientiert sich zunächst einmal nur daran, dass im M:access vergleichbare Bedingungen bestehen wie im regulierten Markt. Deshalb bleibe eine hinreichende Verkehrsfähigkeit der Aktien gewährleistet.[907] Damit setzt sich das OLG München in Widerspruch zur Rechtsprechung des BGH. In der „Macrotron"-Entscheidung hat der BGH eindeutig dargelegt, es liege kein Downgrading, sondern ein vollständiges Delisting vor, wenn sich das Unternehmen aus dem regulierten Markt (seinerzeit amtlicher und geregelter Markt) an allen Börsen zurückziehe.[908] Sei diese Voraussetzung erfüllt, entstehe die Verpflichtung zur Unterbreitung eines Abfindungsangebots. Demgegenüber möchte das OLG München eine Abfindungsverpflichtung des Emittenten nur dann annehmen, wenn die organisatorischen Bedingungen des gewählten neuen Handelssegments nicht mit dem Niveau des regulierten Marktes vergleichbar sind.[909]

Die Rechtsauffassung des OLG München kann aber auch inhaltlich nicht überzeugen. So wird aus seiner Entscheidung nicht einmal ansatzweise deutlich, wann die Grenze überschritten wird, ab der die Organisation eines Handelssegments die Verkehrsfähigkeit der Aktien nicht mehr in ausreichender Weise gewährleisten soll. Ferner wird nicht bedacht, dass der Freiverkehr und seine Teilbereiche privatrechtlich organisiert sind und die Publizitäts- und Transparenzanforderungen durch den Freiverkehrsveranstalter gestaltet werden. Daran ändert

---

903 § 1 Freiverkehrsrichtlinien der Börse München.

904 § 2 Regelwerk M:access.

905 § 15 Regelwerk M:access.

906 Um eine Umgehung der „Macrotron"-Grundsätze vonseiten des sich vom regulierten Markt zurückziehenden Unternehmens zu verhindern, müsste sodann eine Abfindungsverpflichtung bejaht werden, wenn auch die Einbeziehung in den M:access aufgegeben wird (so bereits Schwichtenberg, AG 2005, 911, 916).

907 So bereits Schwichtenberg, AG 2005, 911, 914.

908 BGHZ 153, 47, 54; ebenso Groß, ZHR 165 (2001), 141, 154; Schäfer/Eckhold, in Marsch-Barner/Schäfer, Handbuch börsennotierte AG, § 61 Rdnr. 31.

909 OLG München, ZIP 2008, 1137, 1139, ebenso Jäger, AG Report 2008, 400, 401.

auch die Tatsache nichts, dass das Segment M:access durch die Börsengeschäftsführung, also durch ein Organ der öffentlich-rechtlichen Börsenanstalt organisiert wird. Denn im Bereich des Freiverkehrs obliegen der Börsengeschäftsführung nach der hier vertretenen Auffassung keine hoheitlichen Kompetenzen, wie sie ihr im Rahmen ihrer Börsenleitungsfunktion im regulierten Markt zustehen. Die Börsengeschäftsführung handelt hier rein privatrechtlich und lediglich anstelle des privatrechtlich organisierten Freiverkehrsträgers, dem die Organisationskompetenz in Bezug auf den Freiverkehr gemäß § 48 I BörsG ausschließlich zugewiesen ist. Börsengesetzlich wäre der Freiverkehrsträger jederzeit befugt, die Organisationskompetenz bezüglich des Segments M:access wieder an sich zu ziehen.

Die durch den Freiverkehrsträger aufgestellten Regelwerke für den Freiverkehr können – was schon häufig geschehen ist – unter bestimmten Voraussetzungen für die Zukunft geändert werden.[910] Sogar die vollständige Einstellung eines Handelssegments, wie etwa beim Neuen Markt geschehen, ist möglich. Im M:access können Regelwerksänderungen gemäß § 16 Regelwerk M:access ohne Mitwirkung der Handelsteilnehmer und Emittenten erfolgen. Konsequenterweise müsste man nach der vom OLG München vertretenen Auffassung nach oder bei jeder Regelwerksänderung erneut prüfen, ob die Verkehrsfähigkeit der Aktien durch die betreffende Änderung tangiert wird, gegebenenfalls, ob nunmehr ein Abfindungsangebot durch den Emittenten erforderlich wird. Das wäre der Rechtssicherheit in nicht hinnehmbarem Maße abträglich.

Mag die Börse München in besagtem Fall vor dem OLG München die Liquidität des Segments M:access auch überzeugend dargelegt haben,[911] darf dies nicht darüber hinwegtäuschen, dass hierdurch kein dauerhafter Anlegerschutz im Sinne der „Macrotron"-Grundsätze gewährleistet ist. Die wesentliche Organisation des regulierten Marktes obliegt dem Gesetzgeber;[912] den Börsen verbleibt nur die Möglichkeit, die an sich schon hohen Anforderungen an die Emittenten in zusätzlichen Teilbereichen weiter zu erhöhen, nicht aber jene Anforderungen zu verringern (§ 42 I BörsG). Anders im Freiverkehr: Dort gibt es nur einen relativ niedrigen Mindeststandard. Die dort bestehenden Mindestvoraussetzungen sollen einen ordnungsgemäßen und fairen Handel gewährleisten. Im Übrigen hat der Betreiber jedoch weitgehend freie Hand, die Organisation der

---

910 Ähnlich der BGH in der „Macrotron"-Entscheidung, wobei zutreffend argumentiert wurde, der in den Börsenordnungen der einzelnen Börsen gewährte Anlegerschutz sei nicht ausreichend, weil diese Regelwerke jederzeit geändert werden könnten, BGHZ 153, 47, 56.

911 So jedenfalls nach Ansicht des OLG München, ZIP 2008, 1137, 1139.

912 Vgl. §§ 32 ff. BörsG, wobei gemäß § 34 BörsG die Bundesregierung die Detailregelungen im Rahmen einer Rechtsverordnung erlässt (Börsenzulassungsverordnung).

Marktsegmente zu verändern, insbesondere besonders festgelegte Rahmenbedingungen wieder abzusenken. Er ist im Rahmen der Vorschriften über den Freiverkehr nicht verpflichtet, Teilbereiche dauerhaft unverändert aufrechtzuerhalten. Auch die Börsengeschäftsführung der Börse München hat das Regelwerk M:access schon geändert und die Anforderungen an die Emittenten zum Teil geringfügig gelockert.[913] Daher kann man für die Frage, ob ein bestimmtes Handelssegment im Freiverkehr den Anlegerschutz in vergleichbarer Weise gewährleistet wie der regulierte Markt, nicht auf den jeweiligen Teilbereich als solchen abstellen. Seine Organisation ist nämlich stets nur eine „Momentaufnahme“, die keinen hinreichenden dauerhaften Anlegerschutz gewährleistet. Der Auffassung des OLG München kann daher nicht gefolgt werden.

Ein anderer Ansatz, den auch das OLG München[914] erwähnt hat, besteht darin, die Bestimmung ausreichender Verkehrsfähigkeit und der damit verbundenen Realisierbarkeit des wahren Aktienwerts von Bedingungen wie der Höhe des Streubesitzes und der Anzahl der handelbaren Aktienstücke abhängig zu machen.[915] In der Tat sind diese Komponenten für die Liquidität eines Wertpapiers von zentraler Bedeutung.[916] Man könnte etwa daran denken, Fälle, in denen sich nur noch sehr wenige Aktien eines Unternehmens im Streubesitz befinden, anders zu behandeln als solche, in denen noch viele Aktien im Umlauf sind, weil im letzteren Falle eher ein reger Handel stattfindet und es sich wesentlich leichter gestaltet Kaufinteressenten zu finden.[917] Jedoch ist auch insofern wieder problematisch, ab welchem Prozentsatz noch von einem ausreichenden, einen fairen Handel gewährleistenden Streubesitz gesprochen werden kann. Im Sinne erforderlicher Rechtsklarheit bleibt mithin einstweilen nichts anderes übrig, als an der vom BGH gezogenen Grenze für ein abfindungsfreies *downgrade* festzuhalten und *downgrades* in Teilbereichen des Freiverkehrs als abfindungspflichtig zu betrachten.

---

913 Vgl. dazu Schwichtenberg, AG 2005, 911, 911. Grundkapital zunächst 2 Mio. €., heute nur noch 1 Mio. €.

914 OLG München, ZIP 2008, 1137, 1139.

915 Nimmt man nur diese Bedingungen als Maßstab, müsste man die vom BGH und vom OLg München entschiedenen Fälle gleich beurteilen. Denn in der Ausgangslage ähnelten sich die Sachverhalte. Im Falle Macrotron hielt der einzige Großaktionär 98,93 % der Stammaktien und 91,5 % der Vorzugsaktien. In dem Fall, der der Entscheidung des OLG München zugrunde lag („Lindner II“), hielt der Großaktionär etwa 95 % der Kommanditaktien. Wie bei Macrotron visierte der Großaktionär auch hier ein vollständiges Delisting an.

916 Ebenfalls von Bedeutung sind u. a.: Bekanntheitsgrad des Unternehmens, Branchenzugehörigkeit, Unternehmensmeldungen, Perspektiven, Geschäftsgang und Marktumfeld.

917 So Schwichtenberg, AG 2005, 911, 913.

b) Partielle Abkehr von „Macrotron“?

Die letztgenannte Feststellung entbindet freilich nicht davon, die „Macrotron“-Entscheidung des BGH in diesem Punkt grundsätzlich zu hinterfragen. Zunächst könnte man anführen, dass bei einem Streubesitz von weniger als 2 % - wie etwa bei „Macrotron“ – die Veräußerung der Aktien im regulierten Markt genauso schwierig zu bewerkstelligen ist wie im Freiverkehr.[918] Im Freiverkehr der Frankfurter Wertpapierbörse verhält es sich in der Praxis vielfach sogar so, dass dort ein höheres Volumen gehandelt wird als an der Börse, an der das Unternehmen im regulierten Markt zugelassen ist.[919] Die Börsen selbst unterscheiden was den Handel anbelangt kaum noch nach Handelssegmenten.[920] Sowohl an der Frankfurter Wertpapierbörse als auch an der Börse München werden die Orders unabhängig vom Handelssegment im gleichen Handelssystem (Xetra bzw. Max One) nach denselben börsenrechtlichen Bestimmungen mit Börsenpreisqualität ausgeführt.[921] Der Wertpapierhandel, die Auftragsausführung, die Preisfeststellung, die Beaufsichtigung sowie die Abwicklung der abgeschlossenen Geschäfte entsprechen somit weitestgehend den Anforderungen des regulierten Marktes.[922]

Hinzu kommen die Neuerungen im Freiverkehr durch die Finanzmarktrichtlinie, die mit dem FRUG Einzug in das deutsche Recht gehalten haben. Der Qualitätsstandard im Freiverkehr hat sich durch die europäische Regulierung der Handelsplätze gegenüber der im Jahre 2002 – dem Jahr, in dem die „Macrotron“-Entscheidung ergangen ist – bestehenden Rechtslage erheblich verbessert. An dieser Stelle seien die wichtigsten Besonderheiten nochmals kurz aufgeführt: Anwendung des Börsengesetzes auf den Freiverkehr, insbesondere die Geltung der Vor- und Nachhandelstransparenz (§§ 48 III i. V. m. 30, 31 BörsG); den Wertpapierhandelsfirmen dürfen gemäß Art. 31 MiFID durch den nationalen Gesetzgeber keine Beschränkungen in hinsichtlich der Auswahl des Handelsplatzes, an dem sie die Orders ihrer Kunden ausführen, auferlegt werden – multilaterale Handelssysteme (einschließlich des Freiverkehrs) stehen den regulierten Märkten insofern gleichrangig gegenüber.[923] Priorität hat allein die Verpflichtung der Wertpapierfirmen zur kundengünstigen Ausführung (sog. Best Execution, vgl. § 33a WpHG). Darüber hinaus sind Freiverkehrswerte Insider-

918 Süßmann, BKR 2003, 257, 258; Meyer-Landrut/Kiem, WM 1997, 1361, 1367.

919 OLG München, ZIP 2008, 1137, 1139.

920 OLG München, ZIP 2008, 1137, 1139.

921 Beck, in: Schwark, KMRK, § 24 BörsG Rdnr. 17; Franke in Börsen-Zeitung vom 6.3.2007, S. 4; vgl. auch § 116 III BörsO FWB.

922 Vgl. §§ 24 f. FV-AGB FWB; § 8 II FV-Ri Börse München.

923 Hirschberg, AG 2006, 398, 400.

papiere (§§ 12 ff. WpHG) und unterliegen dem Verbot der Marktmanipulation (§ 20a WpHG).

Damit verbleiben vor allem rechtliche Unterschiede zwischen reguliertem Markt und Freiverkehr im Bereich der Zulassungsvoraussetzungen und Zulassungsfolgepflichten. Ob die erhöhten Anforderungen, die im regulierten Markt gelten, allerdings die Verkehrsfähigkeit der Aktie als solche gewährleisten und ob diese tatsächlich den Minderheitsaktionär schützen, ist durchaus fraglich. Sicher ist, dass durch den Mangel an Transparenz dem Anleger weniger Einblick in die Substanz und den täglichen Geschäftsgang des Unternehmens gewährt wird. In Rechtsprechung und Literatur[924] wird deshalb vertreten, dass die Aktie eines Emittenten nach der Bekanntgabe eines Delistings regelmäßig einen sofortigen Kursverfall erleide, weil es vor dem Hintergrund des vollständigen Börsenrückzugs schwieriger werde, einen passenden Kaufinteressenten zu finden, insbesondere weil mit dem Börsenrückzug der Wegfall von kapitalmarktrechtlichen Informationspflichten einhergehe.[925] Damit wird der Sache nach gesagt, dass der realisierbare Wert einer Aktie mit Börsennotierung höher ist als der Wert der gleichen Aktie im Freiverkehr. Im gesetzten Recht finden sich Vorschriften, die diese Annahme stützen. Genannt sei nur § 31 II S. 1 WpÜG, der nur dann eine Andienung von Aktien für ausreichend erachtet, wenn diese im regulierten Markt zugelassen sind. Und auch die Börsen stützen die genannte Annahme, wenn sie in den Börsenordnungen regeln, dass beim Delisting Anlegerschutzinteressen in der Regel dann nicht tangiert seien, wenn das Wertpapier an einem anderen regulierten Markt gelistet bleibt.[926]

aa) Geringere Verkehrsfähigkeit von Aktien im Freiverkehr?

Diese Sichtweise gibt jedoch Anlass zur Kritik: Empirische Befunde, die belegen, dass bei einer Notierung im Freiverkehr die Verkehrsfähigkeit einer Aktie, die zuvor im regulierten Markt gehandelt wurde, verloren geht, fehlen gänzlich. Gleiches gilt für die Annahme,[927] ein und dieselbe Aktie werde im Freiverkehr grundsätzlich niedriger bewertet als im regulierten Markt. In diesem Punkt ist dem OLG München in der Tat zuzustimmen, wenn es vorträgt, die Liquidität eines Wertpapiers hänge nicht von einer bestimmten Segmentzugehörigkeit, sondern von anderen Faktoren ab, im Einzelfall mehr oder weniger stark von Streubesitz, Aktienstückzahl, Bekanntheit des Unternehmens, Branchenzugehö-

924 Schwichtenberg, AG 2005, 911, 913 m. w. N..

925 BGHZ 153, 47, 54; Schwichtenberg AG 2005, 911, 916.

926 Vgl. § 46 I Nr. 1 BörsO FWB.

927 BGHZ 153, 47, 54; ähnlich Schwichtenberg AG 2005, 911, 916.

rigkeit, Geschäftsgang, Perspektiven und Marktumfeld.[928] Aktien eines Unternehmens werden vor allem dann nachgefragt, wenn das Unternehmen gute Geschäftsperspektiven und innovative Zukunftsideen vorweisen kann. Die Verkehrsfähigkeit einer Aktie hängt damit nicht an der Börsenzulassung des Emittenten.[929]

Außerdem dürfen die Transparenz- und Publizitätspflichten im regulierten Markt nicht überbewertet werden. Es darf nämlich nicht unberücksichtigt bleiben, dass der Aktienanleger trotz dieser Transparenz nicht vor einem Totalverlust seines Investments geschützt ist.[930] Wie die Geschehnisse um die Finanzmarktkrise im Jahre 2008 gezeigt haben,[931] verbleiben auch bei börsennotierten Wertpapieren hohe Risiken, weil die entscheidenden Fakten häufig nicht oder erst zu spät publik werden, beispielsweise wenn zentrale Risikopositionen in Zweckgesellschaften ausgelagert werden und damit der Bilanz nicht direkt entnommen werden können.[932]

Die Transparenz- und Publizitätspflichten des regulierten Marktes sollen die Funktionsfähigkeit des organisierten Kapitalmarktes sichern, indem sie den Handelsteilnehmern und Anlegern einen partiellen Einblick in die wirtschaftliche Situation der Emittenten ermöglichen. Hierdurch wird gewährleistet, dass allen Interessenten zeitgleich dieselben Informationen zur Verfügung gestellt werden. Der Einzelne soll nicht durch Ausnutzung einer asymmetrischen Informationslage einen ungerechtfertigten Profit erwirtschaften können. In der Praxis helfen die Veröffentlichungspflichten jedoch vor allem den institutionellen Anlegern und gewerbsmäßigen Händlern, weil es nur ihnen möglich ist, die zahlreichen Informationen korrekt auszuwerten und diese sofort für eine Kauf- oder Verkaufsentscheidung nutzbar zu machen. Den Kleinanlegern und dem Gros der Minderheitsaktionäre dagegen nützen diese Transparenz- und Publizitätspflichten in der Regel nicht sonderlich viel, weil sie zu deren Auswertung in aller Regel gar nicht imstande sind. Zudem ist Folgendes zu bedenken: Bevor Kleinanleger und ggf. Minderheitsaktionäre die Gelegenheit haben, durch den Verkauf ihrer Aktien auf

928 OLG München, ZIP 2008, 1137, 1139.

929 Ähnlich Wilhelm, Kapitalgesellschaftsrecht, Abschnitt G Rdnr. 779.

930 Es gibt zahlreiche Beispiel, zuletzt: Lehmann Brothers, HypoRealEstate usw.

931 Die Aktien zahlreicher Unternehmen, die den höchsten Transparenzstandards unterliegen, wiesen praktisch über Nacht nur noch einen Bruchteil ihres ursprünglichen Wertes auf. Bsp.: Lehmann Brothers, HypoRealEstate, Commerzbank, Infineon. Auch die Geschehnisse um den Neuen Markt zu Beginn dieses Jahrtausends haben gezeigt, dass Transparenzstandards allein wenig über die Verkehrsfähigkeit einer Aktie aussagen.

932 Vgl. dazu Börsen-Zeitung vom 17.2.2009: „Die Bilanzrechtsreform kommt zur richtigen Zeit“.

Unternehmensnachrichten zu reagieren, haben gewerbsmäßige Handelsteilnehmer ihren faktischen Informationsvorsprung meist längst genutzt. Die Kurse des Wertpapiers passen sich sofort nach Veröffentlichung der kursrelevanten Nachrichten an die veränderte Sachlage an. Damit profitieren von den Veröffentlichungspflichten der Unternehmen ganz überwiegend die Profihändler, die rund um die Uhr auf neue Unternehmensdaten warten und diese sofort in Kauf- und Verkaufsentscheidungen umsetzen. Insofern schützen die Veröffentlichungspflichten primär einen fairen Wettbewerb unter diesen Marktteilnehmern. Für die Verkehrsfähigkeit eines Wertpapiers sind solche Mitteilungen jedoch nur rudimentär von Bedeutung. Entweder sind die Nachrichten positiv, dann wird die Aktie weiter rege gehandelt, oder die Nachrichten sind negativ, dann werden sich die Anleger vermehrt für den Verkauf der Papiere entscheiden.

Blickt man nun auf den Freiverkehr, wird man feststellen, dass dort im Ergebnis genau das Gleiche geschieht. Auch dort fließen dem Markt die positiven wie die negativen Unternehmensnachrichten zu, nur auf andere Weise und durch andere Kanäle. Freilich fehlt es hier an einer Gleichförmigkeit und Regelmäßigkeit der Veröffentlichung kursrelevanter Tatsachen. Hier kann es also in der Tat vorkommen, dass nicht alle Marktbeobachter die Nachrichten zur gleichen Zeit erhalten. Es obliegt vielmehr den Marktbeobachtern selbst, den jeweiligen Emittenten genau zu beobachten und sich die notwendigen Informationen zu besorgen. Um nicht in die Gefahrenzone der Insiderhandelsverbote zu gelangen, werden diese Emittenten auch hier die kursrelevanten Nachrichten in angemessener Weise veröffentlichen. Am Ergebnis ändert sich jedoch nichts. Auch im Freiverkehr werden die Nachrichten am Markt in der Regel zunächst von den institutionellen und gewerblichen Händlern durch entsprechenden Handel umgesetzt und spiegeln sich sehr zeitnah in neuen Börsenpreisen wieder. Die Minderheitsaktionäre und die Kleinanleger können dann regelmäßig nur noch zum neuen Kursniveau handeln. Es ergibt sich also auch insoweit kein nennenswerter Unterschied zum regulierten Markt.

Wenn man schließlich bedenkt, dass sich die Handelspraxis seit der „Macrotron"-Entscheidung im Jahre 2002 weiter gewandelt hat, insbesondere durch den Siegeszug des Internets, eines Mediums, das es dem einzelnen Anleger ermöglicht, weltweit im OTC-Bereich nach einem Kaufinteressenten zu suchen,[933] spricht einiges dafür, dass die Verkehrsfähigkeit der Aktie nicht von der Zugehörigkeit zu einem bestimmten Handelssegment und auch

933 Martinius/Schiffer, DB 1999, 2460, 2461.

nicht von der Erfüllung bestimmter Transparenz- und Publizitätspflichten abhängt.

Die Verkehrsfähigkeit der Aktie als solche ist aber nur ein Aspekt, der bedacht werden muss. Sie umfasst den Erhalt der Deinvestitionsmöglichkeit des Anlegers. Diese Möglichkeit bleibt dem Anleger zunächst befristet im regulierten Markt[934] und anschließend nach Wirksamwerden des Zulassungswiderrufs, der von der Börsengeschäftsführung als Verwaltungsakt erlassen wird,[935] auch im Freiverkehr erhalten. Ein anderer Gesichtspunkt, den das OLG München nicht bedacht hat, betrifft die Frage, ob der Anleger für den Ersatz des Wertes zu entschädigen ist, den das Papier gegebenenfalls allein durch die Bekanntmachung des Rückzugs von der Börse zeitgleich hiermit verlieren mag. Hier liegt der eigentliche Kern des Problems. Sieht man die Verkehrsfähigkeit als gewährleistet an, stellt sich die Frage nach dem Ersatz eines solchen Wertverlustes. Wäre feststellbar, dass eine Aktie allein aufgrund ihrer Börsenzulassung einen Mehrwert besitzt, auf dessen Fortbestand der Anleger bei seiner Kaufentscheidung vertraut hat und der ihm nun durch das Delisting genommen wird, wäre ein gesellschaftsrechtlicher Entschädigungsanspruch erwägenswert. Jedoch fehlt für die Annahme eines Mehrwerts aufgrund einer Börsenzulassung jeder empirische Befund. Außerdem unterliegt nur die Aktie als solche, also der in ihr verkörperte realisierbare Wert, einem Schutz mit Verfassungsrang; hingegen haben die Aktionäre kein verfassungsrechtlich geschütztes Recht auf Börsenzulassung.[936]

bb) Zusammenfassung

Nach der hier vertretenen Auffassung spricht einiges dafür, dass die „Macrotron"-Entscheidung des BGH aus dem Jahre 2002, soweit dort ausgeführt wird, der Freiverkehr böte keine hinreichende Alternative zur Zulassung im re-

---

934 Die Verkehrsfähigkeit als Möglichkeit im Sinne einer jederzeitigen Realisierung des Aktienwertes ist auch nach deren Ad-hoc-Bekanntgabe durch den Emittenten börsenrechtlich nach § 39 II BörsG i. V. m. den Börsenordnungen sichergestellt. Nach § 46 II BörsO FWB wird der Widerruf der Zulassung eines Wertpapiers durch die Börsengeschäftsführung erst nach Ablauf einer Frist von 6 Monaten seit der Veröffentlichung des Widerrufs (nicht der Bekanntgabe durch den Emittenten) wirksam, wenn keine Zulassung zu einem anderen in- oder ausländischen regulierten Markt besteht.

935 Schäfer/Eckhold, in Marsch-Barner/Schäfer, Handbuch börsennotierte AG, § 62 Rdnr. 88.

936 BVerfG NZG 1999, 931, 932; OLG München, ZIP 2008, 1137, 1140; Krolop, S. 235; Mülbert, ZHR 165 (2001), 104, 115, der darauf verweist, das BVerfG attestiere dem Aktieneigentum, auch bei fehlender Börsennotierung durch die Verkehrsfähigkeit geprägt zu sein. Ferner geht auch der Gesetzgeber hiervon aus, da er ansonsten eine Regelung wie § 38 II BörsG (generelle Möglichkeit des Börsenrückzugs) nicht erlassen hätte.

gulierten Markt, in Zukunft keinen Bestand mehr haben wird.[937] Das Bundesverfassungsgericht hat – anders als der BGH – nur die Verkehrsfähigkeit einer Aktie unter den Schutz des Art. 14 GG gestellt, indes keineswegs festgestellt, die Verkehrsfähigkeit sei beim Handel im Freiverkehr nicht mehr gewährleistet.[938] Vielmehr besteht uneingeschränkte Verkehrsfähigkeit, sofern die Aktie als solche hinreichende Liquidität besitzt, die freilich nicht von der Zugehörigkeit zu einem bestimmten Marktsegment abhängt. Den Anlegern verbleibt im Freiverkehr die reale Möglichkeit, die Aktien jederzeit auf einer überwachten und den gleichen Preisbildungsmechanismen unterliegenden Handelsplattform an der Börse zu veräußern. Der Aktionär verliert durch ein „Delisting in den Freiverkehr" weder Eigentum an der Aktie, noch verliert die Aktie selbst ihre Verkehrsfähigkeit oder irgendeinen behaupteten, durch die Börsenzulassung begründeten Mehrwert. Es geht lediglich die Möglichkeit verloren, das Papier über einen regulierten Markt zu veräußern, was aber bereits aufgrund der börsenrechtlichen Anlegerschutzvorschrift des § 39 II BörsG nicht ins Gewicht fällt. Allein der Umstand, dass der Aktionär wegen Wegfalls der gesetzlichen Zulassungsfolgepflichten Informationsmöglichkeiten verliert, vermag ein Abfindungsangebot nicht zu rechtfertigen.[939]

c) Beendigung der Einbeziehung in den Freiverkehr

Ein Delisting im regulierten Markt bedeutet den Verzicht auf die Börsenzulassung, also auf Rechte aus einem Verwaltungsakt.[940] Der Rückzug vom Freiverkehr geschieht hingegen schlicht durch Kündigung eines Dauerschuldverhältnisses. Weder § 39 II BörsG noch die Macrotron-Grundsätze finden hier Anwendung. Einem Rückzug in den „grauen" Kapitalmarkt haftet der Makel geringer Seriosität besonders an. Mangelhafte staatliche Aufsicht, niedrige Publizitätsanforderungen und fehlende Kontinuität in der Preisfeststellung halten Anleger von solchen Papieren meist fern. Die Folge ist eine unzureichende Liquidität, die nicht selten eine spätere Veräußerung der Anteile erschwert.[941]

---

937 Ebenso Süßmann, BKR 2003, 257, 259; in diese Richtung auch OLG München, ZIP 2008, 1137, 1139.

938 BVerfG NZG 1999, 931, 932.

939 Ebenso Süßmann, BKR 2002, 257, 259; ferner Martinius/Schiffer, DB 1999, 2460, 2461, die darauf hinweisen, dass die Risiken, vor denen die Regelungen des WpHG (Ad-hoc-Publizität, Mitteilungspflichten) die Aktionäre schützen will, mit dem Ende der Notierung ohnehin entfallen.

940 Fluck, WM 1995, 553, 553.

941 Jäger, NZG 1999, 381, 385.

Die meisten Freiverkehrsregelwerke an den deutschen Börsen sehen ein Kündigungsrecht des Freiverkehrsveranstalters vor.[942] Unter Einhaltung einer bestimmten Frist kann nach diesen Bestimmungen jede Einbeziehung wie ein gewöhnliches Dauerschuldverhältnis gekündigt werden. Angesichts des erörterten wettbewerbsrechtlichen Diskriminierungsverbots sind auch diese Kündigungsbestimmungen mit Bedacht anzuwenden. Denn grundsätzlich muss man dann, wenn man einen Anspruch auf Einbeziehung bejaht, aus den wettbewerbsrechtlichen Vorschriften auch einen Anspruch auf Aufrechterhaltung der Notierung im Freiverkehr herleiten können, sofern der Freiverkehrsveranstalter den Emittenten durch die Kündigung ohne sachlichen Grund gegenüber seinen Wettbewerbern benachteiligt.

942 Neuerdings sehen die meisten Freiverkehrsregelwerke auch ein Kündungsrecht auf Seiten des einbeziehenden Handelsteilnehmers vor, vgl. etwa § 13 II FV-AGB BW-WB und § 14 I FV-AGB FWB.

6. Kapitel
Zusammenfassung in Thesen

1. Vom Freiverkehr früherer Tage ist nicht mehr viel übrig. Viele seiner ursprünglich vorhandenen Wesenszüge sind verloren gegangen. Waren es früher allein die Handelsteilnehmer, die den Freiverkehr trugen, haben heute auch die Börsen die wirtschaftliche Bedeutung dieses „unregulierten" Marktsegments erkannt. Während es jahrzehntelang ausschließlich die Handelsteilnehmer waren, die den Freiverkehr organisierten, wird diese Aufgabe heute durch den Börsenträger und die Börsenorgane wahrgenommen. Mit der Kompetenzzuweisung bezüglich des Erlasses der Handelsordnung für den Freiverkehr hat nun auch der Börsenrat eine Aufgabe bei der Organisation des Freiverkehrs erhalten. Mit dieser jüngsten Änderung sind nunmehr alle Börsenorgane mit einer Aufgabe im Bereich der Freiverkehrsorganisation betraut, was in den Anfängen des Freiverkehrs schlicht undenkbar war. Heutzutage prüft und billigt die Börsengeschäftsführung das Freiverkehrsregelwerk, der Sanktionsausschuss ahndet Regelverstöße der Handelsteilnehmer gegen die Handelsordnung, die vom Börsenrat erlassen wird, und schließlich agiert auch die Handelsüberwachungsstelle im Freiverkehr, ohne dabei in erkennbarer Weise zwischen Freiverkehrshandel und Börsenhandel zu unterscheiden.
2. Der Freiverkehr ist rechtlich inzwischen partiell und zudem technisch vollständig in die Infrastruktur der deutschen Börsen integriert.
3. Der Freiverkehr ist ungeachtet seiner partiellen staatlichen Regulierung durch die vom Börsenrat erlassene Handelsordnung kein organisierter Markt im Sinne von § 2 V WpHG.
4. Der Freiverkehr muss angesichts des Umstands, dass er europarechtlich ein MTF ist, die organisatorischen Anforderungen an MTF gemäß der MiFID erfüllen. Konzeptionell unterscheiden sich die bekannten MTF vom allgemeinen Freiverkehr in bedeutender Weise. Ihr Geschäftsmodell zielt allein darauf ab, den etablierten Börsen Marktanteile in den umsatzstärksten Wertpapieren abzunehmen. Sie konkurrieren also in erster Linie nicht mit dem Freiverkehr, sondern mit den Börsen. Der Freiverkehr hingegen sieht seine Funktion vor allem in der bloßen Ergänzung des Börsenhandels mit dem Handel von Aktien kleinerer und mittelgroßer Unternehmen und einer großen Zahl verschiedenartiger anderer Finanzinstrumente.
5. Nachträgliche Änderungen der Geschäftsbedingungen des Freiverkehrs bedürfen de lege lata einer erneuten Billigung durch die Börsengeschäftsführung gemäß § 48 III S. 1 BörsG.

6. Regelungsgegenstand der Handelsordnung des Freiverkehrs kann entgegen der Praxis der Frankfurter und der Baden-Württembergischen Wertpapierbörse de lege lata nur der Handel im engeren Sinne sein, nicht jedoch auch die Geschäftsabwicklung.
7. Der Freiverkehr unterliegt seit dem Inkrafttreten des FRUG einer doppelten Zulassungsprüfung, nämlich durch die Börse (§ 48 I. S. 1 BörsG) und durch die Börsenaufsichtsbehörde (§ 48 III S. 1 BörsG). Die Aufnahme des Erfordernisses einer Erlaubnis durch die Börsenaufsichtsbehörde beruht jedoch auf einer fehlerhaften Deutung der ratio legis von Art. 71 V MiFID. Eine doppelte Zulassungsprüfung ist im Übrigen auch wenig sinnvoll, da beide Behörden die gleichen tatbestandlichen Voraussetzungen prüfen müssen.
8. Der gegenwärtige Zulassungsvorbehalt in § 48 I BörsG macht mit Blick auf die heutige Börsenpraxis und die börsengesetzliche Systematik nur noch wenig Sinn. De lege ferenda sollte daher der Börsenträger mit der ihm durch die Börsenaufsichtsbehörde erteilten Erlaubnis nach § 4 I BörsG zugleich die Erlaubnis erhalten, auch einen Freiverkehr zu betreiben.
9. Ferner sollten de lege ferenda die Geschäftsbedingungen nicht durch die Börsengeschäftsführung, sondern durch die insoweit unabhängigere Börsenaufsichtsbehörde gebilligt werden müssen.
10. Ein einseitiges Änderungsrecht in den Geschäftsbedingungen zugunsten des Freiverkehrsveranstalters lässt sich de lege lata so gestalten, dass eine unangemessene Benachteiligung des Vertragspartners im Sinne von § 307 I BGB ausscheidet. Im Rahmen der Interessenabwägung ist insbesondere eine angemessene Berücksichtigung der Interessen des Handelsverkehrs und eine entsprechende Gewichtung der börsenrechtlichen Besonderheiten vorzunehmen.
11. Die in der Praxis verbreiteten Änderungen von Geschäftsbedingungen unter Verwendung einer Genehmigungsfiktion begegnen dann erheblichen rechtlichen Bedenken, wenn diese Bedingungen für den Fall eines Widerspruchs durch den einzelnen Vertragspartner ein kurzfristiges außerordentliches Kündigungsrecht vorsehen. Denn diese Kombination kommt in ihrer praktischen Auswirkung einem nicht einmal ansatzweise konkretisierten Änderungsvorbehalt gleich, der wegen Verstoßes gegen das in § 307 I BGB normierte Transparenzgebot rechtsunwirksam ist.
12. Der Gesetzgeber sollte in Erwägung ziehen, dem Freiverkehrsveranstalter grundsätzlich zu gestatten, die Geschäftsbedingungen nachträglich einseitig zu ändern (Änderungsvorbehalt), wobei die jeweiligen Änderungen der Genehmigung der Börsenaufsichtsbehörde bedürfen sollten. Solche legislativen Gestaltungen haben sich in anderen Rechtsbereichen bewährt und würden in der Börsenpraxis jede Unklarheit hinsichtlich der Wirksamkeit nach-

träglicher Regelwerksänderungen beseitigen. Dies würde zudem rechtssystematisch gut zu der Überwachung des Freiverkehrs durch die Börsenaufsichtsbehörde und zu der vorgeschlagenen Abschaffung der Zulassung des Freiverkehrs durch die Börsengeschäftsführung passen. Wenn man der Börsenaufsichtsbehörde die Billigung der Geschäftsbedingungen überträgt, spricht nichts dagegen, ihr auch die Genehmigung nachträglicher Änderungen dieses Regelwerkes anzuvertrauen.

13. Teilbereichssegmente im Freiverkehr sind reine Freiverkehrssegmente, selbst dann, wenn sie durch die Börsengeschäftsführung reguliert werden. Die Börsengeschäftsführung nimmt insofern lediglich den Platz des Freiverkehrsträgers ein. Dies hat zur Konsequenz, dass sie in diesem Bereich nicht von ihren öffentlich-rechtlichen Regulierungsinstrumenten Gebrauch machen kann, insbesondere das Regelwerk nicht nachträglich in beliebiger Weise und ohne die Zustimmung der Handelsteilnehmer ändern kann.
14. Soll eine Prospektpflicht für Emittenten mit einer Primärnotierung im Freiverkehr vermieden werden, darf diesen Emittenten keineswegs in den Teilbereichsregelwerken die Pflicht auferlegt werden, bestimmte Informationen über die gängigen Börseninformationsdienste zu verbreiten. Derartig verbreitete Informationen könnten nämlich die Grenze zu einem öffentlichen Angebot im Sinne von § 3 I WpPG überschreiten.
15. Ein Anspruch eines Emittenten auf Einbeziehung in den Freiverkehr kann regelmäßig nur dann bestehen, wenn die Ablehnung zu einer Diskriminierung im Sinne von § 20 GWB führt. Aufgrund der Vormachtstellung der FWB unter den deutschen Börsen wird man in deren Freiverkehr eine solche Diskriminierung bejahen können, wenn die Ablehnung der Einbeziehung des betreffenden Emittenten nicht durch sachliche Gründe untermauert werden kann.
16. Den Emittenten, deren Wertpapiere ohne ihre Zustimmung in den Freiverkehr einbezogen werden, ist ein Widerspruchsrecht gemäß § 1004 BGB (analog) zuzubilligen.
17. Das Downgrading eines Emittenten vom regulierten Markt in einen Teilbereich des Freiverkehrs kann rechtlich nicht anders behandelt werden als das Downgrading in den allgemeinen Freiverkehr. Denn Teilbereiche eines Freiverkehrs sind nicht wie der regulierte Markt börsengesetzlich inhaltlich fest umrissen, sondern können durch die Marktbetreiber in erheblicher Weise umgestaltet und sogar eingestellt werden. Es existiert kein dauerhafter Bestandsschutz für einmal eingerichtete Teilbereiche.

Anhang
Fassungen des Freiverkehrstatbestandes von 1896 bis heute

§ 43 BörsG 1896

Für Wertpapiere, deren Zulassung zum Börsenhandel verweigert oder nicht nachgesucht ist, darf eine amtliche Feststellung des Preises nicht erfolgen. Geschäfte in solchen Wertpapieren sind von der Benutzung der Börseneinrichtung ausgeschlossen und dürfen von den Kursmaklern nicht vermittelt werden. Auch dürfen für solche an der Börse abgeschlossenen Geschäfte Preislisten (Kurszettel) nicht veröffentlicht oder in mechanisch hergestellter Vervielfältigung verbreitet werden, soweit nicht die Börsenordnung für besondere Fälle Ausnahmen gestattet

(BörsG vom 22.06.1896 (RGBl. S. 157))

§ 78 BörsG 1987 [Nichtzugelassene Wertpapiere]

In Wertpapieren, die weder zur amtlichen Notierung noch zum geregelten Markt zugelassen sind, dürfen Preise einschließlich Angebot und Nachfrage nach näherer Bestimmung durch die Börsenordnung ausgerufen, ermittelt oder veröffentlicht werden, wenn ein ordnungsgemäßer Handel an der Börse gewährleistet erscheint.

(Neugefasst durch Börsenzulassungsgesetz von 16.12.1986 (BGBl. I, 1986, S. 2478)

§ 78 BörsG 1994 [Nichtzugelassene Wertpapier]

(1) Für Wertpapiere, die weder zum amtlichen Handel noch zum geregelten Markt zugelassen sind, kann die Börse einen Freiverkehr zulassen, wenn durch Handelsrichtlinien eine ordnungsgemäße Durchführung des Handels und der Geschäftsabwicklung gewährleistet erscheint.

(2) Preise für Wertpapiere, die während der Börsenzeit an einer Wertpapierbörse im Freiverkehr ermittelt werden, sind Börsenpreise. Börsenpreise sind auch Preise, die sich für die im Freiverkehr gehandelten

Wertpapiere in einem an einer Börse durch die Börsenordnung geregelten elektronischen Handelssystem oder an Börsen bilden, an denen nur ein elektronischer Handel stattfindet. Die Börsenpreise müssen die Anforderungen nach § 11 Abs. 2 erfüllen.

(Neugefasst durch 2. Finanzmarktförderungsgesetz (BGBl. I, 1994, S. 1749)

§ 57 BörsG 2002 [Freiverkehr]

(1) Für Wertpapiere, die weder zum amtlichen Markt zugelassen noch zum geregelten Markt zugelassen oder einbezogen sind, kann die Börse einen Freiverkehr zulassen, wenn durch Handelsrichtlinien eine ordnungsmäßige Durchführung des Handels und der Geschäftsabwicklung gewährleistet erscheint.

(2) Preise für Wertpapiere, die während der Börsenzeit an einer Wertpapierbörse im Freiverkehr ermittelt werden, sind Börsenpreise. Die Börsenpreise müssen den Anforderungen nach § 24 Abs. 2 entsprechen.

(3) Die Börsenaufsichtsbehörde kann den Handel untersagen, wenn ein ordnungsgemäßer Handel für die Wertpapiere nicht mehr gewährleistet erscheint.

(Neugefasst durch 4. Finanzmarktförderungsgesetz vom 21.06.2002)

§ 48 BörsG 2007 [Freiverkehr]

(1) Für Wertpapiere, die weder zum Handel im regulierten Markt zugelassen noch zum Handel in den regulierten Markt einbezogen sind, kann die Börse den Betrieb eines Freiverkehrs durch den Börsenträger zulassen, wenn durch Geschäftsbedingungen, die von der Geschäftsführung gebilligt wurden, eine ordnungsmäßige Durchführung des Handels und der Geschäftsabwicklung gewährleistet erscheint. Emittenten, deren Wertpapiere ohne ihre Zustimmung in den Freiverkehr einbezogen worden sind, können durch Handelsrichtlinien nicht dazu verpflichtet werden, Informationen in Bezug auf diese Wertpapiere zu veröffentlichen.

(2) Die Börsenaufsichtsbehörde kann den Handel im Freiverkehr untersagen, wenn ein ordnungsgemäßer Handel für die Wertpapiere nicht mehr gewährleistet erscheint.

(3) Der Betrieb des Freiverkehrs bedarf der schriftlichen Erlaubnis der Börsenaufsichtsbehörde. Auf den Betrieb des Freiverkehrs sind die Vorschrif-

ten dieses Gesetzes mit Ausnahme der §§ 27 bis 29 und der §§ 32 bis 47 entsprechend anzuwenden.

(Neugefasst durch Finanzmarktrichtlinie-Umsetzungsgesetz, BGBl. I, 2007, S. 1330)

§ 48 BörsG 2009 [Freiverkehr]

(1) Für Wertpapiere, die weder zum Handel im regulierten Markt zugelassen noch zum Handel in den regulierten Markt einbezogen sind, kann die Börse den Betrieb eines Freiverkehrs durch den Börsenträger zulassen, wenn *durch eine Handelsordnung* sowie durch Geschäftsbedingungen des Börsenträgers, die von der Geschäftsführung gebilligt wurden, eine ordnungsmäßige Durchführung des Handels und der Geschäftsabwicklung gewährleistet erscheint. *Die Handelsordnung regelt den Ablauf des Handels. Die Geschäftsbedingungen regeln die Teilnahme am Handel und die Einbeziehung von Wertpapieren zum Handel.* Emittenten, deren Wertpapiere ohne ihre Zustimmung in den Freiverkehr einbezogen worden sind, können durch *die Geschäftsbedingungen* nicht dazu verpflichtet werden, Informationen in Bezug auf diese Wertpapiere zu veröffentlichen.

(2) Die Börsenaufsichtsbehörde kann den Handel im Freiverkehr untersagen, wenn ein ordnungsgemäßer Handel für die Wertpapiere nicht mehr gewährleistet erscheint.

(3) Der Betrieb des Freiverkehrs bedarf der schriftlichen Erlaubnis der Börsenaufsichtsbehörde. Auf den Betrieb des Freiverkehrs sind die Vorschriften dieses Gesetzes mit Ausnahme der §§ 27 bis 29 und der §§ 32 bis 47 entsprechend anzuwenden.

Änderungen durch Art. 3a des Gesetzes zur Fortentwicklung des Pfandbriefrechts, BGBl. I, 2009, S. 607, 620)

Literaturverzeichnis

Assmann, Heinz-Dieter / Schneider, Uwe, Wertpapierhandelsgesetz, Kommentar, 5. Auflage, Köln 2009.

Assmann, Heinz-Dieter / Schütze, Rolf A., Handbuch des Kapitalanlagerechts, 3. Auflage, München 2007.

Assmann, Heinz-Dieter, Neues Recht für den Wertpapiervertrieb, der Förderung für die Vermögensbildung durch Wertpapieranlage und die Geschäftstätigkeit von Hypothekenbanken, NJW 1991, 528.

Assmann, Heinz-Dieter, Das neue deutsche Insiderrecht, ZGR 1994, 494.

Bachmann, Gregor, Regelwerk und Rechtsgeschäft – Zur einseitigen Änderung privater Börsenregeln -, WM 2001, 1793.

Balzer, Peter, Der Vorschlag der EG-Kommission für eine neue Wertpapierdienstleistungsrichtlinie, ZBB 2003, 177.

Bamberger, Heinz Georg / Roth, Herbert, Beck'scher Onlinekommentar, Edition 15, München 2009.

Baumbach, Adolf / Hopt, Klaus J., Handelsgesetzbuch, 35. Auflage, München 2012.

Baumbach, Adolf / Hefermehl, Wolfgang, Wettbewerbsrecht, 18. Auflage, München 1995.

Bauer, Hartmut / Pleyer, Marcus / Hirche, Kirsten, Die Befugnis der Deutschen Börse AG zur einseitigen Änderung des Regelwerks Neuer Markt - zugleich ein Beitrag zur Penny-Stock-Kontroverse und zu privaten Rechtsnormen, BKR 2002, 102.

Bauer, Hartmut /Möllers, Christoph, Die Beendigung des Parketthandels an der Frankfurter Wertpapierbörse, Baden Baden 2001.

Baur, Jürgen F., Vertragliche Anpassungsregelungen, Heidelberg 1983.

Bayer, Walter / Hoffmann, Thomas, Die nichtbörsennotierte Aktiengesellschaft, AG 2008, R 379.

Beck, Heiko, Die Reform des Börsenrechts im Vierten Finanzmarktförderungsgesetz, BKR 2002, Teil 1 S. 662 und Teil 2 S. 699.

Beckmann, Roland Michael, Die Zulässigkeit von Preis- und Prämienanpassungsklauseln nach dem AGB-Gesetz, Karlsruhe 1990.

Berger, Klaus Peter / Kleine, Lucas, AGB-Gestaltung und Transparenzgebot – Beispiele aus der jüngeren BGH-Rechtsprechung zum unternehmerischen Geschäftsverkehr, NJW 2007, 3526.

Bessler, Wolfgang / Schmidt, Hartmut, Wertpapiertransaktionen im Spannungsfeld von börslichem und außerbörslichem Handel, Die Hamburger Börse – Trends im Börsenwesen, Hamburg 2008.

Beyer, Andreas, Die Bedeutung des Freiverkehrs für den Emittenten vor dem Hintergrund des Gesetzes für kleine AG und des WpHG, AG Report 1996, R 48.

Bitter, Rauhut, Grundzüge zivilrechtlicher Methodik – Schlüssel zu einer gelungenen Fallbearbeitung, JuS 2009, 289.

Blumentritt, Jan, Die privatrechtlich organisierte Börse, Frankfurt a.M., Berlin, Bruxelles, New York, Oxford, Wien 2003.

Boos, Karl-Heinz / Fischer, Reinfrid / Schulte-Mattler, Hermann, Kreditwesengesetz, 4. Auflage, München 2012.

Breitkreuz, Tilman Friedrich, Die Ordnung der Börse - Verwaltungsrechtliche Zentralfragen des Wertpapierbörsenwesens, Berlin 2000.

Bremer, Heinz, Grundzüge des deutschen und ausländischen Börsenrechts, Berlin, Heidelberg, New York 1969.

Bressler, Stefan, Public Private Partnership im Bank- und Börsenrecht durch Beleihung mit einer Anstaltsträgerschaft, Frankfurt am Main 2009.

Brox, Hans, Handels- und Wertpapierrecht, 21. Auflage, München 2011.

Brox, Hans / Walker, Wolf-Dietrich, Allgemeiner Teil des BGB, 36. Auflage, Köln, Berlin, München 2012.

Bruchner, Helmut, AGB-rechtliche Zulässigkeit von Zinsanpassungsklauseln, BKR 2001, 16.

Buck-Heeb, Petra, Kapitalmarktrecht, 5. Auflage, Heidelberg 2011.

Büdenbender, Ulrich, Die Bedeutung der Preismissbrauchskontrolle nach § 315 BGB in der Energiewirtschaft, NJW 2007, 2945.

Bunte, Hermann-Josef, Ergänzende Vertragsauslegung bei Unwirksamkeit von AGB-Klauseln, NJW 1984, 1145.

Bunte, Hermann-Josef, Zehn Jahre AGB-Gesetz – Rückblick und Ausblick, NJW 1987, 921.

Bunte, Hermann-Josef, AGB-Banken und Sonderbedingungen – mit AGB-Sparkassen und AGB-Postbank, Kommentar, 3. Auflage, München 2011.

Burkiczak, Christian M., Zur Frage der Zulässigkeit uneingeschränkter Zinsänderungsklauseln in AGB bei kurzfristigen Sparprodukten, BKR 2007, 190.

Caspari, Karl-Burkhard, Die geplante Insiderregelung in der Praxis, ZGR 1994, 530.

Casper, Matthias, Der Optionsvertrag, Tübingen 2005.

Claussen, Carsten Peter, Der Neue Zweite Markt, ZGR 1984, 1.

Claussen, Carsten Peter, Zur rechtlichen Fundierung des geregelten Freiverkehrs, Festschrift für Walter Stimpel, 1985, S.104.

Claussen, Carsten Peter, Die einzelnen Marktsegmente an deutschen Wertpapierbörsen, Beiträge zum Börsenrecht (Schriften zum deutschen und aus-

ländischen Geld-, Bank- und Börsenrecht), Band 14, S. 45, Frankfurt am Main 1987.
Claussen, Carsten Peter, Die vier aktienrechtlichen Änderungsgesetze des 12. Deutschen Bundestages – Reform oder Aktionismus?, AG 1995, 163.
Claussen, Carsten Peter, Wie ändert das KonTraG das Aktiengesetz, DB 1998, 177.
Claussen, Carsten Peter, Noch einmal: Die Rechtsform deutscher Wertpapierbörsen, ZBB 2000, 1.
Claussen, Carsten Peter, Börsenreform in Permanenz, Festschrift Hadding 2004, 779.
Claussen, Carsten Peter, Bank- und Börsenrecht, 4. Auflage, München 2008.
Clouth, Peter / Lang, Volker, MiFID Praktikerhandbuch – Neue Verhaltenspflichten für Banken und Sparkassen durch Gesetzgeber und Bankenaufsicht, Köln 2007.
Cohn, Daniela, Alternative Handelssysteme – Ein Beitrag zur Neufassung der §§ 58 ff. BörsG, ZBB 2002, 365.
Damrau, Jan, Selbstregulierung im Kapitalmarktrecht, Berlin 2003.
Dehlinger, Klaus-Dieter, Vertragliche Marktsegmentregulierung an Wertpapierbörsen, Baden Baden 2003.
Deutsches Aktieninstitut / White&Case, Dual Listing - Eine ökonomische und juristische Analyse der Auslandsnotierungen deutscher Unternehmen - Studien des Deutschen Aktieninstituts, Heft 30, Frankfurt a.M., Juli 2005.
Dietlein, Max, Neue Rechtsmaßstäbe für Allgemeine Geschäftsbedingungen?, NJW 1974, 969.
Dove, Heinrich, Beitrag im: Kommentar zum Börsengesetz - auf Veranlassung des Centralverbandes des Deutschen Bank- und Bankiergewerbes -, Berlin 1909, S. 133
(zitiert: Dove, in: Kommentar zum Börsengesetz von 1909).
Ebel, Hans-Rudolf, Elektrizitäts- und Gasversorgungsbedingungen für kaufmännische Sonderabnehmer, BB 1980, 477.
Ekkenga, Jens / Maas, Heyo, Das Recht der Wertpapieremission, Berlin 2006.
Entzian, Tobias, Zulässigkeit von Bedingungsanpassungsklauseln in Allgemeinen Versicherungsbedingungen, NVersZ 1998, 65.
Epping, Volker / Hillgruber, Christian, Beck'scher Onlinekommentar zum Grundgesetz, Stand 1.6.2010, Edition 7, München 2010.
(zitiert: Bearbeiter, in: Beck'scher Onlinekommentar, GG)
Fehr, Tobias, Recht des außerbörslichen Aktienhandels vor dem Hintergrund des Rechts des börslichen Aktienhandels, Frankfurt am Main 2006.
Fleckner, Andreas / Hopt, Klaus J., Entwicklung des Börsenrechts, Die Hamburger Börse – Trends im Börsenwesen, Hamburg 2008.

Fleischer, Holger, Die Richtlinie über Märkte für Finanzinstrumente und das Finanzmarktrichtlinie-Umsetzungsgesetz – Entstehung, Grundkonzeption, Regelungsschwerpunkte –, BKR 2006, 389.

Feißel, Annette / Gorn, Cornelia, Finanzkrise vs. Pacta sunt servanda, BB 2009, 1138.

Fluck, Jürgen, Zum Verzicht des Begünstigten auf Rechte aus einem Verwaltungsakt am Beispiel der Börsenzulassung, WM 1995, 553.

Foelsch, Martin Eberhard, EU-Aktionsplan für Finanzdienstleistungen und nationale Kapitalmarktreform – Die Entwicklung des Kapitalmarktaufsichtsrechts in den Jahren 2003 bis 2006, BKR 2007, 95.

Freiwald, Beatrice, Erlaubnispflicht nach § 32 Abs. 1 KWG für grenzüberschreitende Bank- und Finanzdienstleistungen, WM 2008, 1537.

Fuchs, Andreas, Wertpapierhandelsgesetz - Kommentar, München 2009 (Zitiert: Bearbeiter, in: Fuchs, WpHG).

Gajo, Marianne, Nyse Euronext kündigt multilaterales Handelssystem an, AG Report 2008, R 51.

Gomber, Peter / Hirschberg, Holger, Ende oder Stärkung der konventionellen Börsen? Die Umsetzung der MiFID in Deutschland, AG 2006, 777.

Götte, Rüdiger, Der Weg zum erfolgreichen Investment mit Optionsscheinen, Marburg 2003.

Götte, Rüdiger, Optionsscheine: Das Kompendium, Marburg 2001.

Götze, Cornelius, Das jährliche Dokument nach § 10 WpPG – eine Bestandsaufnahme, NZG 2007, 570.

Gottschalk, Eckart, Neues zur Abgrenzung zwischen AGB und Individualabrede, NJW 2005, 2493.

Graf von Westphalen, Friedrich, AGB-Recht im Jahr 2005, NJW 2006, 2228.

Graf von Westphalen, Preisanpassungsklauseln in Energielieferungsverträgen mit Normsonderkunden, ZIP 2008, S. 69.

Graf von Westphalen, AGB-Recht im Jahr 2006, 2007, 2228.

Graf von Westphalen, Wider einen Reformbedarf beim AGB-Recht im Unternehmerverkehr, NJW 2009, 2977.

Granzow, Sonja, Die Aufsicht über den Handel mit Energiederivaten nach dem Gesetz über das Kreditwesen, Frankfurt am Main 2007.

Grimme, Leoni / Ritz, Corinna, Die Novellierung verkaufsprospektrechtlicher Vorschriften durch das dritte Finanzmarktförderungsgesetz, WM 1998, 2091.

Groß, Wolfgang, Kapitalmarktrecht, 5. Auflage, München 2012.

Groß, Wolfgang, Bookbuilding, ZHR 162 (1998), 318.

Groß, Wolfgang, Rechtsprobleme des Delisting, ZHR 165 (2001), 141.

Gomber, Peter / Hirschberg, Holger, Ende oder Stärkung der konventionellen Börsen, AG 2006, S. 777.

Ehrenberg, Victor (Hrsg.), Handbuch des gesamten Handelsrechts, Leipzig 1914.

Habersack, Mathias, Zinsänderungsklauseln im Lichte des AGBG und des VerbrKrG, WM 2001, 753.

Handelsrechtsausschuss des deutschen Anwaltvereins: Stellungnahme zum Regierungsentwurf vom 14.9.2006 eines Gesetzes zur Umsetzung der Richtlinie über Märkte für Finanzinstrumente und der Durchführungsrichtlinie der Kommission (Finanzmarktrichtlinie-Umsetzungsgesetz - FRUG, NZG 2006, 935).

Hammen, Horst, Börsen- und kreditwesengesetzliche Aufsicht über börsenähnliche Handelssysteme, Wertpapierbörsen und Börsenträger, WM 2001, 929.

Hammen, Horst, Rechte der Emittenten bei der „Fusion" von Wertpapierbörsen, ZBB 2001, S. 84.

Hammen, Horst, Börsenorganisationsrecht im Wandel – Vorschläge für ein 4. Finanzmarktförderungsgesetz, AG 2001, 549.

Hammen, Horst, Regelwerk Neuer Markt, Ausschluss von Penny Stocks / „Foris AG", EWiR 2002, S. 335.

Hammen, Horst, Beteiligungserwerb eingetragener (Börsen-)Vereine und Gruppenbildung durch Finanzdienstleister - Eine Fallstudie -, in: Festschrift für Thomas Raiser, Berlin 2005, S. 661.

Hammen, Horst, Zwischenberichtspflicht im Geregelten Markt der Frankfurter Wertpapierbörse, WM 2003, 997.

Hammen, Horst, Börsenreform und Verfassungsrecht – Rechtsnatur der Börsenbedingungen und Zuständigkeit für die Einführung von Aktien zum Börsenhandel in den Teilbereichen -, WM 2007, 1297.

Hammen, Horst, Verschmelzung von Börsen?, Der Konzern 2008, 269.

Hammen, Horst / Bressler, Stefan / Lösler, Thomas, Insiderrecht/Compliance, Köln 2009.

Harrer, Herbert / Müller, Roger, Die Renaissance des Freiverkehrs – Eine aktuelle Analyse mit internationalem Vergleich, WM 2006, 653.

Harrer, Herbert / Heidemann, Dieter, Going Public - Einführung in die Thematik, DStR 1999, 254.

Harter, Winfried / Franke, Jörg / Hogrefe, Jürgen / Seger, Rolf, Wertpapiere in Theorie und Praxis, Stuttgart 1990
(zitiert: Harter/Franke/Hogrefe/Seger).

Hau, Wolfgang Jakob, Vertragsanpassung und Anpassungsvertrag, Tübingen 2003.

Heidelbach, Anna / Preuße, Thomas, Einzelfragen in der praktischen Arbeit mit dem neuen Wertpapierprospektregime, BKR 2006, 316.

Hellner, Thorwald / Steuer, Stephan (Hrsg.), Bankrecht und Bankpraxis, Loseblatt, Band 4, Köln 2006
(zitiert: Bearbeiter, in: Hellner/Steuer, BuB, Loseblatt).

Hellwig, Hans-Jürgen, Möglichkeiten einer Börsenreform zur Stärkung des deutschen Kapitalmarktes, ZGR 1999, 781.

Heyder, Stefan, Die einseitige Abänderung des Regelwerks Neuer Markt – Zugleich Besprechung des Urteils des OLG Frankfurt a.M., BKR 2002, 459, und der Entscheidung des Primary Markets Arbitration Panel, BKR 2002, 468 -, BKR 2002, 806.

Hirschberg, Holger, MiFID – Ein neuer Rechtsrahmen für die Wertpapierhandelsplätze in Deutschland, AG 2006, 398.

Hoeren, Thomas, Selbstregulierung im Banken- und Versicherungsrecht, Karlsruhe 1995.

Hoeren, Thomas, Leistungsänderungsklausel, Internet-Provider, Inhaltskontrolle/„T-Online“, EWiR § 307 BGB 1/08, 71.

Hofmann, Alexander, Der Skontroführer an den deutschen Wertpapierbörsen, Frankfurt am Main 2009.

Holzborn, Timo / Israel, Alexander, Die Neustrukturierung des Finanzmarktrechts durch das Finanzmarktrichtlinie-Umsetzungsgesetz, NJW 2008, 791.

Hopt, Klaus J., Risikokapital, Nebenbörse und Anlegerschutz, WM 1985, S. 793.

*Hopt, Klaus J.,*Europäisches und deutsches Insiderrecht, ZGR 1991, 17.

Hopt, Klaus J. / Rudolph, Bernd / Baum, Harald, Börsenreform - eine ökonomische, rechtsvergleichende und rechtspolitische Untersuchung, Stuttgart 1997.

Horn, Norbert, Die richterliche Kontrolle von Entgeltklauseln nach dem AGB-Gesetz am Beispiel der Kreditwirtschaft, WM 1997, Sonderbeilage Nr. 1.

Horn, Norbert, Die Neufassung 1984 der AGB der Banken, WM 1984, 449.

Hutter, Stephan /Leppert, Michael, Das 4. Finanzmarktförderungsgesetz aus Unternehmenssicht, NZG 2002, 649.

Immenga, Ulrich / Mestmäcker, Ernst-Joachim (Hrsg.), Wettbewerbsrecht - Kommentar zum Europäischen Kartellrecht, Band 2 GWB, 4. Auflage, München 2007.

Jäger, Axel, Thema Börse (5): Wahl des richtigen Börsensegments, NZG 1999, 381.

Jäger, Georg, Der Schutz des Minderheitsaktionärs bei Delisting und Wechsel des Börsensegments, AG Report 2008, R 400.

Jaskulla, Ekkehard M., Voraussetzungen und haftungsrechtliche Konsequenzen einer Aussetzung des Börsenhandels vor dem Hintergrund der Ereignisse des 11. September 2001 – Zugleich Überlegungen im Anschluss an die Entscheidung des OLG Frankfurt a. M. – 1 U 209/99 – (rechtskräftig) vom 18. Januar 2001 – WM 2002, 1093.

Jauernig, Othmar, Bürgerliches Gesetzbuch, Kommentar, 14. Auflage, München 2011 (zit.: Jauernig-Bearbeiter, BGB).

Karatzenis, Fotios, Zur Anwendung der Generalklausel des § 9 AGB-Gesetz im Handelsverkehr, Pfaffenweiler 1989.

Kersting, Oliver, Der neue Markt der deutschen Börse AG, AG 1997, 223.

Kessel, Christian / Jüttner, Andreas, Der Vorbehalt der Individualabrede im unternehmerischen Geschäftsverkehr, BB 2008, 1350.

Kilian, Wolfgang, Kontrahierungszwang und Zivilrechtssystem, AcP 180, (1980), 47.

Kleinwächter, Karin, Die Prospekthaftung der Bank für Aktienplatzierungen außerhalb des amtlichen Börsenhandels, BB 1987, 1541.

Köndgen, Johannes, Die Entwicklung des privaten Bankrechts in den Jahren 1992–1995, NJW 1996, 558.

Köndgen, Johannes / Mues, Jochen, Zwangslizenz für Xetra – Deutsches Börsenwesen zwischen Staatsauftrag und privatwirtschaftlicher Freiheit –, WM 1998, 53.

Kornblum, Udo, Die Rechtsnatur der Bestimmung der Leistung in den §§ 315–319 BGB, AcP 168 (1968), 450.

Krämer, Lutz, Zur Änderungsbefugnis von Marktorganisationsregeln – Besprechung der Entscheidung des Primary Markets Arbitration Panel –, BKR 2001, 131.

Krolop, Kaspar, Der Rückzug vom organisierten Kapitalmarkt (Delisting), Berlin 2005.

Kullmann, Walburga / Müller-Deku, Tobia, Die Bekanntmachung zum Wertpapier-Verkaufsprospektgesetz, WM 1996, 1989.

Kumpan, Christoph, Transparenz als Mittel der Kapitalmarktregulierung, WM 2006, 797.

Kümpel, Siegfried, Bank- und Kapitalmarktrecht, 3. Auflage, Köln 2004.

Kümpel, Siegfried, Amtlicher Markt und Freiverkehr an der Börse aus rechtlicher Sicht, WM 1985, Beilage Nr. 5.

Kümpel, Siegfried, Kapitalmarktrecht, 3. Auflage, Berlin 2004.

Kümpel, Siegfried, Zur öffentlichrechtlichen Organisation der deutschen Wertpapierbörsen, BKR 2003, 3.

Kümpel, Siegfried / Hammen, Horst, Börsenrecht, 2. Auflage, Berlin 2003.

Kümpel, Siegfried / Hammen, Horst, Rechtliche Aspekte eines geplanten Verbundes zwischen der Frankfurter und der Londoner Wertpapierbörse, WM 2000, Sonderbeilage Nr. 3.

Kümpel, Siegfried / Hammen, Horst / Ekkenga, Jens, Kapitalmarktrecht - Handbuch für die Praxis Band I und II, Berlin, ergänzbare Loseblattsammlung
(zitiert: Bearbeiter, in: Kümpel/Hammen/Ekkenga, KMR, Loseblatt).

Kunz, Jens H., Ausgewählte Rechtsprobleme des Zentralen Kontrahenten – Unter besonderer Berücksichtigung des Clearing-Systems an der Frankfurter Wertpapierbörse, Frankfurt a.M. 2009.

Kurth, Ekkehard, Problematik grenzüberschreitender Wertpapieraufsicht, WM 2000, 1521

Kütting, Peter, Neufassung des IDW S 4 – Auf dem Weg von einer freiwilligen zu einer gesetzlich kodifizierten Prospektprüfung, DStR 2006, 1007.

Larenz, Karl / Canaris, Claus-Wilhelm, Lehrbuch des Schuldrechts, Band II, Halbband 2, Besonderer Teil, 13. Auflage, München 1994.

Laule, Gerhard, Die Umstrukturierung der Frankfurter Wertpapierbörse – Ein Modell -, Festschrift für Theodor Heinsius, Berlin 1991, S. 437.

Lenenbach, Markus, Kapitalmarkt- und Börsenrecht, 1. Auflage, Köln 2002.

Lenkaitis, Karlheinz / Löwisch, Stephan, Zur Inhaltskontrolle im rein unternehmerischen Geschäftsverkehr: Ein Plädoyer für eine dogmatische Korrektur, ZIP 2009, 441.

Lenz, Jürgen / Ritz, Corinna, Die Bekanntmachung des Bundesaufsichtsamtes für den Wertpapierhandel zum Wertpapier–Verkaufsprospektgesetz und zur Verordnung über Wertpapier–Verkaufsprospekte, WM 2000, 904.

Lettl, Tobias, Die Auswirkungen der 7. GWB-Novelle auf die Kreditwirtschaft, WM 2005, 1585.

Leuering, Dieter, Prospektpflichtige Anlässe im WpPG, Der Konzern 2006, S. 4.

Leuering, Simon, Der Freiverkehr als Börsensegment für kleine und mittlere Unternehmen, NJW - Spezial 2006, S. 27.

Loewenheim, Ulrich / Meessen, Karl M. / Riesenkampff, Alexander, Kartellrecht, Kommentar, 2. Auflage, München 2009.

Loff, Detmar, Alternative Handelssysteme, Lohmar – Köln 2007.

Lorenz, Oliver, Die Wertpapierbörse und ihr Träger, Frankfurt am Main 2003.

Lutter, Marcus / Tim Drygala, Rechtsfragen beim Gang an die Börse, Festschrift für Peter Raisch, 1995, 239.

Luz, Günther / Neus, Werner / Scharpf, Paul / Schneider, Peter / Weber, Max (Hrsg.), Kreditwesengesetz (KWG), Kommentar zum KWG inklusive SolvV, LiqV, GroMiKV, MaRisk, 2. Auflage, Stuttgart 2011

Maas, Heyo, Zwangsdelisting und Anlegerschutz, Frankfurt am Main, Berlin, Bern, Bruxelles, New York, Oxford, Wien 2009.

Mager, Ute, Der maßgebliche Zeitpunkt für die Beurteilung der Rechtswidrigkeit einer Gewerbeuntersagung, NVwZ 1996, 134.

Mai, Stefan, Deutsche Börse zieht positive Bilanz nach einem Jahr Entry Standard, AG Report 2006, R 535.

Martinius, Philip / Schiffer, Jack, Anmerkung zu LG München I – Wirksame Ermächtigung des Vorstands zur Antragstellung auf Widerruf der Börsenzulassung (Delisting), DB 1999, 2460.

Marsch-Barner, Reinhard / Schäfer, Frank A., Handbuch börsennotierte AG, 2. Auflage, Köln 2009
(zit.: Bearbeiter, in: Marsch-Barner/Schäfer, Handbuch börsennotierte AG).

Matusche-Beckmann, Annemarie, Die Bedingungsanpassungsklausel – Zulässiges Instrument für den Fall der Unwirksamkeit Allgemeiner Versicherungsbedingungen?, NJW 1998, 112.

Maurer, Hartmut, Allgemeines Verwaltungsrecht, 18 Auflage, München 2011.

Medicus, Dieter, Petersen, Jens Bürgerliches Recht, 23. Auflage, München 2011.

Medicus, Dieter / Lorenz, Stephan, Schuldrecht I, Allgemeiner Teil, 20. Auflage 2012.

Medicus, Dieter / Lorenz, Stephan, Schuldrecht II, Besonderer Teil, 16. Auflage 2012.

Meyer-Landrut, Andreas / Kiem, Roger, Der Formwechsel einer Publikumsaktiengesellschaft, WM 1997, 1361.

Mues, Jochen, Hundert Jahre deutsches Börsengesetz, ZBB 1997, 15.

Mülbert, Peter O., Rechtsprobleme des Delisting, ZHR 165 (2001), 104.

Müller-Michaels, Olaf / Wecker, Johannes, Freiverkehr: gesetzliche Rahmenbedingungen und Börsenordnungen, Finanzbetrieb 2005, 736.

Müller, Roger, Kooperation und Zusammenschlüsse von Börsen als Bewährungsprobe für das Börsenrecht, Der Konzern 2008, 263.

Müller-Stahl, Ingo, Der geregelte Freiverkehr, Köln 1971.

Münchner Kommentar zum BGB,

- Band 1, Allgemeiner Teil, §§ 1–240, 5. Auflage, München 2006.
- Band 5, Schuldrecht Besonderer Teil III, §§ 705–853, 5 Auflage, München 2009.
- Band 6, Sachenrecht, §§ 854–1296, 5. Auflage, München 2009.

(Zitiert: Bearbeiter, in: MüKo, BGB).

Münchner Kommentar zum Aktiengesetz,

- Band 1, §§ 1–75 AktG, 3. Auflage, München 2008.

- Band 6, §§ 179–221, 3. Auflage München 2011.
  (Zitiert: Bearbeiter, in MüKo, AktG).

Müssig, Peter, Wirtschaftsprivatrecht, 3. Auflage, Heidelberg 2000.

Mutschler, Sibylle, Internalisierung der Auftragsausführung im Wertpapierhandel, Baden-Baden 2007.

Obst, Georg / Hintner, Otto, Geld-, Bank-, und Börsenwesen, 34. Auflage 1955.

Oelke, Torsten, Der neue Entry Standard Index der Deutschen Börse - ein Instrument zur Mittelstandsfinanzierung?, BKR 2006, 7.

Ott, Stephan, Ich will hier rein! Suchmaschinen und das Kartellrecht, MMR 2006, 195.

Peifer, Karl-Nikolaus, Eigenheit oder Eigentum, Was schützt das Persönlichkeitsrecht?, GRUR 2002, 495.

Pietzcker, Jost, Zuteilung von Aktienskontren im Lichte der Grundrechte, ZBB 2007, 295.

Plückelmann, Katja, Der neue Markt der deutschen Börse AG, Frankfurt am Main, Berlin, Bern, Bruxelles, New York, Oxford, Wien 2000.

Pohl, Hans (Hrsg.), Deutsche Börsengeschichte, Frankfurt am Main 1992.

Pölert, Arnd, Aktionärsorientierte Unternehmensführung – Optionen zur strategischen Positionierung börsennotierter Konzerne im Wettbewerb um Eigenkapital, Wiesbaden 2007.

Potthoff, Volker / Stuhlfauth, Jutta, Der Neue Markt: Ein Handelssegment für innovative und wachstumsorientierte Unternehmen – kapitalmarktrechtliche Überlegungen und Darstellung des Regelwerks, WM 1997, Sonderbeilage Nr. 3.

Prölss, Erich R. / Martin, Anton, Versicherungsvertragsgesetz, 28. Auflage, München 2010.

Rabe, Dieter, Die Auswirkungen des AGB-Gesetzes auf den kaufmännischen Verkehr, NJW 1987, 1978.

Reiner, Günter, Derivate Finanzinstrumente im Recht, Baden-Baden 2002.

Reul, Adolf, Grundrechte und Vertragsfreiheit im Gesellschaftsrecht, DNotZ 2007, 184.

Reuschle, Fabian, Fleckner, Andreas M., Börsenähnliche Einrichtungen – die privatrechtliche Organisation einer Börse im materiellen Sinne, BKR 2002, 617.

Richter, Wolfgang, Der Kapitalmarkt und sein Gesellschaftsrecht – Überlegungen zu einem kapitalmarktgemäßen Gesellschaftsrecht börsennotierter Gesellschaften –, ZHR 172 (2008), 419.

Riehmer, Klaus / Heuser, Friederike, Börsen und Internet, NZG 2001, 385.

Rinker, Mike, Vertragsschluss im börslichen elektronischen Handelssystem, Berlin 2003.

Römermann, Volker / Schröder, Henning, Der Ausschluss so genannter „Penny-Stocks“ vom Neuen Markt - Zugleich Besprechung des Urteils des LG Frankfurt a.M. vom 16. 8. 2001 - 3-13 O 110/01– , BKR 2001, 83.

Roller, Reinhold, Bankentgeltklauseln – Einbeziehung und Zulässigkeit, BKR 2008, 221.

Rosenow, Jörg / Schaffelhuber, Kai, Neues zur Transparenzkontrolle im AGB-Recht, ZIP 2001, 2211.

Rottnauer, Achim E., Unwirksamkeit von Preisanpassungsklauseln ohne Bezugsfaktoren („Gaspreise“), EWiR, § 315 BGB 1 / 08, S. 171.

Rudolph, Bernd / Schäfer, Klaus, Derivative Finanzmarktinstrumente, Berlin, Heidelberg 2005.

Samm, Carl-Theodor, Börsenrecht – Grundzüge, Insider-Problematik, Optionshandel, Stuttgart, Wiesbaden 1978.

Schäfer, Carsten, Besondere Regelungen für börsennotierte und für nichtbörsennotierte Gesellschaften, NJW 2008, 2536.

Schäfer, Frank A. / Hamann, Uwe (Hrsg.), Kapitalmarktgesetze, Kommentar zum Wertpapierhandelsgesetz, Börsengesetz mit Börsenzulassungsverordnung, Wertpapierprospektgesetz, Verkaufsprospektgesetz, Wertpapiererwerbs- und Übernahmegesetz, 2. Aufl., Loseblattsammlung, Stuttgart, Berlin, Köln 2008
(zit.: Bearbeiter, in: Schäfer/Hammen, KMG).

Schäfer, Frank A, Emission und Vertrieb von Wertpapieren nach dem Wertpapierverkaufsprospektgesetz, ZIP 1991, 1557.

Schäfer, Frank A, Grundzüge des neuen Börsenrechts, ZIP 1987, 953.

Scheller, Georg, Der Handel in amtlich nicht notierten Werten, Berlin 1924.

Schimansky, Herbert, Zinsanpassungsklauseln in AGB, WM 2001, 1169.

Schimansky, Herbert / Bunte, Hermann-Josef / Lwowski, Hans-Jürgen, Bankrechts-Handbuch, Band I und II, 4. Auflage, München 2011.

Schlitt, Michael / Schäfer, Susanne, Der neue Entry Standard der Frankfurter Wertpapierbörse, AG 2006, 147.

Schlitt, Michael / Schäfer, Susanne, Auswirkungen der Umsetzung der Transparenzrichtlinie und der Finanzmarktrichtlinie auf Aktien- und Equity-Linked-Emissionen, AG 2007, 227.

Schlitt, Michael / Singhof, Bernd / Schäfer, Susanne, Aktuelle Rechtsfragen und neue Entwicklungen im Zusammenhang mit Börsengängen, BKR 2005, 251.

Schlitt, Michael, Die neuen Marktsegmente der Frankfurter Wertpapierbörse, AG 2003, 57.

Schlüter, Uwe, Börsenhandelsrecht, 2. Auflage, München 2002.

Schmidt, Hartmut / Schurig, Matthias / Welcker, Johannes, Bank- und Börsenwesen Band 1: Struktur und Leistungsangebot, München 1981.

Schmidt, Hartmut, Entwicklungen in der internationalen Börsenlandschaft, ZBB 2009, 233.

Schmidt, Karsten, Wirtschaftsrecht: Nagelprobe des Zivilrechts – Das Kartellrecht als Beispiel, AcP 206 (2006), 169.

Schmidt, Karsten / Lutter, Marcus, Aktiengesetz – Kommentar, Band 1 (§§1–149), 2. Auflage, Köln 2010.

Schnorbus, York, Die prospektfreie Platzierung von Wertpapieren nach dem WpPG, AG 2008, 389.

Schoch, Friedrich, Soll das kommunale Satzungsrecht gegenüber staatlicher und gerichtlicher Kontrolle gestärkt werden? NVwZ 1990, 801.

Schönle, Herbert, Bank- und Börsenrecht, 2. Auflage, München 1976.

Schumann, Susann, Die Verbesserung der Eigenkapitalausstattung mittelständischer Unternehmen durch Unternehmensbeteiligungsgesellschaften, Frankfurt 2007.

Schwab, Dieter, Schranken der Vertragsfreiheit durch die Antidiskriminierungsrichtlinien und ihre Umsetzung in Deutschland, DNotZ 2006, 649.

Schwark, Eberhard, Anlegerschutz durch Wirtschaftsrecht, München 1979.

Schwark, Eberhard, Das neue Kapitalmarktrecht, NJW 1987, 2041.

Schwark, Eberhard, Börsen und Wertpapierhandelsmärkte in der EG, WM 1997, 293.

Schwark, Eberhard, Wertpapierverkaufsprospektgesetz und Freiverkehr, in: Festschrift für Herbert Schimansky, 1999, S. 739.

Schwark, Eberhard, Kommentar zum Börsengesetz, 2. Auflage, München 1994, 1. Auflage, München 1976.

Schwark, Eberhard, Kapitalmarktrechts-Kommentar, 3. Auflage, München 2004, (zit.: Bearbeiter, in: Schwark, KMRK).

Schwark, Eberhard / Zimmer, Daniel, Kapitalmarktrechts-Kommentar, 4. Auflage, München 2010, (zit.: Bearbeiter, in: Schwark/Zimmer, KMRK).

Schwartz, Gerhard, Anlegerschutz im Freiverkehr, Baden-Baden 2008.

Schwennicke, Andreas / Auerbach, Dirk, Kreditwesengesetz (KWG), Kommentar, 1. Auflage, München 2009.

Schwichtenberg, Jörg, Downgrading oder Delisting? Der Wechsel vom regulierten Markt in das Segment M:access der Börse München, AG 2005, 911.

Segna, Ulrich, Die Rechtsform deutscher Wertpapierbörsen, ZBB 1999, 144.

Sieg, Harald, Börsenrecht, 1. Auflage, München 1953.

Sieg, Harald / Degner, Harald, Börsenrecht, 2. Aufl., München 1969.

Siller, Christian, Kapitalmarktrecht, 1. Auflage, München 2006.

Spindler, Gerald, Elektronische Finanzbörsen und Internetbörsen – Teil 1: Grundlegende Risiken und Reform des nationalen Kapitalmarktrechts, WM 2002, 1325.

Spindler, Gerald / Kasten, Roman A., Der neue Rechtsrahmen für den Finanzdienstleistungssektor – die MiFID und ihre Umsetzung, WM 2006, 1749 und 1797.

Staudinger, J. von, Kommentar zum Bürgerlichen Gesetzbuch,
- Buch 2, Recht der Schuldverhältnisse §§ 305–310; UKlaG, Sellier - de Gruyter, Berlin 2006.
- Buch 2, Recht der Schuldverhältnisse §§ 315–326; UKlaG, Sellier - de Gruyter, Berlin 2004.
- Buch 2, Recht der Schuldverhältnisse §§ 826–829; Produkthaftungsgesetz, Sellier - de Gruyter, Berlin 2003.

(Zitiert: Staudinger/Bearbeiter)

Steuer, Stephan, Die Förderung des Finanzplatzes Deutschland durch den Gesetzgeber, Festschrift für Siegfried Kümpel, Berlin 2003, S. 519.

Stoffels, Markus, AGB-Recht, München 2003.

Sudmeyer, Jan / Rückert, Susanne / Kuthe, Thorsten, Entry Standard - Das neue Börsensegment für den Mittelstand, BB 2005, 2703.

Süßmann, Rainer, Anmerkung zu BGH: Reguläres Delisting nur nach Hauptversammlungsbeschluss und Abfindungsangebot an Minderheitsaktionäre, BKR 2003, 257.

Thieme, Juliane, Wertpapierdienstleistungen im Binnenmarkt, Baden-Baden 2008.

Thüsing, Gregor / von Hoff, Konrad, Vertragsschluss als Folgenbeseitigung: Kontrahierungszwang im zivilrechtlichen Teil des Allgemeinen Gleichbehandlungsgesetzes, NJW 2007, 21.

Vetter, Jochen, Ausweitung des Spruchverfahrens, ZHR 168 (2004), 1.

von der Linden, Klaus, AGB-rechtliches Transparenzgebot bei Zinsanpassungsklauseln - Probleme der Bankvertragsgestaltung nach Basel II, WM 2008, 195.

von Kopp-Colomb, Wolf / Lenz, Jürgen, Angebote von Wertpapieren über das Internet, BKR 2002, 5.

von Pechstaedt, Volkmar, Zivilrechtliche Abwehrmaßnahmen gegen Stalking, NJW 2007, 1233.

Waldeck, Michael / Süßmann, Rainer, Die Anwendung des Wertpapierverkaufsprospektgesetzes, WM 1993, 361.

Walter, Jörg, Rechtliche Aspekte der Zulassung als Freimakler an einer deutschen Wertpapierbörse, WM 1986, 1489.

Wastl, Ulrich, Die juristische Organisationsstruktur deutscher Börsen- bzw. Finanzplätze und deren Optimierung, WM 1999, 620.

Weber, Martin, Die Entwicklung des Kapitalmarktrechts 1998-2000: Organisation, Emission und Vertrieb, NJW 2000, 2061.

Weber, Martin, Die Entwicklung des Kapitalmarktrechts 2001/2002, NJW 2003, 18.

Weber, Martin, Die Entwicklung des Kapitalmarktrechts 2005, NJW 2005, 3682.

Weber, Martin, Die Entwicklung des Kapitalmarktrechts 2006, NJW 2006, 3685.

Weber, Martin, Die Entwicklung des Kapitalmarktrechts 2007, NJW 2007, 3689.

Wegmann, Jürgen / Kaehlert, Günter, Erfolgsstory mit Wahrnehmungsdefiziten – Die Unternehmen im Entry Standard, AG Report 2008, R250.

Wiebe, Andreas, Vertragsschluss bei Online-Auktionen, MMR 2000, 323.

Wilhelm, Jan, Kapitalgesellschaftsrecht, 3. Auflage, Berlin 2009.

Wilkens, Sascha, Optionsbewertung und Risikomanagement unter gemischten Verteilungen, Wiesbaden 2003.

Wirth, Gerhard / Arnold, Michael, Anlegerschutz beim Delisting von Aktiengesellschaften - Zugleich Anmerkung zu LG München I ZIP 1999, 2017 -, ZIP 2000, 111.

Witte, Jürgen, Rafiqpoor, Parwäz, Die "Beerdigung" des Neuen Marktes - rechtliche Aspekte, BB 2002, 2615.

Wolf, Manfred, Der Ausschluss vom Neuen Markt und die Aufnahme von Ausschlussgründen in das Regelwerk Neuer Markt, WM 2001, 1785.

Wolff, Hans J. / Bachof, Otto / Stober, Rolf / Kluth, Winfried, Verwaltungsrecht I, 12. Auflage, München 2007.

Wolff, Hans J. / Bachof, Otto / Stober, Rolf, Verwaltungsrecht Band 3, 5. Auflage, München 2004.

Zacharias, Erwin, Börseneinführung mittelständischer Unternehmen, 2. Auflage, Bielefeld 2000.

Börsen- und kapitalmarktrechtliche Abhandlungen

Herausgegeben von Horst Hammen

Band 1 Susann Schumann: Die Verbesserung der Eigenkapitalausstattung mittelständischer Unternehmen durch Unternehmensbeteiligungsgesellschaften. Eine Analyse der Entwicklung des Gesetzes über Unternehmensbeteiligungsgesellschaften. 2007.

Band 2 Sonja Granzow: Die Aufsicht über den Handel mit Energiederivaten nach dem Gesetz über das Kreditwesen. 2007.

Band 3 Jens H. Kunz: Ausgewählte Rechtsprobleme des Zentralen Kontrahenten. Unter besonderer Berücksichtigung des Clearing-Systems an der Frankfurter Wertpapierbörse. 2009.

Band 4 Stefan Bressler: Public Private Partnership im Bank- und Börsenrecht durch Beleihung mit einer Anstaltsträgerschaft. 2009.

Band 5 Horst Hammen (Hrsg.): Interessenkonflikte beim Börsengang von Börsen. 2009.

Band 6 Alexander Hofmann: Der Skontroführer an den deutschen Wertpapierbörsen. 2009.

Band 7 Roman Jüngling: Polnisches Börsen- und Kapitalmarktrecht. Interessenkonflikte bei der Selbstnotierung der Warschauer Börse. 2010.

Band 8 Gisella Victoria Villeda: Prävention und Repression von Insiderhandel. 2010.

Band 9 Horst Hammen: Börsen und multilaterale Handelssysteme im Wettbewerb. Eine wirtschaftsrechtliche Analyse. 2011.

Band 10 Karsten Fink: Der Freiverkehr. Die rechtliche Organisation des Handelssegments Freiverkehr an deutschen Börsen. 2013.

www.peterlang.de

www.ingramcontent.com/pod-product-compliance
Ingram Content Group UK Ltd.
Pitfield, Milton Keynes, MK11 3LW, UK
UKHW021125041026
8980IPUK00026B/523

9 783631 629628